Stefan Leible
(Hrsg.)

Die Umsetzung der Dienstleistungsrichtlinie - Chancen und Risiken für Deutschland

Bayreuther Studien
zum Wirtschafts- und Medienrecht
Band 1

Herausgegeben von der
Forschungsstelle für Wirtschafts- und Medienrecht
an der Universität Bayreuth (FWMR)

für diese von den Professoren
Dr. Nikolaus Bosch, Dr. Torsten Eymann, Dr. Jörg Gundel,
Dr. Peter W. Heermann, Dr. Stefan Leible, Dr. Martin Leschke,
Dr. Markus Möstl, Dr. Jürgen E. Müller, Dr. Ansgar Ohly

Die Umsetzung der Dienstleistungsrichtlinie - Chancen und Risiken für Deutschland

von

Stefan Leible
(Hrsg.)

JWV
Jenaer Wissenschaftliche Verlagsgesellschaft 2008

Bibliographische Information der Deutschen Bibliothek

Die Deutsche Bibliothek verzeichnet diese Publikation in der deutschen Nationalbibliographie; detaillierte bibliographische Daten sind im Internet über <http://dnb.dbb.de> abrufbar.

Druck: Bookstation GmbH Gottmadingen
Printed in Germany
ISBN 978-3-86653-066-9
ISSN 1866-1084
Gedruckt auf alterungsbeständigem (säurefreiem) Papier
entsprechend ISO 9706
Internet: www.jwv.de

Vorwort

Mit der Verabschiedung der „Richtlinie 2006/123/EG des Europäischen Parlaments und des Rates vom 12. Dezember 2006 über Dienstleistungen im Binnenmarkt“ ist ein auch in der nichtjuristischen Öffentlichkeit sehr kontrovers diskutierter Gesetzgebungsprozess zu Ende gegangen. Ziel der Richtlinie ist der Abbau bürokratischer Hindernisse und anderer zwischenstaatlicher Hemmnisse, um eine grenzüberschreitende Erbringung von Dienstleistungen bzw. Niederlassung von Dienstleistern zu erleichtern. Die Richtlinie zwingt zu Änderungen des deutschen Rechts, von denen über die klassischen Erbringer wirtschaftlicher Dienstleistungen (Bauunternehmen, Handwerker etc.) bis hin zu den freien Berufen zahlreiche Berufsgruppen betroffen sein werden. Anliegen des 1. Bayreuther Forums für Wirtschafts- und Medienrecht, das am 28./29. September 2007 zum Generalthema „Die Umsetzung der Dienstleistungsrichtlinie - Chancen und Risiken für Deutschland“ in den Räumen der IHK für Oberfranken Bayreuth stattfand, war es, den anstehenden Umsetzungsprozess kritisch zu begleiten, d.h. in einem Dialog zwischen Wissenschaft und Praxis zwingende Umsetzungsanforderungen herauszuarbeiten und mögliche Umsetzungsmodelle zu diskutieren. Da der Umsetzungsprozess noch lange nicht abgeschlossen ist, wird auf vielfältigen Wunsch die Schriftfassung sämtlicher Vorträge in diesem Tagungsband dokumentiert.

Die Tagung hätte ohne die Unterstützung von dritter Seite nicht durchgeführt werden können. Zu großem Dank bin ich der IHK für Oberfranken, der IHK zu Coburg, der Handwerkskammer für Oberfranken und der Rechtsanwaltskammer Bamberg verpflichtet. Die von diesen Institutionen gewährten finanziellen Zuwendungen haben das 1. Bayreuther Forum für Wirtschafts- und Medienrecht überhaupt erst ermöglicht.

Mein herzlicher Dank gilt weiterhin Frau Kirstin Freitag, die die Manuskripte der Referenten betreut und in einen druckfertigen Zustand gebracht hat, und meinen wiss. Mitarbeitern Erik Röder und Christian Reinert, die das Abkürzungs- und das Sachverzeichnis erstellten. Zu danken habe ich auch allen anderen Mitarbeitern meines Lehrstuhls und der Forschungsstelle für Wirtschafts- und Medien-recht an der Universität Bayreuth (FWMR), die bei der Vorbereitung und Durchführung der Veranstaltung mitgewirkt und so zu ihrem Gelingen beigetragen haben.

Bayreuth, im Dezember 2007 *Stefan Leible*

Inhaltsverzeichnis

Abkürzungsverzeichnis

ABl.	Amtsblatt
ABl. EU	Amtsblatt der Europäischen Union
Abs.	Absatz
a.E.	am Ende
AHK	Außenhandelskammer
AO	Abgabenordnung
AöR	Archiv des öffentlichen Rechts
Art.	Artikel
Aufl.	Auflage
BayVBl.	Bayerische Verwaltungsblätter
Bd.	Band
Bearb.	Bearbeiter; Bearbeitung
Begr.	Begründung
BerlZ	Berliner Zeitung
BGB	Bürgerliches Gesetzbuch
BGBl.	Bundesgesetzblatt
BGH	Bundesgerichtshof
BGHZ	Entscheidungssammlung des Bundesgerichtshofs in Zivilsachen
BORA	Berufsordnung für Rechtsanwälte
BRAO	Bundesrechtsanwaltsordnung
BT-Dr.	Bundestags-Drucksache
BVerfG	Bundesverfassungsgericht
BVerfGE	Entscheidungen des Bundesverfassungsgerichts
bzw.	beziehungsweise
CE-Kennzeichnung	Kennzeichnung nach EU-Recht für bestimmte Produkte in Zusammenhang mit der Produktsicherheit CE = Communauté Européenne)
cic	culpa in contrahendo
CMLR	Common Market Law Review
Cour de Cass.	Cour de Cassation
Cass. civ.	Corte di Cassazione civile
CFR	Common Frame of Reference
ch.	chapter
CISG	Convention on Contracts fort he International Sale of Goods
CLC	CCH Commercial Law Cases
Conf.	Conférence
DACH	Deutsche Akkreditierungsstelle Chemie GmbH
DAP	Deutsches Akkreditierungssystem Prüfwesen
DAR	Deutschen Akkreditierungsrat

DATech	Deutsche Akkreditierungsstelle Technik e.V.
DB	Der Betrieb
ders.	derselbe
dies.	dieselbe(n)
DKD	Deutscher Kalibrierdienst
DLR	EU-Dienstleistungsrichtlinie
DLRL	Dienstleistungsrichtlinie
DNotZ	Deutsche Notar-Zeitschrift
DÖV	Die Öffentliche Verwaltung
DTZ	Deutsch-Deutsche Rechtszeitschrift
DVBl.	Deutsches Verwaltungsblatt
E	Entwurf
ebda.	ebenda
EC	European Community
ECJ	European Court of Justice
EG	Europäische Gemeinschaft
EGBGB	Einführungsgesetz zum Bürgerlichen Gesetzbuch
Egrd.	Erwägungsgrund
EGV	EG-Vertrag
EGVVG	Einführungsgesetz zu dem Gesetz über den Versicherungsvertrag
Einl.	Einleitung
EN	Europäische Norm
Enc.jur.	Encyclopédie juridique
endg.	endgültig
Entw.	Entwurf
ERA	Europäische Rechtsakademie
EU	Europäische Union
EuGH	Gerichtshof der Europäischen Gemeinschaften
EU-GR-Charta	EU-Grundrechte-Charta
EuGVÜ	Europäisches Übereinkommen über die gerichtliche Zuständigkeit und die Vollstreckung gerichtlicher Entscheidungen in Zivil- und Handelssachen
EuGVVO	Verordnung über die gerichtliche Zuständigkeit und die Anerkennung und Vollstreckung von Entscheidungen in Zivil- und Handelssachen
EuInsVO	Europäische Insolvenzverordnung
EuLF	European Legal Forum
EuRAG	Gesetz über die Tätigkeit europäischer Rechtsanwälte in Deutschland
EuR	Europarecht
Eur. J. L. R.	European Journal of Law Reform
Eur.L.Rev.	European Law Review

EUV	EU-Vertrag
EuZ	Zeitschrift für Europarecht
EuZW	Europäische Zeitschrift für Wirtschaftsrecht
EVÜ	Römisches EWG-Übereinkommen über das auf vertragliche Schuldverhältnisse anzuwendende Recht
EWG	Europäische Wirtschaftsgemeinschaft
EWHC	England and Wales High Court
EWiR	Entscheidungen zum Wirtschaftsrecht
EWR	Europäischer Wirtschaftsraum
EWS	Europäisches Wirtschafts- und Steuerrecht
f.	folgende; für
FamRZ	Zeitschrift für das gesamte Familienrecht
ff.	fortfolgende
Fn.	Fußnote
fr.c.civ.	Code civil français
FS	Festschrift
GA-A	German Accreditation Association e.V.
GAZ	Gesellschaft für Akkreditierung und Zertifizierung mbH
GG	Grundgesetz
GastG	Gaststättengesetz
GewArch	Gewerbearchiv
GewO	Gewerbeordnung
ggf.	gegebenenfalls
GPR	Zeitschrift für Gemeinschaftsprivatrecht
grds.	grundsätzlich
GS	Gedächtnisschrift
Guist. Civ.	Giustizia civile
GWB	Gesetz gegen Wettbewerbsbeschränkungen
GwO	Gewerbeordnung
h.A.	herrschende Ansicht
h.M.	herrschende Meinung
HGB	Handelsgesetzbuch
Hk-BGB	Bürgerliches Gesetzbuch Handkommentar
HOAI	Honorarordnung für Architekten und Ingenieure
Hrsg.	Herausgeber
HWK	Handwerkskammer
HwO	Gesetz zur Ordnung des Handwerks
i.d.F.	in der Fassung
i.S.	im Sinne
i.V.m.	in Verbindung mit

IHK	Industrie- und Handelskammer
IHKG	Industrie- und Handelskammergesetz
IHR	Internationales Handelsrecht
ILO	International Labour Organisation
IMI	elektronisches Binnenmarktinformationssystem
Ind. Int'l & Comp. L.	Indiana International and Comparative Law Review
InDret	Revista para el análisis del Derecho
Int. Bus. L. J	International Business Law Journal
IntEncCompL	International Encyclopedia of Comparative Law
IPR	Internationales Privatrecht
IPRG	Bundesgesetz vom 18. Dezember 1987 über das Internationale Privatrecht
IPRax	Praxis des Internationalen Privat- und Verfahrensrechts
IPRspr.	Die deutsche Rechtsprechung auf dem Gebiete des internationalen Privatrechts im Jahre ...
ISO	International Organization for Standardization
IStR	Internationales Steuerrecht
iSv	im Sinne von
IZPR	Internationales Zivilprozessrecht
JA	Juristische Arbeitsblätter
JBl.	Justizblatt
J.Bus.L.	Journal of Business Law
JbPraxSchG	Jahrbuch für die Praxis der Schiedsgerichtsbarkeit
JCP	Juris-Classeur périodique
Jur. Rev.	Juridical Review
Juris Cl. périodique	Juris-Classeur périodique
JZ	Juristenzeitung
KOM	Kommission
LAG	Landesarbeitsgericht
LG	Landgericht
lit.	littera
Lloyd's MCLQ	Lloyd's Maritime and Commercial Law Quarterly
Ltd.	Limited
m. Aufs.	mit Aufsatz
m.E.	meines Erachtens
m. zust. Anm.	mit zustimmender Anmerkung
m.w.Nachw.	mit weiteren Nachweisen
MJ	Maastricht Journal of European and Comparative Law
MPI	Max-Planck-Institut

MünchKommBGB	Münchener Kommentar
Nachw.	Nachweis
Ned. Jur.	Nederlandse Jurisprudentie
Neubearb.	Neubearbeitung
NJW	Neue Juristische Wochenschrift
NJW-RR	NJW Rechtsprechungsreport Zivilrecht
no.	number
Nr.	Nummer
NTBR	Nederlands Tijdschrift voor Burgerlijk Recht
Nuove leggi civ. comm.	Le nuove leggi civili commentate
NZA	Neue Zeitschrift für Arbeits- und Sozialrecht
NVersZ	Neue Zeitschrift für Versicherung und Recht
NVwZ	Neue Zeitschrift für Verwaltungsrecht
NzBau	Neue Zeitschrift für Baurecht
OLG	Oberlandesgericht
österr.	österreichisch(e/er/es)
ÖstOGH	Österreichischer Oberster Gerichtshof
para.	paragraph
paras.	paragraphs
PECL	Principles of European Contract Law
PPP	Public Private Partnership
PPSA	Personal Property Security Act
Q.B.D.	Law Reports, Queen's Bench Division
RabelsZ	Zeitschrift für ausländisches und internationales Privatrecht
RdA	Recht der Arbeit
Rev.dr.int.dr.comp.	Revue de droit international et de droit comparé
Rev. crit. dr. int. pr.	Revue de droit international privé et de droit pénal international
RheinZ	Rhein-Zeitung
Riv. dir. proc.	Rivista di diritto processuale
RIW	Recht der internationalen Wirtschaft
RL	Richtlinie
RMC	Revue du Marché Commun
Rn.	Randnummer
Rspr.	Rechtsprechung
RvdW	Rechtspraak van de Week
Rvgl. Nachw.	Rechtsvergleichender Nachweis
S.	Seite; Satz

SAE	Sammlung Arbeitsrechtlicher Entschiedungen
schw.	schweizerisches
SchwJbIntR	Schweizerisches Jahrbuch für internationales Recht
SGB	Sozialgesetzbuch
Slg.	Sammlung
StBerG	Steuerberatungsgesetz
st. Rspr.	Ständige Rechtsprechung
StVZO	Straßenverkehrs-Zulassungs-Ordnung
TGA	Trägergemeinschaft für Akkreditierung GmbH
TGI	Tribunal de grande instance
TranspR	Transportrecht
Trib.	Tribunale
u.a.	und andere; unter anderem
UAbs.	Unterabsatz
USA	Vereinigte Staaten von Amerika
UCC	Uniform Commercial Code
ULR	Uniform Law Review
UNCITRAL	United Nations Commissions
UNIDROIT	International Institute for the Unification of Private Law
UN	United Nations
UrhG	Gesetz über Urheberrecht und verwandte Schutzrechte (Urheberrechtsgesetz)
Urt.	Urteil
v.	vom; versus
VAG	Gesetz über die Beaufsichtigung der Versicherungsunternehmen
verb.	verbunden
VerfVO	Verfassungsverordnung
Verh. des … Dtsch. Juristentags	Verhandlungen des … Deutschen Juristentages
VersR	Versicherungsrecht. Juristische Rundschau für die Individualversicherung
vgl.	vergleiche
VIZ	Zeitschrift für Vermögens- und Immobilienrecht
VO	Verordnung
vol.	volume
Vorbem.	Vorbemerkung
VuR	Versicherung und Recht
VwVfG	Verwaltungsverfahrensgesetz

W.L.R.	The Weekly Law Reports
WM	Wertpapier-Mitteilungen
WPNR	Weekblad voor privaatrecht, notariaat en registratie
WPO	Wirtschaftsprüferordnung
WRP	Wettbewerb in Recht und Praxis
Yb. Eur. L.	Yearbook of European Law
YPIL	Yearbook of Private International Law
z.B.	zum Beispiel
ZEuP	Zeitschrift für europäisches Privatrecht
ZfRV	Zeitschrift für Rechtsvergleichung
ZGS	Zeitschrift für das gesamte Schuldrecht
ZHR	Zeitschrift für das gesamte Handelsrecht und Wirtschaftsrecht
Ziff.	Ziffer
ZIP	Zeitschrift für Wirtschaftsrecht
ZLG	Zentralstelle der Länder für Gesundheitsschutz bei Arzneimitteln und Medizinprodukten
ZLS	Zentralstelle der Länder für Sicherheitstechnik
ZPO	Zivilprozessordnung
ZRP	Zeitschrift für Rechtspolitik
ZVglRWiss	Zeitschrift für vergleichende Rechtswissenschaft
ZZPInt	Zeitschrift für Zivilprozess International

Die Dienstleistungsrichtlinie – Umsetzungsoptionen für Deutschland

CHRISTIAN STOROST

Gäbe es eine Rekordliste für Rechtstexte, hätte die Dienstleistungsrichtlinie[1] alle Chancen auf einen Eintrag in gleich mehreren Disziplinen: Sie zählt ohne Zweifel zu den umstrittensten und anspruchvollsten europäischen Vorhaben der letzten Jahre. Ohne Vorbild ist auch der Diskussionsprozess, in dessen Verlauf sich die Bundesregierung erfolgreich für wesentliche Verbesserungen des ursprünglichen Kommissionsentwurfs eingesetzt hat. Die Dienstleistungsrichtlinie wahrt nun die Balance zwischen ökonomischen und sozialen Belangen und trägt wichtigen deutschen Interessen Rechnung. Ihre Umsetzung bis Ende 2009 bietet die Chance, spürbare Vereinfachungen im In- und Ausland zu erreichen – und wird Deutschland hoffentlich auch im innereuropäischen Dienstleistungshandel auf „Rekordkurs" bringen.

Natürlich hätte sich manch einer noch stärkere Liberalisierungsschritte gewünscht. Auch Sie, Professor Leible, haben kürzlich in einem Interview bedauert, dass „von dem liberalen, auf wirtschaftliche Dynamik ausgerichteten Ansatz des Bolkestein-Entwurfs" nicht viel übrig geblieben sei. Das scheint mir dann doch eine sehr pessimistische Einschätzung. Sie werden sehen: Die Dienstleistungsrichtlinie setzt auch in der jetzigen Fassung wesentliche Impulse für den Dienstleistungssektor und die deutschen Verwaltungsstrukturen.

---

[1] Aktuelle Hintergrundinformationen zum Thema unter www.dienstleistungsrichtlinie.de.

I. Überblick über die Richtlinie

Anspruch und Komplexität der Richtlinie werden schon deutlich, wenn man sich die vier Kernelemente der Dienstleistungsrichtlinie vergegenwärtigt: Gefordert werden

- praktische Erleichterungen durch so genannte „Einheitliche Ansprechpartner" und IT-Verfahren,
- der konsequente Abbau bürokratischer Hürden,
- ein völlig neues System europäischer Verwaltungszusammenarbeit und
- transparentere Qualitätssiegel und Verhaltenskodizes.

Schwerpunkt der Richtlinie sind also zum einen **organisatorische Verbesserungen**: So müssen bis zum Ende der Umsetzungsfrist – das heißt bis zum 28. Dezember 2009 – beispielsweise flächendeckend Einheitliche Ansprechpartner geschaffen werden, über die Dienstleister alle notwendigen Informationen aus einer Hand erhalten und über die Behördengänge zentral erledigt werden können. Davon zu trennen ist der Bereich „Europäische Verwaltungszusammenarbeit": Hier geht es darum, dass Behörden künftig leichter zusammenarbeiten können, und zwar über die europaweite elektronische Kommunikationsplattform IMI. Gemeinsame Schnittmenge dieser beiden Bereiche ist die elektronische Verfahrensabwicklung, von der Dienstleister, aber natürlich auch die Behörden selbst profitieren. Ich werde darauf später noch im Einzelnen eingehen.

Der zweite große Schwerpunkt der Richtlinie liegt beim **Abbau bürokratischer Hürden**. Auch hier ist zu unterscheiden: Im Staat ihrer eigenen Niederlassung profitieren Dienstleister von systematischer Prüfung und ggf. Vereinfachung ihres nationalen Rechts. Anders die Situation bei vorübergehenden Auslandsgeschäften, also dem Bereich der so genannten „Dienstleistungsfreiheit": Hier postuliert die Richtlinie, dass Dienstleister künftig grundsätzlich zu freier Tätigkeitsaufnahme und –ausübung berechtigt sein müssen. Das Zielland kann zwar Einschränkungen vorsehen, aber nur noch aus vier eng gefassten Gründen: Zum Schutz der öffentlichen Sicherheit, der öffentlichen Ordnung, der öffentlichen Gesundheit oder der Umwelt. Das ist deutlich enger als die bisherige EuGH-Rechtsprechung zu den Grundfreiheiten.

Bevor ich darauf vertieft eingehe, noch einige Worte zum Anwendungsbereich der Richtlinie. Die Dienstleistungsrichtlinie betrifft einen breiten Bereich von Dienstleistungsbranchen: Sie gilt grundsätzlich für alle geschäftlich handelbaren Serviceangebote. Einbezogen sind etwa Handel, Gastronomie, Handwerk, IT-Dienstleistungen, Forschung und Entwicklung, Unternehmensdienstleistungen und technischen Dienstleistungen, Beratung und Bauwirtschaft. Auf diesen Gebieten werden die vorgesehenen Vereinfachungen zu substanziellen Verbesserungen führen.

Zum Schutz wichtiger deutscher Interessen und besonders sensibler (bzw. bereits an anderer Stelle geregelter) Bereiche sieht die Richtlinie zugleich eine Reihe von Ausnahmetatbeständen und Klarstellungen vor. So sind neben dem Arbeitsrecht auch alle Rechtsvorschriften über die soziale Sicherheit ausgenommen, um Befürchtungen vor unfairem Wettbewerb von vornherein den Boden zu entziehen. Branchenausnahmen gelten überdies für Gesundheits- und Sozialdienstleistungen einschließlich der Pflege, Finanzdienstleistungen, Dienste der elektronischen Kommunikation, Verkehrsdienstleistungen, audiovisuelle Dienstleistungen, Dienstleistungen von Leiharbeitsagenturen, private Sicherheitsdienste, Notare, Gerichtsvollzieher und das Glücksspiel. Auch bestimmte Querschnittsaspekte wie z.B. die Regeln über die Anerkennung beruflicher Qualifikationen, Steuern sowie zivil- und strafrechtliche Fragen bleiben grundsätzlich unberührt.

Lange umstritten war die Einbeziehung der so genannten „Dienstleistungen von allgemeinem wirtschaftlichen Interesse“. Gemeint sind Dienstleistungen, die unter Marktbedingungen, jedoch mit besonderem Gemeinwohlauftrag erbracht werden, wie z.B. die Strom-, Gas- und Wasserversorgung oder Postdienste. Die Richtlinie bezieht solche Leistungen grundsätzlich ein, sieht jedoch bei zentralen Vorschriften Sonderausnahmen vor. So finden insbesondere die neuen Bestimmungen zur vorübergehenden Dienstleistungserbringung (Art. 16) generell keine Anwendung auf Dienstleistungen von allgemeinem wirtschaftlichen Interesse.

So weit, so klar – aber der Teufel steckt natürlich wie so oft im Detail. Kopfzerbrechen bereitet zum Beispiel der unscheinbare Erwägungsgrund 9. Danach findet die Richtlinie nur Anwendung auf „Anforderungen für die Aufnahme oder Ausübung einer Dienstleistungstätigkeit“, nicht aber auf Anforderungen, „die nicht die Dienstleistungstätigkeit als solche regeln oder betreffen, sondern von Dienstleistungserbringern im Zuge der Ausübung ihrer Wirtschaftstätigkeit genauso beachtet werden müssen wie von Privatpersonen.“ Wer schon einmal in die Untiefen des deutschen Verwaltungsrechts eingetaucht ist, kann sich vorstellen, wie schwer hier die Abgrenzung im Einzelfall sein kann.

II. Die einzelnen Umsetzungsbereiche

Für die einbezogenen Dienstleistungsbereiche wird die neue Richtlinie spürbare Vereinfachungen und Verbesserungen im In- und Ausland bringen.

1. Mehr Unterstützung für Dienstleister und Dienstleistungsempfänger: Das künftige Netzwerk „Einheitlicher Ansprechpartner“

Eine zentrale Neuerung der Richtlinie sind die bereits erwähnten „Einheitlichen Ansprechpartner“. Über sie sollen Dienstleister aus dem In- und Ausland auf Wunsch künftig alle für die Aufnahme und Ausübung ihrer Tätigkeit erforderlichen Informationen abfragen und alle notwendigen Formalitäten aus einer Hand abwickeln lassen. Der „Einheitliche Ansprechpartner“ soll also ein „Dienstleister für Dienstleister“ sein, der den Zugang zur Verwaltung entscheidend vereinfacht. Als „Verfahrensmittler“ begleitet er Dienstleistungserbringer auf deren Wunsch mit einem möglichst umfassenden und verbindlichen Unterstützungs- und Koordinierungsangebot. Die Einheitlichen Ansprechpartner sind insoweit mehr als eine bloße „Poststelle“. Sie können z.B. fristwahrend Anträge entgegennehmen und haben nach deutschem Verständnis auch die Pflicht, bei den zuständigen Stellen auf ordnungsgemäße und zügige Erledigung der jeweiligen Verfahrensschritte hinzuwirken. Weniger bekannt ist, dass die Einheitlichen Ansprechpartner außerdem als „Informationsbroker“ auch für Dienstleistungsempfänger tätig werden und eine verbindliche Beratung zu allen Aspekten der Tätigkeitsaufnahme und –ausübung ermöglichen müssen.

Die Schaffung Einheitlicher Ansprechpartner berührt zwar nicht die Verteilung von Zuständigkeiten und Befugnissen zwischen Behörden innerhalb der nationalen Systeme, setzt jedoch eine intensive Vernetzung zwischen allen betroffenen Stellen im In- und Ausland voraus. Dies bringt angesichts der komplexen föderalen Strukturen in Deutschland große Herausforderungen mit sich, insbesondere was die Organisationsabläufe, die Informationstechnologie und die Schaffung der notwendigen rechtlichen Voraussetzungen angeht. Die Zuständigkeit für alle die Ausgestaltung der Einheitlichen Ansprechpartner liegt bei den Ländern. Umso wichtiger ist die frühzeitige Verständigung auf gemeinsame Eckpunkte zur Umsetzung, damit ein insgesamt stimmiges und bezahlbares System entsteht.

Ein solches Eckpunktepapier wurde in den letzten Monaten gemeinsam von Bund und Ländern erarbeitet und liegt jetzt der Wirtschaftsministerkonferenz zur Beschlussfassung vor. Bund und Länder gehen darin davon aus, dass es in Deutschland sicher keinen zentralen Einheitlichen Ansprechpartner geben wird, sondern eine Vielzahl dezentraler Anlaufpunkte. Jedem Dienstleistungserbringer und –empfänger soll gleichwohl am Ende ein zumindest „subjektiv einheitlicher“ Ansprechpartner zur Verfügung stehen, das heißt eine Stelle, die sich aller mit der konkreten Tätigkeit zusammenhängenden Aspekte annimmt. Dieses System muss lückenlos funktionieren, also z.B. auch Lösungen für mehrfach verkammerte oder atypische Dienstleistungsbranchen bereitstellen. Teil der politischen Eckpunkte ist auch, dass von den Einheitlichen Ansprechpartnern nicht nur EU-Ausländer, sondern gleichermaßen inländische Dienstleister profitieren sollen. Das Eckpunktepapier wird eine Vielzahl weiterer Punkte ansprechen, etwa die Reichweite der abzuwickelnden Verfahren, Fragen von Aufsicht, Rechtsnatur und Gebühren oder auch die Durchsetzungsmöglichkeiten bei Problemen mit den zuständigen Stellen.

All dies sollte in Grundzügen geklärt sein, bevor die spannende Frage entschieden wird, wo denn nun in Deutschland die Einheitlichen Ansprechpartner angesiedelt werden. Die Entscheidung darüber liegt, wie schon gesagt, allein bei den Ländern. In der Diskussion zeichnen sich im Wesentlichen drei Grundmodelle ab: Eine Ansiedlung bei den Kammern, bei den Kommunen, bei Landesmittelbehörden. Diskutiert werden aber auch Kooperationsmodelle zwischen Kammern und Kommunen. Alle diese Modelle haben ihre Stärken, werfen aber auch spezifische Fragen und Probleme auf. Der Wirtschaftsministerkonferenz liegt deshalb eine Synopse vor, die die genannten Modelle im Einzelnen beleuchtet und als Grundlage für die weitere Entscheidungsfindung in den Ländern dienen soll. Wir rechnen damit, dass die Entscheidungen in den meisten Bundesländern nun bis Anfang 2008 fallen.

2. Neue Möglichkeiten elektronischer Verfahrensabwicklung

Wichtige organisatorische Verbesserungen sind auch im Bereich der elektronischen Verfahrensabwicklung zu erwarten. Nach der Richtlinie müssen die Mitgliedstaaten sicherstellen, dass bis Ende 2009 alle Verfahren und Formalitäten, die die Aufnahme oder Ausübung einer Dienstleistungstätigkeit betreffen, problemlos aus der Ferne und elektronisch abgewickelt werden können. Die bereits seit längerem eingeleiteten Bemühungen um den Aufbau effizienter e-Government-Strukturen werden dadurch einen deutlichen Schub erfahren. Zuvor allerdings bleiben noch eine Vielzahl komplexer Umsetzungsfragen zu lösen. Dies soll im Rahmen eines so genannten „prioritären Deutschland-Online-Projekts“ unter Federführung der Bundesländer Schleswig-Holstein und Baden-Württemberg geschehen. Bereits bis Mitte 2008 sollen in diesem Projekt Modelle als Blaupause für die IT-Umsetzung in den Ländern entwickelt und anschließend erprobt werden. Das ist ein äußerst ehrgeiziger Zeitplan – und zugleich doch nur der erste Schritt zum flächendeckenden Aufbau der notwendigen Strukturen in allen Bundesländern.

3. Konsequenter Abbau bürokratischer Hürden

Ein wesentliches Anliegen der Dienstleistungsrichtlinie ist der konsequente Abbau bürokratischer Hemmnisse. Dabei ist, wie eingangs gesagt, zwischen Hürden im eigenen Niederlassungsstaat und Hürden im Ausland zu unterscheiden:

Im Staat der eigenen Niederlassung profitieren Dienstleister von einer systematischen Prüfung aller für die Aufnahme und Ausübung einer Dienstleistungstätigkeit geltenden Verfahren und Formalitäten. Die einzelnen Anforderungen sind nicht nur generell daraufhin zu prüfen, ob sie „einfach genug“ sind, sondern auch, ob sie in Widerspruch zu speziellen Vorgaben des Richtlinienentwurfs stehen. Derartige Spezialvorgaben betreffen beispielsweise den Ablauf von Genehmigungsverfahren, aber auch wirtschaftliche Bedarfsprüfungen oder die Pflicht zur Stellung finanzieller Sicherheiten.

Ein Beispiel für die Vereinfachungsaufträge der Richtlinie: Behörden sind künftig verpflichtet, Genehmigungen innerhalb von zuvor festgelegten Fristen zu erteilen. Wenn alle Unterlagen vollständig vorliegen und der Antrag innerhalb der Frist nicht bearbeitet wurde, gilt die Genehmigung nach Ablauf der Frist grundsätzlich als erteilt (Genehmigungsfiktion); nur aus zwingenden Gründen des Allgemeininteresses können abweichende Regelungen getroffen werden. Die Prüfpflichten führen also letztlich auch zu einfacheren Verfahren im Niederlassungsstaat.

Im EU-Ausland sind Dienstleister grundsätzlich zu freier Tätigkeitsaufnahme und -ausübung berechtigt. Das Zielland kann jedoch Einschränkungen zum Schutz der öffentlichen Sicherheit, der öffentlichen Ordnung, der öffentlichen Gesundheit oder der Umwelt vorsehen. Damit wurde eine Abkehr von dem zunächst vorgeschlagenen Herkunftslandprinzip vollzogen. Auch die notwendigen Kontrollmöglichkeiten verbleiben – wie von der Bundesregierung in den Richtlinienverhandlungen verlangt – im Zielland.

Die Prüfung des deutschen Rechts nach diesen Kriterien ist eine Mammut-Aufgabe: Betroffen sind in Deutschland nicht nur die 14 Bundesressorts und 16 Bundesländer, sondern auch rund 12.500 Kommunen und 234 Berufskammern. Dabei müssen auf allen diesen Ebenen nicht nur die jeweiligen Rechts- und Verwaltungsvorschriften berücksichtigt werden, sondern auch Rechtsprechung, Verwaltungspraxis und ggf. kollektive Regeln von Berufsvereinigungen. Diese Aufgabe ist nur zu bewältigen, wenn jede Ebene ihre eigenen Normen selbst überprüft. Die Hauptschwierigkeit liegt in der Koordination dieses Prozesses. Das Bundeswirtschaftsministerium erarbeitet dazu gemeinsam mit den übrigen Beteiligten ein abgestimmtes Prüfraster, das den jeweiligen Änderungsbedarf aufzeigen soll und auch auf eventuelle Berichtspflichten nach Brüssel hinweist. Denn über das Ergebnis der Prüfung haben die Mitgliedstaaten der EU-Kommission in bestimmten Kernpunkten zu berichten (Art. 39). Dabei muss vielfach auch ausdrücklich begründet werden, warum bestimmte Anforderungen beibehalten werden sollen.

4. Vertiefung der Verwaltungszusammenarbeit zwischen den Mitgliedstaaten

Ein weiterer Baustein sind die vorgesehenen Verbesserungen bei der Verwaltungszusammenarbeit zwischen den Mitgliedstaaten. Erstmals erhalten damit Kontrollbehörden die Möglichkeit, effektiv über ein elektronisches Informations- und Kommunikationssystem mit den zuständigen Kollegen in anderen EU-Mitgliedstaaten zusammenzuarbeiten. Auftretende Fragen – z.B. bei Verdacht auf Scheinselbständigkeit – können künftig damit schnell geklärt werden. Die Vorbereitungsarbeiten zum Aufbau des elektronischen Binnenmarktinformationssystems (IMI) haben schon begonnen. Bund und Länder stehen dabei in Kontakt mit den kommunalen Spitzenverbänden, um auch hier ein für alle Ebenen handhabbares und bezahlbares System sicherzustellen.

5. Transparentere Qualitätssiegel und Verhaltenskodizes

Etwas im Windschatten aller dieser Großprojekte steht bislang der vierte große Eckpfeiler der Dienstleistungsrichtlinie: Die Entwicklung transparenterer Qualitätssiegel und Verhaltenskodizes (Art. 26/37). Dabei ist das Anliegen der Richtlinie hier kaum minder wichtig: Der Binnenmarkt kann nur funktionieren, wenn Dienstleistungskunden auch die Qualität weniger bekannter ausländischer Anbieter einschätzen können. Die Richtlinie setzt in dieser Hinsicht stark auf die Selbstverwaltung der Wirtschaft, fordert aber auch die Mitgliedstaaten zu unterstützenden Strategien auf.

Das Bundeswirtschaftsministerium lässt hierzu bis Anfang/Mitte 2008 gerade eine Studie zur „Qualitätsbewertung und Standardisierung von Dienstleistungen“ erarbeiten. Das Gutachten soll nicht nur den bislang erreichten Stand der Dienstleistungsstandardisierung und –qualitätsbewertung dokumentieren, sondern auch weiterführende Handlungsoptionen aufzeigen. Dabei geht es im Wesentlichen um drei zentrale Fragen, nämlich

- für welche Bereiche und in welchem Rahmen verstärkt Standardisierungsbemühungen angestoßen werden sollen,
- ob die staatlichen Rahmenbedingungen für die Überwachung der Dienstleistungsstandards verbessert werden müssen,
- wie die Nachvollziehbarkeit der einzelnen Standards für Dienstleistungsempfänger verbessert werden kann.

Diese Fragen werden uns sicher noch weit über den Umsetzungshorizont der Dienstleistungsrichtlinie hinaus intensiv beschäftigen.

III. Organisation der Umsetzung

Abschließend noch einige Worte zur politischen Organisation des Umsetzungsprozesses. Dabei erinnere ich noch einmal an die Vielzahl unterschiedlicher Akteure und die komplexe Zuständigkeitsverteilung quer durch alle staatlichen Ebenen. Das bringt mit sich, dass sich die Umsetzung nicht immer idealtypisch mit „Projektstrukturplänen“ und straffen Steuerungsinstrumenten bewerkstelligen lässt. Die Umsetzung der Richtlinie kann vielfach nur in zeitaufwändigen Abstimmungsrunden und Gremien erfolgen, wobei vor allem den Ländergremien eine entscheidende Rolle zukommt. Im Zentrum steht dabei die Wirtschaftsministerkonferenz, die dem Bund-Länderausschuss „Dienstleistungswirtschaft" (unter Vorsitz des BMWi) das Mandat erteilt hat, die Umsetzung gesamtkoordinierend zu begleiten.

Innerhalb der Bundesregierung ist das Bundeswirtschaftsministerium federführend und koordiniert den Umsetzungsprozess, auch gegenüber Europa. Einige Teilaspekte, wie insbesondere die IT-Umsetzung und die Verwaltungsverfahren, fallen allerdings in den Zuständigkeitsbereich des Bundesinnenministeriums, mit dem das BMWi insoweit in regem Kontakt steht. Intensive Gespräche finden außerdem natürlich auch mit den Spitzenverbänden von Kammern und Kommunen sowie Gewerkschaften und weiteren Verbänden statt. Denn die Umsetzung der Richtlinie bedarf breiter Beteiligung und Verankerung, um auch wirklich im Alltag anzukommen.

IV. Ausblick

Auch wenn das Ziel „Abbau von Hürden für Wachstum und Beschäftigung im Dienstleistungsbereich" klar ist: Die eigentlichen Arbeiten haben mit Verabschiedung der Dienstleistungsrichtlinie erst begonnen. Es kommt nun entscheidend darauf an, dass die Weichen auch bei der Umsetzung richtig gestellt werden.

Das System des einheitlichen Ansprechpartners

ALEXANDER WINDOFFER

I. Einführung

Eine der Hauptaufgaben der Mitgliedstaaten, die aufgrund der Dienstleistungsrichtlinie 2006/123/EG zu bewältigen sind, besteht in der Einrichtung eines Systems einheitlicher Ansprechpartner. Dieses markiert – neben der durch Art. 5 und 9 – 16 DLRL und weitere Vorschriften angeordneten Normenprüfung[1] – eine der tragenden Säulen der mit der Richtlinie intendierten Verwaltungsvereinfachung. Es bildet quasi das institutionalisierte Standbein des vom EU-Gesetzgeber mit diesem Regelwerk bezweckten Bürokratieabbaus.

---

[1] Hierzu *Ziekow*, GewArch 2007, 179 (217 ff.).

Mit der Schaffung einheitlicher Ansprechpartner verbinden sich vielfältige rechtliche und praktische Fragen;[2] die Komplexität der Aufgabe lässt erwarten, dass sich im Laufe des Implementierungsprozesses zu den erkannten und in der Diskussion befindlichen bzw. bereits einer vorläufigen Lösung zugeführten Problemstellungen weitere hinzutreten. Die folgende Abhandlung wird sich daher nicht zuletzt aus Platzgründen darauf beschränken müssen, einen Überblick über die sssentialia des gemeinschaftsrechtlichen Auftrags zu geben und einige wesentliche nach dem gegenwärtigen Stand der Dinge augenfällige rechtliche und praktische Konsequenzen des neu zu errichtenden Systems von Kontaktstellen aufzuzeigen. Zu diesem Zweck sollen – im Anschluss an einen einführenden Beispielsfall (s. unten II.) – zunächst die Aufgaben und Funktionen des einheitlichen Ansprechpartners herausgearbeitet werden (s. unten III.). Sodann sind potentielle Ansiedlungsoptionen in der Bundesrepublik Deutschland und die für die Auswahl des Aufgabenträgers nach der Einschätzung des Verfassers maßgeblichen Kriterien darzustellen (s. unten IV.). Es folgt eine Übersicht über aktuelle Implementierungsfragen (s. unten V.), der sich eine Bewertung der Institution „einheitlicher Ansprechpartner" aus der Perspektive der Dienstleister, der Verwaltung und der Politik anschließt (s. unten VI.)

II. Wozu einheitliche Ansprechpartner? – Ein Beispielsfall

Wer sich die Frage nach Sinn und Zweck der Einrichtung einheitlicher Ansprechpartner stellt, dem sei dies anhand eines kleinen Beispielsfalls verdeutlicht: Angenommen, ein Straßburger Immobilienmakler beabsichtigt, in Sicht- und Rufweite auf der anderen Rheinseite im badischen Kehl eine zweite Niederlassung zu errichten. Welche Formalitäten und Behördengänge erwarten ihn dort? Die Suche nach der Antwort erfordert einen nicht unbeträchtlichen Rechercheaufwand und fördert – ohne Gewähr für die Vollständigkeit – folgende Vorgänge und Zuständigkeiten zutage:

1. eine melderechtliche Anmeldung bei der Meldebehörde der Gemeinde;
2. nach Weiterleitung der o. g. Anmeldung durch die Meldebehörde eine von Amts wegen erteilte Bescheinigung des Ausländeramts über das Aufenthaltsrecht gemäß § 5 Abs. 3 FreizügG/EU;
3. ein bei der Meldebehörde mit Blick auf die gewerberechtliche Erlaubnis zu beantragendes Führungszeugnis[3] und
4. eine Auskunft aus dem Gewerbezentralregister;[4]

---

[2] Vgl. hierzu eingehend die Autorenbeiträge in: *Ziekow/Windoffer* (Hrsg.), Ein einheitlicher Ansprechpartner für Dienstleister. Anforderungen des Vorschlags einer EU-Dienstleistungsrichtlinie und Gestaltungsoptionen im föderalen System der Bundesrepublik Deutschland, 2007.

[3] § 30 Abs. 5 BZRG, zum Nachweis der Zuverlässigkeit gemäß § 34 c Abs. 2 Nr. 1 GewO und Nr. 2.1.1.3 VV § 34 c GewO/MaBV.

5. beim Amtsgericht sodann eine Auskunft über Einträge im Schuldnerverzeichnis[5] und
6. eine Bescheinigung, dass über das Vermögen des Antragstellers kein Insolvenzverfahren eröffnet worden ist;[6]
7. beim Finanzamt eine Anmeldung zwecks Steuernummer[7] und
8. die Beantragung einer Unbedenklichkeitsbescheinigung;[8]
9. beim Gewerbeamt des Landratsamts die Einholung einer gewerberechtlichen Erlaubnis gemäß § 34 c Abs. 1 Nr. 1 Buchst. a GewO;
10. beim Gewerbeamt der Gemeinde eine Gewerbeanzeige gemäß § 14 GewO;[9]
11. eine Pflichtmitgliedschaft bei der IHK;[10]
12. im Falle der Kaufmannseigenschaft bei einem Notar die Beglaubigung des Eintragungsantrags in das Handelsregister, der
13. beim Amtsgericht die Eintragung gemäß § 29 HGB und die Erteilung eines Handelsregisterauszugs herbeiführt;
14. im Falle eines genehmigungspflichtigen Bauvorhabens beim Baurechtsamt die Beantragung einer Baugenehmigung;
15. je nach Gebotenheit eine direkte Kontaktaufnahme mit dem (auch im Gewerbeanzeige- sowie im Baugenehmigungsverfahren benachrichtigten) Gewerbeaufsichtsamt;
16. im Falle der Beschäftigung von Arbeitnehmern die Einholung einer Betriebsnummer beim Arbeitsamt sowie
17. eine Meldung derselben bei der Krankenkasse und schließlich
18. eine Mitteilung an die Berufsgenossenschaft, welche allerdings auch gemäß § 14 Abs. 5 Nr. 6 im Zuge der Gewerbeanzeige vorgesehen ist.

---

[4] § 150 GewO, ebenfalls zum Nachweis der Zuverlässigkeit gemäß § 34 c Abs. 2 Nr. 1 GewO und Nr. 2.1.1.3 VV § 34 c GewO/MaBV.

[5] Dies ist erforderlich zum Nachweis geordneter Vermögensverhältnisse gemäß § 34 c Abs. 2 Nr. 2 GewO und Nr. 2.1.1.3 VV § 34 c GewO/MaBV.

[6] S. Fn. 5.

[7] Zwar erfolgt gemäß § 138 Abs. 1 AO eine Benachrichtigung des Finanzamts durch die Gemeinde; eine direkte Kontaktaufnahme vorab zur Klärung steuerrechtlicher Fragen ist jedoch in jedem Fall empfehlenswert.

[8] § 34 c Abs. 2 Nr. 2 GewO und Nr. 2.1.1.3 VV § 34 c GewO/MaBV.

[9] Das Gewerbeamt benachrichtigt weitere Behörden, die u.U. an den Dienstleister herantreten, z. T. aber auch von diesem selbst kontaktiert werden.

[10] Mangels eines solchen Direktkontakts würde umgekehrt die IHK als gemäß § 14 Abs. 5 Nr. 1 GewO durch das Gewerbeamt benachrichtigte Stelle auf den Dienstleister zukommen.

III. Aufgaben und Funktionen des einheitlichen Ansprechpartners

1. Übersicht

Angesichts dieser stolzen Zahl bürokratischer Vorgänge drängen sich dem unbefangenen Betrachter auch ohne detaillierte Kenntnis der Dienstleistungsrichtlinie zwei Aufgabenfelder einer Institution namens „Einheitlicher Ansprechpartner" förmlich auf, nämlich

- die Übermittlung von Informationen darüber, welche verfahrens- und materiellrechtlichen Anforderungen mit der rechtmäßigen Aufnahme und Ausübung der betreffenden Tätigkeit verbunden sind, und
- eine irgendwie geartete Unterstützung bei der Abwicklung der erforderlichen Verfahren, die im Idealfall den mühsamen und zeitaufwändigen Gang zu einer Vielzahl von Behörden vermeiden hilft.

Damit sind die beiden hauptsächlichen Tätigkeitskreise des einheitlichen Ansprechpartners auch schon im Wesentlichen umschrieben. Entsprechend sehen Art. 6 Abs. 1 und 8 Abs. 1 DLRL vor, dass Dienstleistern die Abwicklung der zur Aufnahme und Ausübung ihrer Tätigkeit erforderlichen Verfahren und Formalitäten über diese Kontaktstellen möglich ist, und zwar u. a. aus der Ferne und auf elektronischem Wege. Art. 7 DLRL ergänzt diese Aufgabe um einschlägige Informationspflichten betreffend die Rechtslage im Mitgliedstaat des einheitlichen Ansprechpartners. Letztgenannte Funktion als Informationsstelle soll übrigens nicht nur Dienstleistern, sondern auch (EU-ausländischen) Dienstleistungsempfängern zugute kommen. Während Art. 7 DLRL zum „Pflichtprogramm" der Kontaktstellen zählt, können die Mitgliedstaaten diese (anstelle anderer hierfür geeigneter Einrichtungen) darüber hinaus gemäß Art. 21 Abs. 2 DLRL optional auch zur Information inländischer Verbraucher vornehmlich über die Rechtslage in anderen Mitgliedstaaten verpflichten.

Im Folgenden sollen die Aufgaben gemäß Art. 6 Abs. 1, 8 Abs. 1 DLRL im Zusammenhang mit Verwaltungsverfahren einerseits und die Informationsaufgaben gemäß Art. 7 DLRL andererseits einer näheren Betrachtung unterzogen werden.[11]

---

[11] Zu den nachfolgend außer Betracht bleibenden Informationen gemäß Art. 21 DLRL s. *Windoffer*, in: Ziekow/Windoffer (Hrsg.), Ein einheitlicher Ansprechpartner für Dienstleister. Anforderungen des Vorschlags einer EU-Dienstleistungsrichtlinie und Gestaltungsoptionen im föderalen System der Bundesrepublik Deutschland, 2007, S. 48 f.; *Ziekow/Windoffer*, in: Schlachter/Ohler (Hrsg.), Europäische Dienstleistungsrichtlinie, Handkommentar (im Erscheinen), Art. 21 Rn. 1 ff.

2. Unterstützung bei der Verfahrensabwicklung (Art. 6 Abs. 1, 8 Abs. 1 DLRL)

a) Begünstigter Personenkreis: Dienstleister

Im Hinblick auf die Unterstützung bei der Verfahrensabwicklung sei zunächst die in den bisherigen Ausführungen bereits des Öfteren als „Dienstleister" bezeichnete Zielgruppe näher bestimmt. Mit dem Begriff des Dienstleistungserbringers (Art. 4 Nr. 2 i.V.m. Nr. 1 DLRL) nimmt die Richtlinie Bezug auf Art. 50 EGV. Dienstleistungen im Sinne dieser Vorschrift sind in selbständiger Tätigkeit regelmäßig entgeltlich erbrachte Leistungen, insbesondere solche des Handwerks, des Handels oder der freien Berufe.[12] Weiter setzt eine Inanspruchnahme der Grundfreiheiten voraus, dass die Tätigkeit mit einer Grenzüberschreitung (des Dienstleisters, des Dienstleistungsempfängers oder der Dienstleistung selbst) verbunden ist, weshalb rein inländische Sachverhalte ausgenommen sind.[13] Mit Blick auf die Vermeidung der damit verbundenen, aus Rechtsgründen hinzunehmenden Inländerdiskriminierung[14] stellt die Ausdehnung des Angebots der Kontaktstellen auf die – nach Fallzahlen bemessen ungleich bedeutsamere – Gruppe der nicht grenzüberschreitend tätigen Inländer eine nach politischen und wirtschaftlichen Kriterien zu bewertende Frage dar; die Überlegung einer solchen Erweiterung wird allerdings, soweit ersichtlich, von einem breiten Konsens getragen.[15] Nicht erfasst sind dagegen solche Dienstleister, die den gemäß Art. 2 DLRL vom Anwendungsbereich der Richtlinie ausgenommenen Tätigkeitsbereichen unterfallen.

Art. 6 DLRL erstreckt sich ausweislich seiner systematischen Stellung in Kapitel II auf beide Grundfreiheiten, so dass sich eine Abgrenzung von Dienstleistungstätigkeiten, die mit einer Niederlassung i.S.v. Art. 43 EGV verbunden sind, und solchen, die lediglich vorübergehend im Rahmen des freien Dienstleistungsverkehrs gemäß Art. 49 ff. EGV erbracht werden, erübrigt.

---

[12] Zum Dienstleistungsbegriff im Einzelnen *Kluth*, in: Calliess/Ruffert (Hrsg.), Kommentar zu EU-Vertrag und EG-Vertrag, 3. Aufl. 2007, Art. 49, 50 EGV Rn. 5 ff.; *Windoffer*, in: Böhret/Grunow/Ziekow (Hrsg.), Der Vorschlag zu einer Richtlinie des Europäischen Parlaments und des Rates über Dienstleistungen im Binnenmarkt. Regelungsgehalt – Problemfelder – Akteurspositionen, Speyerer Forschungsberichte 241, 2005, S. 44 ff.

[13] *EuGH*, Slg. 1980, 833, Egrd. 9 – Debauve; Slg. 1991, I-659, Egrd. 9 – Fremdenführer Frankreich; Slg. 1991, I-709, Egrd. 8 – Fremdenführer Italien; Slg. 1991, I-727, Egrd. 9 – Fremdenführer Griechenland.

[14] Hierzu *BVerwG*, EzAÜG SGB IV Nr. 24; *BVerwG*, GewArch 2004, 488 ff.; BFHE 210, 43; *Ziekow/Windoffer*, in: Schlachter/Ohler (Hrsg.), Europäische Dienstleistungsrichtlinie, Handkommentar (im Erscheinen), Art. 6 Rn. 4.

[15] Vgl. *Wuermeling*, Die Dienstleistungsrichtlinie und ihre Bedeutung für die deutsche Verwaltungsorganisation, in: Aktuelle Stellungnahmen 4/06 des Instituts für Kammerrecht vom 12.10.2006; s. auch Beschluss der *Wirtschaftsministerkonferenz* am 4./5.6.2007 in Eisenach; *BMWi*, Europäische Dienstleistungsrichtlinie (RL 2006/123/EG): Umsetzungspflichten und Sachstand (Stand: 24.7.2007), S. 2, sowie den Beitrag von *Storost* in diesem Band.

b) Gegenstand: Verfahren und Formalitäten

Für die (teleologische) Auslegung[16] von Art. 6 Abs. 1 DLRL und damit für die Bestimmung des Leistungsspektrums des einheitlichen Ansprechpartners muss die in den Ermächtigungsgrundlagen der Art 47 Abs. 1, 55 EGV niedergelegte, i.S.d. Effektivitätsgrundsatzes[17] zu verfolgende Zielsetzung leitend sein, die Aufnahme und Ausübung selbständiger Tätigkeiten tatsächlich wirksam zu erleichtern. Dies gebietet es, den Kreis der über diese Kontaktstellen abzuwikkelnden Verfahren und Formalitäten möglichst weit zu ziehen und auf alle im Zusammenhang mit der Dienstleistungserbringung stehenden, d. h. kraft Rechtsvorschrift aus Anlass der Aufnahme und Ausübung dieser Tätigkeit bei einer Behörde im funktionellen Sinne abzuwickelnden Vorgänge zu erstrekken.[18] So darf zunächst die Aufzählung in Art. 6 Abs. 1 lit. a DLRL und die Erwähnung nur der „Genehmigungen" in Art. 6 Abs. 1 lit. b DLRL nicht zu dem Schluss verleiten, der einheitliche Ansprechpartner solle lediglich Verfahren der Präventivkontrolle und nicht solche der nachträglichen Kontrolle abwickeln. Hiergegen streiten unabhängig von Zweckerwägungen bereits in systematischer Hinsicht der umfassend formulierte Art. 8 Abs. 1 DLRL („alle", „betreffen") und die lediglich auf Kontrollrealhandeln zugeschnittene Ausnahme in Art. 8 Abs. 2 DLRL, desgleichen Art. 11 Abs. 3 DLRL. Auch dürfte sich mit der in Art. 9 Abs. 1 lit. c DLRL und Erwägungsgrund 54 zum Ausdruck kommenden „Philosophie" der Richtlinie, die Präventivkontrolle zugunsten der nachträglichen Kontrolle zurückzudrängen, kaum die Absicht verbinden, auf diesem Wege zugleich das Tätigkeitsfeld des ebenfalls zu Vereinfachungszwecken geschaffenen einheitlichen Ansprechpartners einzuschränken.

Um die Chance, das Erleichterungsziel in hohem Maße zu erreichen, nicht zu vereiteln, sollte in Bezug auf den einheitlichen Ansprechpartner auch von der ausweislich Erwägungsgrund 9 intendierten Differenzierung zwischen dienstleistungsspezifischen und „Jedermann-Anforderungen" abgesehen werden.[19] Diese führt nicht nur – u. a. mangels Präzisierung auf Gemeinschafts-

---

[16] Zur Bedeutung der objektiv-teleologischen Auslegung im Gemeinschaftsrecht s. *EuGH*, Slg. 1987, 1493, Egrd. 11 – Kommission/Rat; Slg. 1991, 2867, Egrd. 10 – Kommission/Rat; *Anweiler*, Die Auslegungsmethoden des Gerichtshofs der Europäischen Gemeinschaften, 1997, S. 198 ff.; *Pernice/Mayer*, in: Grabitz/Hilf, Das Recht der Europäischen Union, Band III (EUV/EGV), Stand April 2007, Art. 220 EGV Rn. 44 f.

[17] Zum Effektivitätsgrundsatz im Rahmen der Auslegung *Anweiler*, Die Auslegungsmethoden des Gerichtshofs der Europäischen Gemeinschaften, 1997, S. 219 ff.; *Pernice/Mayer*, in: Grabitz/Hilf, Das Recht der Europäischen Union, Band III (EUV/EGV), Stand April 2007, Art. 220 EGV Rn. 46; *Potacs*, Auslegung des Gemeinschaftsrechts durch den Europäischen Gerichtshof, 1996, S. 15 ff.

[18] Vgl. *Windoffer*, in: Ziekow/Windoffer (Hrsg.), Ein einheitlicher Ansprechpartner für Dienstleister. Anforderungen des Vorschlags einer EU-Dienstleistungsrichtlinie und Gestaltungsoptionen im föderalen System der Bundesrepublik Deutschland, 2007, S. 29 f.

[19] Hierzu und zum Folgenden *Windoffer*, in: Ziekow/Windoffer (Hrsg.), Ein einheitlicher Ansprechpartner für Dienstleister. Anforderungen des Vorschlags einer EU-Dienstleistungsrichtlinie und Gestaltungsoptionen im föderalen System der Bundesrepublik Deutschland, 2007, S. 29 f.

ebene[20] – zu Abgrenzungsschwierigkeiten hinsichtlich der einbezogenen Verfahren und auch Informationen, sondern zieht zudem schwerlich begründbare Ungleichbehandlungen nach sich: So könnte etwa ein speziellen Bauvorschriften unterworfener Gastwirt die Kontaktstellen für Baugenehmigungsverfahren in Anspruch nehmen, ein Bürodienstleister, der nur die für „jedermann" geltenden Bestimmungen zu beachten hätte, hingegen nicht. Mangels dienstleistungsspezifischer Vorgaben würde dem Betroffenen folglich die Unterstützung ausgerechnet bei verhältnismäßig komplexen Vorgängen verwehrt: Man denke außer den erwähnten Baugenehmigungen etwa an die ebenfalls vornehmlich objektbezogenen umweltrechtlichen Zulassungsverfahren. Lücken im Informationsangebot dergestalt, dass Auskünfte zu einer nicht unbeträchtlichen Zahl abzuwickelnder Verfahren verweigert werden könnten, wären aus der Dienstleisterperspektive ebenfalls kaum nachvollziehbar.

In gleichem Sinne erscheint eine teleologische Reduktion der Ausnahmevorschriften bezogen auf bestimmte Rechtsmaterien wie etwa das Steuerrecht oder das Sozialversicherungsrecht insofern geboten, als im einschlägigen Verfahrensrecht vorgesehene Anmeldungen (s. der Beispielsfall unter II.) ebenfalls über den einheitlichen Ansprechpartner abgewickelt werden können.

Freilich umfasst der Aufgabenbereich der Kontaktstellen stets nur solche Vorgänge, bei denen die Einbeziehung derselben sinnvoll ist. Diese Eignung besteht für die Verfahrenskorrespondenz, insbesondere den Schriftverkehr, nicht aber z. B. für Realakte wie Vor-Ort-Kontrollen und ähnliche, auf unmittelbare Inaugenscheinnahme von Personen, Sachen und Zuständen durch die Fachbehörde ausgerichtete Handlungen. Ferner sind keine Rechtsbehelfsverfahren erfasst.[21]

c) Funktionen: Front Office und „Verfahrenspartner"

Die Funktionen des einheitlichen Ansprechpartners im Zusammenhang mit der Verfahrensabwicklung lassen sich mit Front Office und „Verfahrenspartner" umschreiben. Ersteres bedeutet, dass Dienstleister die Möglichkeit erhalten, alle Behördenkontakte beim einheitlichen Ansprechpartner bündeln zu lassen und auf eine unmittelbare Interaktion mit den zuständigen Stellen (Back Offices) zu verzichten, wenn und soweit sie dies wünschen; es besteht keinerlei Zwang, diesen Weg zu wählen.[22] Mit der Einrichtung eines Systems von Kontaktstellen tritt keine Veränderung in der mitgliedstaatlichen Zuständigkeitsverteilung ein, wie Art. 6 Abs. 2 DLRL ausdrücklich klarstellt; ob und inwie-

[20] Die Ausführungen in Nr. 2.3.2 des Kommissionshandbuchs bieten diesbezüglich ebenfalls keinen näheren Aufschluss.

[21] Vgl. Nr. 5.2.1 des Kommissionshandbuchs.

[22] Vgl. *Ziekow/Windoffer*, in: Schlachter/Ohler, Europäische Dienstleistungsrichtlinie, Handkommentar (im Erscheinen), Art. 8 Rn. 12 f. Der Aspekt der Freiwilligkeit einer Inanspruchnahme der Kontaktstellen wird auch in Nr. 5.2.2 des Kommissionshandbuchs ausdrücklich betont.

weit zugleich eine Zuständigkeitskonzentration erfolgen soll, bleibt den Mitgliedstaaten überlassen. Es empfiehlt sich nicht zuletzt aus Haftungsgründen, die Trennung der Zuständigkeiten und die den jeweiligen Stellen zugewiesenen Amtspflichten auch im Außenverhältnis zu den Dienstleistern und – betreffend Art. 7 DLRL – den Verbrauchern eindeutig transparent zu machen.

Als Front Office kommt dem einheitlichen Ansprechpartner nur eine Mittler- bzw. Botenstellung, nicht hingegen diejenige eines Bevollmächtigten oder Vertreters (der Behörde oder des Dienstleisters) zu. Zur Effektuierung der Unterstützerfunktion zugunsten des Dienstleisters ist es allerdings geboten, ihn auch als „Verfahrenspartner" desselben zu verstehen und ihm zumindest informelle, die Zuständigkeitsordnung wahrende Befugnisse zur Einwirkung auf die zuständigen Stellen im Hinblick auf eine ordnungsgemäße, insbesondere zügige Verfahrenserledigung einzuräumen.[23] Solche nicht mit Eingriffsbefugnissen verbundene Instrumente könnten in einem Auskunftsrecht über den Stand des Verfahrens, die Pflicht zur Mahnung unter Erinnerung an Fristen und evtl. Genehmigungsfiktionen (Art. 13 Abs. 4 DLRL) sowie ggf. zur Anrufung der Rechts- oder auch Dienstaufsichtsbehörde bestehen.

d) Modalitäten: Fernweg und elektronische Abwicklung

Hinsichtlich des Ablaufs und der Form der abzuwickelnden Verfahren enthält Art. 8 Abs. 1 DLRL Vorgaben mit beträchtlichen Konsequenzen auf das deutsche Verfahrensrecht. So muss dem Dienstleister künftig auf seinen Wunsch die Möglichkeit[24] eingeräumt werden, alle hierfür geeigneten Verfahren aus der Ferne, d. h. vom Ausland aus, sowie auf elektronischem Wege über die einheitlichen Ansprechpartner und bei den zuständigen Behörden abzuwickeln. In Bezug auf die elektronische Verfahrensführung bedeutet dies eine Abkehr vom bisherigen Prinzip der Freiwilligkeit gemäß § 3 a VwVfG. Den Idealfall bildet somit eine Erledigung der für eine rechtmäßige Tätigkeit erforderlichen Formalitäten vom heimischen PC aus. Freilich markiert auch diesbezüglich das Kriterium der Eignung die Grenze, wie Art. 8 Abs. 2 DLRL und Erwägungsgründe 52, 53 klarstellen.

Die aus diesen Bestimmungen (und in gleicher Weise aus Art. 7 Abs. 3 und Art. 21 Abs. 1 DLRL) resultierenden Anforderungen an die Mitgliedstaaten

---

[23] Vgl. *Windoffer*, in: Ziekow/Windoffer (Hrsg.), Ein einheitlicher Ansprechpartner für Dienstleister. Anforderungen des Vorschlags einer EU-Dienstleistungsrichtlinie und Gestaltungsoptionen im föderalen System der Bundesrepublik Deutschland, 2007, S. 34 f.; *Ziekow/Windoffer*, in: Schlachter/Ohler, Europäische Dienstleistungsrichtlinie, Handkommentar (im Erscheinen), Art. 8 Rn. 15.

[24] Auch diesbezüglich besteht kein Exklusivitätsverhältnis zugunsten der neu geschaffenen Verfahrenserleichterung, vgl. Nr. 5.4.1 des Kommissionshandbuchs. Dem widersprechend und im Übrigen wenig lebensnah wird demgegenüber in Nr. 5.2.1 die Möglichkeit angesonnen, einen rein virtuellen einheitlichen Ansprechpartner vorzusehen.

sind nicht zu unterschätzen.[25] So bedarf es der Analyse und informationstechnischen Aufbereitung sämtlicher von der Richtlinie erfassten Verfahren und Formalitäten; um die Zeitvorgabe des Art. 44 DLRL zu erfüllen, ist dieser Prozess ausgehend vom Ist-Zustand in Angriff zu nehmen, obwohl sich aufgrund der parallel durchzuführenden Normenprüfung hier noch Änderungen ergeben werden. Ferner sind gemeinschaftsweit alle potentiell an diesen Verwaltungsverfahren sowie am Informationsaustausch beteiligten Akteure zu vernetzen. Die Datenübermittlung muss medienbruchfrei[26] und zu gemeinschaftsweit interoperablen Standards[27] erfolgen.

3. Informationsaufgaben (Art. 7 DLRL)

a) Stufenverhältnis der Zuständigkeiten

Art. 7 DLRL bindet den einheitlichen Ansprechpartner in die mitgliedstaatlichen Informationspflichten ein, die sowohl Dienstleister i.S.v. Art. 50 EGV als auch (primär EU-ausländische) Dienstleistungsempfänger begünstigen, die sich zwecks Gebrauchmachens von ihrer grenzüberschreitenden passiven Dienstleistungsfreiheit[28] über die Rechtslage im Mitgliedstaat der durch Art. 7 DLRL verpflichteten Stellen kundig machen möchten. Diese Vorschrift lässt folgendes Stufenverhältnis der Zuständigkeiten in Abhängigkeit vom Grad der (rechtlichen) Spezialität der Information erkennen:

- Auf der ersten Stufe handelt es sich um eher formale, z. T. eine Wegweiserfunktion erfüllende Basisinformationen, die etwa auf die Benennung der Anforderungen an Dienstleister, der abzuwickelnden Verfahren, Behördenzuständigkeiten und möglichen Rechtsbehelfe gerichtet sind (Art. 7 Abs. 1 DLRL). Hier ist der einheitlichen Ansprechpartner selbst für die Beantwortung entsprechender Anfragen zuständig.
- Die zweite Stufe umfasst inhaltliche Informationen über „die gewöhnliche Auslegung und Anwendung" von Rechtsvorschriften betreffend die Anforderungen an Dienstleister (Art. 7 Abs. 2 DLRL), die i.S.d. Wahrung der

---

[25] Zu den Einzelheiten der informationstechnischen Umsetzung s. ausführlich *Nesseldreher*, in: Ziekow/Windoffer (Hrsg.), Ein einheitlicher Ansprechpartner für Dienstleister. Anforderungen des Vorschlags einer EU-Dienstleistungsrichtlinie und Gestaltungsoptionen im föderalen System der Bundesrepublik Deutschland, 2007, S. 189 ff.

[26] Zur Anforderung, nicht lediglich im Außenverhältnis zum Dienstleister, sondern auch im inner- und zwischenbehördlichen Bereich medienbruchfrei zu arbeiten, *Ziekow/Windoffer*, in: Schlachter/Ohler, Europäische Dienstleistungsrichtlinie, Handkommentar (im Erscheinen), Art. 8 Rn. 4; s. auch Nr. 5.4.1 des Kommissionshandbuchs.

[27] Hierzu Art. 8 Abs. 3 DLRL und Nr. 5.4.2 des Kommissionshandbuchs.

[28] Zur passiven Dienstleistungsfreiheit *EuGH*, Slg. 1984, 377, Egrd. 10, 16 – Luisi und Carbone; Slg. 1989, 195, Egrd. 15 – Cowan; Slg. 1998, I-7637, Egrd. 15 – Bickel und Franz; Slg. 1999, I-11, Egrd. 16 – Calfa; *Müller-Graff*, in: Streinz, EUV/EGV, 2003, Art. 49 EGV, Rn. 37 ff.

Zuständigkeitsordnung gemäß Art. 6 Abs. 2 DLRL den zuständigen Fachbehörden zur Beantwortung in der Sache zugewiesen sind. Werden einschlägige Informationsgesuche über den einheitlichen Ansprechpartner gestellt, fungiert dieser analog der Situation bei der Verfahrensabwicklung wiederum als Front Office und „Verfahrenspartner".

- Die der dritten Stufe zuzuordnende Rechtsberatung im Einzelfall ist ausweislich Art. 7 Abs. 6 DLRL – und der gegenwärtigen Rechtslage in Deutschland entsprechend – weder von den zuständigen Behörden noch gar vom einheitlichen Ansprechpartner zu leisten, sondern Aufgabe rechtsberatender Institutionen.

Freilich sind die Übergänge zwischen den drei Stufen fließend, was eine Abgrenzung erschwert; u.U. bewirken bereits kleine sprachliche Nuancen einen solchen Grenzübertritt. Aus diesem Grunde sollte sich der einheitliche Ansprechpartner solcher Angaben enthalten, die über eine Benennung der abzuwickelnden Verfahren, die Darstellung ihres Ablaufs in groben Zügen, die Benennung der einschlägigen Vorschriften und ggf. die schlichte Wiedergabe ihres Wortlauts hinausgehen; insbesondere sollte er von einer rechtlichen Würdigung der konkreten Sachlage des Dienstleisters oder gar von Ratschlägen zur Vorgehensweise absehen.[29]

b) Modalitäten der Informationserteilung

Art. 7 Abs. 2 Satz 2, Abs. 3 bis 5 DLRL und Erwägungsgrund 50 lassen sich folgende Modalitäten der Informationserteilung entnehmen:[30]

- Es ist ein Multikanalzugang zu eröffnen. Dies bedeutet, dass die Mitgliedstaaten zunächst standardisierte Informationen auf einem Portal zur Verfügung stellen. Darüber hinaus sind individuelle Anfragen „aktiv" zu beantworten, wobei explizit eine Informationserteilung aus der Ferne und auf elektronischem Wege vorgegeben ist. Fernanfragen sind damit auch auf schriftlichem oder fernmündlichem Wege möglich. Da diese Vorgaben den Rechtskreis der Begünstigten erweitern, nicht aber einschränken sollen, lässt sich hieraus im Umkehrschluss freilich kein Ausschluss eines persönlichen Kontakts vor Ort entnehmen, weshalb im Endeffekt jede Form der Interaktion ermöglicht werden muss.[31]

---

[29] Vgl. *Ziekow/Windoffer*, in: Schlachter/Ohler, Europäische Dienstleistungsrichtlinie, Handkommentar (im Erscheinen), Art. 7 Rn. 5, 21.

[30] Hierzu *Windoffer*, in: Ziekow/Windoffer (Hrsg.), Ein einheitlicher Ansprechpartner für Dienstleister. Anforderungen des Vorschlags einer EU-Dienstleistungsrichtlinie und Gestaltungsoptionen im föderalen System der Bundesrepublik Deutschland, 2007, S. 45 ff.

[31] Auch aus diesem Grunde scheidet ein rein virtueller einheitlichen Ansprechpartner aus, s. bereits oben Fn. 24.

- Ferner müssen die Informationen zügig und verständlich erteilt werden sowie dem neuesten Stand entsprechen. Bei Unklarheiten der Anfragen sowie Unzuständigkeit der kontaktierten Stelle ist eine Rückmeldung geboten.

- Erwünscht, wenngleich nicht zwingend vorgegeben sind mehrsprachige Informationen. Diesbezüglich erscheint es jedoch ausreichend, sich zunächst auf Portalinformationen sowie auf einzelne EU-Amtssprachen zu beschränken, so etwa Englisch und Französisch als Standard sowie je nach regionaler Relevanz die Sprache eines anderen Nachbarstaats.[32]

IV. Ansiedlungsoptionen (Überblick)

1. Mögliche Aufgabenträger

Die Richtlinie belässt den Mitgliedstaaten hinsichtlich der Verortung des einheitlichen Ansprechpartners einen breiten Spielraum. Einzige Vorgabe ist die „subjektive Einheitlichkeit" aus Sicht des jeweiligen Dienstleisters in seiner konkreten Situation, welche lediglich verlangt, dass

- aus der nationalen Zuständigkeitsordnung eindeutig hervorgeht, wer der für ihn zuständige einheitliche Ansprechpartner ist, und

- eine kontinuierliche Betreuung durch diese Stelle über den gesamten Zeitraum im Vorfeld, während und ggf. nach Abschluss der Dienstleistungstätigkeit gewährleistet ist.[33]

Verfassungsrechtlich zulässige Alternativen für die Übertragung sämtlicher Aufgaben des einheitlichen Ansprechpartners wären demnach:[34]

- allgemeine oder besondere Verwaltungsbehörden auf Landes- oder Bezirksebene;

- Verwaltungsbehörden auf kommunaler Ebene, vornehmlich bei den Verwaltungen der Stadt- und Landkreise und ggf. großen Kreisstädte;

---

[32] Vgl. *Ziekow/Windoffer*, in: Schlachter/Ohler, Europäische Dienstleistungsrichtlinie, Handkommentar (im Erscheinen), Art. 7 Rn. 19.

[33] Näher zum Ganzen *Windoffer*, in: Ziekow/Windoffer (Hrsg.), Ein einheitlicher Ansprechpartner für Dienstleister. Anforderungen des Vorschlags einer EU-Dienstleistungsrichtlinie und Gestaltungsoptionen im föderalen System der Bundesrepublik Deutschland, 2007, S. 51 ff.; *Ziekow/Windoffer*, in: Schlachter/Ohler, Europäische Dienstleistungsrichtlinie, Handkommentar (im Erscheinen), Art. 6 Rn. 18 f.

[34] Ausführlich hierzu mit rechtlicher und praktischer Bewertung die Beiträge von *Hermonies*, *Nesseldreher*, *Siegel* und *Windoffer* in: Ziekow/Windoffer, Ein einheitlicher Ansprechpartner für Dienstleister. Anforderungen des Vorschlags einer EU-Dienstleistungsrichtlinie und Gestaltungsoptionen im föderalen System der Bundesrepublik Deutschland, 2007, S. 63 ff.; s. auch *Windoffer*, DVBl. 2006, 1210 (1214 ff.).

- die Kammern (IHK, Handwerkskammern, Kammern der Freiberufler) jeweils für die ihrem Zuständigkeitsbereich unterfallenden Berufsgruppen;
- Kooperationen der o.g. primären Aufgabenträger mit privaten oder öffentlichen Stellen (PPP oder öffentlich-öffentliche Partnerschaften); so käme beispielsweise eine Zusammenarbeit zwischen mehreren Kammern sowie zwischen Kammern und Kommunen in Betracht;
- Private, die ohne Bestehen eines solchen Kooperationsverhältnisses z. B. aufgrund einer Zertifizierung im Rahmen eines Qualitätssicherungssystems als einheitliche Ansprechpartner fungieren.

Nur für den Betrieb eines Portals und ggf. vorgelagerte Wegweiserfunktionen könnte ergänzend der Bund, dem mangels Vollzugskompetenz eine Verfahrensabwicklung durch einheitliche Ansprechpartner auf Bundesebene verwehrt ist,[35] eingebunden werden. Für entsprechende flankierende Informationsaufgaben kommen ferner Institutionen wie z. B. die Metropolregionen in Betracht. Die Bestimmung der als einheitliche Ansprechpartner zuständigen Stellen obliegt den Ländern.[36]

2. Kriterien für die Auswahl der Aufgabenträger

An dieser Stelle erfolgt keine Beurteilung, welche der unter 1. aufgezählten Optionen den Vorzug verdient.[37] Stattdessen sollen abstrahiert von konkreten Lösungen allgemeine Kriterien aufgezeigt werden, deren Beachtung bei der Entscheidung über die Auswahl der Aufgabenträger empfohlen sei:

- So würde es sich anbieten, an bereits vorhandene Vorerfahrungen mit Beratungs- und Informationsangeboten und – im Idealfall – auch mit Angeboten von One Stop Shops anzuknüpfen, ungeachtet der Tatsache, dass diese, soweit vorhanden, noch nicht mit dem Aufgabenspektrum des einheitlichen Ansprechpartners übereinstimmen. Sinnvoll wäre auch eine Verknüpfung mit der allgemeinen Gründerberatung, welche in der Sache deutlich über die Informationsleistungen des einheitlichen Ansprechpartners hinausgeht und zudem in zeitlicher Hinsicht weit früher einsetzt. Auf

---

[35] Vgl. *Ziekow/Windoffer*, in: Schlachter/Ohler, Europäische Dienstleistungsrichtlinie, Handkommentar (im Erscheinen), Art. 6 Rn. 21. So auch *BMWi*, Europäische Dienstleistungsrichtlinie (RL 2006/123/EG): Umsetzungspflichten und Sachstand (Stand: 24.7.2007), S. 4.

[36] Vgl. *Ziekow/Windoffer*, in: Schlachter/Ohler, Europäische Dienstleistungsrichtlinie, Handkommentar (im Erscheinen), Art. 6 Rn. 22; *BMWi*, Europäische Dienstleistungsrichtlinie (RL 2006/123/EG): Umsetzungspflichten und Sachstand (Stand: 24.7.2007), S. 4.

[37] Diesbezüglich sei betreffend die Kommunen und Kammern auf die Stellungnahmen von *Karstedt-Meierrieks*, *Ritgen*, *Palige* und *Lemor* in diesem Band verwiesen. Speziell mit Bezug auf die Handwerkskammern s. ferner *Palige*, GewArch 2007, 273 ff.

diese Weise ließe sich ein umfassender „Service aus einer Hand" anbieten.[38]

- In gleicher Weise erwiesen sich Vorerfahrungen mit der Abwicklung von Verwaltungsverfahren und der Koordination von Behörden als Vorzug.
- In Verbindung mit den o.g., auf die Inhalte des Leistungsangebots bzw. Tätigkeitsfelds bezogenen Gesichtspunkten wäre – nun im Hinblick auf die Ausstattung – auch das Vorhandensein einer entsprechenden organisatorischen, personellen und technischen Infrastruktur zu nennen.
- Ein nicht zu vernachlässigender Aspekt ist sodann die Verankerung des einheitlichen Ansprechpartners im regionalen bzw. lokalen „Governance-Netzwerk", da der Erfolg des seitens des EU-Gesetzgebers verfolgten One-Stop-Shop-Prinzips zu einem nicht unbeträchtlichen Teil von einer reibungslosen und von breiter Akzeptanz getragenen Interaktion aller beteiligten Stellen abhängt.
- Von Vorteil wäre mit Blick auf die grenzüberschreitenden Verfahrensabwicklungs- und Informationsleistungen für Unternehmer ferner eine bereits erworbene außenwirtschaftliche Kompetenz.
- Gleiches gilt für ein ausgeprägtes Verständnis für unternehmerische Abläufe, Interessen und Anliegen, um die Funktion als „Verfahrenspartner" erfüllen zu können. Die Heterogenität und Multinationalität der Klientel erhöht hierbei die Anforderungen an das in der Institution „Einheitlicher Ansprechpartner" beschäftigte Personal noch zusätzlich. Denn dieses wird nicht nur Unternehmen unterschiedlichster Branchen und Größenordnungen bedienen, sondern vielfach auch in sprachlichen Hürden und (rechts-) kulturellen Unterschieden liegende Schwierigkeiten bewältigen müssen.

V. Implementierungsfragen

Welchen Fragen im Zusammenhang mit der Implementierung des Systems einheitlicher Ansprechpartner werden sich nun die Mitgliedstaaten in nächster Zeit hauptsächlich zu widmen haben? Nun, zunächst sollte baldmöglichst die Entscheidung über die Verortung dieser Institution samt der damit zusammenhängenden Aspekte wie Refinanzierung, Aufsicht etc. getroffen werden, nicht zuletzt um den künftigen Aufgabenträgern die Gelegenheit zu geben, sich

---

[38] Hierzu *Windoffer*, Europäische KMU-Politik: Impulse für mehr Gründungsdynamik und Perspektiven für die Kammern, in: Kluth (Hrsg.), Jahrbuch des Kammer- und Berufsrechts 2006, 2007, S. 91, 93 f., 101 f., 111 f. Eine entsprechende Anregung findet sich auch in Nr. 5.2 des Kommissionshandbuchs unter Hinweis auf das Arbeitspapier der Kommission SEC (2007) 129 vom 26.01.2007, dessen Nr. 2.3 lautet: „In addition, one-stop-shops will ideally also be able to furnish additional services to would-be-entrepreneurs such as coaching, training, financial advice and business plan guidance."

rechtzeitig auf das neue Tätigkeitsfeld einzustellen und sich aktiv in den weiteren Umsetzungsprozess einbringen zu können.

Des Weiteren sind die vielfältigen, spezifisch mit der Einrichtung einheitlicher Ansprechpartner zusammenhängenden Rechtsänderungen in Angriff zu nehmen, die hier lediglich skizziert werden können:[39] So bedarf es der Aufnahme von Regelungen, die Dienstleistern die Möglichkeit einer Verfahrensabwicklung über die Kontaktstellen nach Maßgabe von Art. 6, 8 DLRL sowie Informationsansprüche gemäß Art. 7 DLRL einräumen, in das (allgemeine und ggf. besondere) Verwaltungsverfahrensrecht. Eine Vollregelung im VwVfG und den Spezialgesetzen dürfen hier aus Gründen der Vollzugskompetenz lediglich die Länder treffen, während der Bund sein Recht für eine effektive Abwicklung über Kontaktstellen der Länder zu öffnen hat. Infolge der Zwischenschaltung des einheitlichen Ansprechpartners sind sodann Zugangs- und Bekanntgabe- bzw. Zustellungsfiktionen sowie Regelungen zur Überschreitung der Verbandskompetenz einzuführen.[40] Weitere Rechtsanpassungen betreffen ferner das Gebühren-, Datenschutz- und – mit Blick auf Informationsansprüche der Dienstleistungsempfänger – das Informationsrecht.

Einer sorgfältigen Bedarfsanalyse und Vorbereitung bedürfen Fragen der Organisation und Infrastrukturschaffung, darunter die Akquisition und Instruktion des Personals sowie die Ablauforganisation. Ein Schwerpunkt liegt hier auch auf der informationstechnischen Umsetzung der elektronischen Verfahrensabwicklung und der Bereitstellung des Informationsangebots. Die Umsetzung der Dienstleistungsrichtlinie erweist sich vor allem dadurch als besonders anspruchsvolle Aufgabe, dass den Mitgliedstaaten mit der Einrichtung einheitlicher Ansprechpartner, der Normenprüfung, der Schaffung des E-Government-Angebots und der Errichtung des für die Amtshilfe vorgesehenen Binnenmarkt-Informationssystems IMI Implementierungsaufträge erteilt worden sind, die jeder für sich genommen bereits mit erheblichem Aufwand verbunden sind, nun aber dadurch noch in ihrem Schwierigkeitsgrad steigen, dass sie zur Einhaltung der dreijährigen Umsetzungsfrist (28.12.2009) parallel zu erfüllen sind, obwohl sie in der Sache z. T. aufeinander aufbauen.[41]

VI. Bewertung der Institution „Einheitlicher Ansprechpartner“

Abschließend soll die Institution des einheitlichen Ansprechpartners einer Bewertung unterzogen werden. Hierbei bedarf es einer Differenzierung je

---

[39] Ausführlich hierzu *Windoffer*, NVwZ 2007, 495 ff.

[40] Zu letzterem s. den Beitrag von *Schliesky* in diesem Band.

[41] So hängt z. B. der endgültige Zuschnitt der elektronisch abzuwickelnden Verfahren (vgl. bereits oben III. 2. d) und des über den einheitlichen Ansprechpartner bereitzustellenden Informationsangebots vom Ergebnis der Normenprüfung und den daraus resultierenden Rechtsänderungen ab.

nachdem, ob die Perspektive der Dienstleister als hauptsächlich begünstigter Zielgruppe, der Verwaltung im weitesten Sinne als zur praktischen Umsetzung und Ausführung berufenen Instanz, oder der Politik eingenommen wird.

1. Perspektive der Dienstleister

Dienstleistungserbringer dürfen mit der Einrichtung einheitlicher Ansprechpartner infolge des Bündelungseffekts und der Möglichkeit zur Optimierung des Informationsstands durchaus die Erwartung gewisser bürokratischer Erleichterungen verbinden, die sich in einer Zeit- und Kostenersparnis niederschlagen. Allerdings entfaltet das One-Stop-Shop-Prinzip lediglich dann das ihm innewohnende Potential, wenn die Kontaktstellen ein möglichst breites Leistungsangebot bereitstellen, was bedeutet, dass zum einen, wie bereits unter III. 2. b) ausgeführt, der Kreis der abzuwickelnden Verfahren und Formalitäten keine zweckwidrige Einschränkung erfahren darf, und zum anderen eine Kombination mit weiteren Leistungen der Gründerberatung angezeigt ist. Freilich stößt auch dieser immanente Vereinfachungseffekt der Kontaktstellen als institutionelle Säule des Bürokratieabbaus schnell an seine Grenzen, wenn nicht zugleich im Zuge der Normenprüfung ein signifikanter Abbau verfahrens- und materiellrechtlicher Anforderungen erfolgt und vorgesehene Beschleunigungsmaßnahmen wie etwa Entscheidungsfristen und Genehmigungsfiktionen (s. Art. 13 Abs. 3 und 4 DLRL) konsequent implementiert werden. Der entscheidende Hebel zur Verwaltungsvereinfachung liegt nämlich nicht primär im Front-Office-, sondern vor allem im Back-Office-Bereich.

2. Perspektive der Verwaltung

Aus Sicht der Verwaltung im weitesten Sinne bedeutet die Schaffung einheitlicher Ansprechpartner als zusätzliche, zwischengeschaltete bürokratische Instanz zunächst alles andere als eine Erleichterung, ist damit doch ein Zuwachs an Aufgaben sowie ein zusätzlicher personeller, organisatorischer und finanzieller Aufwand verbunden. Zudem verlagert sich als Folge der auf einen Rückbau von Verfahren der Präventivkontrolle und von Beibringungslasten des Dienstleisters ausgerichteten Konzeption der Richtlinie nicht nur das Verfahrensmanagement, sondern auch der zur Feststellung von Zulässigkeitsvoraussetzungen zu leistende Prüfaufwand weitgehend vom Dienstleister in den Bereich der Verwaltung. Ein „echter“, infolge Überkompensation dieses Verlagerungseffekts per Saldo messbarer Bürokratieabbau wird sich daher auch und gerade hier nur dann realisieren lassen, wenn die Normenprüfung erhebliche verfahrens- und materiellrechtliche Vereinfachungen nach sich zieht.

3. Perspektive der Politik

Auch aus politischer Perspektive spielt der letztgenannte Aspekt für die Bewertung der Dienstleistungsrichtlinie im Allgemeinen und der Institution „Einheitlicher Ansprechpartner“ im Besonderen eine herausragende Rolle. Die mit diesem EU-Rechtsakt angestoßenen weitreichenden organisatorischen und prozeduralen Veränderungen rechtfertigen den damit verbundenen Mehraufwand nur dann, wenn es gelingt, das gemeinschaftsseitig großspurig angekündigte volkswirtschaftliche Potential des Binnenmarkts für Dienstleistungen[42] heben zu können.

Aufmerksam zu beobachten ist ferner eine möglicherweise in Gang gesetzte Entwicklung, die sich abseits der großen, von der Medienöffentlichkeit begleiteten politischen Bühne vollziehen und mittel- und langfristig erhebliche Auswirkungen auf das deutsche Staats- und Verwaltungsgefüge zeitigen könnte. Denn der Aufbau eines Systems einheitlicher Ansprechpartner mit Bündelungsfunktion sowie einer nach gemeinschaftsweit harmonisierten Standards operierenden E-Government-Infrastruktur könnte einen Markstein auf dem Weg zu einer europäischen Einheitsverwaltung bilden.[43] So bieten die bisher als Front Offices konzipierten Kontaktstellen künftig – dem in Art. 10 EGV verankerten Autonomiegrundsatz[44] und der Beteuerung in Art. 6 Abs. 2 DLRL zum Trotz – ein ideales Einfallstor für die gemeinschaftsrechtliche Zuweisung und Konzentration auch sachlicher Zuständigkeiten. Im Bereich der elektronischen Infrastruktur ist der Schritt hin zu weitreichenden unmittelbaren Einwirkungen auf die Organisations- und Verfahrensgestaltung in den Mitgliedstaaten bereits vollzogen, da mit der zwingenden Umstellung auf die elektronische Verfahrensführung und die Einführung europaweiter Standards und Designs – unbeschadet der Vorzüge der nun obligatorischen Verzahnung von Lösungen verschiedener Behörden und Verwaltungsebenen[45] – das Ende des Zeitalters der Kreativität im Bereich des E-Governments eingeläutet ist. Es wird mit Interesse zu verfolgen sein, ob sich die im medialen Windschatten der heftigen, vom eigentlichen Kern des Regelwerks ablenkenden Auseinandersetzungen um das Herkunftslandprinzip weitgehend unbemerkt eingeführten Art. 6 und 8 DLRL als „Trojanisches Pferd“ im Rahmen einer gezielten und größer angelegten Strategie erweisen werden oder ob die o.g. Entwicklung lediglich einen unreflektierten und in seinen Folgen (noch) begrenzbaren Nebeneffekt dieses einzelnen EU-Rechtsakts darstellt.

---

[42] Vgl. Erwägungsgründe 1 bis 4 der DLRL und zuvor z. B. Binnenmarktstrategie KOM (2000) 888; Nr. 1 Begr. zum Vorschlag KOM (2004) 2.

[43] Hierzu *Windoffer*, 360 Grad, Ausgabe 9, Juli/August/September 2007, S. 7. Kritisch zu dieser Entwicklung auch *Schliesky*, DVBl. 2005, 887 (891 f., 894) und *Ohler,* BayVBl. 2006, 261 (263 ff.).

[44] Vgl. *EuGH*, Slg. 1983, 2633, Rn. 17, 19 – Deutsche Milchkontor; Slg. 1998, I-4767, Egrd. 25 f. – Oelmühle Hamburg und Schmidt Söhne; *von Danwitz*, DVBl. 1998, 421 (429 ff.); *Ohler*, BayVBl. 2006, 261 (262); *Streinz*, in: Streinz, EUV/EGV, 2003, Art. 10 EGV, Rn. 25, 29.

[45] Hierzu *Schliesky*, Vermessung Brandenburg Nr. 2/2004, S. 12 (15 ff.).

VII. Fazit

Die Einrichtung eines gemeinschaftsweiten Systems von einheitlichen Ansprechpartnern wird ohne Zweifel in den kommenden Jahren die Verwaltungsmodernisierungsbemühungen in den Mitgliedstaaten dominieren. Als wesentliche mit der Implementierung dieser Institution einhergehende Neuerungen sind hervorzuheben: die Bündelung der gesamten Korrespondenz in sämtlichen von Dienstleistern abzuwickelnden Verwaltungsverfahren bei diesen Kontaktstellen, die Abrufbarkeit eines umfassenden Informationsangebots dortselbst sowie die flächendeckende Bereitstellung einer Infrastruktur zur elektronischen Verfahrensabwicklung. Bedarf es bereits zur Umsetzung dieser Vorgaben der Klärung vielfältiger rechtlicher und praktischer Fragen, so erhöht sich der Abstimmungs- und Koordinierungsaufwand zusätzlich durch die parallel hierzu durchzuführende umfassende Normenprüfung mit den daraus resultierenden Rechtsanpassungen zur Erleichterung der Aufnahme und Ausübung von Dienstleistungstätigkeiten. Letztere sind jedoch als zweite Säule der Verwaltungsvereinfachung in Ergänzung der – mit einem beträchtlichen Mehraufwand auf Verwaltungsseite verbundenen – institutionellen Maßnahme „Einheitlicher Ansprechpartner“ unerlässlich, um einen auch im gesamtwirtschaftlichen Saldo wirksamen Bürokratieabbau realisieren zu können.

Der einheitliche Ansprechpartner und die Grenzen der Verbandskompetenz

UTZ SCHLIESKY*

* Der Verf. dankt Frau Wiss. Mitarb. *Anika D. Luch* und Herrn Wiss. Mitarb. *Sönke E. Schulz* für wertvolle Unterstützung bei der Abfassung des Beitrags.

I. Einführung

Die EU-Dienstleistungsrichtlinie (DLR[1]) betont an verschiedenen Stellen – insbesondere in Art. 6 Abs. 2 DLR im Zusammenhang mit der Schaffung eines einheitlichen Ansprechpartners – sowie den Erwägungsgründen[2], dass die nationale Verteilung der Zuständigkeiten nicht berührt werde. Dennoch sind Kollisionen zwischen der gemeinschaftsrechtlichen Verpflichtung zur Richtlinienumsetzung und der bundesstaatlichen Föderal- und Kommunalstruktur nicht zu vermeiden. Dieser Konflikt ist offensichtlich dem Umstand geschuldet, dass die Richtlinie und die genannten Vorschriften einem engeren „Zuständigkeitsbegriff" verhaftet sind als das nationale (Verfassungs-)Recht.[3] Aufzeigen lässt sich dies insbesondere an dem Erfordernis „bundesweiter Geltung" aller Genehmigungen gemäß Art. 10 Abs. 4 DLR. Selbstverständlich bleibt es den Mitgliedstaaten unbenommen, völlig frei darüber zu entscheiden, welche staatliche Stelle für die Erteilung einer Genehmigung zuständig ist (so dass im Verständnis der Richtlinie die Verteilung der Zuständigkeiten nicht in Frage gestellt wird[4]). Allerdings verkennt Art. 10 Abs. 7 DLR insoweit, dass es eine Berührung der Zuständigkeiten, der bundesdeutschen Verbandskompetenz nach sich zieht, wenn eine so erteilte Genehmigung Rechtswirkungen nicht nur lokal oder regional beschränkt, sondern im „Zuständigkeitsbereich" aller anderen Verwaltungsebenen der Bundesrepublik entfalten soll.[5]

Insbesondere das von der Richtlinie vorausgesetzte verbandsebenenübergreifende Handeln des einheitlichen Ansprechpartners und die grundsätzlich bundesweite Geltung von Genehmigungen machen demnach die erheblichen Auswirkungen auf das Verwaltungsverfahrensrecht und die Verwaltungsorganisation in ihrer die Verbandskompetenz ausgestaltenden Funktion deutlich. Fragen stellen sich bereits im Zusammenhang mit alltäglichen Verwaltungsabläufen wie dem Zugang von Anträgen und der Bekanntgabe von Verwaltungsakten. Mögliche Lösungsansätze haben sich an der bundesstaatlichen Struktur zu orientieren, bieten aber auch neue Perspektiven für die voranzutreibende moderne Verwaltungszusammenarbeit, die in einem funktionierenden Binnenmarktsystem in zunehmendem Maße europaweit ausgestaltet werden muss.

Auszugehen hat eine Analyse der der Verbandskompetenz drohenden „Gefahren" durch die Richtlinie von einer Rückbesinnung auf das klassische Ver-

---

[1] Richtlinie 2006/123/EG des Europäischen Parlaments und des Rates vom 12. Dezember 2006 über Dienstleistungen im Binnenmarkt, ABl. EU 2006 Nr. L 376 vom 27.12.2006, S. 36 ff.

[2] Siehe Erwägungsgründe 48, 59 und 60.

[3] Vgl. auch Erwägungsgrund 60.

[4] So auch *Ziekow*, GewArch 2007, 217 (218): *„Mit anderen Worten: Eine beispielsweise von einer Landesbehörde nach Landesrecht erteilte Genehmigung kann weiter von dieser Landesbehörde erteilt werden, muss aber grundsätzlich für das gesamte Bundesgebiet gelten"*.

[5] Vgl. *Schulz*, Die bundesweite Geltung von Genehmigungen nach der EU-Dienstleistungsrichtlinie, in: Schliesky (Hrsg.), Die Umsetzung der EU-Dienstleistungsrichtlinie in der deutschen Verwaltung, Teil I: Grundlagen [im Erscheinen], Manuskript-S. 145 ff.

ständnis der Verteilung von Kompetenzen, aber vor allem auch auf die ihr zugrunde liegenden freiheitssichernden verfassungsrechtlichen Hintergründe (dazu II.). Erst die Vergegenwärtigung dieser Grundlagen ermöglicht eine sachgerechte Beurteilung der Richtlinienvorgaben im Einzelnen und ihrer praktischen Realisierbarkeit im deutschen Recht (dazu III.) unter Weiterentwicklung bestehender Strukturen – allerdings unter zwingender Beachtung der demokratischen wie rechtsstaatlichen Vorgaben (dazu V.). Dass eine vollständige Harmonisierung der entgegenstehenden Pole – richtlinienkonformer Rechtszustand einerseits und möglichst weitgehende Aufrechterhaltung des erreichten Grades an Legitimationsdichte und Verantwortungsklarheit andererseits – ausgeschlossen ist, liegt im ergebnisorientierten, vom bisherigen nationalen Verständnis abweichenden Regelungsprogramm des Gemeinschaftsrechts begründet und mündet in der Frage nach einem die weitreichenden Vorgaben der Richtlinie rechtfertigenden Kompetenztitel der Gemeinschaft (dazu IV.).

II. Ausgangslage: Verbandskompetenz nach überkommenen Verständnis

Bevor also angesichts der Herausforderungen der Dienstleistungsrichtlinie an die deutsche Verwaltung und das deutsche Verwaltungsrecht in seiner die verfassungsrechtlich fundierte Verbandskompetenz sichernden Funktion über Perspektiven und Lösungen nachgedacht werden kann, ist ein kurzer Überblick über die – oftmals zu unrecht als sakrosankt dargestellte – Ausgangslage erforderlich.

1. Das klassische Verständnis der Verbandskompetenz als Sphärenabgrenzung

Der Begriff der Verbandskompetenz umschreibt eine organisationsrechtliche Kategorie, in der sich die Aufgabenverteilung und Aufgabenzuordnung innerhalb eines Staatswesens ausdrücken. Sie dient der Abgrenzung von Handlungs-, Zurechnungs- und Verantwortungssphären[6]. Die Verbandskompetenzen lassen sich – in Abhängigkeit von der konkret betroffenen juristischen Person – in sachlicher, örtlicher und/oder personeller Hinsicht voneinander abgrenzen. Sie beansprucht nicht nur im Verhältnis zwischen Bund und Ländern und im Verhältnis der Bundesländer zueinander Geltung, sondern auch im Bereich der mittelbaren Staatsverwaltung.[7] Letztere wird zwar vorrangig mit den Trägern

---

[6] Vgl. *Oldiges*, DÖV 1989, 873 (884). Zur gemeindlichen Verbandskompetenz auch *Schliesky*, Öffentliches Wirtschaftsrecht, 2. Aufl. 2003, S. 165; *v. Mutius*, in: ders. (Hrsg.), Selbstverwaltung im Staat der Industriegesellschaft, Festgabe für v. Unruh, 1983, S. 227 (261 f.).

[7] *Oldiges*, DÖV 1989, 873 (884).

kommunaler Selbstverwaltung in Verbindung gebracht, angesichts der Diskussion zur Verortung des einheitlichen Ansprechpartners[8] ist die Verteilung der Verbandskompetenz jedoch insbesondere auch im Verhältnis der Wirtschafts- und Berufskammern zueinander von Bedeutung, wobei deren Kompetenzen primär personell durch den zugeordneten Mitgliederkreis beschränkt sind.[9] Die Verbandskompetenz von Gemeinden beschränkt sich nach Art. 28 Abs. 2 Satz 1 GG auf die „Regelung der Angelegenheiten der örtlichen Gemeinschaft", mithin auf Selbstverwaltungsangelegenheiten.[10]

Die Verbandskompetenz untersagt es dem Verwaltungsträger, außerhalb des ihm zugewiesenen Wirkungskreises tätig zu werden.[11] Rechtsakte entfalten daher grundsätzlich nur innerhalb der Hoheitssphähre der Erlasskörperschaft rechtliche Wirkung.[12] Außerhalb seiner Verbandskompetenz ist der Verwaltungsträger samt seinen Organen zur Aufgabenwahrnehmung nicht legitimiert; die Schranken seiner Kompetenz sind auch die Schranken seiner rechtlichen Gewalt.[13] Umgekehrt ist der Kompetenzbereich eines Verbandes für andere Verwaltungsträger grundsätzlich *unantastbar und impermeabel*;[14] Eingriffe sind nur nach Maßgabe gesetzlicher Bestimmungen – z.B. im Zusammenhang mit aufsichtsrechtlichen Befugnissen – gestattet.[15] Die Geltungserstreckung auf den Hoheitsbereich eines anderen Verbandskompetenzträgers bedarf als Ausnahme von diesem Grundsatz folglich einer gesonderten Legitimation durch den Gesetzgeber.[16]

Allerdings beansprucht dieses so genannte Territorialitätsprinzip im deutschen Recht keine absolute Geltung.[17] Beispielsweise schafft der Bundesgesetzgeber mit dem Erlass eines Bundesgesetzes ein einheitliches, länderübergreifendes Rechtsgebiet und strebt darüber hinaus Rechtseinheit auch in dem

---

[8] Vgl. dazu insbesondere *Ziekow/Windoffer* (Hrsg.), Ein Einheitlicher Ansprechpartner für Dienstleister: Anforderungen des Vorschlags einer EU-Dienstleistungsrichtlinie und Gestaltungsoptionen im föderalen System der Bundesrepublik Deutschland, 2007; *Windoffer*, DVBl. 2006, 1210 ff.; vehement für eine Einbeziehung der Handwerkskammern bspw. *Palige*, GewArch 2007, 273 ff.; vgl. zu den Vorteilen einer Kammerlösung auch die Wiedergabe der Ansicht von Dr. *Eisenmenger* bei *Trenkler/Wolf*, GewArch 2007, 414 (417).

[9] Vgl. zur Verbandskompetenz der Kammern *Kluth*, in: ders. (Hrsg.), Handbuch des Kammerrechts, 2005, S. 302 f. (Rn. 85 ff.).

[10] *Schliesky*, Öffentliches Wirtschaftsrecht, 2. Aufl. 2003, S. 165. Dazu auch *v. Mutius*, in: ders. (Hrsg.), Selbstverwaltung im Staat der Industriegesellschaft, Festgabe für v. Unruh, 1983, S. 227 (261 f.).

[11] Siehe dazu *Ehlers*, DVBl. 1998, 497 (504); *Hill*, BB 1997, 425 (429); *Hösch*, GewArch. 2000, 1 (10); *Schliesky*, Öffentliches Wirtschaftsrecht, 2. Aufl. 2003, S. 165.

[12] Siehe dazu bereits *Fleiner*, Institutionen des deutschen Verwaltungsrechts, 8. Aufl. 1928, S. 108.

[13] So schon *Fleiner*, Institutionen des deutschen Verwaltungsrechts, 8. Aufl. 1928, S. 108.

[14] Vgl. dazu auch die Ausführungen unter Gliederungspunkt V. 1.

[15] *Oldiges*, DÖV 1989, 873 (874).

[16] Vgl. *Oldiges*, DÖV 1989, 873 (874).

[17] So auch *Windoffer*, in: Ziekow/Windoffer (Hrsg.), Ein einheitlicher Ansprechpartner für Dienstleister, 2007, S. 159.

Sinne an, dass Einzelfallregelungen, die auf ihrer Grundlage ergehen, überall im Bundesgebiet Geltung haben (beispielsweise Erteilung der Fahrerlaubnis nach §§ 4 ff. StVZO).[18] Die Verbandskompetenz der Länder steht einer solchen Wirkungserstreckung nicht entgegen[19] obwohl das hinter diesen Gesichtspunkten stehende föderative System des Grundgesetzes die Aufgabe des Verwaltungsvollzugs auch von Bundesgesetzen überwiegend den Ländern überträgt (vgl. Art. 83 GG).[20] Anerkannt ist daher, dass ein in Vollzug von Bundesrecht ergangener Verwaltungsakt eines Landes grundsätzlich im gesamten Bundesgebiet Geltung beansprucht.[21] Da der räumliche Geltungsbereich eines Verwaltungsakts bei fehlender expliziter Festlegung im Gesetz ausgehend von seinem Inhalt zu ermitteln ist,[22] können insbesondere *statusbildende* Behördenentscheidungen in ihrer Geltung nicht auf Teile des Bundesgebiets beschränkt werden.[23]

Beim Vollzug von Landesrecht bedeutet Verbandskompetenz, dass die Behörden keine Hoheitsakte erlassen dürfen, die sich auf Personen oder Sachverhalte im Hoheitsbereich eines anderen Bundeslandes beziehen.[24] Soweit Genehmigungen, die auf Landesrecht basieren, bislang keine landesweite Geltung aufweisen, sondern örtlich beschränkt sind, wäre eine Geltungsbereichserweiterung fachgesetzlich[25] durch den Landesgesetzgeber grundsätzlich zu realisieren, da auch beim Landesrecht eine Konvergenz zwischen Genehmigungsgeltung und Gesetzgebungskompetenz auszumachen ist, die es ermöglicht hinsichtlich aller in die Ländergesetzgebung fallenden Rechtsmaterien eine landesweite Geltung – aber auch nur eine solche – anzuordnen.[26]

---

[18] Vgl. *Oldiges*, DÖV 1989, 873 (880); grundlegend die Entscheidung des Bundesverfassungsgerichts zur Dampfkesselgenehmigung; vgl. BVerfGE 11, 6 (19); dazu *Ule*, JZ 1961, 622 ff.

[19] Ausführlich *Lerche*, in: Maunz/Dürig (Begr.), Grundgesetz, Bd. V, Stand: März 2007, Art. 83 GG, Rn. 50.

[20] Dieses will damit aber nicht das in den Gesetzgebungskompetenzen (hier: des Bundes) zum Ausdruck kommende Prinzip (hier: länderübergreifender) Rechtseinheit wieder zurücknehmen; vgl. *Oldiges*, DÖV 1989, 873 (880); *Ule*, JZ 1961, 622 (624).

[21] BVerfGE 11, 6 (19); selbstverständlich bleibt es dem Bundesgesetzgeber aufgrund seiner Gesetzgebungsbefugnis unbenommen, eine weniger weitgehende Geltung anzuordnen.

[22] Vgl. in diesem Zusammenhang insbesondere die Entscheidungen zum Geltungsbereich der aufgrund des Rechts der DDR erteilten Konzessionen für Sportwetten; *BVerwG*, NVwZ 2006, 1423 ff.; *BVerfG*, MMR 2007, 168 f.; dazu auch *Postel*, ZfWG 2007, 181 ff. Die Verbindung zwischen der Vorgabe des Art. 10 Abs. 4 DLR und der Problematik des Geltungsbereichs der Sportwettenkonzessionen nach DDR-Recht zieht auch *Schliesky*, DVBl. 2005, 887 (890, Fn. 31).

[23] Vgl. BVerwGE 105, 255ff.; dazu *Gielen*, JR 1998, 313 ff.; *Sachs*, JuS 1998, 1169 f.; *Weber*, NJW 1998, 197ff.; zur Baugenehmigung als Gegenbeispiel, die sich, abgesehen von Ausstrahlungswirkungen auf die Nachbarschaft, nur auf das Grundstück bezieht, für das sie erteilt worden ist *BVerwG*, NVwZ 2006, 1423 (1424 f.).

[24] Vgl. *Oldiges*, DÖV 1989, 873 (878).

[25] Da eine abstrakt-generelle Normierung angesichts der Verschiedenartigkeit der Regelungsgegenstände ausgeschlossen ist.

[26] Vgl. zu denkbaren Möglichkeiten die Vorgaben des Art. 10 Abs. 4 DLR dennoch zu erfüllen die Ausführungen unter Gliedereungspunkt III. 4. sowie ausführlich *Schulz*, Die bundesweite

2. Verfassungsrechtlicher Hintergrund: Wahrung demokratischer Legitimation und rechtsstaatlicher Verantwortungsklarheit

Hintergrund der Beschränkung der Reichweite staatlichen Handelns auf den einfach- und verfassungsrechtlich definierten Kompetenzbereich sind das Rechtsstaats- und Demokratieprinzip, die tragenden Pfeiler des Grundgesetzes.[27] Die Zuständigkeitsordnung soll Transparenz, Kompetenz und Zurechenbarkeit gewährleisten.

Das Verfassungsprinzip der Rechtsstaatlichkeit verlangt dabei insbesondere **Verantwortungsklarheit.**[28] Im Zusammenhang mit der zunehmenden Vernetzung und Verzahnung der Tätigkeit unterschiedlicher Hoheitsträger muss – vorrangig im Bereich der Eingriffsverwaltung – gewährleistet bleiben, dass dem Bürger erkennbar ist, welcher Rechtsträger ihm gegenüber hoheitlich handelt und gegebenfalls zur Rechenschaft zu ziehen ist. Seinen Ursprung findet der der Kontrollierbarkeit staatlichen Handelns immanente Grundsatz der Verantwortungszurechenbarkeit zwar im Gewaltenteilungsgrundsatz des Art. 20 Abs. 2 S. 2 GG, dieser prägt jedoch nicht nur die Funktionentrennung zwischen den drei Gewalten, sondern auch die Verfahrensgestaltung innerhalb der einzelnen Gewalten.[29] Er kann daher als verfassungsrechtlich fundierter[30] allgemeiner Grundsatz des Verwaltungsrechts umschrieben werden, der auch bei der Verteilung von Kompetenzen – und sei es lediglich solchen der „formellen Verfahrensleitung"[31] – innerhalb der Exekutive zu Berücksichtigen ist. Ein auf gegenseitige Kontrolle angelegtes System erweist sich nur als funktionsfähig, wenn die jeweilige Verantwortung der Staatsorgane nicht verwischt wird und identifizierbar bleibt.[32] Sowohl Rechtsschutz gegen staatliches Handeln im Sinne des Art. 19 Abs. 4 GG, eine Rechtsträgerhaftung nach staatshaf-

---

Geltung von Genehmigungen nach der EU-Dienstleistungsrichtlinie, in: Schliesky (Hrsg.), Die Umsetzung der EU-Dienstleistungsrichtlinie in der deutschen Verwaltung, Teil I: Grundlagen [im Erscheinen], Manuskript-S. 149 (159 ff.).

[27] Siehe dazu u.a. *Schliesky*, Souveränität und Legitimität von Herrschaftsgewalt, 2004, S. 251, 299 f.

[28] Der Grundsatz der Verantwortungsklarheit prägt aktuell auch die wissenschaftliche Auseinandersetzung um die Zulässigkeit der „Mischverwaltung" (zum Begriff s.u.) von Bundesagentur für Arbeit und kommunalen Leistungsträgern nach § 44b SGB II in Form der sog. „Arbeitsgemeinschaften"; vgl. dazu die Nachweise in Fn. 102.

[29] Vgl. *Sommermann*, in: v. Mangoldt/Klein/Starck, Kommentar zum Grundgesetz, Band 2: Artikel 20 bis 82, 5. Aufl. 2005, Art. 20 GG, Rn. 207. Siehe zu diesem Aspekt der Verantwortungsklarheit auch *Bull*, Über Formenwahl, Formwahrheit und Verantwortungsklarheit in der Verwaltungsorganisation, in: Geis (Hrsg.), Staat – Kirche – Verwaltung, Festschrift für Hartmut Maurer zum 70. Geburtstag, 2001, S. 545 ff.

[30] Auch das Bundesverfassungsgericht sieht den Grundsatz der „Verantwortungsklarheit" durch die grundgesetzliche Rechtsstaatlichkeit gewährleistet; vgl. BVerfGE 33, 125 (158); 108, 169 (181 f.).

[31] Vgl. dazu die Ausführungen unter Gliederungspunkt III. 1.

[32] So zur Abgrenzung der Gewalten untereinander *Sommermann*, in: v. Mangoldt/Klein/Starck, Kommentar zum Grundgesetz, Band 2: Artikel 20 bis 82, 5. Aufl. 2005, Art. 20 GG, Rn. 224.

tungsrechtlichen Grundsätzen als auch eine – zwar staatsinterne, aber die Rechtmäßigkeit des Verwaltungshandelns und somit freiheitssichernde – effektive Aufsicht durch übergeordnete Behörden bauen auf dem rechtsstaatlichen Grundsatz der Verantwortungsklarheit auf.

Das Demokratieprinzip verlangt die **Legitimation** staatlichen Handelns. Die demokratieessentiale Rückführbarkeit wird durch eine Legitimationskette[33] zwischen dem Volk als Träger der staatlichen Gewalt im Sinne des Art. 20 Abs. 2 Satz 2 GG und der Wahrnehmung hoheitlicher Aufgaben durch die zuständigen Stellen sichergestellt. Neben die institutionelle und funktionelle demokratische Legitimation[34] treten in unterschiedlichem Umfang vor allem personelle[35] und sachlich-inhaltliche[36] Bestandteile. Gerade das Handeln der Exekutive – und als solches ist das Tätigwerden des einheitlichen Ansprechpartners zu qualifizieren – muss daher das grundgesetzlich verpflichtend vorgegebene Legitimationsniveau[37] wahren. Inhaltlich wird das exekutivische (staatliche) Handeln nur zum Teil durch die Gesetzesbindung, im Übrigen durch die parlamentarische Verantwortung der Regierung gegenüber dem Parlament und die Weisungsunterworfenheit legitimiert.[38] Insbesondere letzteres bringt die enge Verbindung zwischen *rechtsstaatlicher* Verantwortungsklarheit und *demokratischer* Legitimation hinsichtlich der Ausübung von Weisungs- und Aufsichtsrechten zum Ausdruck. Bei den – ebenfalls dem Aufgabenspek-

---

[33] BVerfGE 47, 253 (275); 77, 1 (40); 83, 60 (72 f.); 93, 37 (67). Siehe zur „ununterbrochenen Legitimationskette" *Schliesky*, Souveränität und Legitimität von Herrschaftsgewalt, 2004, S. 276 ff.

[34] Dazu BVerfGE 49, 89 (125); 68, 1 (86 ff.); 83, 60 (72); 93, 37 (66); grundlegend *Ossenbühl*, Verwaltungsvorschriften und Grundgesetz, 1968, S. 196 ff.; als Legitimationsart anerkennend: *Schmidt-Aßmann*, AöR 116 (1991), 329 (363 f.); *Schliesky*, Souveränität und Legitimität von Herrschaftsgewalt, 2004, S. 299 ff.; ablehnend: *Jestaedt*, Demokratieprinzip und Kondominialverwaltung, 1993, S. 279 m.w.N.; *Mehde*, Neues Steuerungsmodell und Demokratieprinzip, 2000, S. 503; *Wegge*, Zur normativen Bedeutung des Demokratieprinzips nach Art. 79 Abs. 3 GG, 1996, S. 229.

[35] Bei dieser Legitimation geht es um die konkrete demokratische Legitimation des individuellen Amtswalters. Dazu BVerfGE 38, 258 (271 f.); 47, 253 (253 Ls. 2; 275); 52, 95 (130); 83, 60 (73); 93, 37 (67); zustimmend BVerwGE 106, 64 (75); *Schliesky*, Souveränität und Legitimität von Herrschaftsgewalt, 2004, S. 290 ff.

[36] Mit diesem Legitimationsmodus soll der Einfluss des Volkes auf den Inhalt der ausgeübten Staatsgewalt durch die vom Parlament geschlossenen Gesetze als Maßstab der vollziehenden Gewalt, durch den parlamentarischen Einfluss auf die Politik der Regierung sowie durch die grundsätzliche Weisungsgebundenheit der Verwaltung gegenüber der Regierung sichergestellt werden. Vgl. BVerfGE 83, 60 (72); 93, 37 (66); *Jestaedt*, Demokratieprinzip und Kondominialverwaltung, 1993, S. 270; *Mehde*, Neues Steuerungsmodell und Demokratieprinzip, 2000, S. 184; *Wegge*, Zur normativen Bedeutung des Demokratieprinzips nach Art. 79 Abs. 3 GG, 1996, S. 228, 233; *Schliesky*, Souveränität und Legitimität von Herrschaftsgewalt, 2004, S. 295 ff.

[37] Dieses soll kennzeichnen, ob bei dem von dem Grundsatz der Volkssouveränität geforderten Zurechnungszusammenhang zwischen Volk und staatlicher Herrschaft „*ein hinreichender Gehalt an demokratischer Legitimation erreicht*" wird; vgl. BVerfGE 83, 60 (72); 93, 37 (66). Siehe dazu auch *Schmidt-Aßmann*, AöR 116 (1991), 327 (366); *Schliesky*, Souveränität und Legitimität von Herrschaftsgewalt, 2004, S. 302 ff.

[38] Vgl. *Sachs*, in: Sachs (Hrsg.), Grundgesetz – Kommentar, 4. Aufl. 2007, Art. 20 GG, Rn. 41.

trum des einheitlichen Ansprechpartners zugehörigen – Aufgaben kommunaler Selbstverwaltung tritt mit der Rückbindung kommunalen Handelns an die Gemeindevertretung als Kollektivorgan ein weiterer personeller Baustein für die Angelegenheiten der örtlichen Gemeinschaft hinzu. Schließlich ist zu berücksichtigen, dass das Handeln des einheitlichen Ansprechpartners überwiegend aus informellem Tätigwerden und einer vermittelnden Funktion besteht. Wo es nämlich, so zutreffend das BVerfG, an maßgeblichen – zu ergänzen wäre in diesem Zusammenhang: Sach- und – Entscheidungsbefugnissen mangelt, kann ein niedrigeres Niveau demokratischer Legitimation genügen.[39]

Beide verfassungsrechtlichen Grundlagen münden für den Bereich des Gesetzesvollzugs schließlich in dem immer wieder postulierten Verbot der Mischverwaltung.[40] Als eine solche kann jede funktionelle und organisatorische Verflechtung von Bund und Ländern[41] sowie der kommunalen Ebene qualifiziert werden, ohne dass damit ein Urteil über die Zulässigkeit der Wahrnehmung öffentlicher Aufgaben in dieser Form einhergeht. Soweit sich eine Zusammenarbeit, Verflechtung bzw. Verzahnung im vorrangig vom Rechtsstaats- und Demokratieprinzip umschriebenen verfassungsrechtlichen Rahmen hält, bleibt auch eine Mischverwaltung zulässig.[42]

III. Herausforderung: Verbandskompetenzrelevante Vorgaben der Richtlinie

Vor dem Hintergrund eines so verstandenen bundesdeutschen Systems der Verbandskompetenz sind Beeinträchtigungen durch die Umsetzung der EU-Dienstleistungsrichtlinie insbesondere unter dem Aspekt der Schaffung eines einheitlichen Ansprechpartners nach Art. 6 Abs. 1 DLR und der bundesweiten Geltung von Genehmigungen nach Art. 10 Abs. 4 DLR denkbar. In untrennbarem Zusammenhang mit erstgenanntem Problemkreis stehen die Fragen der Mitnahme des Ansprechpartners und der verwaltungsrechtlichen Fristen; hinsichtlich des Geltungsbereichs von Erlaubnissen und des bei Erteilung durchzuführenden Prüfprogramms der (zuständigen) deutschen Behörden wird ebenfalls das so genannte „Verbot der Doppelprüfung“ zu berücksichtigen sein.

---

[39] So zur kommunalen Gleichstellungsbeauftragten BVerfGE 91, 228 (244); vgl. auch *Sachs*, in: Sachs (Hrsg.), Grundgesetz – Kommentar, 4. Aufl. 2007, Art. 20 GG, Rn. 41.

[40] Zum unterschiedlichen Begriffsverständnis vgl. u.a. *Köttgen*, DÖV 1955, 485 (488); *Schneider*, AöR 83 (1958), 1 (2); *Darmstadt*, Zur Frage einer Mischverwaltung von Bund und Ländern, 1961, S. 99; *Ronellenfitsch*, Die Mischverwaltung im Bundesstaat, 1975, S. 58. Siehe dazu auch *Erichsen/Büdenbender*, NWVBl. 2001, 161 ff.; *Lerche*, in: Maunz/Dürig (Begr.), Grundgesetz, Bd. V, Stand: März 2007, Art. 83 GG, Rn. 85 mit Hinweis auf *Maunz* in der Vorkommentierung Rn. 57.

[41] BVerfGE 63, 1 (38) unter Hinweis auf *Ronellenfitsch*, Die Mischverwaltung im Bundesstaat, 1975, S. 58.

[42] Siehe BVerfGE 63, 1 (38); ausführlich dazu – mit weiteren Nachweisen – unter Gliederungspunkt V. 1.

1. Verfahrensleitende Kompetenzen des einheitlichen Ansprechpartners

Den ersten Anknüpfungspunkt bietet insoweit Art. 6 DLR, der die Schaffung eines einheitlichen Ansprechpartners durch die Mitgliedstaaten einfordert. Damit ist gemeinschaftsrechtlich verpflichtend verbunden, dem Dienstleistungserbringer die Abwicklung *aller* Verfahren und Formalitäten zu ermöglichen, die im Zusammenhang mit der Aufnahme oder Ausübung einer Dienstleistungstätigkeit stehen.[43] Dies umfasst somit auch Verfahren, die nicht der Verbandskompetenz des Rechtsträgers des einheitlichen Ansprechpartners zugeordnet sind. Die daraus resultierende verbandskompetenzrechtliche Problematik erweist sich daher auch nicht als „Scheinproblem", weil der dem einheitlichen Ansprechpartner zuzugestehende „Zuständigkeitsbereich" örtlich – und zwar in Übereinstimmung mit den Grenzen der Verbandskompetenz – beschränkt wäre.[44] Eine solche Ausgestaltung würde nämlich den Nutzen des einheitlichen Ansprechpartners auf ein Minimum reduzieren und entspricht gewiss nicht den gemeinschaftsrechtlichen Vorgaben.[45]

Die **Minimalanforderung** an die Funktionalität des einheitlichen Ansprechpartners nach der Richtlinie ist in Fällen des verbandsebenenübergreifenden Tätigwerdens beschränkt auf die Weiterleitung an die zuständigen Behörden und gegenseitige Unterstützungspflichten. Beispielsweise kommt ein *unverbindliches* Hinwirken auf eine ordnungsgemäße und zügige Bearbeitung der Verfahren, gegebenenfalls auch eine Anrufung der Aufsichtsbehörden der zuständigen Stelle in Betracht.[46] Diese Minimalanforderung bewirkt *keinen*

---

[43] Dazu ausführlich *Luch/Schulz*, Der sachliche Anwendungsbereich der EU-Dienstleistungsrichtlinie, in: Schliesky (Hrsg.), Die Umsetzung der EU-Dienstleistungsrichtlinie in der deutschen Verwaltung, Teil I: Grundlagen [im Erscheinen], Manuskript-S. 29 ff.

[44] Eine solche Begrenzung wird – soweit ersichtlich – in der einschlägigen Literatur bisher nicht ernsthaft vertreten.

[45] Vgl. zur Richtlinienvorgabe, *alle* Verfahren und Formalitäten abzuwickeln, auch die Aufzählung beispielhaft abzuwicklender Verfahren bei *Windoffer*, in: Ziekow/Windoffer (Hrsg.), Ein einheitlicher Ansprechpartner für Dienstleister, 2007, S. 224; *Windoffer*, DVBl. 2006, 1210 (1211). Nach *Ohler* (BayVBl. 2006, 261 [264]) sollen in das Aufgabenprofil des einheitlichen Ansprechpartners beispielsweise *„neben aufenthaltsrechtlichen und sozialversicherungsrechtlichen Verfahren vor allem die allgemeinen gewerberechtlichen und branchenspezifischen Regelungen des besonderen Wirtschaftsverwaltungsrechts (HandwO, GastG)"*, nicht jedoch *„das öffentliche Baurecht"* fallen, *„selbst wenn es wirtschaftlich für die Ausübung einer Tätigkeit durchaus von Relevanz sein kann"*. Vgl. zur Abgrenzung von dienstleistungsspezifischen Verfahren und solchen Allgemeiner Natur ausführlich *Luch/Schulz*, Der sachliche Anwendungsbereich der EU-Dienstleistungsrichtlinie, in: Schliesky (Hrsg.), Die Umsetzung der EU-Dienstleistungsrichtlinie in der deutschen Verwaltung, Teil I: Grundlagen [im Erscheinen], Manuskript-S. 29 (56 ff.).

[46] So auch Windoffer, DVBl. 2006, 1210 (1213). Windoffer benennt die Funktion des einheitlichen Ansprechpartners untechnisch als „Verfahrenspartner" des Dienstleistungserbringers zur Unterstützung der zügigen/ordnungsgemäßen Erledigung. Siehe auch Windoffer, Einheitliche Ansprechpartner, Präsentation für die bayrische Staatskanzlei v. 6. März. 2007 (abrufbar unter www.bayern.de/imperia/md/content/stk/europa/070306_praesentation_stk_by.pdf, zuletzt abgerufen: 26.08.2007), S. 16.

Eingriff in die Verbandskompetenz. *Sowohl* die sachliche Entscheidungskompetenz *als auch* die „formelle Verfahrensleitung" verbleiben unverändert und in Gänze bei der originär zuständigen Behörde. Die durch den einheitlichen Ansprechpartner gegenüber dem Dienstleister darüber hinaus zu erbringende Beratung und Information (Art. 7 DLR) ist so allgemein gehalten, dass eine Beeinträchtigung der Verbandskompetenz anderer Rechtsträger ausgeschlossen wird. Zudem wird der einheitliche Ansprechpartner in diesem Zusammenhang auf ein Wissensmanagementsystem zurückgreifen müssen, dessen Inhalte wiederum in der Verantwortung der sachlich zuständigen Behörden geführt und aktualisiert werden. Inwieweit die elektronische Verfahrensabwicklung gemäß Art. 8 Abs. 1 DLR die Verbandskompetenz der beteiligten Verwaltungsträger berührt, hängt in erheblichem Maße von der konkreten Ausgestaltung ab, zumal die bloße „Eins-zu-Eins-Übertragung" vorhandener Verwaltungsverfahren auf den elektronischen Kanal offensichtlich keine weitergehenden Implikationen nach sich zieht. Demgegenüber wäre jedoch eine Umsetzung, die sich an einem weitergehenden Verständnis des eGovernment als „Einsatz der Informations- und Kommunikationstechnologien in öffentlichen Verwaltungen in Verbindung mit organisatorischen Änderungen und neuen Fähigkeiten, um öffentliche Dienste und demokratische Prozesse zu verbessern und die Gestaltung und Durchführung staatlicher Politik zu erleichtern"[47] orientiert, möglicherweise mit einer tiefgreifenden Umgestaltung der Verwaltungsorganisation und des Verwaltungsverfahrens verbunden.[48]

Nicht von den Minimalanforderungen der Richtlinie umfasst sind weiterreichende formelle verfahrensleitende Kompetenzen des einheitlichen Ansprechpartners. Als solche könnten jedoch *verbindliche* Fristsetzungen und Weisungen durch den einheitlichen Ansprechpartner sowie Auskunfts*pflichten*[49] der zuständigen Behörden verstanden werden. Dieses Modell wäre mit einer Beeinträchtigung der Verbandskompetenz, insbesondere der Organisationshoheit der zuständigen Behörden verbunden. Diesen bliebe lediglich die materielle Sachentscheidungskompetenz vollumfänglich erhalten. Zur Realisierung wäre eine Anpassung der Verwaltungsverfahrensgesetze dergestalt notwendig, diese Rücknahme der eigenen Kompetenzen anzuerkennen und die zuständigen Behörden *passiv* zur Beachtung der Vorgaben „fremder" einheitlicher Ansprechpartner zu verpflichten. Eine Normierung von *aktiven* Eingriffsrechten des einheitlichen Ansprechpartners seitens der jeweils zuständigen Gesetzgeber

---

[47] Vgl. Mitteilung der Kommission „Die Rolle elektronischer Behördendienste (eGovernment) für die Zukunft Europas", KOM (2003) 567 endg. vom 29.9.2003, S. 8. Siehe dazu *Schliesky* (Hrsg.), eGovernment in Deutschland, 2006, S. 28 f.

[48] Vgl. zu einem solchen eGovernment als Motor der Verwaltungsmodernisierung begreifenden Ansatz vor allem *Schliesky*, LKV 2005, 89 ff.; *Schliesky*, in: ders. (Hrsg.) eGovernment in Deutschland, 2006, S. 1 (11 ff.); siehe auch *Schliesky*, Die Verwaltung 38 (2005), 339 ff.; *Schliesky*, DÖV 2004, 809 ff.; *Schliesky*, NVwZ 2003, 1322 ff.

[49] *Windoffer* spricht in NVwZ 2007, 495 (497) von einer „*Auskunftspflicht der Behörden gegenüber den Kontaktstellen über den Stand des Verfahrens*". Der Begriff der „Auskunfts*pflicht*" deutet dabei auf eine rechtliche Verbindlichkeit hin. Anders noch *ders.*, DVBl. 2006, 1210 (1213).

scheitert an den aus der Verbandskompetenz resultierenden Beschränkungen. Umgekehrt ist jedoch auch die aktive Verpflichtung der einheitlichen Ansprechpartner der unterschiedlichen Bundesländer im jeweiligen Landesverwaltungsrecht zu verwaltungs- und gegebenenfalls länderübergreifendem Tätigwerden – soweit das Anliegen des jeweils betroffenen Dienstleistungserbringers dies erfordert – unentbehrlich.[50]

Angesichts des mit der Einräumung weiterer formeller Verfahrensleitungskompetenzen verbundenen Mehrwerts der Institution des einheitlichen Ansprechpartners aus der insoweit maßgeblichen subjektiven Sicht des Dienstleistungserbringers,[51] sollte bei den – zwingend notwendigen – Anpassungen des Verwaltungsverfahrensrechts auf eine möglichst offene Formulierung im Bundes-VwVfG geachtet werden, um den Ländern eine Erweiterung des Aufgabenprofils „ihrer" einheitlicher Ansprechpartner sowohl hinsichtlich der einzubeziehenden Verfahren[52] als auch den gegenüber den zuständigen Behörden eingeräumten (Weisungs- und Aufsichts-)Rechten zu ermöglichen.

Zur Veranschaulichung sei folgendes Beispiel angeführt: Ein Gewerbetreibender,[53] der in Kiel einen Steinmetzbetrieb unterhält, möchte seine Dienstleistungen sowohl auf Friedhöfen in Kiel als auch in Altenholz (einer kreisangehörigen Nachbargemeinde Kiels) anbieten. Der von ihm kontaktierte einheitliche Ansprechpartner, muss daher nicht nur das nach § 6 Abs. 1 der Friedhofssatzung der Stadt Kiel,[54] sondern auch das nach § 4 Abs. 2 der Friedhofssat-

---

[50] Einen ähnlichen Vorschlag macht auch *Ziekow*, GewArch 2007, 179 (182).

[51] Vgl. *Schliesky*, DVBl. 2005, 887 (890); *Windoffer*, DVBl. 2006, 1210 (1214).

[52] Vgl. dazu, dass eine Erweiterung nicht nur sachgerecht, sondern möglicherweise auch verfassungsrechtlich geboten ist *Luch/Schulz*, Der personelle Anwendungsbereich der EU-Dienstleistungsrichtlinie, in: Schliesky (Hrsg.), Die Umsetzung der EU-Dienstleistungsrichtlinie in der deutschen Verwaltung, Teil I: Grundlagen [im Erscheinen], Manuskript-S. 2 ff. Diese vorrangig auf die Einbeziehung von Inlandssachverhalten bezogene Argumentation lässt sich jedoch möglicherweise auch auf die Erweiterung des Anwendungsbereichs der Richtlinie auf weitere Branchen (bspw. die nach Art. 2 Abs. 2 DLR aus nicht immer nachvollziehbaren, rechtfertigenden Gründen [dazu *Luch/Schulz*, Der sachliche Anwendungsbereich der EU-Dienstleistungsrichtlinie, in: Schliesky (Hrsg.), Die Umsetzung der EU-Dienstleistungsrichtlinie in der deutschen Verwaltung, Teil I: Grundlagen [im Erscheinen], Manuskript-S. 29 (35 ff.)] ausgenommenen Dienstleister) oder gar die Ausübung anderer Grundfreiheiten übertragen.

[53] Hierbei wird unterstellt, worüber zwischen Bund und Ländern Einigkeit besteht, dass die Dienstleistungsrichtlinie für In- und Ausländer gleichermaßen anzuwenden ist. Vgl. Beschluss der Wirtschaftsministerkonferenz am 4./5. Juni 2007 in Eisenach Punkt 2.2.2 (abrufbar unter http://www.bmwi.de/BMWi/Redaktion/PDF/B/beschluss-der-wirtschaftsministerkonferenz-eisenach,property=pdf,bereich=bmwi,sprache=de,rwb=true.pdf, zuletzt abgerufen am 24.10.2007); dazu ausführlich Luch/Schulz, Der personelle Anwendungsbereich der EU-Dienstleistungsrichtlinie, in: Schliesky (Hrsg.), Die Umsetzung der EU-Dienstleistungsrichtlinie in der deutschen Verwaltung, Teil I: Grundlagen [im Erscheinen], Manuskript-S. 1 ff.

[54] Abrufbar http://www.kiel.de/Aemter_61_bis_92/67/Friedhoefe/Verwaltung/Kosten_Satzungen/Friedhofssatzung.htm, zuletzt abgerufen am 24.10.2007.

zung der Gemeinde Altenholz[55] erforderliche Zulassungsverfahren bei der zuständigen Friedhofsverwaltung initiieren und begleiten.

2. Zugang und Bekanntgabe

In jedem Fall zu regelnde Punkte bilden im Zusammenhang mit der Einrichtung des einheitlichen Ansprechpartners der maßgebliche Zeitpunkt des Zugangs[56] von Anträgen bei der Behörde und der Bekanntgabe von Verwaltungsakten. Beides sind unter dem Aspekt des Beginns von Genehmigungsfiktions- und Rechtsmittelfristen praktisch relevante Fragen, die entscheidend zum Bild des neuen Verfahrenstypus beitragen werden.

Die Richtlinie enthält keinen ausdrücklichen Hinweis darauf, dass für den **Zugang** der Eingang von Unterlagen beim einheitlichen Ansprechpartner ausschlaggebend wäre.[57] Entscheidend für die Bearbeitungsfrist mit der möglichen Folge einer Genehmigungsfiktion ist gemäß Art. 13 Abs. 3 Satz 2 DLR die vollständige Einreichung aller Unterlagen; offen bleibt allerdings sowohl, ob diese Vollständigkeit beim einheitlichen Ansprechpartner oder zuständigen Behörde gegeben sein muss als auch, wem die Kompetenz zuwächst, die Vollständigkeit zu prüfen und gegebenenfalls beim Antragsteller zu rügen. Hinsichtlich des Fristbeginns vertritt die Kommission – meines Erachtens zutreffend – die Auffassung, dass der Beantragung beim einheitlichen Ansprechpartner nach dem einschlägigen nationalen Verfahrensrecht fristauslösende Wirkung zukommen müsse.[58] Unter dem Aspekt eines Mehrwerts der Institution des einheitlichen Ansprechpartners für den Dienstleister und zur Vermeidung einer bloßen Verlängerung der Postwege durch die Zwischenschaltung einer weiteren Behörde wäre eine solche Regelung in der Tat vorzugswürdig und ließe sich im Wege der gegenseitigen Anerkennung des Zugangs bei den einheitlichen Ansprechpartnern jedes anderen Verbandes durch den Landes- und Bundesgesetzgeber im Verfahrensrecht realisieren. Eine im Hinblick auf die Verbandskompetenzen schonendere Ausgestaltung könnte über die viel diskutierte Möglichkeit einer Zugangsfiktion nach Eingang der jeweiligen Unterlagen beim einheitlichen Ansprechpartner erfolgen,[59] da in diesem Fall formellrechtlich der Zugang bei der zuständigen Behörde maßgeblich bliebe. Gegen eine Zugangsfiktion bei Weiterleitung „innerhalb des Staates" sprechen aller-

---

[55] Abrufbar unter http://www.altenholz.de/images/dokumente/7_6.pdf?Ebene=117&Art, zuletzt abgerufen am 24.10.2007.

[56] Analog § 130 Abs. 1 BGB.

[57] Grundsätzlich wirkt nur die Vornahme einer Handlung gegenüber der zuständigen Behörde fristwahrend. Vgl. *Kopp/Ramsauer*, VwVfG, 9. Aufl. 2005, § 31, Rn. 20.

[58] Siehe Kommission der Europäischen Gemeinschaften (Internal Market and Services DG), Handbook on implementation of the services directive, 2007, S. 26 (abrufbar unter http://ec.europa.eu/internal_market/services/docs/services-dir/guides/handbook_en.pdf, zuletzt abgerufen am 24.10.2007).

[59] Eine solche vermittelnde Lösung schlägt u.a. *Windoffer*, NVwZ 2007, 495 (498) vor.

dings Rechtssicherheitsgesichtspunkte sowie die den Richtlinienvorgaben zugrunde liegende Bestimmung der „Einheitlichkeit" eines Ansprechpartners aus der subjektiven Sicht des Dienstleisters.[60] Beide Aspekte streiten dafür, den subjektiven Eindruck des Antragstellers, er habe mit der Einreichung seiner (vollständigen) Unterlagen beim einheitlichen Ansprechpartner das seinerseits Erforderliche getan, auch in der gesetzlichen Regelung nachzuvollziehen.

Bezüglich der **Bekanntgabe** von Verwaltungsakten stellt sich die Rolle des einheitlichen Ansprechpartners unproblematischer dar. Letztlich gelten für ihn ebenfalls die Zustellungsregelungen des § 41 VwVfG. Die eigentlich den Verwaltungsakt ausstellende zuständige Behörde bedient sich des einheitlichen Ansprechpartners lediglich in vergleichbarer Weise wie der eigenen Geschäftsstelle, also im Sinne eines Boten.[61] Erst wenn der einheitliche Ansprechpartner den Bescheid, die Versagung oder Genehmigung beispielsweise zur Post gegeben hat, verlässt der Verwaltungsakt im Sinne des § 41 VwVfG die staatliche Sphäre mit der Folge des Beginns der Drei-Tages-Fiktion. Demgegenüber kann diese angesichts der Zuordnung des einheitlichen Ansprechpartners zum staatlichen Binnenbereich nicht schon im Zeitpunkt der Übersendung von der zuständigen Behörde an den die Bekanntgabe übernehmenden Ansprechpartner beginnen.[62] Unterschiede bestehen allerdings im Hinblick auf mögliche Haftungstatbestände, die bei einer verzögerten Weiterleitung durch den einheitlichen Ansprechpartner eines anderen Verbandes dessen Rechtsträger treffen. Den einheitlichen Ansprechpartner aber aus dem Prozess der Bekanntgabe auszuschließen, würde dem Bild desselben als gegenüber dem Dienstleistungserbringer *einheitlichen* Verfahrensmittler erheblichen Schaden zufügen und ist daher nicht zu erwägen.[63] Vor allem die Bündelungsfunktion beim Erfordernis der Durchführung mehrerer Verfahren in unterschiedlicher Verantwortung wäre ansonsten gefährdet.

---

[60] Dazu bereits Fn. 51.

[61] Als Alternative wird eine Bekanntgabefiktion dergestalt vorgeschlagen, dass ein Verwaltungsakt ab einem bestimmten Zeitpunkt nach Übergabe an den einheitlichen Ansprechpartner als bekanntgegeben gilt. So *Windoffer*, in: Ziekow/Windoffer (Hrsg.), Ein einheitlicher Ansprechpartner für Dienstleister, 2007, S. 46; *Windoffer*, NVwZ 2007, 495 (498); *Ziekow*, GewArch 2007, 179 (183).

[62] Sowohl ein behördlicher Bote als auch der einheitliche Ansprechpartner lassen sich nicht als „*Post*" im Sinne des § 41 VwVfG definieren (dazu *Stelkens/Stelkens*, in: Stelkens u.a. [Hrsg.], Verwaltungsverfahrensgesetz, 6. Aufl. 2001, § 41 VwVfG, Rn. 61 ff.), so dass die Drei-Tages-Zugangs-Fiktion durch eine Übergabe an diese nicht ausgelöst werden kann.

[63] So auch deutlich die Kommission der Europäischen Gemeinschaften (Internal Market and Services DG), Handbook on implementation of the services directive, 2007, S. 26 (abrufbar unter http://ec.europa.eu/internal_market/services/docs/services-dir/guides/handbook_en.pdf, zuletzt abgerufen am 24.10.2007).

3. „Mitnahme" des einheitlichen Ansprechpartners

Im Zusammenhang mit der Beeinträchtigung der Verbandskompetenz durch die Implementierung der einheitlichen Ansprechpartner wird regelmäßig die Frage aufgeworfen, ob es dem Dienstleistungserbringer freisteht, „seinen" ersten einheitlichen Ansprechpartner für Projekte im „Zuständigkeitsbereich" eines anderen einheitlichen Ansprechpartners zu behalten.[64]

Die Richtlinie äußert sich zu einem derartigen Recht des Dienstleisters nicht ausdrücklich, so dass sowohl die wissenschaftliche Diskussion als auch die praktische Umsetzung überwiegend davon ausgehen, dass eine „Mitnahme" nicht ermöglicht werden soll. Die Zuständigkeit des einheitlichen Ansprechpartners sei vorhabenbezogen zu bestimmen und könne daher auch im Rahmen verschiedener Begehren eines Dienstleistungserbringers wechseln. Dagegen spricht jedoch der überwiegend konsentierte Grundsatz, dass die „Einheitlichkeit" des Ansprechpartners subjektiv aus Sicht des Dienstleistungserbringers bestimmt wird.[65] Zudem bleiben die Kriterien nach denen die Gegenauffassung Fälle, in denen sie eine Abwicklung über die Verbandsgrenzen hinweg zulassen will, von solchen, in denen durch einen Regionalbezug eine neue Zuständigkeit eines anderen einheitlichen Ansprechpartners begründet ist, abgrenzen will, im Dunkeln. Vertretbar erscheint es in diesem Zusammenhang lediglich auf die konkret ausgeübte Tätigkeit abzustellen, so dass beispielsweise ein Friseur zwar die Errichtung weiterer *Friseur*niederlassungen in der gesamten Bundesrepublik über den erstkontaktierten (und aufgrund des örtlichen Bezugs der Erstniederlassung oder Dienstleistungsausübung auch zuständigen[66]) einheitlichen Ansprechpartner abwickeln kann, jedoch nicht den Betrieb eines Massagestudios im Zuständigkeitsbereich eines anderen Ansprechpartners. Ob eine solche Sichtweise mit der Intention der Richtlinie, auch multidisziplinäres Tätigwerden zu erleichtern (vgl. Art. 25 DLR), vereinbar ist, erscheint allerdings fraglich. Zudem dürften die Abgrenzungen zwischen verschiedenen Tätigkeiten oftmals fließend sein. Eine Abgrenzung nach einzelnen Vorhaben innerhalb eines Dienstleistungssektors erscheint noch weniger überzeugend zu leisten zu sein. Diese wäre möglicherweise von Zufälligkeiten, ob eine Zweitniederlassung bereits parallel zur Erstniederlassung oder erst später eröffnet werden soll, abhängig und damit gerade vom Betroffenen nicht nachzuvollziehen. Würde man demgegenüber grundsätzlich auf den örtlichen Bezug jeder einzelnen Niederlassung oder gar jeder einzelnen geplanten Dienstleistungstätigkeit abstellen, wäre keine bedeutende Veränderung zur jetzigen rechtlichen Ausgestaltung auszumachen. Auch die Gegenansicht wird anerkennen müssen,

---

[64] Vgl. bspw. *Ziekow*, GewArch 2007, 179 (182); *Windoffer*, NVwZ 2007, 495 (498); *Windoffer*, in: Ziekow/Windoffer (Hrsg.), Ein einheitlicher Ansprechpartner für Dienstleister, 2007, S. 157.

[65] Vgl. die Nachweise in Fn. 51.

[66] Diese soll sich grundsätzlich nach § 3 VwVfG richten; vgl. *Ohler*, BayVBl. 2006, 261 (264).

dass ein verbandsebenenübergreifender Ansatz der Schaffung des einheitlichen Ansprechpartners nach der Richtlinie angesichts der Erfassung *aller* Verfahren bereits dem Ursprungsverfahren immanent ist. Ein (unbeschränktes) Mitnahmerecht könnte hingegen den Wettbewerb zwischen den einheitlichen Ansprechpartnern im Interesse einer fortschreitenden Serviceorientierung verstärken. Grundsätzlich ist eine „Mitnahme" des einheitlichen Ansprechpartners daher zuzulassen. Eine Grenze findet dieses Recht des Dienstleisters – im Wege einer systematischen und teleologischen Reduktion mit Blick auf Art. 10 Abs. 4 DLR – erst, wenn zwingende Gründe des Allgemeininteresses[67] entgegenstehen. In der Regel wird der Dienstleistungserbringer angesichts der Ortsnähe und -kenntnisse des „zuständigen" einheitlichen Ansprechpartners nicht auf sein Recht auf „Mitnahme" beharren; für diese Fälle ist ein transparentes interbehördliches Übergabeverfahren zwischen den einheitlichem Ansprechpartner zu institutionalisieren und gegebenfalls durch Regelungen im VwVfG zu flankieren.

Da sich auch die Zuständigkeit der einheitlichen Ansprechpartner grundsätzlich nach § 3 VwVfG bestimmt[68], bedarf es zur Realisierung eines Mitnahmerechts einer Anpassung der Regelungen im Verwaltungsverfahrensrecht. Ein Abweichen von örtlichen Zuständigkeiten aufgrund der Entscheidung eines Bürgers ist dem deutschen Recht bisher fremd ist, stellt sich jedoch *nicht* als zusätzliche Beeinträchtigung der Verbandskompetenz dar. Es handelt sich lediglich um eine *quantitative* Steigerung der Abwicklung von Verfahren, die außerhalb der eigenen Zuständigkeit liegen. Das verbandsebenenübergreifende Tätigwerden ist der Institution des einheitlichen Ansprechpartners immanent und tritt in diesen Situationen möglicherweise deutlicher zutage als im Ausgangsverfahren, in denen die Genehmigung aus „fremden" Zuständigkeitsbereichen den Ausnahmefall bilden dürfte.

Beispiel: Um bei dem oben genannten Beispiel zu bleiben, beabsichtigt der in Kiel niedergelassene Steinmetz die Eröffnung einer Zweitniederlassung in Rostock. Alle hiermit im Zusammenhang stehenden Verfahren und Formalitäten müssten bei Einräumung eines „Mitnahmerechts" nach Wunsch des Dienstleistungserbringers über den einheitlichen Ansprechpartner Schleswig-Holsteins (bzw. bei Ansiedlung auf kommunaler Ebene: Kiels) abgewickelt werden können. Dies betrifft beispielsweise die Gewerbeanzeige gemäß § 14 Abs. 1 GewO beim Gewerbeamt der Stadt Rostock, die Eintragung in die Handwerksrolle gemäß § 1 Abs. 1 Satz 1 in Verbindung mit §§ 6 ff. HwO bei der Handwerkskammer Ostmecklenburg-Vorpommern[69] und die Zulassung zur

---

[67] Vgl. zu den „*zwingenden Gründen des Allgemeininteresses*" auch *Frenz*, Handbuch Europarecht, Band 1 – Europäische Grundfreiheiten, 2004, Kapitel 4, § 4, Rn. 481 ff.

[68] Vgl. bereits Fn. 66.

[69] Die grundsätzlich für jeden Betrieb separat bei der zuständigen Handwerkskammer vorzunehmen ist. Dieses Erfordernis lässt sich dem eindeutigen Wortlaut des § 6 Abs. 1 HwO entnehmen („*Die Handwerkskammer hat ein Verzeichnis zu führen, in welches die Inhaber von Betrieben*

gewerblichen Tätigkeit auf den Friedhöfen gemäß § 6 Abs. 1 der Friedhofssatzung Rostock[70] bei der Friedhofsverwaltung.

4. Bundesweite Geltung von Genehmigungen, Art. 10 Abs. 4 DLR

Als weitere Beeinträchtigung des Systems der Verbandskompetenzen kommt Art. 10 Abs. 4 DLR in Betracht. Dieser verlangt grundsätzlich[71] die bundesweite Geltung von dienstleistungsspezifischen Genehmigungen. Von diesem Postulat werden lediglich personen-, tätigkeits- und statusbezogene Erlaubnisse erfasst, das heißt vor allem die Personalkonzessionen nach überkommenem Verständnis des deutschen Gewerberechts. Demgegenüber kann beispielsweise einer Baugenehmigung als gegenstandsbezogener Konzession keine bundesweite Geltung in diesem Sinne zuerkannt werden. Gleiches muss allgemein gesprochen für alle Erlaubnisse gelten, deren Erteilungsvoraussetzungen nicht unabhängig von der Lage im Raum beurteilt werden können. Diese Einschränkung des Art. 10 Abs. 4 DLR lässt sich – obwohl auch derartige Genehmigungen grundsätzlich in den Anwendungsbereich der Richtlinie im Übrigen fallen – entweder durch eine teleologische Reduktion der Norm oder der Zuordnung dieser Erlaubnisse zum Ausnahmetatbestand der Richtlinienvorschrift[72] erreichen.[73]

Für die Art. 10 Abs. 4 DLR unterfallenden Genehmigungen kann die bundesweite Geltung über eine entsprechende Anpassung der jeweiligen Fachgesetze herbeigeführt werden. Während der Bundesgesetzgeber problemlos eine bundesweite Geltung sicherstellen kann, sind die Landesgesetzgeber auf eine landesweite Geltung beschränkt. Hinsichtlich derjenigen Rechtsgebiete, die der Landeskompetenz zugewiesen sind, bedarf es daher zusätzlich einer Anerkennung der Genehmigungen und Erlaubnisse der übrigen Bundesländer, um den

---

zulassungspflichtiger Handwerke ihres Bezirks [...] einzutragen sind“); vgl. BVerwGE 95, 363 ff.; *VGH-Mannheim*, NVwZ-RR 2002, 113 (114); *Honig*, Handwerkskommentar – Kommentar, 3. Aufl. 2004, § 6, Rn. 10.

[70] Abrufbar unter http://www.rostock.de/Internet/stadtverwaltung/presse/loadPresseFrame.jsp?&seq_id=17316 zuletzt abgerufen am 24.10.2007.

[71] Es steht zu erwarten, dass die Kommission den in der Richtlinie vorgesehenen Ausnahmetatbestand des Art. 10 Abs. 4 DLR restriktiv interpretieren und auf eine weitgehende Verwirklichung des Grundsatzes bundesweiter Geltung drängen wird. So auch die Einschätzung bei *Ziekow*, GewArch 2007, 217 (217).

[72] So heißt es: „*sofern zwingende Gründe des Allgemeininteresses eine Genehmigung für jede einzelne Betriebsstätte oder eine Beschränkung der Genehmigung auf einen bestimmten Teil des Hoheitsgebiets rechtfertigen*“, vgl. auch Erwägungsgründe 47 und 59.

[73] Letzteres kann auf Erwägungsgrund 59 gestützt werden, in dem das Erfordernis einer „*Einzelgenehmigung für jede Anlage*“ aus Gründen des Umweltschutzes als Anwendungsfall des Art. 10 Abs. 4, 2. Hs. DLR genannt wird. Eine Ausnahmelösung favorisierend wohl auch *Ziekow*, GewArch 2007, 217 (218). Ausführlich zu den beiden Lösungsansätzen *Schulz*, Die bundesweite Geltung von Genehmigungen nach der EU-Dienstleistungsrichtlinie, in: Schliesky (Hrsg.), Die Umsetzung der EU-Dienstleistungsrichtlinie in der deutschen Verwaltung, Teil I: Grundlagen [im Erscheinen], Manuskript-S. 146 (155 ff.).

Vorgaben der Dienstleistungsrichtlinie gerecht zu werden. Eine solche lässt sich bereits im geltenden Recht finden. So ist beispielsweise ein Architekt in der Regel berechtigt, die geschützte Berufsbezeichnung bundesweit zu führen, obwohl er lediglich in der entsprechenden Liste *eines* Bundeslandes registriert ist. Die hierzu erforderliche Anerkennung findet sich in nahezu allen landesgesetzlichen Vorgaben für das Architektenwesen,[74] so dass die einmalige Eintragung aufgrund der Zusammenschau all dieser Regelungen das Recht verleiht, die Berufsbezeichnung bundesweit zu tragen. Der Vorgabe des Art. 10 Abs. 4 DLR wäre insoweit genüge getan.

Im Zusammenhang mit Art. 10 Abs. 4 DLR stellen sich ebenfalls die sogenannten **gemischten Konzessionen** wie etwa die Gaststättenerlaubnis gemäß §§ 2 Abs. 1, 3 Abs. 1 GastG als zusätzliches Problem dar. Gerade mit Blick auf das so genannte Normenscreening, das heißt die von der Dienstleistungsrichtlinie verpflichtend vorgeschriebene materielle Überprüfung des „Dienstleistungsverwaltungsrechts" aber auch zur Sicherstellung bundesweiter Genehmigungsgeltung wird möglicherweise eine Aufteilung der Erlaubnisse in einen personalen und einen sachlich-gegenständlichen Teil zu erwägen sein. Offensichtlich handelt es sich nämlich bei der Verbindung mit der konkreten Betriebsstätte um eine zu rechtfertigende Beschränkung des Geltungsbereichs. Jedoch spricht der Umstand, dass eine Beurteilung der personalen Elemente (Zuverlässigkeit) stets nur in Abhängigkeit von der konkret beabsichtigten Betriebsart und -stätte erfolgen kann,[75] für das Vorliegen rechtfertigender Gründe. Die von den Regelungen des GastG verfolgten legitimen und auch im Sinne des Gemeinschaftsrecht als Rechtfertigungsgründe anerkannten Zwekke[76] ließen sich durch die parallele Normierung einer bundesweit geltenden personellen Gaststättenkonzession abhängig von der persönlichen Zuverlässigkeit des Gastwirts[77] und einer räumlich-gegenständlichen Genehmigung der Betriebsstätte nicht gleich effektiv verwirklichen. Aufgrund der Bindungswirkung des personellen Teils blieben im Falle der Zweigniederlassung all diejenigen Kriterien, die gegen eine Erlaubniserteilung sprechen und aus dem Zusammenspiel der Zuverlässigkeit mit der Betriebstätte resultieren, unberücksichtigt.

---

[74] Vgl. bspw. die Regelungen des § 7 Abs. 1 des Hessischen Architekten- und Stadtplanergesetzes (HASG) vom 23. Mai 2002 (GVBl. I 2002, S. 182); zuletzt geändert durch Gesetz vom 2. März 2005 (GVBl. I 2005, S. 1349) und des § 1 Abs. 1 des Niedersächsischen Architektengesetzes (NArchtG) vom 26. März 2003 (Nds. GVBl. 2003, S. 177); zuletzt geändert durch Artikel 1 des Gesetzes vom 12. Juli 2007 (Nds. GVBl. 2007, S. 324).

[75] Vgl. bspw. *Michel/Kienzle/Pauly*, Das Gaststättengesetz – Kommentar, 14. Aufl. 2003, § 4, Rn. 7.

[76] Vgl. zum ursprünglichen Zweck der Bekämpfung des Alkoholmissbrauchs sowie den weiteren ordnungsrechtlichen Zielsetzungen *Michel/Kienzle/Pauly*, Das Gaststättengesetz – Kommentar, 14. Aufl. 2003, Einleitung, Rn. 13.

[77] Daran, dass eine solche Erlaubnis als präventive Genehmigung aufrechterhalten werden, bestehen indes wohl keine Zweifel; anders *Ziekow*, GewArch 2007, 217 (217).

Ein weiteres Problem tritt im Zusammenhang mit Genehmigungen auf, die ihre Rechtsgrundlage im **kommunalen (Orts-)Recht** finden, wobei hier zwischen Selbstverwaltungsangelegenheiten und Aufgaben im übertragenen Wirkungskreis zu differenzieren sein wird. Die Rechtsetzungsbefugnis der kommunalen Gebietskörperschaften ist in beiden Fällen auf das eigene Hoheitsgebiet beschränkt. Zumal es sich bei der Aufgabenerfüllung nach Weisung um keine eigene originäre Kompetenz handelt, sondern diese lediglich vom Land abgeleitet ist, wäre es aufgrund der rechts- *und* fachaufsichtlichen Einflussinstrumente möglich, die notwendige Geltungserweiterung der beispielsweise in kommunalen Gefahrenabwehrverordnungen bestehenden Genehmigungserfordernisse herbeizuführen.[78] Ein Eingriff in die Verbandskompetenz der Gemeinden liegt darin nicht, da sich diese nach Art. 28 Abs. 2 S. 1 GG auf die „*Regelung der Angelegenheiten der örtlichen Gemeinschaft*“ beschränkt.[79] Daher erweisen sich die Rechtsgebiete der kommunalen Selbstverwaltung als problematischer. Auch hier ist der Geltungsbereich der in kommunalen Satzungen vorgesehenen Genehmigungen auf das jeweilige Gemeindegebiet begrenzt;[80] dies jedoch mit nur eingeschränkten Möglichkeiten des Landes, eine landesweite Geltung in geeigneter Weise sicherzustellen[81]. Denkbar – und zur Herstellung eines richtlinienkonformen Zustandes auch erforderlich – wäre eine gesetzliche Normierung der über das eigene Gemeindegebiet hinausgehenden Geltung kommunaler Erlaubnisse. Der damit verbundene Eingriff in die Selbstverwaltungsgarantie der Kommunen ließe sich dabei zwar mögli-

---

[78] Allerdings kann jeweils nur eine *landesweite* Geltung erreicht werden. Hinsichtlich der *bundesweiten* Geltung müsste – ebenso wie bei landesgesetzlichen Genehmigungserfordernissen – möglicherweise eine gegenseitige Anerkennung normiert werden.

[79] *Schliesky*, Öffentliches Wirtschaftsrecht, 2. Aufl. 2003, S. 165. Dazu auch *v. Mutius*, in: ders. (Hrsg.), Selbstverwaltung im Staat der Industriegesellschaft, Festgabe für v. Unruh, 1983, S. 227 (261 f.).

[80] Vgl. § 6 Friedhofssatzung Kiel (http://www.kiel.de/Aemter_61_bis_92/67/Friedhoefe/Verwaltung/Kosten_Satzungen/Friedhofssatzung.htm; zuletzt abgerufen am 26.08.2007). Vergleichbare Bestimmungen enthalten nahezu alle kommunalen Friedhofssatzung; exemplarisch § 7 Friedhofssatzung der Landeshauptstadt München (http://www.muenchen.info/dir/recht/800/800_20070328.pdf; zuletzt abgerufen am 26.08.2007); § 5 Friedhofssatzung der Stadt Stade (http://www.stadt-stade.info/UPLOADS/Ortsrecht/07_oeffentl_Einr/friedhofssatzung.pdf; zuletzt abgerufen am 26.08.2007).

[81] Die sog. Anerkennungslösung erweist sich zwischen den Kommunen angesichts der Vielzahl kommunaler Gebietskörperschaften als nicht realisierbar. Aufsichtsrechtliche Maßnahmen der Länder erscheinen zwar nicht ausgeschlossen, zumal eine entgegen der gemeinschaftsrechtlichen Vorgaben weiterhin aufrechterhaltene räumliche Begrenzung rechtswidrig ist (und daher ein Einschreiten der Rechtsaufsicht rechtfertigt). Jedoch kann auch über diesen Ansatz keine (aktive) Geltungserweiterung ausgehend von der rechtsetzenden Gemeinde herbeigeführt werden, es wäre vielmehr ein Einschreiten gegenüber allen anderen Gemeinden mit dem Ziel, diese zur Anerkennung „fremder“ Hoheitsakte zu bewegen, angezeigt – ein nicht realisierbares Unterfangen. Auch die Streichung des – wegen der begrenzten Geltung gemeinschaftsrechtswidrigen – Genehmigungserfordernisses ist nicht immer eine sachgerechte Lösung. Vgl. *Schulz*, Die bundesweite Geltung von Genehmigungen nach der EU-Dienstleistungsrichtlinie, in: Schliesky (Hrsg.), Die Umsetzung der EU-Dienstleistungsrichtlinie in der deutschen Verwaltung, Teil I: Grundlagen [im Erscheinen], Manuskript-S. 145 (161).

cherweise mit dem Vorrang des Gemeinschaftsrechts und den fehlenden Alternativen, in selbstverwaltungsschonenderer Weise Richtlinienkonformität zu erreichen, rechtfertigen, da ansonsten nämlich lediglich der vollständige Verzicht auf diese Erlaubnisse im Raum stünde – und dies, obwohl das Genehmigungserfordernis an sich den Vorgaben der Art. 9 ff. DLR gerecht wird. Fraglich ist allerdings, ob eine solche gesetzliche Regelung auch dann noch mit der Garantie kommunaler Selbstverwaltung aus Art. 28 Abs. 2 GG bzw. den entsprechenden landesverfassungsrechtlichen Garantien vereinbar wäre, wenn sie ausnahmslos *alle* im Zusammenhang mit pflichtigen und freiwilligen Selbstverwaltungsaufgaben stehende Genehmigungen erfasst. In den Mittelpunkt der Diskussion um eine sachgerechte und verfassungskonforme Richtlinienumsetzung in Wissenschaft und Praxis dürfte unter diesem Gesichtspunkt daher vermehrt die Frage nach der Europafestigkeit der kommunalen Selbstverwaltungsgarantie nach bundesdeutschem Verfassungsverständnis treten.[82]

Beispiele: Im Beispiel des Steinmetzes wäre zunächst eine Anpassung der HwO durch den zuständigen Bundesgesetzgeber erforderlich. Die Eintragung in die Handwerksrolle berechtigt zwar zu bundesweiter Tätigkeit, jedoch ist die Errichtung einer Zweigniederlassung mit einer erneuten Eintragungsverpflichtung nach § 1 Abs. 1 S. 1 in Verbindung mit §§ 6 ff. HwO verbunden.[83] Dieses Erfordernis wäre in Umsetzung der Richtlinie zu beseitigen, da keine rechtfertigenden Gründe ersichtlich sind.

Ein Beispiel der gegenseitigen Anerkennung landesrechtlicher Eintragungen findet sich – wie bereits aufgezeigt – in den Architektengesetzen der Länder. So normiert § 7 Abs. 1 des Hessischen Architekten- und Stadtplanergesetzes die Erlaubnis, die geschützten Berufsbezeichnungen ohne eine weitere Eintragung zu führen, wenn der Betroffene zur Führung dieser Berufsbezeichnung aufgrund gesetzlicher Regelung eines anderen Bundeslandes berechtigt ist. Allerdings bedarf es bislang einer erneuten Eintragung, sobald der Hauptwohnsitz in ein anderes Bundesland verlagert wird. Dieses Erfordernis wäre von den zuständigen Landesgesetzgebern zu beseitigen.[84]

Unter dem Aspekt kommunaler Genehmigungserfordernisse erscheint die bereits mehrfach exemplarisch genannte Zulassungspflicht für gewerbliche

---

[82] Es ist darauf hinzuweisen, dass weder die Wahrung der föderalen Struktur noch der Selbstverwaltungsgarantie der Kommunen aus Art. 28 Abs. 2 GG eine Rechtfertigung zur Abweichung von den Vorgaben des Art. 10 Abs. 4 DLR bietet. So auch *Ziekow*, GewArch 2007, 217 (218).

[83] Vgl. dazu bereits die Nachweise in Fn. 69.

[84] In diesem Zusammenhang wird das Vorliegen der Eintragungsvoraussetzungen für den Fall, dass der Antragsteller eine Löschungsbewilligung im Sinne des § 6 Abs. 8 ArchIngKG SH vorlegen kann, zwar nicht mehr geprüft. Dennoch entfaltet die Ursprungsgenehmigung nicht die nach Art. 10 Abs. 4 DLR notwendige Wirkung bundesweiter Geltung. Angesichts des Umstandes, dass eine Überprüfung der Eintragungsvoraussetzungen ohnehin bereits nach geltendem Recht unterbleibt, sind keine Gründe ersichtlich, diese Verpflichtung aufrechtzuerhalten. Demgegenüber wäre eine Umgestaltung in eine reine Anzeigepflicht für den Fall des Wohnsitzwechsels unbedenklich

Tätigkeiten auf Friedhöfen der Städte und Gemeinden[85] problematisch. Eine gemeinschaftsrechtkonforme Umsetzung müsste sicherstellen, dass die beispielsweise von der Stadt Kiel erteilte „Erlaubnis“ auch in Altenholz und Rostock Geltung beansprucht. Sollte das Genehmigungserfordernis nicht insgesamt wegfallen, wäre entweder eine gegenseitige Anerkennung in die jeweiligen Friedhofssatzungen der Städte und Gemeinden aufzunehmen oder der Landesgesetzgeber müsste eine derartige Wirkungserstreckung gesetzlich anordnen.

Unter dem Aspekt der bundesweiten Geltung von Genehmigungen ist schließlich auf folgendes hinzuweisen. Mit der Vorgabe des Art. 10 Abs. 4 DLR ist kein – über den ohnehin der Richtlinienumsetzung geschuldeten Abbau hinausgehender – sukzessiver Abbau der Erlaubnisse bzw. die Orientierung an demjenigen Bundesland mit den liberalsten Vorgaben für Dienstleistungstätigkeiten verbunden. Nur weil eine Tätigkeit beispielsweise in Hessen keiner Genehmigungspflicht unterworfen ist, in Schleswig-Holstein hingegen schon, ist es dem Dienstleister nicht möglich, unter Berufung auf die hessische Regelung seine Tätigkeit auch in Schleswig-Holstein ohne eine Erlaubnis auszuüben. Soweit sich die Aufrechterhaltung der schleswig-holsteinischen Regelung anhand der Vorgaben der Art. 9 ff. DLR rechtfertigen lässt, kann sich ein solcher Zwang zur Anpassung innerhalb eines kompetitiven Bundesstaates lediglich aus faktischem Anpassungsdruck und wirtschaftspolitischen Notwendigkeiten ergeben. Ein rechtlicher Zwang wird durch die Richtlinie nicht vermittelt. Verkompliziert wird die Handhabung des Art. 10 Abs. 4 DLR in Fällen, in denen eine Tätigkeit zwar in allen Bundesländern (gemeinschaftsrechtlich zulässig) an die Erteilung einer Erlaubnis gekoppelt wird, deren Erteilungsvoraussetzungen jedoch von Land zu Land variieren. Wollte man die Vorgabe des Art. 10 Abs. 4 DLR strikt umsetzen, würden sich die Anforderungen der Genehmigungserteilung langfristig auf dem Niveau des liberalsten Bundeslandes einpendeln. Das Gebot bundesweiter Geltung von Erlaubnissen ist daher dergestalt auszulegen, dass eine Ausübung der Tätigkeit in anderen Bundesländern nur dann unter Berufung auf Art. 10 Abs. 4 DLR aufgrund der von einem Bundesland nach der dort geltenden Rechtslage erteilten Erlaubnis zulässig ist, wenn das Land, in der ein Dienstleister tätig sein möchte, die gleichen oder qualitativ geringeren Anforderungen an die Erteilung der Genehmigung stellt[86].

---

[85] Vgl. die Nachweise in Fn. 80.

[86] Wobei nicht bestritten werden soll, dass die Klassifizierung von Erteilungsvoraussetzungen in die Kategorien „gleich“ bzw. „qualitativ geringer“ in den meisten Fällen nicht offensichtlich sein wird.

5. Verbot der Doppelprüfung, Art. 10 Abs. 3 DLR

Schließlich erweist sich das über Art. 10 Abs. 3 DLR aufgestellte Verbot der Doppelprüfung[87] als eine mögliche Beeinträchtigung der Verbandskompetenz. Der Vorschrift zufolge darf eine Behörde vor Erteilung einer Genehmigung keine Voraussetzung prüfen, die bereits durch eine andere staatliche Stelle innerhalb der Europäischen Union in einem förmlichen Erlaubnisverfahren o.ä. beurteilt wurde.[88] Insoweit entfalten derartige Prüfungen eine europaweite Bindungswirkung, die auch die Verbandskompetenz der zur Erlaubniserteilung zuständigen Behörden berührt. Deren originäre Prüfungskompetenz wird partiell zurückgenommen und sie werden auf die Vorfestlegungen anderer – gegebenenfalls ausländischer – Behörden verpflichtet.

Art. 10 Abs. 3 DLR steht jedoch in enger Beziehung zur Vorgabe des Art. 10 Abs. 4 DLR – der bundesweiten Geltung von Genehmigungen. Daher besitzt das Verbot der Doppelprüfung lediglich einen geringen Anwendungsbereich. Aufgrund der bundesweiten Geltung bedarf es in der Regel nämlich keiner weiteren Genehmigung, bei der eine unzulässige Doppelprüfung vorgenommen werden könnte. Soweit keine bundesweite Geltung normiert wird, handelt es sich überwiegend um sachlich-gegenständliche Erlaubnisse, bei denen die Erteilungsvoraussetzungen nicht unabhängig von der Lage im Raum geprüft werden können. Die erneute Prüfung beispielsweise bei der Errichtung einer Zweigniederlassung in einem anderen Bundesland stellt sich daher bereits von der Sache her *nicht* als eine unzulässige Doppelprüfung dar.

Relevanz besitzt Art. 10 Abs. 3 DLR insofern vorrangig in grenzüberschreitenden Konstellationen. Für diese Anwendungsfälle ist durch geeignete gesetzliche Vorkehrungen sicherzustellen, dass keine gemeinschaftsrechtlich unzulässige Doppelprüfung erfolgt. Die Verbandskompetenz der national zuständigen Behörden wird vom jeweils zuständigen Landes- bzw. Bundesgesetzgeber neu definiert.

Beispiel: Als Beispiel mag die nach § 34c Abs. 1 GewO erforderliche Erlaubnis für Maklertätigkeiten dienen. Es handelt sich hierbei um eine reine Personalkonzession, bei der lediglich die Zuverlässigkeit des Betroffenen geprüft wird. Eine solche Genehmigung beansprucht ohnehin bundesweite Geltung, so dass es zu keiner unzulässigen Doppelprüfung kommen kann.

Möchte jedoch ein Dienstleistungserbringer, der bereits nach dem Recht seines Niederlassungsmitgliedstaates eine Maklergenehmigung besitzt, bei deren Erteilung die persönliche Zuverlässigkeit beurteilt wurde, auch in Deutschland dieser Tätigkeit nachgehen, bleibt das Genehmigungserfordernis

---

[87] Dazu auch Erwägungsgrund 61.

[88] *Ziekow* (GewArch 2007, 217 [225]) schlägt insoweit eine Normierung des Verbots der erneuten Kontrolle, wenn der Dienstleistungserbringer bereits gleichwertigen oder zielähnlichen Anforderungen oder Kontrollen unterworfen war, im Verwaltungsverfahrensgesetz vor.

nach § 34c Abs. 1 GewO zwar erhalten, jedoch kann in diesem Zusammenhang keine erneute Bewertung der Zuverlässigkeit vorgenommen werden. Dass derartige unzulässige Doppelprüfungen unterbleiben, ist in den jeweiligen Fachgesetzen bzw. allgemein im Verwaltungsverfahrensrecht sicherzustellen.

IV. Grundproblem? Kollision des nationalen Zuständigkeitsverständnisses mit dem ergebnisorientierten Regelungsprogramm des Gemeinschaftsrechts

Die dargestellten Kollisionspunkte zwischen Dienstleistungsrichtlinie und der innerstaatlichen Verteilung von Kompetenzen betreffen zumindest hinsichtlich des Teilaspektes des einheitlichen Ansprechpartners das nationale Verwaltungsverfahrens- und -organisationsrecht. In diesem Bereich ist stets zu beachten, dass die Binnenmarktzuständigkeit der Europäischen Gemeinschaft als ergebnisorientiertes Regelungsprogramm auf die allgemein anerkannte Verwaltungsorganisationshoheit der Mitgliedstaaten trifft.[89]

Von daher ist die Kompetenz der Europäischen Gemeinschaft für den Erlass der Vorschriften der Dienstleistungsrichtlinie über die Verwaltungsvereinfachung und die Errichtung des einheitlichen Ansprechpartners umstritten,[90] da sie zwangsläufig mit Veränderungen des Verwaltungsverfahrensrechts und der Verwaltungsorganisation verbunden ist. Die Erwägungsgründe der Richtlinie machen deutlich, dass diese auf die Rechtsangleichungs- und Harmonisierungsvorschriften der Art. 47 Abs. 2 und Art. 55 EGV als maßgebliche Kompetenznormen gestützt wird. Anerkannt ist grundsätzlich, dass derartige Vorschriften zur Rechtsangleichung neben der Befugnis zur Setzung materiellrechtlicher Vorgaben auch die Kompetenz zur Regelung von Aspekten des Verwaltungsvollzuges beinhalten.[91] Insoweit kann von einer Annexkompetenz gesprochen werden.[92] Ohne eine solche Kompetenz der Europäischen Gemeinschaft wäre das Ziel der Verwirklichung des Binnenmarktes gefährdet, da auch die Gestaltung des Verwaltungsverfahrens wettbewerbshindernd wirken kann.

Sicherlich mag hierbei den Kritikern Recht gegeben werden können, wenn diese betonen, dass in Ausübung der Annexkompetenz erlassene Regelungen zum Verwaltungsverfahren und zur Verwaltungsorganisation das Gebot der Subsidiarität und der Verhältnismäßigkeit zu berücksichtigen haben.[93] Unter diesem Gesichtspunkt ließe sich argumentieren, dass die Gestaltung des Verfahrens ohnehin gemeinschaftsrechtliche Vorgaben, beispielsweise das Verbot

---

[89] Siehe auch *Wettner*, Die Amtshilfe im Europäischen Verwaltungsrecht, 2005, S. 3.

[90] Siehe dazu insbes. *Scholz*, in: Bauer u.a. (Hrsg.), Festschrift für Schmidt, 2006, S. 169 ff.

[91] Vgl. zu Art. 95 EGV *EuGH*, Slg. I-2006, 3771 (3785) Egrd. 44 f.; zustimmend *Hansmann*, DVBl. 2006, 838 ff.; *Kugelmann*, VerwArch 2007, 78 (84); ablehnend *Ohler*, EuZW 2006, 372 ff.

[92] Vgl. *Kugelmann*, VerwArch 2007, 78 (84).

[93] Vgl. *Scholz*, in: Bauer u.a. (Hrsg.), Festschrift für Schmidt, 2006, S. 169 (174).

der Diskriminierung zu berücksichtigen habe und daher kein weitergehender Eingriff in die Organisationshoheit notwendig gewesen sei. Allerdings verkennt diese Auffassung, dass die Grundfreiheiten anerkannterweise darüber hinaus gehen und ein umfassendes Beschränkungsverbot statuieren.[94] Die Schaffung eines einheitlichen Binnenmarktes wird im Bereich der Dienstleistungswirtschaft nicht nur durch materielle Vorgaben, sondern insbesondere auch durch die Ausgestaltung der Verwaltungsverfahren nachhaltig beeinträchtigt. Diese Einschätzung lag dem Erlass des Kapitels II. der Richtlinie zur Verwaltungsvereinfachung zugrunde,[95] so dass ein Verstoß weder gegen den Subsidiaritäts- noch den Verhältnismäßigkeitsgrundsatz anzunehmen ist,[96] zumal den Mitgliedstaaten verschiedene Varianten der Richtlinienumsetzung verbleiben. Der verbleibende Spielraum ermöglicht es dem nationalen Umsetzungsgesetzgeber – wie die nachfolgenden Überlegungen zeigen –, die verfassungsrechtlichen Grundlagen der Verwaltungsorganisation weitestgehend zu wahren und einen richtlinienkonformen Zustand durch sachgerechte, lediglich partielle Anpassungen und Weiterentwicklungen herzustellen.

Nicht zu leugnen ist jedoch, dass ein europäisches Allgemeines Verwaltungsrecht im Entstehen begriffen ist, das das nationale Recht ergänzt, modifiziert oder auch verdrängt.[97] Allerdings kann diese Entwicklung nicht nur als „Bedrohung" gesehen werden, sondern auch als Chance überkommene Strukturen im Interesse aller Marktbürger – im hier zu bewertenden Kontext: der Dienstleistungserbringer *und* -empfänger[98] – zu überdenken und gegebenenfalls weiterzuentwickeln. Abgemildert wird das „Bedrohungsszenario" darüber hinaus durch den Umstand, dass die der Verbandkompetenz zugrunde liegenden verfassungsrechtlichen Grundsätze – vorrangig Verantwortungsklarheit und demokratische Legitimation – auch dem Gemeinschaftsrecht nicht fremd

---

[94] Vgl. nur *Frenz*, Handbuch Europarecht; Band 1: Europäische Grundfreiheiten, 2004, § 3, Rn. 428.

[95] Vgl. Erwägungsgründe 3 und 105.

[96] Siehe dazu ausdrücklich Erwägungsgrund 116.

[97] Vgl. dazu insbesondere *Schwarze*, Europäisches Verwaltungsrecht, 2005 sowie *Ekhard/Weyland*, NVwZ 2006, 737 ff.; *Ruffert*, DÖV 2007, 761 ff. Aus Sicht des Autors – als geschäftsführender Vorstand des Lorenz-von-Stein-Instituts für Verwaltungswissenschaften an der Christian-Albrechts-Universität zu Kiel – besonders bemerkenswert ist die Umschreibung des Europäischen Verwaltungsrechts ausgehend von der „*Vision von Lorenz v. Stein aus heutiger Perspektive*" als „*großartigste Rechtsbildung der Weltgeschichte*" von *Sommermann*, DÖV 2007, 859 ff.

[98] Deren Perspektive bei negativen Einschätzungen der Richtlinie oftmals übersehen werden. Beispielsweise kann das Aufbrechen monopolartiger Strukturen im Bereich einzelner Branchen durch die Vorgaben der EU zu einem vermehrten Wettbewerb und damit verbundenen Kostenersparnissen für die Nachfrageseite verbunden sein. Ebenso erscheint die Verpflichtung aller europäischer Anbieter von Dienstleistungen auf bestimmte Qualitätsstandards (vgl. Art. 22 ff. DLR) gerade aus Sicht eines Mitgliedstaates mit einem ohnehin hohen Schutzstandard im Interesse deutscher Verbraucher, die vermehrt auch auf Dienstleistungserbringer aus dem europäischen Ausland zurückgreifen, wünschenswert; vgl. zu verbraucherschutzrechtlichen Aspekten der EU-Dienstleistungsrichtlinie *Roth*, VuR 2007, 161 ff.

sind, vielmehr auf der gemeinschaftsrechtlichen Ebene gleichfalls herausgehobene Geltung besitzen.[99]

V. Lösungsansätze und Perspektiven: Weiterentwicklung des überkommenen Verständnis unter Beachtung der verfassungsrechtlichen Hintergründe

Soweit sich die Richtlinienvorgaben – in gemeinschaftsrechtlich zulässiger Weise – auf das Verwaltungsverfahren und die Verwaltungsorganisation beziehen, treffen sie notwendigerweise auf die verfassungsrechtlich fundierte Kompetenzordnung Deutschlands. Wie soeben angedeutet, besteht zwischen beiden Polen dennoch kein unüberbrückbarer Konflikt; vielmehr bedarf es einer sachgerechten Bewertung und Weiterentwicklung der rechtlichen Grundlagen zur innerstaatlichen Kompetenzverteilung und zur Zusammenarbeit unterschiedlicher Träger hoheitlicher Gewalt. Die nachfolgenden Überlegungen sollen daher Diskussionsansätze für die Richtlinienumsetzung bieten, ohne ein abschließendes Bild einer vernetzten kooperativen Behördenstruktur in Deutschland zu zeichnen; gleichwohl aber das Potential der Richtlinienumsetzung als Katalysator einer Verwaltungsmodernisierung aufzeigen.

1. Kein „Exklusionsverständnis" der Verbandskompetenz/ Kein Verbot der Mischverwaltung

Zunächst ist darauf hinzuweisen, dass ein Exklusionsverständnis der Verteilung der Verbandskompetenzen im Sinne einer Impermeabelität des Systems weder zeitgemäß noch in der Praxis tatsächlich vorzufinden ist. Das Territorialitätsprinzip und damit eine räumlich impermeable Verbandskompetenz beanspruchen im bundesdeutschen Recht *keine* absolute Geltung.[100] Überschneidungen sachlicher, funktioneller oder organisatorischer Art sind Realität, ohne an dem vielfach in apodiktischer Weise formulierten Verbot der Mischverwaltung zu scheitern. Dieses gilt ebenfalls *nicht* absolut. Wichtig ist lediglich, bei

---

[99] Vgl. dazu zur gemeinschaftsrechtlichen Rechtsstaatlichkeit *Scheuing*, in: Schulze/Zuleeg (Hrsg.), Europarecht, Handbuch für die deutsche Rechtspraxis, § 6, S. 230 ff.; zur Demokratie *Kluth*, in: Schulze/Zuleeg (Hrsg.), Europarecht, Handbuch für die deutsche Rechtspraxis, § 5, S. 222 ff. Allerdings soll mit dieser Feststellung nicht das bestehende Demokratiedefizit der Europäischen Union geleugnet werden (vgl. dazu insbesondere *Tiedtke*, Demokratie in der europäischen Union, 2005; zum Komitologieverfahren zuletzt *Scheel*, ZEuS 2006, 521 ff.), welches sich allerdings primär auf das Handeln der Union bzw. Gemeinschaft selbst bezieht. Dass das Handelns aller nationalstaatlichen Organe demokratisch legitimiert sein muss, ist demgegenüber ein Grundsatz, der sich – in unterschiedlicher Ausprägung – in allen Verfassungsordnungen der Mitgliedstaaten finden lässt.

[100] So auch *Windoffer*, in: Ziekow/Windoffer (Hrsg.), Ein einheitlicher Ansprechpartner für Dienstleister, 2007, S. 159.

jeder Form der funktionellen oder organisatorischen Verzahnung demokratische und rechtstaatliche Gebote verfassungsrechtlich unangreifbar zu berücksichtigen[101]. Möglicherweise wird das anstehende Urteil des Bundesverfassungsgerichts zur Zulässigkeit der nach § 44 b SGB II errichteten Arbeitsgemeinschaften unter Beteiligung der kommunalen Träger und der Bundesagentur für Arbeit in diesem Zusammenhang weitere Klarheit bringen.[102]

Die Kompetenzverteilung des Grundgesetzes soll vor dem Hintergrund der tragenden Prinzipien des Rechtsstaats und der Demokratie nicht unterwandert werden; maßgeblich ist daher die Beachtung des Kompetenzerhaltungsgebots, des Umgehungsverbots, des Grundsatzes eigenverantwortlicher Kompetenzwahrnehmung und des Grundsatzes der Verantwortungsklarheit.[103] Da die Verantwortungen in einem System des einheitlichen Ansprechpartners, das diesen lediglich als „Verfahrensmanager" begreift, klar verteilt werden können und diesem keine Eingriffe in die sachliche Zuständigkeit der jeweils zuständigen Behörden gestattet wären, ließe sich die Einhaltung dieser verfassungsrechtlichen Vorgaben sicherstellen. Erforderlich wäre eine klare Abgrenzung der Aufgaben des einheitlichen Ansprechpartners als Front-Office von denjenigen der zur Sachentscheidung berufenen Behörde als Back-Office[104] sowie eine rechtlich verbindliche Strukturierung und Ausgestaltung der Kooperations- und Abstimmungsprozesse zwischen den beteiligten Hoheitsträgern. Eine klare gesetzliche Grenzziehung sichert neben den Verantwortlichkeiten auch die Geheimhaltung und den Datenschutz innerhalb der Kooperation.[105] Das Verwaltungsorganisationsrecht und das Verwaltungsverfahrensrecht können so

---

[101] Vgl. *Trute*, in: v. Mangoldt/Klein/Starck, Bonner Grundgesetz: Kommentar, Band 3: Artikel 79 – 146, 4. Aufl. 2001, Art. 83, Rn. 33.

[102] Vgl. zur Diskussion in der Literatur *Lühmann*, DÖV 2004, 677 (682); *Ruge/Vorholz*, DVBl. 2005, 403 ff.; *Henneke*, DÖV 2005, 177 ff.; *ders.*, DÖV 2006, 726 ff.; *Dyllick/Lörincz/Neubauer*, ZFSH 2007, 397 ff.

[103] Vgl. *Trute*, in: v. Mangoldt/Klein/Starck, Bonner Grundgesetz: Kommentar, Band 3: Artikel 79 – 146, 4. Aufl. 2001, Art. 83, Rn. 33.

[104] Diese Differenzierung zwischen Front-Office und Back-Office beruht auf der verwaltungswissenschaftlichen Überlegung, Vertrieb und Produktion von Verwaltungsleistungen nach wirtschaftswissenschaftlichem Vorbild gedanklich und organisatorisch zu trennen. Vgl. *Daum*, Integration von Informations- und Kommunikationstechnologien für bürgerorientierte Verwaltungen, 2002, S. 152; *Hensen/Schulz*, VM 2005, Heft 1, S. 7; *Lenk*, Die Gemeinde SH 2003, 213 (216); *Schliesky*, in: ders. (Hrsg.), eGovernment in Deutschland, 2006, S. 1 (13); *Schulz*, One-Stop-Government – Verwaltungsorganisationsrechtliche Rahmenbedingungen und verfassungsrechtliche Grenzen für die Umsetzung in Schleswig-Holstein, 2006, S. 14 ff.

[105] Zu diesem Problemkreis näher BVerfGE 93, 37 (66ff.); *Jestaedt*, Demokratieprinzip und Kondominialverwaltung, 1993, S. 152 ff.; zu einer entsprechenden Neuorientierung *Schliesky*, Souveränität und Legitimität von Herrschaftsgewalt, 2004, S. 656 ff.; *Trute*, in: Hoffmann-Riem/Schmidt-Aßmann/Voßkuhle (Hrsg.), Grundlagen des Verwaltungsrechts, Bd. I, 2006, § 6 Rn. 15 ff.

ihrer längst entdeckten Funktion als „Steuerungsressource“[106] gerecht werden, wenn man sie entsprechend weiterentwickelt.

2. Zuständigkeitsverzahnung

Eine Zuständigkeitsverzahnung auf der Basis einer ununterbrochenen Legitimationskette bietet möglicherweise einen Lösungsansatz für die grundgesetzkonforme Umsetzung der Richtlinienvorgaben mit Bezug zur Verbandskompetenz. Die Legitimationstheorie als Grundlage der Abgrenzung von Kompetenzen ist im Sinne einer Legitimationskette bestehend aus verschiedenen Bausteinen zu verstehen. Die gesetzliche Ausgestaltung einer Verzahnung zwischen verschiedenen, an einem Verwaltungsverfahren beteiligten Ebenen staatlicher Gewalt ist erforderlich und geeignet, neben die personelle Legitimation einen weiteren sachlich-inhaltlichen Legitimationsbaustein treten zu lassen. Der **Figur der Zuständigkeitsverzahnung**[107] käme dabei neben der Sicherung der rechtsstaatlichen und demokratischen Funktionen der Zuständigkeitsordnung auch die Aufgabe zu, die Erreichung der von den Richtlinienvorschriften zur europäischen Amtshilfe (Art. 28 ff.) angestrebten Einheit der Verwaltung[108] zu fördern. Um dem organisationsrechtlichen Gesetzesvorbehalt[109] zu genügen, wäre eine gesetzliche Regelung denkbar, die es ermöglicht, Verfahrensteile und Entscheidungsbeiträge der nach der Zuständigkeitsordnung eigentlich zuständigen Behörde zuzurechnen. Auf diese Weise könnte die Grundannahme der deutschen Zuständigkeitsordnung, dass eine einzige örtlich und sachlich zuständige Behörde das Verwaltungsverfahren einschließlich aller zu treffenden Entscheidungen vollständig selbst durchführt, aufrechterhalten werden. Zugleich bietet die Figur der Zuständigkeitsverzahnung eine taugliche rechtliche Grundlage, um bereits praktizierte Back-Office-Modelle abzubilden, bei denen Entscheidungen für mehrere sachlich und örtlich zuständige Behörden von einer im Hintergrund wirkenden Behörde getroffen werden. Neben der Hinterfragung der aktuellen datenschutzrechtlichen Regelungen ist in diesem Kontext allerdings auch noch Grundlagenarbeit im Hinblick auf die Konzeption der demokratischen Legitimation von Verwaltungsentscheidungen zu lei-

---

[106] Dazu *Schmidt-Aßmann/Hoffmann-Riem*, Verwaltungsorganisationsrecht als Steuerungsressource, 1997.

[107] Vgl. dazu bereits *Schliesky*, in: ders. (Hrsg.), eGovernment in Deutschland, 2006, S. 1 (12 ff.).

[108] Vgl. dazu *Wettner*, Die Amtshilfe im Europäischen Verwaltungsrecht, 2005, S. 302 f., 304 f.; grundlegende Betrachtung bei *Oebbecke*, DVBl. 1987, 866 ff.; *v. Unruh*, DVBl. 1979, 761 ff.

[109] Zu diesem BVerfGE 106, 1 (22); *Maurer*, Staatsrecht, 4. Aufl. 2005, § 8 Rn. 22; *Reimer*, in: Hoffmann-Riem/Schmidt-Aßmann/Voßkuhle (Hrsg.), Grundlagen des Verwaltungsrechts, Bd. I, 2006, § 9 Rn. 37.

sten, um die Zurechnung von Verantwortlichkeiten in Einklang mit dem herrschenden Legitimationskonzept zu bringen.[110]

In diese Richtung – Sicherung der demokratischen Legitimation durch einen sachlich-gegenständlichen Legitimationsbaustein – wirkt auch das **Instrument der gegenseitigen Anerkennung**. Dieses kann im Rahmen der gemeinschaftsrechtskonformen Umsetzung der Dienstleistungsrichtlinie sowohl für materiell-rechtlich wirkende Entscheidungen anderer Ebenen in Bezug auf den Komplex der bundesweiten Geltung als auch für die verfahrensleitenden Vorgaben durch Behörden anderer Hoheitsträger im Hinblick auf den einheitlichen Ansprechpartner nutzbar gemacht werden. Die Anerkennung „fremder" Hoheitsakte findet ihre Grundlage in den vom jeweils kompetenten Gesetzgeber erlassenen Rechtsakten. Sowohl die Wirkungserstreckung materiell-rechtlicher Genehmigungen als auch die „Unterwerfung" der eigenen Behörden unter die „formelle Verfahrensherrschaft" eines anderen Hoheitsträgers wird in Form des Gesetzes mit einer zusätzlichen sachlich-inhaltlichen Legitimation ausgestattet.

Darüber hinaus kann eine **Modularisierung von Verwaltungsverfahren** zur Umsetzung der Richtlinienvorgaben nutzbar gemacht werden. Entwicklungen in diese Richtung lassen sich bereits im Verwaltungsverfahrens- und -organisationsrecht des Bundes und der Länder finden. Das Sternverfahren im Sinne des § 71d VwVfG verfolgt das Ziel, dem Bürger gegenüber ein einheitliches Auftreten sicherzustellen, obwohl binnenorganisatorisch die Mitwirkung verschiedener Behörden bzw. Hoheitsträger notwendig ist. Jeder Hoheitsträger trägt zur abschließenden Verwaltungsentscheidung in unterschiedlichem Umfang bei, ist für das seiner Verbandskompetenz zugeordnete „Modul" des Verfahrens jedoch voll verantwortlich.[111] Allerdings erfasst das Sternverfahren bisher nur Konstellationen, in denen mehrere Behörden an *einer* Verwaltungsentscheidung beteiligt sind. Die Funktionalität des einheitlichen Ansprechpartners bündelt hingegen *mehrere* Verwaltungsverfahren unter seiner „Regie". Die von den beteiligten zuständigen Behörden erbrachten „Module" lassen sich gegenüber dem Sternverfahren daher noch deutlicher voneinander abgrenzen. Da des Weiteren auch noch ein „verfahrensmittelndes" und koordinierendes, vom einheitlichen Ansprechpartner erbrachtes „Modul" hinzutritt, bedarf es neben der Abgrenzung der fachlichen Entscheidungskompetenzen untereinander zudem einer Abgrenzung dieser von den formellen Verfahrensleitungskompetenzen. Da für die Schaffung des einheitlichen Ansprechpartners ohnehin eine Anpassung der Verwaltungsverfahrensgesetze notwendig wird, ist diese Abgrenzung der Zuständigkeits- und Verantwortungsbereiche hinrei-

---

[110] Vgl. zu diesem näher BVerfGE 93, 37 (66 ff.); *Jestaedt*, Demokratieprinzip und Kondominialverwaltung, 1993, S. 152 ff.; zu einer entsprechenden Neuorientierung *Schliesky* Souveränität und Legitimität von Herrschaftsgewalt, 2004, S. 656 ff.; *Trute*, in: Hoffmann-Riem/Schmidt-Aßmann/Voßkuhle (Hrsg.), Grundlagen des Verwaltungsrechts, Bd. I, 2006, § 6 Rn. 15 ff.

[111] Zum Sternverfahren allgemein vgl. *Bonk*, in: Stelkens u.a. (Hrsg.), Verwaltungsverfahrensgesetz, 6. Aufl. 2001, § 71d VwVfG, Rn. 1 ff.; zum Zusammenhang von Sternverfahren und Schaffung des einheitlichen Ansprechpartners vgl. auch *Schliesky*, DVBl. 2005, 887 ff.

chend klar gesetzlich vorzuzeichnen, um das rechtsstaatliche und demokratische Fundament der Kompetenzordnung zu wahren.

3. Europäische Verwaltungszusammenarbeit als Motor verbesserter innerstaatlicher Behördenkooperation

Art. 28 ff. DLR verpflichten die Mitgliedstaaten zu einer verstärkten europäischen Verwaltungszusammenarbeit. In Umsetzung dieser Vorgaben wird eine Weiterentwicklung des nationalen Amtshilferechts notwendig sein. Die Zusammenarbeit nach der Dienstleistungsrichtlinie ist nicht mehr anlassbezogen vom „Ersuchen" einer anderen Behörde abhängig; vielmehr wird durch die automatisierte Einsichtnahme von Registern der anderen Mitgliedstaaten ein permanenter Kontrollverbund geschaffen. Amtshilfe stellt damit nicht mehr einen punktuellen Ausnahmefall, sondern den anlassbezogenen Regelfall dar.[112]

Die Übertragung dieses Ansatzes auf die innerstaatliche Behördenzusammenarbeit ist geeignet, einerseits eine Anpassung der nationalen Verteilung der Verbandskompetenzen entbehrlich zu machen, zugleich aber das verbandsebenenübergreifende Tätigwerden beispielsweise des einheitlichen Ansprechpartners zu effektivieren. Insbesondere die gemeinsame Nutzung elektronischer Register und Kanäle zum Austausch von Informationen zwischen den Beteiligten belässt die materielle Entscheidungsbefugnis bei der zuständigen Behörde, reduziert aber den mit der klassischen Amtshilfe verbundenen Verwaltungsaufwand. Eine Beschränkung des einheitlichen Ansprechpartners auf die überkommenen Instrumentarien der Amtshilfe wäre mit dem der Richtlinie innewohnenden Servicegedanken schwer zu vereinbaren und hätte zur Folge, dass die innerstaatliche Behördenkooperation hinter der europaweiten grenzüberschreitenden Verwaltungszusammenarbeit zurückbliebe und die Wirtschaftsüberwachung unnötig erschwert würde.

Insoweit ist das bestehende Amtshilferecht einer Überprüfung zu unterziehen, inwieweit eine Übertragung dieses gemeinschaftsrechtlichen Grundgedankens innerstaatliche Verfahrensabläufe beschleunigen und verbessern kann. Allerdings sind dabei zwei wesentliche Aspekte zwingend zu berücksichtigen, die vor allem auch zu einer Akzeptanzsteigerung für ein solches neuartiges Verwaltungshandeln bei den unmittelbar oder nur mittelbar betroffenen Bürgern führen können. In jedem System erweiterter, weil nicht mehr anlassbezogener Amtshilfe sind die aus dem Recht auf informationelle Selbstbestimmung ableitbaren Vorgaben zur Erhebung und zum Umgang mit persönlichen Daten zu beachten und im Interesse der Betroffenen im Vorfeld gesetzlich abzusi-

---

[112] Dazu eingehend *Schliesky*, Die Europäisierung der Amtshilfe (Die Weiterentwicklung einer verwaltungsrechtlichen Rechtsfigur durch die EU-Dienstleistungsrichtlinie), 2008; vgl. auch *Wettner*, Die Amtshilfe im Europäischen Verwaltungsrecht, 2005, S. 189 ff.

chern. Gleiches gilt für die Rechtsschutzmöglichkeiten des Bürgers, die durch ein Verbundsystem zahlreicher – möglicherweise unter Einbeziehung ausländischer – Behörden nicht beschränkt werden dürfen. Letztlich handelt es sich aber auch bei diesen beiden Gesichtspunkten um gemeineuropäische und europarechtlich verankerte Forderungen,[113] deren Aktualisierung in diesem Zusammenhang durchaus wünschenswert erscheint.

4. Behördennetz innerhalb Deutschlands

Mit der zunehmenden Verfestigung eines innerstaatlichen wie auch europaweiten Kontrollverbundes und der stetigen Informationshilfe wird das „Behördennetz" zum Rechtsbegriff.[114] Die Richtlinie bewirkt für den erfassten Teilbereich der Verwaltungszusammenarbeit eine Positivierung des Netwerkmodells und macht seine rechtliche Erfassung – trotz der bestehenden Skepsis gegenüber der zunächst empirisch ermittelten Netzwerke – erforderlich.[115] Dies insbesondere auch aus dem Grund, dass es sich bei dem mit der Errichtung der einheitlichen Ansprechpartner und der europäischen Verwaltungszusammenarbeit nach der Dienstleistungsrichtlinie einhergehenden Aufbau von Behördennetzen um keine singuläre Erscheinung handelt. Zahlreiche nationale Projekte der Verwaltungsmodernisierung setzen in vergleichbarer Weise auf einen verbandsebenenübergreifenden Ansatz und gemeinsam genutzte elektronische Register.

Ein Netzwerk lässt sich – zunächst rein *deskriptiv* – begreifen als Verbindung öffentlicher Stellen unterschiedlicher territorialer Ebenen mit verschiedenen Funktionen, Zuständigkeiten und Verantwortlichkeiten mit dem Ziel der Realisierung gemeinsamer Aufgaben.[116] Das Behördennetz[117] nimmt derzeit eine „Zwischenstellung" ein. Einerseits bildet es keinen selbständigen Verwaltungsträger, dem eigene Rechte und Pflichten zugeordnet werden können. Andererseits lassen sich die Handlungen im Behördennetz nicht mehr vollständig in Handlungs- und Verantwortungsbestandteile zerlegen, die den einzelnen

---

[113] Zum Rechtsschutz ausführlich *Classen*, in: Schulze/Zuleeg (Hrsg.), Europarecht, Handbuch für die deutsche Rechtspraxis, § 4, S. 184 ff.; zum Datenschutz *Jarass*, EU-Grundrechte, 2005, § 13, S. 169 ff.; *Schorkopf*, in: Ehlers (Hrsg.), Europäische Grundrechte und Grundfreiheiten, 2. Aufl. 2005, § 15, Rn. 39 ff.

[114] *Schliesky*, Die Verwaltungszusammenarbeit nach der Dienstleistungsrichtlinie und das Verhältnis zu den nationalen Amtshilfevorschriften, in: ders. (Hrsg.), Die Umsetzung der EU-Dienstleistungsrichtlinie in der deutschen Verwaltung, Teil I: Grundlagen [im Erscheinen].

[115] Mit Recht wird daher eine dringliche Beschäftigung des Verwaltungsrechts mit Netzwerken angemahnt, s. etwa *Möllers*, in: Oebbecke (Hrsg.), Nicht-normative Steuerung in dezentralen Systemen, 2005, S. 285 (296); *Schuppert*, in: Hoffmann-Riem/Schmidt-Aßmann/Voßkuhle (Hrsg.), Grundlagen des Verwaltungsrechts, Bd. I, 2006, § 16 Rn. 141.

[116] *Wettner*, Die Amtshilfe im Europäischen Verwaltungsrecht, 2005, S. 289 f. m.w.N.

[117] Vgl. dazu *Wettner*, Die Amtshilfe im Europäischen Verwaltungsrecht, 2005, S. 291f.

Akteuren zuzuweisen wären.[118] Das entscheidend Neue an den Vorgaben der Dienstleistungsrichtlinie ist daher die organisationsrechtliche Ausgestaltung des Netzwerkes, die bereits Zuständigkeitsabgrenzungen und Zuständigkeitsverzahnungen sowie ansatzweise Aufsichts-, Verantwortungs- und Haftungsfragen regelt. Eine vergleichbare *normative* Erfassung innerstaatlicher Behördennetzwerke ist daher erforderlich. Diese kann die rechtsstaatlichen und demokratischen Funktionen der Verteilung der Verbandskompetenz in den föderalen und kommunalen Strukturen der Bundesrepublik im Falle der fortschreitenden Zuständigkeitsverzahnung sicherstellen.

VI. Fazit

Der Richtlinienumsetzung steht mit der bundesdeutschen Verteilung der Kompetenzen insgesamt *kein* unüberwindbares Hindernis entgegen; gleichwohl ist gesetzgeberischer und organisatorischer Handlungsbedarf auszumachen, dessen Realisierung in seiner Bedeutung – begreift man die Dienstleistungsrichtlinie als Anlass einer weitergehenden Verwaltungsmodernisierung – weit über die Umsetzung der Richtlinie hinausreichen dürfte. Es bedarf einer sachgerechten und zeitgemäßen Anpassung der gesetzlichen Grundlagen, insbesondere um die notwendige Legitimation staatlichen Handelns in Fällen verbandsebenenübergreifender Ansätze sicherzustellen und der rechtsstaatlichen Forderung nach Verantwortungsklarheit gerecht zu werden.

Die Lösung der mit einem verbandsebenenübergreifenden Ansatz einhergehenden Schwierigkeiten liegt realistisch in der Weiterentwicklung von (staats)vertraglichen Kooperationsinstrumenten oder Instrumentarien wie der Amtshilfe und begünstigt die Entwicklung eines überfälligen Verwaltungskooperationsrechts. Die große Herausforderung für die Weiterentwicklung der deutschen Verwaltung und des Verwaltungsrechts liegt insoweit darin, das starre Zuständigkeitsdenken zu überwinden. Der Dienstleistungsrichtlinie sollte daher die Funktion eines Katalysators für zahlreiche Projekte der Verwaltungsmodernisierung und Entbürokratisierung zuerkannt werden, da diese sich überwiegend den Abbau von Genehmigungserfordernissen (entsprechend den Art. 9 ff. DLR), die verstärkte elektronische Abwicklung von Verwaltungsverfahren (entsprechend Art. 8 DLR) und die Ermöglichung verbandsebenenübergreifender Tätigkeit (entsprechend Art. 6 DLR) zum Ziel gesetzt haben. Bei aller „Bedrohung“ für überkommene Rechtsinstitute sollte die Richtlinie als Chance zur Verwaltungsmodernisierung begriffen werden, mit der Verwaltung und Verwaltungsrecht an wirtschaftliche und gesellschaftliche Realitäten herangeführt werden.

---

[118] *Schmidt-Aßmann*, in: Hoffmann-Riem/Schmidt-Aßmann/Voßkuhle (Hrsg.), Grundlagen des Verwaltungsrechts, Bd. I, 2006, § 5 Rn. 27.

Wer soll der Einheitliche Ansprechpartner werden?

ANNETTE KARSTEDT-MEIERRIEKS

1. These: Es kommt nicht darauf an, was Kammern und Kommunen, sondern was die Unternehmen wollen

Die deutsche Wirtschaft erwartet von der Einführung des „Einheitlichen Ansprechpartners“ (EA) nach der Dienstleistungsrichtlinie (DLR) einen spürbaren Beitrag zum Bürokratieabbau. Der EA muss ein zentraler Verfahrenspartner der Unternehmen werden, der eine schnelle und kostengünstige Abwicklung aller notwendigen Behördenformalitäten gewährleistet. Dabei sollte der EA eine Mittlerfunktion zwischen Unternehmen und Entscheidungsstellen einnehmen. Daher muss bei der Umsetzung in deutsches Recht die Nutzung des EA auch allen Unternehmen eröffnet werden.

2. These: Die Möglichkeit zur Entbürokratisierung und Verwaltungsvereinfachung nutzen

Die DLR bietet die große Chance, alle Normen des Gewerbe- und Verwaltungsverfahrensrechts auf Vereinfachungs- und Beschleunigungspotentiale systematisch zu überprüfen. Die Einrichtung des EA muss dazu beitragen, Verwaltungsstrukturen und -prozesse grundlegend auf den Abbau von Bürokratie auszurichten. Zugleich muss die kundennahe Möglichkeit zur Inanspruchnahme von Behördenleistungen via Internet – also E-Government – in Deutschland ausgeweitet werden. Hierzu gehört auch die umfassende Umsetzung der Genehmigungsfiktion. Sie muss beim Verwaltungshandeln zur Regel werden. Nur in besonders zu begründenden Ausnahmefällen darf davon abgewichen werden.

3. These: Industrie- und Handelskammern und Handwerkskammern sind die geborenen Mittler zwischen Unternehmen und Verwaltung

Die Wirtschaftskammern haben die Aufgabe, die Unternehmen, also ihre Mitglieder, zu fördern. Hierfür übernehmen sie z. B. staatliche Aufgaben. Einerseits gehören sie zur landesmittelbaren Verwaltung, andererseits sind sie Selbstverwaltungsorgane. Die Wirtschaftskammern haben zwar Regionalbezug, sie übernehmen aber auch bundesweit hoheitliche Aufgaben, wie z. B. die Führung des Versicherungsvermittlerregisters durch die IHKs. Zudem verfügen die IHKs mit den Auslandshandelskammern über ein weltweit gespanntes Netz von internationaler Kompetenz.

4. These: Wirtschaftskammern sind die von der Dienstleistungsrichtlinie vorgesehenen neutralen Anlaufstellen für Unternehmen

Die DLR unterscheidet zwischen dem Einheitlichen Ansprechpartner und den zuständigen Stellen. Die DLR geht also durchaus von einer Institution aus, die nicht im direkten staatlichen Verwaltungsgefüge integriert ist. Erwägungsgrund 48 erwähnt daher explizit die Ansiedlung des EA bei Handels- oder Handwerkskammern. Da der EA „als Mittler zwischen den Dienstleistungserbringer und den zuständigen Behörden“ in der DLR ausdrücklich genannt ist (vgl. Erwägungsgrund 48), kommt ihm eine Verfahrenspartnerfunktion zu, die eine gewisse Neutralität sowohl gegenüber dem Dienstleistungserbringer als auch gegenüber den zuständigen Stellen notwendig macht.

5. These: Wirtschaftskammern ist die Förderung der gewerblichen Wirtschaft immanent

Sowohl aus ihren Selbstverständnis heraus als auch aus § 1 IHKG ergibt sich die wichtigste Aufgabe der Industrie- und Handelskammern, „für die Förderung der gewerblichen Wirtschaft zu wirken“(vgl. §1 Abs. 1 IHKG). Hieraus folgen Konsequenzen für die Frage der Verbandskompetenz: den IHKs ist es aufgrund dieser Formulierung durchaus gestattet, ihre Funktionen auch auf Personen zu erweitern, die nicht zum unmittelbaren Mitgliederkreis gehören. Bereits jetzt sind die IHKs im Rahmen von Sachverständigenbestellungen (§ 36 GewO) und der Berufsbildung berechtigt, gegenüber Nichtmitgliedern hoheitliche Handlungen vorzunehmen.

6. These: Der Weg der Existenzgründer und Unternehmern führt bereits heute zur IHK bzw. HWK, wenn es um Information, Beratung und Betreuung geht

Nach dem Statistischen Bundesamt wurden im letzten Jahr ca. 880.000 Unternehmen neu gegründet, erweitert oder in anderer Form die Gewerbedaten bewegt. Diese Zahl umfasst sämtliche gewerblichen Tätigkeiten. Davon waren ca. 221 000 relevante Unternehmensgründungen. Die IHKs und HwKs haben im vergangenen Jahr insgesamt ca. 480.000 Existenzgründungsberatungen durchgeführt.

Die Anzahl der Anfragen aus den anderen EU-Mitgliedstaaten werden auf ca. 100.000 Anfragen geschätzt.

Sowohl die Studie „Existenzgründung in Baden-Württemberg“ der Landeskreditbank Baden-Württemberg aus dem vergangenen Jahr, als auch die Untersuchung des Instituts für Mittelstandsforschung Bonn aus 1998/1999 zur Entwicklung von Gründungs- bzw. Jungunternehmen in Nordrhein-Westfalen zeigen, dass die Wirtschaftskammern erste Adresse für Beratungen sind. Während für sie Werte von 55,8 % (NRW) bzw. 24 % (BW) erreichen, erzielen die Wirtschaftsförderungen der Kommunen 7,1 % (NRW) bzw. 3 % (BW).

Zwar wird der Einheitliche Ansprechpartner zur Realisierung des Binnenmarkts für Dienstleistungen durch die DLR eingeführt. Dennoch ist es realistisch zu unterstellen, dass der EA weitgehend durch nationale Existenzgründer und Unternehmen in Anspruch genommen werden wird. Daher ist auch von entscheidender Bedeutung, dass die Umsetzung der DLR in nationales Recht eine Inländerdiskriminierung vermeidet. Zudem müssen die Ausnahmen, die in der DLR vorgesehen sind, bei der Umsetzung in deutsches Recht unberücksichtigt bleiben. Hierfür spricht, dass die Ausnahmen nicht aus dienstleistungsrichtlinienrelevanten Aspekten erfolgten sondern aus EU-rechtlichen Sonderregelungen heraus.

Neben der Existenzgründung und ihrer Betreuung durch die Wirtschaftkammern besteht eine ihrer weiteren Haupttätigkeit in der Beratung und Betreuung der Unternehmen während ihrer Existenz. Hierbei geht es um alle unternehmensrelevanten Fragestellungen wie z. B. die Vergrößerung von Betriebsgebäuden, die Verlagerung des Standorts, Fragen der Bauleitplanung (z. B. verkehrliche Infrastruktur) ebenso wie Fragen des Arbeitsschutzes oder die Frage der richtigen Rechtsform.

Zusammenfassend lässt sich festhalten, dass die Wirtschaftskammern bereits heute zentrale Anforderungen an den EA erfüllen:

- neutrale Instanz zwischen Einzelunternehmen und Verwaltung,
- Wirtschaftsnähe infolge langjähriger Praxis als Selbstverwaltungsorganisationen,
- umfassende Kompetenz zur Information und Beratung von Unternehmen,
- erste Ansprechpartner bei der Gründung, Sicherung und Nachfolge von Unternehmen,
- Kooperations- und Netzwerkerfahrung mit wirtschafts- und verwaltungsnahen Institutionen,
- flächendeckende Präsenz in allen Regionen Deutschlands,
- bundesweite Organisation und – insbesondere elektronische – Vernetzung,
- Erfahrungen im Umgang mit ausländischen Unternehmen,
- Auslandskontakte durch Auslandshandelskammern (AHKs),
- Kenntnisse des Wirtschaftsrechts anderer Länder.

7. These: Die lokale und regionale Verankerung der Wirtschaftskammern mit ca. 200 Standorten stellt eine gute Basis einerseits für optimale Erreichbarkeit, andererseits für den Aufbau der Kompetenz als Einheitlicher Ansprechpartner dar

Die IHK und HWK sind lokal bzw. regional bestens mit den Akteuren vernetzt, die der Förderung der gewerblichen Wirtschaft dienen. Dies betrifft insbesondere die Verwaltungen. Die 81 IHK bilden mit den Handwerkskammern zusammen ein Mengengerüst, das für die Übernahme der Aufgabe des EA eine flächendeckende Versorgung gewährleistet. Denn es ist davon auszugehen, dass neben der von der DLR vorgesehene elektronische Abwicklung von Formalitäten und Verfahren doch eine physische Ansprechbarkeit gewährleistet werden sein muss. Dies ist auch die Meinung der Bund-Länder-Arbeitsgruppe.

Die Anzahl der EA und ihre jeweilige Ausstattung mit Personal und Sachmitteln müssen sich an den oben dargelegten Fallzahlen ausrichten. Würde die Aufgabe allein den Wirtschaftskammern zugewiesen, so ließen sich durch die Schaffung größerer Front-Office-Bereiche Synergieeffekte und damit Kosteneinsparungen realisieren. Vermieden werden muss ein föderaler Flickenteppich von unterschiedlichen Zuständigkeiten, weil dies den Unternehmen nicht vermittelbar ist.

8. These: Die Übertragung der Aufgabe des Einheitlichen Ansprechpartners auf die Wirtschaftskammern ist rechtlich möglich

Die Frage nach der rechtlichen Ausgestaltung der Aufsicht über den EA wird bisher häufig schlicht mit dem Hinweis auf die Fachaufsicht beantwortet. Ausschlaggebend hierfür ist die Auffassung, dass eine übertragene Aufgabe stets nur unter Fachaufsicht ausgeführt werden kann. Notwendig ist diese Folgerung nicht. Denn der EA übt zwar eine staatliche, aber keine hoheitliche Aufgabe aus. Auch der Aspekt der territorialen und personalen Verbandskompetenz verlangt keine Fachaufsicht, sondern lediglich eine klare gesetzliche Aufgabenzuweisung.

Die Landkreise als natürliche Einheitliche Ansprechpartner

KAY RUGE

Die Europäische Dienstleistungsrichtlinie[1] soll den Binnenmarkt sowohl im Bereich der Niederlassung wie auch der vorübergehenden Erbringung von Dienstleistungen umfassend ermöglichen. Sie ist in nationales Recht bis Ende 2009 umzusetzen. Im Mittelpunkt der Richtlinie steht der Abbau von bürokratischen Hindernissen und die Vereinfachung von Verwaltungsabläufen. Maßgebliches Instrument dabei wird der sogenannte Einheitliche Ansprechpartner sein[2]. Ausländische Dienstleister - einzig sachgerecht dürfte auch die Einbeziehung sämtlicher deutschen Unternehmen sein - sollen über den Einheitlichen Ansprechpartner alle Formalitäten und Genehmigungsverfahren im Zusammenhang mit der Aufnahme ihrer Dienstleistungstätigkeit in Deutschland abwickeln können. Zudem soll dieser Einheitliche Ansprechpartner allgemeine Informationen zu Formalitäten, zuständigen Behörden und Rechtsbehelfen vermitteln. Das gesamte Verfahren soll elektronisch möglich sein. Dies wirft viele Fragen auf: Was soll der Einheitliche Ansprechpartner konkret leisten? Wo soll der Einheitliche Ansprechpartner angesiedelt sein? Wie sind die erforderlichen Informationen bereitzustellen? Wie lässt sich die elektronische Abwicklung realisieren?

Die Fragestellungen des Anforderungsprofils an den Einheitlichen Ansprechpartner werden derzeit durch eine Arbeitsgruppe von Bund und Ländern geklärt. Die Kommunen haben ihre Vorschläge dazu unterbreitet. Danach sollte der Einheitliche Ansprechpartner auch im Sinne der Dienstleistungsrichtlinie selbst möglichst schlank ausgestaltet werden. Er sollte als eine Art Verfahrenslotse fungieren. Sinnvollerweise wird dabei an bestehende Strukturen im deutschen Verwaltungsaufbau angeknüpft.

Dies spricht dafür, die Funktion des Einheitlichen Ansprechpartners den Kommunen und insbesondere den Landkreisen zu übertragen. Sie sind in aller Regel für die Durchführung der anstehenden Verwaltungsverfahren sachlich und örtlich zuständig. Sie eignen sich daher in besonderer Weise, zugleich für den Dienstleister die Funktion des Einheitlichen Ansprechpartners zu erfüllen. In dieser Doppelfunktion als Einheitlicher Ansprechpartner und zuständiger Behörde können die Kommunen Informationsbegehren von Dienstleistern genauso Rechnung tragen wie eine fachliche Beratung und Unterstützung zu leisten. Gleichzeitig können sie Sorge dafür tragen, dass Verwaltungsverfahren

---

[1] Richtlinie 2006/123/EG des Europäischen Parlaments und des Rates über Dienstleistungen im Binnenmarkt v. 12. 12. 2006 (ABlEG Nr. L 376, S. 36).

[2] Näher dazu *Windoffer*, Die Implementierung einheitlicher Ansprechpartner nach der EU-Dienstleistungsrichtlinie, NVwZ 2007, 495 ff.; *ders*., Einheitlicher Ansprechpartner nach der EU-Dienstleistungsrichtlinie – Aufgabenprofil und Ansiedlungsoptionen, DVBl. 2006, 1210 ff.

in angemessener Frist im Sinne eines Verfahrensmanagements abgeschlossen werden.

Eine solche Bündelung der in Frage stehenden Funktionen entspricht dem Interesse der Dienstleister an einer transparenten, einfachen, zweckmäßigen und zügigen Abwicklung. Alle Maßnahmen von der ersten Information über die gezielte Beratung bis hin zur Abwicklung der jeweiligen Verfahren und Formalitäten werden ihm aus einer Hand angeboten. Die Kommunen sind zudem bereits heute in zahlreichen Angelegenheiten Einheitlicher Ansprechpartner für Dienstleister aus dem In- und Ausland. Dies belegen beispielsweise die bei der Gewerbeanmeldung aufgezählten Übermittlungsbefugnisse von Daten der Gewerbeanzeige. Die Kommunen übermitteln die Daten an Wirtschaftskammern, Imissionsschutzbehörden, die Bundesagentur für Arbeit, Berufsgenossenschaften sowie Handelsregister. Damit besteht bereits eine Bündelungs- und Übermittlungsfunktion. Sie besitzen bereits heute umfassende koordinierende Kompetenzen. Mit Blick auf gewerbliche Niederlassungen kommen weitere Fachbereiche innerhalb der Kommunalverwaltungen hinzu. Dies sind beispielsweise die Bauaufsicht, der Brandschutz, die Lebensmittelaufsicht, Wasserbehörden oder sonstige umweltrechtliche Genehmigungen.

Darüber hinaus spricht die Kenntnis der Situation vor Ort und die nötige Distanz der kommunalen, staatlichen Stelle gegenüber den Dienstleistungserbringern für eine Funktionszuweisung zu den Kommunen. Diese können als zuständige Stellen auf Basis langjähriger Erfahren - in das bestehende behördliche Gefüge eingebunden - die Funktion des Einheitlichen Ansprechpartners effektiv, effizient und in objektiver Weise wahrnehmen. Die Kommunen sind dabei selbstverständlich daran interessiert, die vielfach eingeübte Kooperation zwischen Genehmigungsbehörden, Wirtschaftskammern und Unternehmen vor Ort einzubeziehen.

Die Ansiedlung des Einheitlichen Ansprechpartners bei den Kommunen lässt sich schließlich sinnvoll verbinden mit der durch die Richtlinie vorgesehenen europäischen Amtshilfe. Die Richtlinie sieht eine unmittelbare Zusammenarbeit der für die Überwachung der Dienstleister zuständigen Behörden vor. Das bei den Kommunen angesiedelte Gewerbeaufsichtsamt soll mit der Partnerbehörde in Portugal unmittelbar klären können, ob der Dienstleister dort ordnungsgemäß tätig ist oder ob die ausgestellten Dokumente stimmen. Die Europäische Kommission baut zu diesem Zweck ein elektronisches Binnenmarktinformationssystem (IMI) als datenbankgestütztes Instrument aus. Es würde Synergien schaffen, den Einheitlichen Ansprechpartner bei den Kommunen als den Behörden anzusiedeln, die nachfolgend ohnehin die Wirtschaftsüberwachung im Rahmen der europäischen Verwaltungszusammenarbeit wahrzunehmen haben.

Mit Blick auf die vorgesehene elektronische Verfahrensabwicklung insgesamt wird es darauf ankommen, eine leistungsfähige, gewissen Standards entsprechende Informations- und Kommunikationstechnik bereitzuhalten. Angesichts der Bedeutung dieses Vorhabens der ebenenübergreifenden Zusammenarbeit ist es nur zu begrüßen, dass die elektronische Umsetzung nunmehr zu einem prioritären Vorhaben innerhalb der Initiative Deutschland-Online bestimmt worden ist. Unter Federführung der Bundesländer Baden-Württemberg und Schleswig-Holstein sowie unter Mitwirkung des Deutschen Landkreistages, der die kommunalen Interessen insgesamt bündelt, soll eine Blaupause für die IT-Umsetzung der Dienstleistungsrichtlinie entwickelt und erprobt werden. Dabei sind die infrastrukturellen Anforderungen zu definieren, die erforderliche IT-Unterstützung für die medienbruchfreie Verfahrensabwicklung zu beschreiben, eine geeignete IT-Infrastruktur zu entwickeln sowie technische Standards vorzuschlagen. Die Kommunen sehen sich zusammen mit den kommunalen IT-Dienstleistern hierfür gut aufgestellt. Vieles, was in den vergangenen Jahren entwickelt wurde, kann weiter genutzt und erweitert werden. Bereits heute bestehen erfolgreich betriebene Netz- und IT-Infrastrukturen sowie eGovernment-Plattformen. Bereits heute gibt es beispielsweise in dem Kernprozess der Gewerbeanmeldung enge, auch elektronische Kooperationen zwischen Kreisen und Gemeinden. Diese Grundlagen können und werden ausgebaut werden. Den Kommunen und ihren IT-Dienstleistern wird dabei eine besondere Rolle zukommen. Sie sind bereit, sich dieser Verantwortung zu stellen.

Wer soll der Einheitliche Ansprechpartner werden?

DIRK PALIGE

I. Vorbemerkung

Die EU-Dienstleistungsrichtlinie[1] muss bis Ende 2009 in nationales Recht umgesetzt werden. Eines ihrer wesentlichen Ziele ist die Verwaltungsvereinfachung. Übermäßig schwerfällige Genehmigungsregelungen,- verfahren und –formalitäten sollen ebenso beseitigt werden wie Komplexität, Langwierigkeit und mangelnde Rechtssicherheit der Verwaltungsverfahren.[2]

Eines der Hauptelemente zur Erreichung dieses Ziel ist die Einrichtung von so genannten Einheitlichen Ansprechpartnern (EA) in den Mitgliedstaaten. Jeder Dienstleistungserbringer soll über eine Kontaktstelle verfügen, über die er alle für die Erbringung der Dienstleistung erforderlichen Verfahren und Formalitäten abwickeln kann. Zudem sollen über diese Stelle sämtliche mit der Dienstleistungserbringung in Verbindung stehenden Informationen abrufbar sein. Kernelement ist dabei die elektronische Verfahrensabwicklung.

Dabei geht die Dienstleistungsrichtlinie von einem subjektiven Verständnis des Begriffs EA aus. Ausdrücklich genannt ist die mögliche Ansiedlung der EA auch bei den Handwerkskammern.[3] Ausreichend ist, dass dem jeweiligen Dienstleister aus seiner subjektiven Sicht ein und dieselbe Kontaktstelle während der betreffenden Verfahrensabwicklung kontinuierlich zur Verfügung steht.[4] Somit bleibt es den Mitgliedstaaten überlassen, entsprechend ihres jeweiligen Staats- und Verwaltungsaufbaus, die konkrete Anzahl und Ansiedlungsebene der Kontaktstellen festzulegen. Ausgehend vom subjektiven Verständnis des Begriffs des EA liegt es jedoch nahe, für die Beantwortung der Frage, wer EA sein soll, in erster Linie auf den Betrachtungswinkel der Unternehmen abzustellen.

---

[1] Richtlinie 2006/123/EG des Europäischen Parlaments und des Rates über Dienstleistungen im Binnenmarkt vom 12.12.2006 (ABlEG Nr. L 376, S. 36)

[2] Erwägungsgründe 42 und 43 DL-RL

[3] Erwägungsgrund 48 DL-RL, ausdrücklich genannt sind darüber hinaus auch Verwaltungsbehörden, Handelskammern, Berufsorganisationen und private Einrichtungen.

[4] so auch das Gutachten des Deutschen Forschungsinstituts für öffentliche Verwaltung Speyer, das im Auftrag des Bundesministeriums für Wirtschaft und Technologie Anfang 2006 erstellt wurde: Ziekow/Windoffer (Hrsg.), Ein Einheitlicher Ansprechpartner für Dienstleister (Verlagspublikation i.E.), B III

II. Die Handwerkskammern als Einheitlicher Ansprechpartner?

Die 54 deutschen Handwerkskammern sind durch die Handwerksordnung (HwO) als Körperschaften des öffentlichen Rechts ausgestaltet. Als funktionale Selbstverwaltungseinrichtung der Handwerkswirtschaft sind ihnen eine Reihe hoheitlicher Aufgaben übertragen worden. Sie erfüllen als Mittler zwischen Wirtschaft und Verwaltung entsprechend des in der HwO aufgeführten, jedoch nicht abschließenden, Aufgabenkatalogs hoheitliche Aufgaben unter Einbeziehung ihres spezifischen wirtschaftsnahen Know-hows. Dies wird flankiert durch eine Vielzahl von Kooperationen und Netzwerken mit unterschiedlichen wirtschafts- und verwaltungsnahen Institutionen.

Die funktionale wirtschaftliche Selbstverwaltung ist ein elementares und konstitutives Element der freiheitlichen Wirtschafsordnung in Deutschland. Selbstverwaltung setzt auf Eigenverantwortung, die Mitwirkung der unmittelbar Betroffenen und möglichst wenig Staat, um kostengünstige und direkte Organisations- und Verwaltungsstrukturen zu schaffen. Damit wird gerade auch in den Handwerkskammern ein Teil Wirtschaftverwaltung dezentral wahrgenommen,[5] sie entlasten und verschlanken den Staat zugleich. Damit kommen sie der eingangs beschriebenen Zielsetzung der Dienstleistungsrichtlinie weit entgegen.

Die Handwerkskammern sind, soweit dies für die Funktion als EA erheblich ist, bereits heute u.a. mit der Führung der Handwerksrolle sowie des Verzeichnisses der zulassungsfreien Handwerke und handwerksähnlichen Gewerbe betraut. So werden jährlich allein über 40.000 Handwerksrolleneintragungen vorgenommen. Zudem finden über 20.000 Meisterprüfungen und 33.000 Fortbildungsprüfungen sowie über 158.000 Gesellen- und Abschlussprüfungen statt. Den Handwerkskammern wurde bundesweit die Zuständigkeit für das Ausnahmebewilligungsrecht übertragen. Derzeit werden jährlich rund 4.000 Ausnahmebewilligungsverfahren durchgeführt, sie sind für die Anerkennung ausländischer Berufsqualifikationen im Handwerksbereich zuständig. Eine weitere zentrale Aufgabe ist die Mitgliederbetreuung, bei den Handwerkskammern werden jährlich über 130.000 Existenzgründerberatungen durchgeführt. Zudem besteht für bereits am Markt tätige Unternehmen ein weit gefächertes Beratungsangebot.[6]

Bundesweit etablieren sich in den Handwerkskammern Zentren zur Existenzgründerberatung, die weite Teile der Richtlinienvorgaben für diesen Bereich bereits heute erfüllen.

Der Einheitliche Ansprechpartner nach der EU-Dienstleistungsrichtlinie soll ein echter Verfahrenspartner der Unternehmer sein. Dies bedeutet, dass für ihn

---

[5] so auch *Schwannecke* in: Aberle, Die deutsche Handwerksordnung, § 90 Rdnr. 10, m.w.N.

[6] zu den Zahlen siehe unter www.zdh.de

eine weitgehend neutrale Rolle im Zusammenhang mit der Verfahrensabwicklung von Vorteil ist. Die berufsständische Selbstverwaltung, und damit die Handwerkskammern, haben hier eine Scharnierfunktion zwischen Unternehmer und unmittelbarer Staatsverwaltung.

Bei der Wahrnehmung der Aufgabe als einheitlicher Ansprechpartner werden letztlich zwei Tätigkeitsbereiche zu unterscheiden sein. Es handelt sich dabei zum einen um die Abwicklung von Existenzgründungsvorgängen, wie z.B. Gewerbeanmeldung oder Eintragung in die Handwerksrolle, und zum anderen um die Abwicklung von Behördenformalitäten im Zusammenhang mit der vorübergehenden Dienstleistungserbringung, wie z.B. Beantragung einer Sondernutzungserlaubnis oder einer Baugenehmigung.

Realistischerweise wird davon auszugehen sein, dass bei der zu treffenden Entscheidung über die Ansiedlung der oder des EA auf bestehende Strukturen aufgebaut werden wird. Hierfür bieten sich in erster Linie die Handwerkskammern in einem noch zu definierenden System des EA an. Ein Rückgriff auf bestehende Strukturen im Bereich der Existenzgründung als so genannte StarterCenter, Gründeragenturen oder StarterShops der Handwerkskammern bietet sich geradezu an.

Wie sich unmittelbar aus Art. 6 Abs. 2 der Richtlinie ergibt, bleiben durch ihre Vorgaben die Zuständigkeitsverteilungen und Befugnisse zwischen den Behörden in den einzelnen Mitgliedstaaten grundsätzlich unberührt. Diese Klarstellung folgt notwendigerweise daraus, dass die EU keine Rechtsetzungskompetenz in diesem Bereich besitzt und somit die Autonomie der Mitgliedstaaten gewahrt bleiben muss.

Die Funktion des EA wird sich daher auf die Rolle eines Verfahrenspartners und damit als Front-Office-Bereich konzentrieren. Die zuständigen Fachbehörden werden bei diesem Ansatz als Back-Office-Bereich tätig, sie stehen aber auch nach wie vor für einen direkten Kontakt mit Dienstleistern zur Verfügung, wenn diese den EA nicht nutzen wollen. Der EA stellt für Unternehmer allein eine Option dar, die einer einfacheren Erledigung erforderlicher Verfahren und Formalitäten dienen soll.

Die überragende Bedeutung des EA liegt jedoch eindeutig im Bereich der gewerblichen Wirtschaft, die sich dieser Funktion zu schnelleren Abwicklung administrativer Abläufe bedienen wird. Allein aus Praktikabilitätsgründen bietet sich schon deshalb die Übertragung der Funktion als EA auf die Handwerkskammern an. Als Selbstverwaltungseinrichtung der Handwerkswirtschaft und mittelbare Staatsverwaltung sichern sie gleichzeitig Sachnähe und Objektivität; sie haben sich bewährt im Rahmen von Bürokratieabbau, Deregulierung und Kosteneffizienz. Zudem bieten die 54 Handwerkskammern deutschlandweit ein ausreichend dichtes Netz an Kontaktstellen vor Ort, die auch als physischer Ansprechpartner bei Bedarf Anfragenden zur Verfügung stehen können.

Zur Umsetzung der Richtlinienvorgaben werden im Ergebnis zahlreiche Änderungen bestehender Rechtsvorschriften erforderlich sein. Dies trifft vor allem auf das Verwaltungsverfahrensrecht und hier insbesondere das der Bundesländer sowie den Bereich des Datenschutzrechts zu. Der EA ist als echter Verfahrenspartner ausgelegt und muss auf Wunsch auch Auskunft über den Sachstand eines Genehmigungsverfahrens geben können. Dafür sind Kenntnis und Halten personenbezogener Daten erforderlich. Zudem ist eine elektronische Verfahrensabwicklung vorgesehen, so dass beispielsweise festgelegt werden muss, welche (Signatur-)Standards elektronische Nachrichten erfüllen müssen und wie und in welchem Umfang Speicherung und Verarbeitung zulässig sind. Auf die Verortungsoption Handwerkskammer hat dies jedoch keinen Einfluss, da dieser Änderungsbedarf auf jeden Fall besteht.

Generell wird zu klären sein, ob die Aufgabe des EA hoheitlich ausgeführt werden muss. Die Richtlinie selbst macht hierzu keine Vorgaben. Es liegt letztlich in der Zuständigkeit der Mitgliedstaaten, inwieweit eine solche Umsetzung erfolgen soll. Eine Fachaufsicht der zuständigen Behörden über die Handwerkskammern als EA wäre nicht grundsätzlich erforderlich. Denn der EA hat nach der Regelung in der Dienstleistungsrichtlinie keine gesonderte Entscheidungskompetenz in sachlicher und fachlicher Hinsicht. An den sachlichen und fachlichen Zuständigkeiten der zuständigen Stellen ändert sich durch die Einrichtung des EA ebenfalls nichts. Eine Aufgabenübertragung des EA auf die Handwerkskammern kann daher in Selbstverwaltung mit Rechtsaufsicht erfolgen. Die in der Richtlinie vorgesehen Genehmigungsfiktion[7] führt dazu, dass der EA mit keinen umfänglichen Weisungsbefugnissen gegenüber den zuständigen Stellen ausgestattet werden muss, ein weiterer Grund dafür, dass keine Fachaufsicht zweckmäßig ist.

Ein weiterer großer Vorteil der Handwerkskammern als EA lässt sich für den Bereich der der Finanzierung finden. Bereits heute verfügen die Kammern über umfängliche Beratungsstrukturen. Die langfristige Kostendeckung kann durch Gebühren erzielt werden. Dies ist nach den Vorgaben der EU-Dienstleistungsrichtlinie zulässig und auch der sachgerechteste Ansatz, da der einzelne Dienstleister für konkrete Service-Leistungen zahlt, die ihm unmittelbar zu Nutze kommen. Dabei ist allerdings sicherzustellen, dass die zu erhebenden Gebühren in einem angemessenen Verhältnis zu den Kosten der entsprechenden Verfahren und Formalitäten stehen.[8]

---

[7] Siehe Art. 13 Abs. 4 DL-RL, wonach eine Genehmigung als erteilt gilt, wenn der zugrundeliegende Antrag nicht binnen einer festgelegten oder verlängerten Frist beantwortet wird.

[8] Erwägungsgrund 49 DL-RL

III. Fazit

Die Handwerkskammern sind bereits heute der erste Ansprechpartner bei der Gründung, Sicherung und Nachfolge von Handwerksunternehmen. Sie unterstützen die Unternehmen durch Information, Beratung und Schulung und besitzen für ihren Wirtschaftsbereich das größte Know-how, um eine interessenspezifische Betreuung auf höchstem Niveau sicherstellen zu können.

Die von der Dienstleistungsrichtlinie geforderte Betreuung als neutraler Verfahrenspartner während des gesamten Lebenszyklus des Unternehmens entspricht dem wesentlichen Aufgabenspektrum der Handwerkskammern. Eine Zuständigkeitsübertragung auf die Handwerkskammern entspräche zudem den allgemeinen Bemühungen um Bürokratieabbau und Deregulierung.

Als Bestandteil der funktionalen Selbstverwaltung in Deutschland sind die Handwerkskammern prädestiniert, die Funktion eines Einheitlichen Ansprechpartners zu übernehmen. Fundiertes Sachwissen und gleichzeitig Objektivität in der Entscheidung, geringe Kostenbelastung für Antragsteller sowie das bewährte Beratungsnetzwerk der Handwerkskammern sind Argumentationspunkte, die zumindest für den Wirtschaftbereich Handwerk keine andere Stelle garantieren kann.

Unter Berücksichtigung der aufgezeigten Stärke und Vorerfahrungen der Handwerkskammern, sollte der deutsche Gesetzgeber bei der Umsetzung der Dienstleistungsrichtlinie, insbesondere bei der Zuweisung der Funktion als Einheitlicher Ansprechpartner, an den Handwerkskammern nicht vorbeikommen.

Verortung des einheitlichen Ansprechpartners aus der Sicht der Freien Berufe

FLORIAN LEMOR

I. Einleitung

Wie viele andere Wirtschaftszweige sind auch die Freien Berufe von der Umsetzung der Richtlinie 2006/123/EG über Dienstleistungen im Binnenmarkt (Dienstleistungsrichtlinie) betroffen. Von wesentlicher Bedeutung sind dabei die Fragen der Umsetzung des Systems von Einheitlichen Ansprechpartnern sowie das sog. Normenscreening. Daneben kommt auch den Fragen der Qualitätssicherung und der Frage der technischen Verwaltungsvereinfachung eine wesentliche Bedeutung zu.

Grundsätzlich sind die Freien Berufe zu einer Zusammenarbeit mit allen anderen interessierten Sektoren bereit[1]. Bisher beschränkte sich die Diskussion auf allen Ebenen darauf, die grundsätzliche Bereitschaft in Bezug auf eine Beteiligung am Einheitlichen Ansprechpartner abzugeben. Mit der Sitzung der Wirtschaftsministerkonferenz am 19.11.2007 tritt die Umsetzung jedoch in eine neue Phase. Damit werden auch die Erwartungen an eine schlüssige Konzeption zur Organisation der Einheitlichen Ansprechpartner in den Ländern steigen. Es müssen daher so schnell wie möglich konkrete Antworten auf die sich stellenden Fragen gefunden werden. Kernfragen sind dabei die Frage der Verortung der Einheitlichen Ansprechpartner, das Anforderungsprofil und der Struktur der Zusammenarbeit.

---

[1] Der BFB als Spitzenorganisation der freiberuflichen Kammern und Verbände vertritt 954 Tausend selbstständige Freiberufler in Deutschland und Europa. Diese beschäftigen über 2,9 Millionen Mitarbeiter - darunter ca. 134 Tausend Auszubildende - und erwirtschaften rund 10 Prozent des Bruttoinlandsproduktes. Der BFB war ebenso wie seine Mitgliedsorganisationen bisher regelmäßig in die Diskussionen in Brüssel und auf Ministeriumsebene in Deutschland eingebunden.

II. Verortung des Einheitlichen Ansprechpartners

In der gemeinsamen Stellungnahme von DIHK, ZDH, BFB und den kommunalen Spitzenverbänden vom 24. August 2007[2] haben die Unterzeichner ihre Bereitschaft erklärt, die Funktion des Einheitlichen Ansprechpartners gemeinsam übernehmen zu wollen. Auch haben sich die Unterzeichner für eine möglichst unbürokratische Umsetzung des Einheitlichen Ansprechpartners ausgesprochen. Vorhandene Strukturen sollen möglichst genutzt werden. Die Stellungnahme stellt vor allem die bereits heute vielfach eingeübten und effizienten Kooperationen zwischen Genehmigungsbehörden, Kammern, Unternehmen und Selbstständigen - einschließlich der Freien Berufe - in den Vordergrund. Zudem wurde sich für ein flächendeckendes und möglichst effizientes System auf dezentraler Basis ausgesprochen.

Die Dienstleistungsrichtlinie und das dazu von der Europäischen Kommission veröffentlichte Handbuch[3] sowie die Wirtschaftsministerkonferenz haben zudem weitere Vorgaben festgelegt, z. B. die Ausweitung des Tätigkeitsfeldes auch auf Inländer, die Freiwilligkeit der Nutzung, sowie den umfassenden Ansatz als zentraler Verfahrenspartner.

III. Konkrete Ausgestaltung des EA

Mit der gemeinsamen Stellungnahme von August 2007 haben die Wirtschaftskammern, die Freien Berufe und die kommunalen Spitzenverbände ein Signal für eine kooperative Lösung gesetzt. Aus der Sicht der Freien Berufe bedeutet dies in der Folge, dass eine gemeinsame Kooperationen angestrebt werde sollte. Je nach Struktur des betroffenen Bundeslandes kann die Form der Kooperation jedoch unterschiedlich aussehen: Entweder als „Allkammermodell" aller Wirtschafts- und Freiberufler-Kammern oder als „Kooperationslösung" unter Einbeziehung der Kommunen und/oder gegebenenfalls der Mittelbehörden.

All diejenigen, die eine Lösung jenseits der Freien Berufen anstreben - sei es im Wege eines reinen Kommunal-, eines Mittelbehörden- oder eines reinen Wirtschaftskammermodells -, müssen sich auf den Widerstand der Freiberuflerkammern gefasst machen. Dies ist keine Drohung, sondern ergibt sich aus dem Selbstverständnis der Freiberufler-Kammern als Teil der mittelbaren Staatsverwaltung. Zudem sind die Freien Berufe der Überzeugung, dass es auch im Sinne der anderen Beteiligten sein muss, wenn diejenigen, die sich in ihrem Sektor am besten auskennen, unmittelbar beteiligt werden. Aus der Sicht der Freien Berufe verdeutlicht gerade auch der Blick nach Europa, dass hier

---

[2] Schreiben vom Deutschen Städtetag, DStGB, Deutscher Landkreistag, ZDH, DIHK und BFB vom 24. August 2007, „Unbürokratische Umsetzung der EU-Dienstleistungsrichtlinie".

[3] Siehe unter http://ec.europa.eu/internal_market/services/docs/services-dir/guides/handbook_de.pdf.

geschaffene Strukturen Ausgangspunkt für kommende europäische Verwaltungsstrukturen sind. Im Falle der Nichtbeteiligung der Selbstverwaltung könnte irgendwann die Frage nach der Notwendigkeit der Selbstverwaltung gestellt werden.

1. Kooperationsüberlegungen

Ausgehend von einer Kooperationslösung stellt sich die Frage nach der Struktur solcher Kooperation, damit den oben dargestellten Vorgaben entsprochen werden kann.

Vereinfacht gesprochen geht es um eine Struktur, die als umfassender Verfahrenspartner bei Gewährleistung einer subjektiven Einheitlichkeit zugleich persönliche Ansprache und Auffindbarkeit gewährleistet. Nach Auffassung der Mehrheit der Freien Berufe wird ein schlüssiges Konzept aus der Sicht des Antragstellers daher auf zwei Ebenen ansetzen müssen:

Auf Ebene 1 geht es zunächst um die tatsächliche Ausgestaltung der Zusammenarbeit in struktureller sowie personaler Hinsicht. Die Anforderungen im Hinterkopf wird man eine Struktur anvisieren müssen, die gemeinsam und umfassend auftritt, allgemeine Informationen wie „Frequently asked Questions" ebenso anbietet, wie eine persönliche Ansprache und Beratung und weitere erläuternde Informationen. Hier kann das Beispiel der Gründeragenturen in Bayern[4] einen ersten praktischen Hinweis geben: Die beteiligten Organisationen stellen jeweils eigens für die Belange des Einheitlichen Ansprechpartner zuständiges Personal zur Verfügung.

Konkret muss zudem festgelegt werden, wie die Zusammenarbeit zwischen den verschiedenen Ansprechpartnern laufen soll, wie gegebenenfalls die Fristen im Einzelfall festzulegen sind und wie deren Einhaltung kontrolliert werden kann. Das Speyer-Gutachten[5] hat hier ganz konkrete Vorgaben gemacht, die im Einzelnen überprüft und praktisch umgesetzt werden müssen.

Die Freien Berufe haben sich daher auf die Suche nach Beispielen begeben, in denen bereits existierende Strukturen auf einer gemeinsamen Plattform zusammenarbeiten - idealer Weise unter Einbeziehung von Freiberufler-Organisationen. Dabei wurden die Freien Berufe auf die Gründeragenturen in Bayern aufmerksam geworden. Es gibt verschiedene Formen der Gründeragenturen, zumeist jedoch ist festzustellen, dass die Wirtschaftskammern, Kommunen und Mittelbehörden eng zusammenarbeiten. Die Kooperation wird zudem oftmals mittels eines gemeinsamen Internetauftritts nach außen hin transparent

---

[4] Siehe beispielsweise die Gründeragentur Passau unter www.gruenderagentur-passau.de

[5] Vgl. zuletzt nur: Alexander Windoffer, Präsentation anlässlich des Kammerrechtstags vom 14.09.2007 in München, „Kammern als einheitlicher Ansprechpartner".

gemacht[6]. Dort können dann nicht nur allgemeine und spezielle Informationen, Formulare etc. zur Existenzgründung abgerufen werden, vielmehr sind dort oftmals konkrete Ansprechpartner aus den beteiligten Organisationen mit Photo, Telefonnummer und E-Mail-Adresse benannt. So wird die persönliche Ansprache und Hilfe des Antragsteller gewährleistet. Zudem wird auch auf weitere hilfreiche Organisationen, Informationen und Stellen verwiesen.

Auf Ebene 2 es wird man Internet-Facilitäten schaffen müssen – auf Bundes- und /oder auf Landes- bzw. Regionalebene – die es dem Antragsteller und Informationsbedürftigen ermöglichen, den für ihn zuständigen Ansprechpartner zu finden. Ausgehend von einer ersten Info-Plattform auf Bundesebene - eventuell unter dem Dach des sog. Deutschland-Online-Projektes -, muss der Antragsteller zu demjenigen Ansprechpartner gelangen, der für ihn zuständig ist.

2. Innenverhältnis der Kooperation

Eine Lösung unter Einbeziehung der Kammern und der Kommunen scheint aus der Sicht des BFB und der überwiegenden Zahl seiner Mitglieder dabei nicht nur aufbauorganisatorisch am ehesten in das bundesstaatliche Gefüge Deutschlands zu passen. Es garantiert auch größtmögliche Fachkompetenz und Ortsnähe zu den Auskunftsobjekten sowie den Nutzungen. Zudem vernetzt es und nutzt so vorhandene Strukturen und gesammeltes Wissen. Dieser Umstand wird sich auch positiv auf die Kosten der Systeme auswirken.

Dennoch muss eine solche Kooperation auch vertrauenswürdig auf die potentiellen Teilnehmer wirken. Auch die Freien Berufe müssen gleichberechtigt in die Aufgaben des umfassenden Beratungs- und Informationsangebotes eingebunden werden.

Wie oben dargestellt, sind die Freien Berufe bisher nicht oder kaum an entsprechende Informations- und Beratungsangeboten beteiligt. Die Einsicht in die Notwendigkeit der Kooperation bedeutet jedoch, dass der Maßstab der gleichen Augenhöhe verlassen werden darf.

3. Offene Fragen

Im Zusammenhang mit einer Realisierung des EA als Kooperationsmodell stellen sich aus der Sicht der Freien Berufe noch einige offene Fragen und Probleme. Diese betreffen insbesondere die Frage der Rechtsform der Zusammenarbeit sowie - damit unmittelbar zusammenhängend - die Frage des Verhältnisses der „Gesellschafter“ zueinander.

---

[6] Siehe Beispielsweise die Gründeragentur Passau unter www.gruenderagentur-passau.de .

a) Rechtsform einer Kooperation

Nähert man sich der Idee einer kooperativen Lösung (sei es im Wege eines Allkammer- oder eines Kooperationsmodells) so stellt sich die Frage, in welcher Rechts- und Gesellschaftsform dies geschehen soll. Wie dies vereins- bzw. gesellschaftsrechtlich zu fassen ist, auch darüber gibt es noch keine abschließenden Vorstellungen. Hier sind die Freien Berufe auf den Dialog mit denjenigen in Ihren Reihen angewiesen, die in diesem Bereich bereits Pionierarbeit geleistet haben.

b) Finanzierung

Gleiches gilt für die Frage der Finanzierung des Einheitlichen Ansprechpartners. Alle Beteiligten müssen sich wohl darauf einrichten, dass die entstehenden Anlauf-, Personal- und Betriebskosten nicht allein durch Gebühren gedeckt werden können. Der Bund-Länder-Ausschuss hat daher das Problem des Kostendeckungsprinzips aufgeworden.

Aus der Sicht der Freien Berufe besteht dieses Problem jedoch wegen des sog. Konnexitätsprinzips nicht. Entsprechend der bundesstaatlichen Ordnung in Deutschland wird wohl den Bundesländern die Verwaltungszuständigkeit für die Umsetzung der Vorgaben zum Einheitlichen Ansprechpartner zufallen. Damit wären diese gemäß dem Konnexitätsprinzip auch verpflichtet, einen vollständigen finanziellen Ausgleich gegenüber den Stellen vorzunehmen, die die Aufgabe des Einheitlichen Ansprechpartners übertragen bekommen.

Es ist zwar juristisch umstritten, auf welcher Rechtsgrundlage diese Rechtsfolge auch für Kammern als mittelbare Staatsverwaltung gilt, unumstritten ist aber, das hier in der Folge nicht anderes gelten kann[7]. Fraglich ist daher lediglich, ob das Konnexitätsprinzip einer Übertragung der Funktion der Einheitlichen Ansprechpartner auf Kommunen und Kammern grundsätzlich entgegensteht. Aufgrund der Verwaltungszuständigkeit der Bundesländer wird man hier aber wohl sagen müssen, dass das Konnexitätsprinzip zu einer finanziellen Verpflichtung der Bundesländer in allen denkbaren Lösungsmodellen führen würde.

c) Verbandskompetenz

Problematisch in Bezug auf die Kammern ist nach Ansicht des Bund-Länder-Ausschusses zudem die Frage der Verbandskompetenz. Es geht dabei um die Frage, ob die Kammern im One-Stop-Shop auch solche Aufgaben übernehmen können, die ihnen nach bisheriger Rechtslage nicht übertragen sind. Dieses

[7] Vgl. m. w. N. Kluth, „Handbuch des Kammerrechts“, 1. Auflage 2005, K, Rn. 219, S.416.

Problem könnte durch eine Aufgabenergänzung in den einschlägigen Regelwerken gelöst werden.

d) Rechts- und Fachaufsicht

Nach Ansicht des Bund-Länder-Ausschusses sollten die Einheitlichen Ansprechpartner einer Aufsicht unterliegen. Dies wird von den Kammern der Freien Berufe skeptisch gesehen. Während die Rechtsaufsicht bei den klassischen Freien Berufen durch die zuständigen Ministerien bereits heute ausgeführt wird, unterliegen diese Berufe bisher keiner Fachaufsicht.

Die Beschränkung auf die Rechtsaufsicht wird von vielen Freien Berufe als wesentliches Merkmal ihrer Selbstverwaltung angesehen. Eine Ausweitung auch auf die Fachaufsicht würde daher massiv in die Selbstverwaltung eingreifen. Hier muss eine Lösung gefunden werden. So könnten sich die Länder von sich aus auf die Rechtsaufsicht beschränken.

e) Haftung

In der weiteren konkreten Ausgestaltung des Einheitlichen Ansprechpartners ist zudem die Frage der Haftung zu beachten. Dabei geht die Mehrheit der Freien Berufe davon aus, dass der Einheitliche Ansprechpartner in eigener Verantwortung entsprechend den Regelungen über die Amtshaftung haftet. Insofern kämen die allgemeinen Regeln zur Amthaftung bzw. zur Staatshaftung zur Anwendung.

IV. Besonderheiten des Sektors Freie Berufe

Aus der Sicht der Freien Berufen sind zudem einige Besonderheiten zu beachten. Dies betrifft insbesondere die Frage der Behandlung und Versorgung der sog. nichtverkammerten Berufe[8]. Knapp die Hälfte der Mitgliedsorganisationen des BFB ist diesem nicht-regulierten Bereich zuzuordnen. Als Beispiele seien hier freiberufliche Unternehmensberater, Psychologen und Dolmetscher genannt.

Innerhalb des BFB hatte man die Möglichkeit geprüft, inwieweit eine Gesellschaft des BFB die Angehörigen dieser Berufsgruppen mitversorgen könnte. Dies ist als Rückfallposition für den Fall angedacht worden, dass die betroffenen Berufsorganisationen nicht selber die Funktion den Einheitlichen Ansprechpartners übernehmen sollen. Nach wie vor ist die Mehrheit der Freien Berufe davon überzeugt, dass auf diese Art und Weise eine ausufernde Büro-

---

[8] Vgl. zu den Problemen aus der Sicht der Freien Berufe: Lemor, EuZW 2007, 135 ff.

kratie verhindert sowie eine effiziente und kostengünstige Lösung für die betroffenen Berufe gefunden werden kann.

Weitere Modelle sind aus der Sicht der Freien Berufe nur denkbar, wenn diesbezüglich auf politischer Ebene konkrete Vorstellungen bestehen. Die Freien Berufe legen dabei größten Wert auf die Erhaltung ihrer Identität, ihrer Selbstverwaltung und ihrer Beratungsqualität.

V. Weitere Vorgehensweise

Die Freien Berufe sind bereit, den Dialog auf Landes- und Regionalebene mit dem Ziel einer Kooperationslösung zu führen. Dabei erkennen die Freien Berufe an, dass die Lösungen unterschiedlich ausfallen können, insbesondere wenn man die Situationen in Flächenländern und Stadtstaaten vergleicht.

Nach Auffassung des BFB haben solche Lösungsvorschläge die besten Aussichten auf Erfolg, die viele bzw. alle Sektoren möglichst kompetent abdecken. Die dazu erforderlichen Gespräche zwischen den Interessenten müssen nun alsbald beginnen. Zum Teil ist dies bereits geschehen, wie z. B. in Hamburg oder Nordrhein-Westfalen. Gemeinsam wird man dann konkrete Vorschläge erarbeiten müssen, die die Struktur und Funktionsweise der Einheitlichen Ansprechpartner entsprechend den länder-spezifischen Vorgaben erläutern müssen. Die Beispiele der Gründeragenturen in Bayern können dabei als Grundlage für die ersten Überlegungen dienen.

Wichtig erscheint uns diesem Zusammenhang auch die europäische Perspektive: Es mag grundsätzlich zu begrüßen sein, den Markt in Deutschland transparenter zu gestalten und auch den Zugang für ausländische Dienstleister zu erleichtern. Allerdings muss gleichzeitig gewährleistet werden, dass auch die Märkte in anderen Mitgliedstaaten in gleicher Weise für deutsche Dienstleister geöffnet werden. Sonst werden aus den erhofften Wirtschaftszuwächsen nur Zuwächse für europäische Konkurrenten.

In Ergänzung dazu wird der BFB in Zusammenarbeit mit seinen Mitgliedsorganisationen dafür sorgen, dass auch die nichtverkammerten Freien Berufe den ihnen zustehenden Platz in diesem Gefüge finden.

Der Politik sind die Freien Berufe dabei in jeder Phase des Umsetzungsprozesses kompetenter Gesprächspartner. Auch für die Ende des Jahres beginnenden Verhandlungen auf Länderebene bieten sie ihr gesamtes Fachwissen an.

Die Ausgestaltung der Dienstleistungs- und Niederlassungsfreiheit durch die Dienstleistungsrichtlinie – Anforderungen an das nationale Recht

RUDOLF STREINZ

I. Einleitung

Nach einem langwierigen und kontroversen Rechtsetzungsverfahren wurde am 12. Dezember 2006 die Richtlinie 2006/123/EG des Europäischen Parlaments und des Rates über Dienstleistungen im Binnenmarkt[1] erlassen. Die Richtlinie ist auf Art. 47 Abs. 2 EGV i.V.m. Art. 55 EGV gestützt, die auf das Verfahren der Mitentscheidung des Europäischen Parlaments (Art. 251 EGV) mit dem Rat verweisen. Die Entstehungsgeschichte der Dienstleistungsrichtlinie[2] belegt die Bedeutung des Europäischen Parlaments im Rechtsetzungsverfahren. Der ursprüngliche Entwurf,[3] verbreitet nach dem Namen des damals zuständigen Kommissars Frits Bolkestein benannt, der zum „Feindbild" der Gegner der Richtlinie wurde, erfuhr massive Kritik und wurde in der Öffentlichkeit und in der Fachpresse intensiv, zum Teil sehr emotional diskutiert.[4] Während den Befürwortern, insbesondere seitens der Industrie, die Richtlinie nicht weit genug ging, war für die Gegner, insbesondere den Gewerkschaften, Hauptkritikpunkt das für den Bereich der Dienstleistungsfreiheit (Art. 49 EGV) – die Richtlinie erfasst ja auch die Niederlassungsfreiheit (Art. 43 EGV) – vorgesehene sog. Herkunftslandprinzip mit exklusiver Herkunftslandkontrolle des Dienstleistungserbringers. Als Folgen wurden vor allem „Sozialdumping" und ein „race to the bottom" bei Arbeits-, Umwelt- und Sozialstandards befürchtet. Ohne konkreten Bezug spielte der Bolkestein-Entwurf auch bei der Ablehnung des Verfassungsvertrags durch die Referenden in Frankreich und den Niederlanden eine Rolle.[5] Kritik und Proteste, der Widerstand einiger Regierungen im Rat und die 213 Abänderungen, die das Europäische Parlament in der ersten Lesung vornahm, führten zu einem geänderten Vorschlag der Kommission,[6] der weite Bereiche aus dem Anwendungsbereich der Richtlinie herausnahm und auf den zum Reizwort verkommenen Begriff des „Herkunftslandprinzips" verzichtete. Der Gemeinsame Standpunkt des Rates[7] orientierte sich weitgehend am Konventionsentwurf, das Europäische Parlament stimmte dem zu. Die

---

[1] ABl. 2006 Nr. L 376/36.

[2] Vgl. dazu *C. Calliess*, DVBl. 2007, 336 (336 ff.); *Hatje*, NJW 2007, 2357 (2357); *Korte*, NVwZ 2007, 501 (502 f.) m.w.N. Ausführlich *Blanpain* (Hrsg.), Freedom of Services in the European Union, 2006.

[3] Vorschlag für eine Richtlinie des Europäischen Parlaments und des Rates über Dienstleistungen im Binnenmarkt, von der Kommission vorgelegt am 25.2.2004, Dok KOM(2004)2 endgültig/2.

[4] Vgl. dazu *Korte*, NVwZ 2007, 501 (501); *Mankowski*, IPRax 2004, 385 (385 f.); *Schliesky*, DVBl. 2005, 887 (888 ff.); *Wiesner/Wiedmann*, ZIP 2005, 1210 (1210); Ziekow, GewArch 2007, 179 (179). Kritisch zur Diskussion in der Öffentlichkeit z.B. FAZ Nr. 84 vom 12.4.2005, S. 14: „Die Dienstleistungsdiskussion geht oft am Kern vorbei".

[5] Vgl. auch *W.-H. Roth*, VuR 2007, 161 (161).

[6] Geänderter Vorschlag der Kommission vom 4.4.2006, Dok. KOM (2006) 160 endg.

[7] Gemeinsame Standpunkt des Rates vom 24.6.2006, Dok. 10003/4/06 REV 4, ABl. 2006 Nr. C 270 E, S.1.

Richtlinie ist durch die Mitgliedstaaten bis spätestens zum 28. Dezember 2009 umzusetzen (Art. 44 Abs. 1).[8]

II. Die Bedeutung der Freiheit für Dienstleistungen im Rahmen der Grundfreiheiten des Gemeinsamen Marktes/Binnenmarktes

1. Gegenstand der Richtlinie: Freiheit für Dienstleistungen im Rahmen der Niederlassungsfreiheit (Art. 43 EGV) und der Dienstleistungsfreiheit (Art. 49 EGV)

Die Dienstleistungsrichtlinie bezieht sich nicht allein auf die Dienstleistungsfreiheit im Sinne des Art. 49 EGV als vorübergehend grenzüberschreitende Tätigkeit, sondern betrifft die Freiheit für Dienstleistungen (vgl. Art. 50 EGV, auf den Art. 4 Nr. 1 verweist) im Gemeinsamen Markt bzw. Binnenmarkt (Art. 14 Abs. 2 EGV) im Rahmen der Niederlassungsfreiheit (Art. 43 EGV) als auf Dauer angelegte Tätigkeit in einem anderen Mitgliedstaat (vgl. Art. 4 Nr. 5) und der genannten Dienstleistungsfreiheit (Art. 1 Abs. 1). Niederlassungsfreiheit und Dienstleistungsfreiheit gelten für selbständige Tätigkeiten unter Einbeziehung von juristischen Personen (Art. 48 EGV). Während hinsichtlich der Dienstleistungsfreiheit seit langem anerkannt ist, dass sie nicht nur ein Diskriminierungs- sondern auch Beschränkungsverbot enthält,[9] wurde dies hinsichtlich der Niederlassungsfreiheit erst seit etwa 1990 zur gefestigten Rechtsprechung.[10] Unterschiede zeigen sich nach wie vor bei den Schranken-Schranken (s.u. 2 d). Die Dienstleistungsfreiheit berechtigt nicht nur den Dienstleistungserbringer, sondern auch den Dienstleistungsempfänger (vgl. die Begriffsbestimmungen in Art. 4 Nr. 2 und 3). Sie erfasst ferner Fälle, in denen allein die Dienstleistung die Grenze überschreitet (sog. Korrespondenzdienstleistungen, z.B. Fernsehsendungen, aber auch Finanzdienstleistungen oder Rechtsberatung ohne persönlichen Kontakt, ferner z.B. Lotterien), schließlich, da es allein auf einen grenzüberschreitenden Sachverhalt ankommt und nicht darauf, dass Empfänger und Erbringer aus verschiedenen Mitgliedstaaten stammen, auch die sog. auslandsbedingte (besser: auslandsbezogene) Dienstleistung (z.B. Reisegruppenfälle) .[11] Die Dienstleistungsfreiheit erfasst auch sog. Begleit-

---

[8] Artikel ohne weitere Angaben beziehen sich auf die Dienstleistungsrichtlinie.

[9] Vgl. bereits *EuGH*, 33/74, Slg. 1974, 1299 (1309), Egrd. 10/12 – van Binsbergen. St. Rspr., vgl. *Kluth,* in: Calliess/Ruffert (Hrsg.), EUV/EGV, 3. Aufl. 2007, Art. 49, Rn. 54 m.w.N.

[10] Grundlegend *EuGH*, C-340/89, Slg. 1991, I-2357 (2383), Egrd. 15 – Vlassopulou. Zur früheren Auffassung vgl. *W.-H. Roth*, in: GS f. Knobbe-Keuk, 1997, S. 729 (730 f.). Zum Problem der (wegen der zulässigen Rechtfertigungsgründe nach der Rechtsprechung des EuGH an sich bedeutsamen Abgrenzung zwischen (verdeckter) Diskriminierung und Beschränkung vgl. *Müller-Graff,* in Streinz (Hrsg.), EUV/EGV, 2003, Art. 43 EGV, Rn. 58 ff. m.w.N.

[11] Vgl. zu den einzelnen Anwendungsfällen der Dienstleistungsfreiheit z.B. *Streinz*, Europarecht, 7. Aufl. 2005, Rn. 888 mwN.

rechte, wozu auch die Mitnahme von Personal (auch aus Drittstaaten) zur Erbringung der Dienstleistung gehört.[12]

2. Schranken der Niederlassungs- und Dienstleistungsfreiheit

a) Bereichsausnahmen und Schranken

Die Niederlassungsfreiheit und die Dienstleistungsfreiheit gelten nicht schrankenlos. Von diesen Schranken, die einer gemeinschaftsrechtlichen Rechtfertigung anhand von Schranken-Schranken bedürfen, sind sog. Bereichsausnahmen abzugrenzen, die bestimmte Gebiete von vorneherein vom Anwendungsbereich einer Grundfreiheit ausschließen. Hinsichtlich der Niederlassungs- und der Dienstleistungsfreiheit (für letztere finden die Vorschriften der Artt. 45-48 EGV über die Niederlassungsfreiheit gemäß Art. 55 EGV Anwendung) sind dies gemäß Art. 45 Abs. 1 EGV Tätigkeiten, die in einem Mitgliedstaat dauern oder zeitweise mit der Ausübung öffentlicher Gewalt verbunden sind. Diese Tätigkeiten sind konsequent aus dem Anwendungsbereich der Dienstleistungsrichtlinie ausgenommen (Art. 2 Abs. 2 lit. i DLRL). Da der Rat den in Art. 45 Abs. 2 EGV vorgesehenen konkretisierenden Beschluss bislang noch nicht gefasst hat, obliegt die Konkretisierung des gemeinschaftsrechtlichen Begriffs der „Ausübung öffentlicher Gewalt" letztlich dem EuGH.[13] Strittig und derzeit in einem Vertragsverletzungsverfahren gegen Deutschland beim EuGH anhängig ist die Reichweite der Ausnahme für Notare, da auf die konkrete Tätigkeit und nicht auf den Beruf als solchen abzustellen ist.[14] Selbst für Beurkundungsbefugnissen wird aber angezweifelt, ob sie darunter fallen.[15] Die ausdrückliche Ausnahme der Tätigkeiten von Notaren und Gerichtsvollziehern, die durch staatliche Stellen bestellt werden, aus dem Anwendungsbereich der Dienstleistungsrichtlinie (Art. 2 Abs. 2 lit. l DLRL) begründet keine Bereichsausnahme vom Primärrecht. Die Nennung neben der an die primärrechtliche Bereichsausnahme anknüpfende Ausnahme spricht eher für das Gegenteil, ohne allerdings präjudiziell zu sein, weil die primärrechtliche Bewertung der Notare differenziert zu sehen ist.

---

[12] Vgl. z.B. *EuGH*, C-113/89, Slg. 1990, I-1417 (1444), Egrd. 17 – Rush Portuguesa. Vgl. dazu *Müller-Graff,* in: Streinz (Hrsg.), EUV/EGV, 2003, Art. 49 EGV, Rn. 58, 125 f. m.w.N.

[13] Vgl. dazu *Müller-Graff,* in: Streinz (Hrsg.), EUV/EGV, 2003, Art. 45 EGV, Rn. 4 f. m.w.N; *Bröhmer,* in: Calliess/Ruffert (Hrsg.), EUV/EGV, 3. Aufl. 2007, Art. 45 EGV, Rn. 8 ff. m.w.N.

[14] Vgl. dazu *Henssler/Kilian*, EuR 2005, 192 (192); *Haeder*, ZEuS 2007, 117 (118 ff.).

[15] Zweifelnd z.B. *Bröhmer*, in: Calliess/Ruffert (Hrsg.), EUV/EGV, 3. Aufl. 2007, Art. 45 EGV, Rn. 3. Ablehnend z.B. *Haeder*, ZWuS 2007, 117 (135 f.); bejahend z.B. *Preuß*, ZEuS 2005, 291 (313).

b) Im EG-Vertrag geregelte Schranken

Als ausdrückliche Schranken für die Niederlassungs- und Dienstleistungsfreiheit sieht Art. 46 EGV (bzw. i.V.m. Art. 55 EGV) die Anwendung der Rechts- und Verwaltungsvorschriften vor, die eine Sonderregelung für Ausländer vorsehen und aus Gründen der öffentlichen Ordnung, Sicherheit oder Gesundheit gerechtfertigt sind. Diese Schranken passen von vorneherein nur für unterschiedliche, offen „diskriminierende" Maßnahmen. Für die zu Beschränkungsverboten, die auch unterschiedliche Maßnahmen erfassen, erweiterten Grundfreiheiten musste der EuGH korrelierend dazu weitere Beschränkungstatbestände entwickeln. Als solche hat er generell „zwingende Gründe des Allgemeininteresses" anerkannt, erstmals 1974 im Fall van Binsbergen.[16] Abgesehen von wirtschaftlich protektionistischen Zielsetzungen, die von damit eventuell verbundenen weitergehenden Hauptzwecken abgegrenzt werden müssen, können grundsätzlich beliebige Allgemeinwohlbelange verfolgt werden, z.B. der Schutz der Bevölkerung durch Qualifikationsanforderungen für Ärzte, Juristen oder andere Freiberufler, Schutz vor unlauteren Geschäftspraktiken, z.B. die Untersagung, mit potenziellen Kunden unaufgefordert telefonisch Kontakt aufzunehmen, allgemein der Schutz der Sozialordnung.[17] Zu beachten ist, dass die Grundfreiheiten und damit auch ihre Schranken nur dann zur Anwendung kommen, wenn keine speziellen sekundärrechtlichen Vorschriften zur betreffenden Materie bestehen. Dies ist hinsichtlich der Qualifikation für reglementierte Berufe aber weitgehend der Fall, sei es in sektorspezifischen Richtlinien,[18] sei es in der allgemeinen Berufsanerkennungsrichtlinie 2005/36/EG.[19] Letztere hat gegenüber der Dienstleistungsrichtlinie Vorrang (Art. 3 Abs. 1 lit. d).

c) Schranken und Schranken-Schranken nach der sog. „Gebhard-Formel"

Soweit die Mitgliedstaaten auf dieser Basis die Grundfreiheiten beschränken, sind sie an den Grundsatz der Verhältnismäßigkeit gebunden. In Art. 46 EGV kommt dies im Wort „gerechtfertigt" zum Ausdruck. Allgemein gilt das Diskriminierungsverbot, weshalb unterschiedliche Maßnahmen sind nur aus ausdrücklich im Vertrag genannten Rechtfertigungsgründen zulässig sind und einer besonderen Begründung bedürfen, und die Vorgabe, dass die nationale Maßnahme einem legitimen Ziel (tatsächlich) dient und zu dessen Ereichung

---

[16] *EuGH*, 33/74, Slg. 1974, 1299 (1309), Egrd. 10/12 – van Binsbergen: „durch das Allgemeininteresse gerechtfertigter Berufsregelungen".

[17] Vgl. dazu *Müller-Graff,* in: Streinz (Hrsg.), EUV/EGV, 2003, Art. 49 EGV, Rn. 107 f. m.w.N.

[18] Vgl. zu den sektoriellen Systemen (Ärzte, Architekten, Rechtsanwälte) *Tiedje/Troberg,* in: von der Groeben/Schwarze (Hrsg.), EUV/EGV, 6. Aufl. 2003, Art. 47 EG, Rn. 67 ff. m.w.N.

[19] Richtlinie 2005/36/EG des Europäischen Parlaments und des Rates vom 7.9.2005 über die Anerkennung von Berufsqualifikationen, ABl. 2005 Nr. L 255/22.

geeignet, erforderlich und angemessen ist und die Gemeinschaftsgrundrechte beachtet. Der EuGH hat dies für alle Grundfreiheiten in der sog. Gebhard-Formel[20] in einem vierstufigen Rechtfertigungsstandard zusammengefasst: „Aus der Rechtsprechung des Gerichtshofs ergibt sich, ... dass nationale Maßnahmen, die die Ausübung der durch den Vertrag garantierten grundlegenden Freiheiten behindern oder weniger attraktiv machen können, vier Voraussetzungen erfüllen müssen: Sie müssen in nichtdiskriminierender Weise angewandt werden, sie müssen aus zwingenden Gründen des Allgemeininteresses gerechtfertigt sein, sie müssen geeignet sein, die Verwirklichung des mit ihnen verfolgten Zieles zu gewährleisten, und sie dürfen nicht über das hinausgehen, was zur Erreichung dieses Zieles erforderlich ist".

d) Differenzierungen zwischen Dienstleistungsfreiheit und Niederlassungsfreiheit

Die Anwendung dieses Grundsatzes der Verhältnismäßigkeit führt zu Unterschieden, die sich insbesondere im Vergleich der Dienstleistungsfreiheit zur Niederlassungsfreiheit zeigen. Der EuGH hat dies hervorgehoben: „Ein Mitgliedstaat darf insbesondere die Erbringung von Dienstleistungen in seinem Hoheitsgebiet nicht von der Einhaltung aller Voraussetzungen abhängig machen, die für eine Niederlassung gelten."[21] Dies ist zunächst zum Teil dahin missverstanden worden, dass der EuGH die Niederlassungsfreiheit als bloßes Diskriminierungsverbot ansieht. Dies trifft nicht zu. Vielmehr statuiert der EuGH eine unterschiedliche Reichweite des Beschränkungsverbots bei Dienstleistungsfreiheit und Niederlassungsfreiheit. Zwar lässt er es auch bei der enger gefassten Niederlassungsfreiheit für bestimmte Fälle nicht bei dem bloßen Gebot der Inländergleichbehandlung bewenden, doch genügt bei nur mittelbarem Bezug zur Niederlassung dieses Prinzip. Dagegen gilt ein Beschränkungsverbot, soweit es um Zuzug im Sinne freier Standortwahl einschließlich der Möglichkeit zum Wegzug geht. Dies hat Folgen für das Recht zur die Rechtsform wahrenden Sitzverlagerung von Unternehmen.[22] Diese Differenzierung ist gerechtfertigt. Die Freiheit der Standortwahl (Zuzug oder Wegzug) ist notwendig dafür, dass überhaupt von der Niederlassungsfreiheit Gebrauch gemacht werden kann. Wird dies gewährleistet, genügt im Übrigen aber grundsätzlich die Inländergleichbehandlung. Denn anders als bei grenzüberschreitend erbrachten Dienstleistungen hat es der auf Dauer im Aufenthaltsstaat Ansässige nicht mit potenziell unterschiedlichen Regelungen des Herkunfts- und des Empfangsstaats zu tun, die wegen doppelter Anforderungen ein Gebrauchmachen von der Grundfreiheit illusorisch machen könnten. Ihm ist eher zuzumu-

---

[20] *EuGH*, C-55/94, Slg. 1995, I-4165 (4197 f.), Egrd. 37 – Gebhard (deutscher Rechtsanwalt mit „Dienstleistungsbüro" bzw. Zweigniederlassung in Mailand).

[21] *EuGH*, C-76/90, Slg. 1991, I-4221 (4243), Egrd. 13 –Säger/Dennemeyer.

[22] Vgl. dazu *Bröhmer*, in: Calliess/Ruffert (Hrsg.), EUV/EGV, 3. Aufl. 2007, Art. 48, Rn. 8 ff., 12 m.w.N.

ten, sich der Rechtsordnung des Aufenthaltsstaats anzupassen. Diese Unterscheidung zwischen Marktzugang und Marktverhalten ist wichtig auch für die Beurteilung der Regelungen der Dienstleistungsrichtlinie. Allerdings können auch unterhalb dieser Schwelle nationale Vorschriften die Freiheit der Standortwahl derart behindern, dass sie einer gemeinschaftsrechtlichen Kontrolle dahingehend unterzogen werden müssen, ob sie ein legitimes Schutzinteresse des Mitgliedstaats verfolgen. Dies gilt für objektive Zulassungsbeschränkungen, z.B. Bedürfnisprüfungen. Hinsichtlich subjektiver Zulassungskriterien wie geforderten Kenntnissen und Fertigkeiten können die Mitgliedstaaten – mangels sekundärrechtlicher Regelung – das Schutzniveau festlegen, allerdings unter Berücksichtigung von im Ausland (ggf. auch durch Inländer) erworbenen Qualifikationen. Die Schlechterstellung grenzüberschreitender Vorgänge soll verhindert werden.[23]

3. Herkunftslandprinzip und Bestimmungslandprinzip – Das Prinzip gegenseitiger Anerkennung

Ein Hauptstreitpunkt der Dienstleistungsrichtlinie war das im ursprünglichen Entwurf für den freien Dienstleistungsverkehr (Art. 49 EGV) in Art. 16 ausdrücklich vorgesehene Herkunftslandprinzip.[24] Dieses in der Rechtsprechung des EuGH entwickelte Prinzip stellt grundsätzlich auf die Produktions- (Warenverkehr), Zulassungs- (Niederlassungs- und Dienstleistungsfreiheit) bzw. Erbringungsvoraussetzungen (Dienstleistungsfreiheit) im Herkunftsstaat ab. Der Zielstaat ist zur gegenseitigen Anerkennung bzw. zumindest zu einer Gleichwertigkeitsprüfung verpflichtet. Nach dem sog. Bestimmungslandprinzip muss der sich dort Niederlassende bzw. Dienstleistende die Voraussetzungen und Vorschriften dieses Staates erfüllen. Die Kontroverse um das in Art. 16 des ursprünglichen Entwurfs vorgesehenen Herkunftslandprinzips rührte daher, dass die Kommission nicht nur auf das Prinzip der gegenseitigen Anerkennung dahingehend abstellte, dass ein Produkt bzw. eine Qualifikation, das im Herkunftsland rechtmäßig hergestellt bzw. die ordnungsgemäß erworben wurde, grundsätzlich vom Bestimmungsland anzuerkennen ist, allerdings mit den im Vertrag vorgesehenen sowie vom EuGH entwickelten Kontrollmöglichkeiten, sondern darüber dahingehend hinausging, dass auch die Kontrolle

---

[23] Vgl. dazu *Streinz*, Europarecht, 7. Aufl. 2005, Rn. 805 f. m.w.N.

[24] Der Vorschlag der Kommission (s. Fn. 3) lautete: „Art. 16: Herkunftslandprinzip“; Abs. 1: „ Die Mitgliedstaaten tragen dafür Sorge, dass Dienstleistungen lediglich den Bestimmungen ihres Herkunftsmitgliedstaates unterfallen, die vom koordinierten Bereich erfasst sind“; Abs. 3: „Die Mitgliedstaaten dürfen den freien Verkehr von Dienstleistungen, die von einem in einem anderen Mitgliedstaat niedergelassenen Dienstleister angeboten werden, nicht aus Gründen einschränken, die in den koordinierten Bereich fallen“. Dieser „koordinierte Bereich“ umfasst alle Bestimmungen „für die Aufnahme von Dienstleistungen und ihre Ausübung“. Ausnahmen wurden in Art. 17 Nr. 16 für Dienstleistungen vorgesehen, die im Bestimmungsland „unter ein generelles Verbot fallen, das aus Gründen der öffentlichen Ordnung, Sicherheit oder Gesundheit gerechtfertigt ist“. Vgl. dazu *Albath/Giesler*, EuZW 2006, 38 (40 f.).

einzig und allein dem Herkunftsland zukam. Der Dienstleistende sollte somit – bezogen und beschränkt auf die Dienstleistungsfreiheit, nicht generell- nicht nur die Heimatrechtsordnung mitbringen, sondern auch allein von seinem Heimatstaat aus, quasi „exterritorial", überwacht werden.[25] Im Anwendungsbereich der Richtlinie sollten die Vorschriften des Empfangsstaates grundsätzlich nicht mehr zur Anwendung kommen, und zwar sowohl hinsichtlich des Marktzugangs als auch hinsichtlich des Marktverhaltens.[26] Im Rechtsetzungsverfahren wurde Art. 16 des Entwurfs verändert und statt mit „Herkunftslandprinzip" schlicht mit „Dienstleistungsfreiheit" überschrieben.[27] Art. 16 Abs. 1 UAbs. 1 und 2 wiederholen die primärrechtliche Vorgabe, Art. 16 Abs. 3 hält das Recht der Mitgliedstaaten, in denen die Dienstleistung erbracht wird (Bestimmungslandprinzip) fest, legitime Beschränkungsmaßnahmen zu ergreifen. Die Anforderungen dafür werden in Anlehnung an die „Gebhard-Formel" in Art. 16 Abs. 1 UAbs. 3 aufgeführt. Art. 16 Abs. 2 verbietet konkret einige „negative Klassiker", mit denen die Mitgliedstaaten typischerweise unzulässige Anforderungen an Dienstleistende zu stellen pflegen,[28] z.B. das Erfordernis einer Niederlassung, Genehmigungserfordernisse, das Verbot der Errichtung einer Infrastruktur. Art. 16 Abs. 2 lit. g verweist auf die in Art. 19 genannten unzulässigen Beschränkungen des freien Dienstleistungsverkehrs, die den Dienstleistungs-*empfänger* betreffen. Die allgemeinen Vorgaben, insbesondere die Beschränkung von Doppelkontrollen,[29] aber auch die generellen Verbote basieren im Wesentlichen auf der bisherigen Rechtsprechung des EuGH.[30]

---

[25] Instruktive und zutreffende Unterscheidung bei *Calliess*, Die Dienstleistungsrichtlinie (Rheinische Friedrich-Wilhelms-Universität Bonn - Zentrum für Europäisches Wirtschaftsrecht. Vorträge und Berichte Nr. 160), 2007, S. 25 ff.; *ders.*, DVBl. 2007, 336 (339 ff.). Vgl. zu den verschiedenen Überwachungsmodellen *Möstl*, DöV 2006, 281 (282 ff.). Zur Einbeziehung des und zu den Folgen für das Internationale Privatrecht, insbesondere Deliktsrecht vgl. *Deinert*, EWS 2006, 445 (445 f.).

[26] *Ohler*, BayVBl. 2006, 261 (263).

[27] Vgl. zur Änderung im Rechtsetzungsverfahren z.B. *Calliess*, DVBl. 2007, 336 (339 ff.); *Hatje*, NJW 2007, 2357 (2361 f.);

[28] *Calliess*, Die Dienstleistungsrichtlinie, 2007, S. 29.

[29] Vgl. dazu Erwägungsgrund 61.

[30] Vgl. dazu die Nachweise im Handbook on Implementation of the Services Directive der Kommission, 2007, S. 33 f., 38 ff., 45 ff., 52 ff.: „in accordance with the case law of the ECJ"; „derived from ECJ case law"; „in line with the case law of the ECJ"; "in many cases the ECJ has already found them (i.e. prohibited establishment requirements) to be incompatible with article 43 of the EC Treaty"; "such requirements have already been ruled out by the ECJ in many cases"; "the examples of requirements mentioned in paragraph 2 have, to a large extent, already been the subject of the case law of the ECJ and have been found to be incompatible with Article 49 of the EC Treaty" usw. Das Handbuch existiert nur in englischer Sprache, vielleicht der erste Schritt, der Empfehlung des Handbuchs (ebd., S. 28) nachzukommen, Informationen "in languages most commonly used by business in the EU" zugänglich zu machen. Die dort angesprochene Empfehlung zur Publikation nicht nur in den Amtssprachen der jeweiligen Mitgliedstaaten sondern auch in den Sprachen der Nachbarstaaten und im (nicht ausdrücklich erwähnten) Englisch ist sicher sinnvoll, weil allein praktikabel. Die Kommission selbst sollte allerdings gelegentlich an die Verordnung Nr. 1 des Rates vom 15.4.1958 zur Regelung der Sprachenfrage (ABl. 1958 Nr. 17/385, zuletzt geändert in ABl. 2005 Nr. L 156/3) erinnert werden.

III. Die Realität des Binnenmarktes im Bereich der Niederlassungs- und Dienstleistungsfreiheit

1. Befund der Kommission

Die Verwirklichung der Niederlassungsfreiheit und der Dienstleistungsfreiheit hat sich als besonders schwierig erwiesen. Die Anerkennung der Grundfreiheiten als unmittelbar anwendbare Individualrechte hat die Kommission zunächst bewogen, ihre Vorschläge zurückzuziehen und die Verwirklichung des Gemeinsamen Marktes den nationalen Gerichten als Gemeinschaftsrechtsgerichten und ggf. dem EuGH in Vertragsverletzungsverfahren (Art. 226 EGV) oder Vorabentscheidungsverfahren (Art. 234 EGV) zu überlassen. Die damit verbundenen Unsicherheiten und der Befund des Weißbuchs von 1985, dass wegen der Probleme der Harmonisierung beruflicher Qualifikationen „noch wenig erreicht" worden sei,[31] veranlassten die Kommission zu einem neuen Ansatz im Rahmen des Binnenmarktprogramms, das mit der Mehrheitsentscheidung gemäß Art. 47 EGV dieses Vorhaben erleichterte. Zu nennen sind hier z.B. die sektoriellen Richtlinien über die Dienstleistung und die Niederlassung von Rechtsanwälten, die Richtlinien für Ärzte sowie die horizontalen Diplomanerkenungsrichtlinien, die zuletzt durch die Berufsanerkennungsrichtlinie 2005/36/EG[32] abgelöst wurden. Gleichwohl zeigten sich Probleme im Vollzug, so dass nach Ansicht der Kommission „zahlreiche Bürger die Realität des Binnenmarkts in Zweifel ziehen" .[33] Dafür geben auch aktuelle Fälle durchaus Anlass.[34] In den Erwägungsgründen der Dienstleistungsrichtlinie wird auf den Bericht der Kommission über den "Stand des Binnenmarktes für Dienstleistungen" von 2002 Bezug genommen. Darin führt die Kommission eine Vielzahl von Hindernissen auf, die die Entwicklung grenzüberschreitender Dienstleistungstätigkeiten zwischen den Mitgliedstaaten behindern oder bremsen, insbesondere diejenigen von Kleinen und mittleren Unternehmen (KMU), die im Dienstleistungsgewerbe vorherrschend sind. Der Bericht kommt zu dem Ergebnis, dass ein Jahrzehnt nach der beabsichtigten Vollendung des Binnenmarktes noch immer eine breite Kluft zwischen der Vision einer wirtschaftlich

---

[31] Vollendung des Binnenmarktes. Weißbuch der Kommission an den Europäischen Rat vom 14.6.1985, Dok. KOM (85) 310, S. 25, Nr. 91.

[32] Richtlinie 2005/36/EG des Europäischen Parlaments und des Rates vom 7. September 2005 über die Anerkennung von Berufsqualifikationen, ABl. 2005 Nr. L 255/22.

[33] Vierzehnter Jahresbericht über die Kontrolle der Anwendung des Gemeinschaftsrechts (1996), Dok KOM/97/0299 endg., ABl. 1997 Nr. C 332/1 (29).

[34] Vgl. z.B. die im Handbuch der Kommission (Fn. 30), S. 45 f. zitierten Urteile *EuGH*, C-140/03, Slg. 2005, I- 3177 (3203 ff.), Egrd. 30 ff. -Kommission/Griechenland (Optiker); *EuGH*, C-243/01, Slg. 2003, I- 13031 (13094 ff.), Egrd. 44 ff. - Gambelli; *EuGH*, C-338/04, C-359/04 und C-360/04, EuZW 2007, 209 (211 ff.), Egrd. 40 ff.- Placanica - (Sportwettenvermittlung). Vgl. auch zum mittlerweile beim EuGH anhängigen Fall des deutschen Fremdbesitzverbotes für Apotheken *Streinz/Herrmann*, EuZW 2006, 455 (455 ff.); zu Versuchen, den Anwendungsvorrang zu „suspendieren" vgl. *Kruis*, EuZW 2007, 175 (175 ff.).

integrierten Europäischen Union und der Wirklichkeit besteht, die die europäischen Bürger und Dienstleistungserbringer erleben. Die Beschränkungen betreffen eine große Bandbreite von Dienstleistungstätigkeiten und sämtliche Phasen der Dienstleistungserbringung, und weisen zahlreiche Gemeinsamkeiten auf; So sind sie häufig auf schwerfällige Verwaltungsverfahren, die Rechtsunsicherheit, mit denen grenzüberschreitende Tätigkeiten behaftet sind, oder auf das fehlende gegenseitige Vertrauen zwischen den Mitgliedstaaten zurückzuführen. Die Dienstleistungen sind zwar der Motor des Wirtschaftswachstums und tragen in den meisten Mitgliedstaaten 70 % zu BIP und Beschäftigung bei. Aber die Fragmentierung des Binnenmarktes beeinträchtigt die europäische Wirtschaft insgesamt, insbesondere die Wettbewerbsfähigkeit von KMU und die Zu- und Abwanderung von Arbeitskräften, und behindert den Zugang der Verbraucher zu einer größeren Auswahl an Dienstleistungen zu konkurrenzfähigen Preisen. Die Kommission weist darauf hin, dass die Dienstleistungsbranche ein Schlüsselsektor insbesondere für die Beschäftigung von Frauen seit und dass sie deshalb großen Nutzen von den neuen Möglichkeiten, die von der Vollendung des Binnenmarktes für Dienstleistungen geboten werden, zu erwarten hätten.[35]

2. Übersicht über die Rechtsprechung des EuGH

Der EuGH hat Niederlassungsfreiheit und Dienstleistungsfreiheit als Beschränkungsverbote gesehen, die wie alle Grundfreiheiten Individualrechte begründen, mit der Folge, dass wegen des Anwendungsvorrangs des Gemeinschaftsrechts entgegenstehendes nationales Recht im Konfliktfall außer Anwendung bleiben muss. Hinsichtlich der Schranken hat er „zwingende Gründe des Allgemeininteresses“ herausgearbeitet, hinsichtlich der Schranken-Schranken Leitlinien für die Konkretisierung des Grundsatzes der Verhältnismäßigkeit, unter sachgerechter Differenzierung zwischen der Dienstleistungsfreiheit und der Niederlassungsfreiheit. Neben den grundsätzlich, d.h. abgesehen von Art. 46 EGV, ohnehin unzulässigen offenen Diskriminierungen aufgrund der Staatsangehörigkeit, denen hinsichtlich der Dienstleistungsfreiheit wohl Wohnsitz- bzw. Ansässigkeitserfordernisse wegen der typischerweise gleichen Wirkung gleichzustellen sind, gerieten vor allem Doppelkontrollen, Bedürfnisprüfungen, Zulassungsbedingungen und Zulassungsmodalitäten, steuerrechtliche Benachteiligungen ins Blickfeld und wurden einer Prüfung auf der Basis des Gemeinschaftsrechts unterzogen, der sie häufig nicht oder nur modifiziert standhielten. Darüber hinaus musste der EuGH Vertragsverletzungsverfahren (wegen unzureichender Umsetzung durch die Mitgliedstaaten) und Auslegungsfragen (in Fällen der Anwendung von nationalem Umsetzungs-

---

[35] Bericht der Kommission an den Rat und das Europäische Parlament, Der Stand des Binnenmarktes für Dienstleistungen, Bericht im Rahmen der ersten Stufe der Binnenmarktstrategie für den Dienstleistungssektor, Dok MOM (2002) 441 endgültig, S. 5 ff.

recht) zu sekundärrechtlichen Vorschriften zur Niederlassungs- und Dienstleistungsfreiheit entscheiden. Dabei ist der Grundsatz der primärrechtskonformen Auslegung des Sekundärrechts von Bedeutung und der in ständiger Rechtsprechung wiederholte Auslegungsansatz des EuGH, dass das Sekundärrecht die Anwendung der Grundfreiheiten erleichtern und nicht etwa bedingen oder erschweren soll.

3. Das Bedürfnis einer sekundärrechtlichen Regelung

Angesichts der Wirkung der Grundfreiheiten stellte sich die Frage der Erforderlichkeit einer sekundärrechtlichen Regelung. Diese muss allein schon wegen der Kompetenzausübungsschranken des Subsidiaritätsprinzips (Art. 5 Abs. 2 EGV), das nach zutreffender und durch den gescheiterten Verfassungsvertrag wie auch den sog. Reformvertrag (der inhaltlich weitgehend der Verfassungsvertrag unter anderer Bezeichnung ist) bestätigter Ansicht auf die Harmonisierungskompetenzen, obwohl es darauf eigentlich nicht passt, Anwendung finden muss, und des gegenüber den Mitgliedstaaten bestehenden Verhältnismäßigkeitsgrundsatzes (Art. 5 Abs. 3 EGV) beantwortet werden. Neben der inhaltsleeren Pflichtübung im „Textbaustein" des Erwägungsgrundes 116 führt die Dienstleistungsrichtlinie dazu in Erwägungsgrund 6, anknüpfend an den Befund des Berichts über den Stand des Binnenmarkts im Bereich der Dienstleistungen, zutreffend aus: „Diese Beschränkungen können nicht allein durch die direkte Anwendung der Artikel 43 und 49 des Vertrags beseitigt werden, weil – insbesondere nach der Erweiterung – die Handhabung von Fall zu Fall im Rahmen von Vertragsverletzungsverfahren sowohl für die nationalen als auch für die gemeinschaftlichen Organe äußerst kompliziert wäre; außerdem können zahlreiche Beschränkungen nur im Wege der vorherigen Koordinierung der nationalen Regelungen beseitigt werden, einschließlich der Einführung einer Verwaltungszusammenarbeit."

IV. Die Ausgestaltung der Dienstleistungs- und Niederlassungs-- freiheit durch die Dienstleistungsrichtlinie

1. Ermächtigung des Gemeinschaftsgesetzgebers zur Ausgestaltung der Grundfreiheiten

Der Gemeinschaftsgesetzgeber ist gemäß Art. 47 EGV zur Ausgestaltung der Grundfreiheiten ermächtigt. Art. 47 EGV, der sowohl für die Niederlassungsfreiheit als auch über Art. 55 EGV auch auf die Dienstleistungsfreiheit Anwendung findet, ermächtigt den Rat, im Verfahren der Mitentscheidung mit dem Europäischen Parlament (Art. 251 EGV)[36] Richtlinien für die gegenseitige Anerkennung der Diplome, Prüfungszeugnisse und sonstige Befähigungsnachweise sowie zur Koordinierung der Rechts und Verwaltungsvorschriften der Mitgliedstaaten über die Aufnahme selbständiger Tätigkeiten zu erlassen. Er ist dabei aber nach der Rechtsprechung des EuGH und der herrschenden Meinung an die Grundfreiheiten gebunden.[37] Nach ständiger Rechtsprechung dienen die Harmonisierungsrichtlinien der Erleichterung der Grundfreiheiten. Sie dürfen die primärrechtlichen Garantien weder bedingen noch erschweren.[38] Die Grundfreiheiten sind auch bei der Umsetzung durch die Mitgliedstaaten zu beachten (Art. 3 Abs. 3).

2. Gegenstand und Anwendungsbereich der Dienstleistungsrichtlinie (Art. 1, 2)

Gegenstand und Anwendungsbereich der Dienstleistungsrichtlinie werden positiv äußerst knapp in Art. 1 Abs. 1 bzw. Art. 2 Abs. 1 beschrieben. Die Richtlinie enthält allgemeine Bestimmungen, die bei gleichzeitiger Gewährleistung einer hohen Qualität der Dienstleistungen die Wahrnehmung der Niederlassungsfreiheit durch Dienstleistungserbringer sowie den freien Dienstleistungsverkehr erleichtern soll. Sie gilt für Dienstleistungen, die von einem in einem Mitgliedstaat niedergelassenen Dienstleistungserbringer angeboten werden. Viel umfangreicher fällt dann der Katalog der Materien aus, die die Richtlinie nicht „betrifft" bzw. nicht „berührt", sowie der Tätigkeiten, auf die sie „keine Anwendung" findet. Die Gründe dafür werden in den Erwägungs-

---

[36] Da Art. 47 II 2 EGV offenbar ausgeschlossen werden kann, kommt die qualifizierte Mehrheit im Rat zur Anwendung (Art. 43 Abs. 1 S. 3 EGV). Zur Frage der Tragfähigkeit des Art. 47 EGV als Rechtsgrundlage für die Dienstleistungsrichtlinie im Hinblick auf die mitgliedstaatliche Verwaltungsorganisation vgl. *Ohler*, BayVBl. 2006, 261 (266 f.).

[37] St. Rspr., vgl. bereits *EuGH*, 80 und 81/77, Slg. 1978, 927 (947), Egrd. 35/36, 38 – französische Abgabe für italienische Weine: teilweise Ungültigerklärung von Art. 31 Abs. 2 der Verordnung Nr. 816/70 des Rates vom 28.4.1970 zur Festlegung ergänzender Vorschriften für die gemeinsame Marktordnung für Wein (ABl. 1970 Nr. L 99/1) wegen Verstoßes gegen Art. 38-46 EWGV (jetzt Art. 32-38 EGV). Ausdrücklich festgestellt in *EuGH*, 15/83, Slg. 1984, 2171 (2184), Egrd. 15 – Denkavit Nederland; bestätigt z.B. in *EuGH*, C-51/93, Slg. 1994, I-3879 (3898), Egrd. 11 – Meyhui; *EuGH*, C-114/96, Slg. 1997, I-3629 (3655), Egrd. 27 – Kieffer und Thill; *EuGH*, Slg. 2004, I-11893 (11922), Egrd. 59 – Swedish Match. Vgl. auch *EuGH*, 76/86, Slg. 1989, 1021 (1042 f.), Egrd. 22 f. – Kommission/Deutschland (Milchersatzstoffe): primärrechtskonforme Auslegung von Art. 5 der Verordnung (EWG) Nr. 1898/87 des Rates vom 2.7.1987 über den Schutz der Bezeichnung der Milch und Milcherzeugnisse bei ihrer Vermarktung (ABl. 1987 Nr. L 182/36). Zur EG als Verpflichtungsadressat der Grundfreiheiten vgl. *Streinz*, Europarecht, 7. Aufl. 2005, Rn. 836; *Schroeder,* in: Streinz (Hrsg.), EUV/EGV, 2003, Art. 28, Rn. 29; *Becker,* in: Schwarze(Hrsg.), EU-Kommentar, 2000, Art. 28 EGV, Rn. 101 f.; *Frenz*, Handbuch Europarecht, Bd 1 Europäische Grundfreiheiten, 2004, Rn. 309 ff. A.A. z.B. *Kingreen,* in: Calliess/Ruffert (Hrsg.), EUV/EGV, 3. Aufl. 2007, Art. 28-30 EGV, Rn. 110 m.w.N. Vgl. zu den dazu vertretenen Ansichten *Korte*, EWS 2007, 246 (252).

[38] Vgl. z.B. *EuGH*, C-238/98, Slg. 2000, I-6623 (6654), Egrd. 32 - Hocsman. Vgl. dazu *Tiedje/Troberg,* in: von der Groeben/Schwarze (Hrsg.), EUV/EGV, 6. Aufl. 2003, Art. 43 EG, Rn. 95.

gründen jeweils erläutert.[39] Die Dienstleistungsrichtlinie „betrifft“ nicht die Liberalisierung von Dienstleistungen von allgemeinem wirtschaftlichem Interesse, die öffentlichen oder privaten Einrichtungen vorbehalten sind, die Privatisierung öffentlicher Einrichtungen, die Dienstleistungen erbringen, die Abschaffung von (bestehenden) Dienstleistungsmonopolen und von Mitgliedstaaten gewährte Beihilfen, die unter die gemeinschaftlichen Wettbewerbsvorschriften fallen (Art. 1 Abs. 2 und 3). Sie „berührt“ nicht Maßnahmen, die „im Einklang mit dem Gemeinschaftsrecht“ zum Schutz oder zur Förderung kultureller oder sprachlicher Vielfalt oder des Medienpluralismus, das Strafrecht der Mitgliedstaaten, das Arbeitsrecht sowie die Ausübung der in den Mitgliedstaaten und durch das Gemeinschaftsrecht anerkannten Grundrechte, insbesondere die Tarifautonomie und das Arbeitskampfrecht. Unberührt bleiben freilich davon auch die sonstigen gemeinschaftsrechtlichen Vorgaben, und das Strafrecht darf ausdrücklich nicht zur gezielten Einschränkung der Dienstleistungsfreiheit eingesetzt werden (Art. 1 Abs. 5 Satz 2). Aus dem Anwendungsbereich ist eine Reihe von Tätigkeiten ausdrücklich ausgeschlossen (Art. 2 Abs. 2 lit. a-l). Dabei lassen sich zwei Fallgruppen unterscheiden: Tätigkeiten, die in anderen, spezielleren Richtlinien bereits geregelt sind (z.B. Finanzdienstleistungen, Art. 2 Abs. 2 lit. b), und Tätigkeiten, die aufgrund primärrechtlicher Regelung (vgl. die Bezugnahme auf Art. 45 EGV in Art. 2 Abs. 2 lit. i) oder infolge der politischen Diskussion, zum Teil aufgrund der zum Teil heftigen Intervention von Interessengruppen ausgeschlossen wurden (z.B. Dienstleistungen von Leiharbeitsagenturen, Art. 2 Abs. 2 lit. e). Die Richtlinie „gilt“ auch nicht für den Bereich der Steuern (Art. 2 Abs. 3), da dafür der EG-Vertrag besondere Rechtsgrundlagen enthält.[40]

3. Verhältnis zum geltenden Gemeinschaftsrecht

a) Spezielle Vorschriften (Art. 3 Abs. 1, 2)

Weitere Einschränkungen der Reichweite der Dienstleistungsrichtlinie erfolgen dadurch, dass sie zu spezielleren Vorschriften des sekundären Gemeinschaftsrechts subsidiär ist.

Ausdrücklich, aber nicht erschöpfend („insbesondere“) werden die Entsenderichtlinie,[41] die Verordnung zur Anwendung des Systeme sozialer Sicherheit auf Wanderarbeitnehmer,[42] die Fernsehrichtlinie[43] und die Berufsanerken-

---

[39] Erwägungsgründe 8-35. Vgl. auch das Handbuch der Kommission (Fn. 30), S. 11 ff.

[40] Erwägungsgrund 29.

[41] Richtlinie 96/71/EG des Europäischen Parlaments und des Rates vom 16. Dezember 1996 über die Entsendung von Arbeitnehmern im Rahmen der Erbringung von Dienstleistungen (ABl. 1997 Nr. L 18/1). Vgl. dazu Erwägungsgrund 86.

[42] Verordnung (EWG) Nr. 1408/71 des Rates vom 14. Juni 1971 zur Anwendung der Systeme der sozialen Sicherheit auf Arbeitnehmer und deren Familien, die innerhalb der Gemeinschaft zu-

nungsrichtlinie.[44] Die Subsidiarität zur Entsenderichtlinie entsprach einer nachhaltigen Forderung von Interessengruppen, die sowohl vom Rat als auch vom Europäischen Parlament im Rechtsetzungsverfahren aufgegriffen wurden.

Die Dienstleistungsrichtlinie „betrifft nicht" die Regeln des internationalen Privatrechts, insbesondere die Regeln des auf vertragliche und außervertragliche Schuldverhältnisse anzuwendenden Rechts, einschließlich der Bestimmungen, die sicherstellen, dass die Verbraucher durch die im Verbraucherrecht eines Mitgliedstaats niedergelegten Verbraucherschutzregeln geschützt sind (Art. 3 Abs. 2). Grund dafür sind die speziellen Regelungen, mit denen die Dienstleistungsrichtlinie „im Einklang" steht, nämlich die Richtlinie über unlautere Geschäftspraktiken[45] und die Verordnung über die Zusammenarbeit im Verbraucherschutz[46]

b) Verhältnis zum Primärrecht (Art. 3 Abs. 3)

Da auch der Gemeinschaftsgesetzgeber nach der Rechtsprechung des EuGH und der h.M. an die Grundfreiheiten gebunden ist, muss die Dienstleistungsrichtlinie den primärrechtlichen Garantien, deren verbindliche Auslegung dem EuGH zukommt (vgl. Art. 220 EGV), entsprechen. Sie muss gegebenenfalls primärrechtskonform ausgelegt werden. Die in Art. 3 Abs. 3 festgehaltene Verpflichtung der Mitgliedstaaten, die Bestimmungen der Dienstleistungsrichtlinie in Übereinstimmung mit den Bestimmungen des EG-Vertrages über die Niederlassungsfreiheit und den freien Dienstleistungsverkehr umzusetzen, gibt eine Selbstverständlichkeit wieder. Vielleicht besteht aber gerade bei dieser Richtlinie Anlass, auf das Erfordernis primärrechtskonformer Umsetzung hinzuweisen.

---

und abwandern (ABl. 1971 Nr. L 149/2). Die Verordnung (EWG) Nr. 1408/71 wurde (bis auf vorübergehend fortgeltende Anwendungsbereiche) grundsätzlich aufgehoben und ersetzt durch die Verordnung (EG) Nr. 883/2004 des Europäischen Parlaments und des Rates zur Koordinierung der Systeme der sozialen Sicherheit vom 29.4.2004 (ABl. 2004 Nr. L 166/1; ber. ABl. 2004 Nr. L 200/1), vgl. Art. 90 VO Nr. 883/2004. Zur Regelungsbedürftigkeit der Frage der Kostenerstattung für grenzüberschreitend erbrachte Gesundheitsdienstleistungen vgl. Erwägungsgrund 23.

[43] Richtlinie 89/552/EWG des Rates vom 3. Oktober 1989 zur Koordinierung bestimmter Rechts- und Verwaltungsvorschriften der Mitgliedstaaten über die Ausübung der Fernsehtätigkeit, ABl. 1989 Nr. L 298/23. Geändert durch Richtlinie 97/36/EG des Europäischen Parlaments und des Rates vom 30.6.1997 (ABl. 1997 Nr. L 202/60).

[44] Richtlinie 2005/36/EG des Europäischen Parlaments und des Rates vom 7.9.2005 über die Anerkennung von Berufsqualifikationen, ABl. 2005 Nr. L 255/22.

[45] Richtlinie 2005/29/EG des Europäischen Parlaments und des Rates vom 11. Mai 2005 über unlautere Geschäftspraktiken im binnenmarktinternen Geschäftsverkehr (ABl. 2005 Nr. L 149/22).

[46] Verordnung (EG) Nr. 2006/2004 des Europäischen Parlaments und des Rates vom 27. Oktober 2004 über die Zusammenarbeit zwischen den für die Durchsetzung der Verbraucherschutzgesetze zuständigen nationalen Behörden (ABl. 2004 Nr. L 364/1). Geändert durch die Richtlinie 2005/29/EG (s.o. Fn. 45).

4. Allgemeine Grundregeln: Verwaltungsvereinfachung (Art. 5-8)

Art. 5 Abs. 1 betont lapidar, dass die Mitgliedstaaten die für die Aufnahme und die Ausübung der Dienstleistungstätigkeit geltenden Verfahren und Formalitäten prüfen, und, wenn sie „nicht einfach genug" sind, „vereinfachen". So einfach geht das. Ein näherer Kommentar zu so simplen Vorschriften erübrigt sich, enthält doch bereits Art. 5 selbst und enthalten weitere Bestimmungen, z.B. über den einheitlichen Ansprechpartner (Art. 6), über das Recht auf Information (Art. 7), über die elektronische Verfahrensabwicklung (Art. 8 DLRL) sowie die materiellen und Verfahrensanforderungen konkrete Umsetzungsaufträge, die es in sich haben.

5. Gemeinsamkeiten und Unterschiede zwischen den Regeln zur Niederlassungsfreiheit (Art. 9-15) und zur Dienstleistungsfreiheit (Art. 16-21)

Die Dienstleistungsrichtlinie enthält, wie z.B. bei den allgemeinen Anforderungen, allgemeine Regeln, die für die Niederlassungsfreiheit und die Dienstleistungsfreiheit gelten, aber auch unterschiedliche Vorschriften für die jeweiligen Grundfreiheiten. Diese sind dadurch begründet, dass die Anforderungen an die Dienstleister, die sich auf Dauer *niederlassen* wollen, höher sein dürfen als an lediglich vorübergehend grenzüberschreitend tätige Dienstleister. Dies zeigt sich im Abschnitt „Genehmigungen" für die Niederlassung (Art. 9-13). Die Dienstleistungsrichtlinie geht von deren Zulässigkeit aus, knüpft dies aber an Voraussetzungen und Bedingungen, die sich am Grundsatz der Verhältnismäßigkeit und der dazu ergangenen Rechtsprechung des EuGH orientieren.

6. Grundlegende Unterschiede zum vom EuGH konkretisierten Primärrecht?

Ob die Dienstleistungsrichtlinie lediglich das vom EuGH konkretisierte Primärrecht kodifiziert oder darüber hinausgeht, ist umstritten. Der Streit betrifft vor allem die Frage, ob das sog. Herkunftslandprinzip bereits primärrechtlich verankert ist, so dass seine sekundärrechtliche Umsetzung in der Dienstleistungsrichtlinie nur deklaratorischer Art sei. Dazu wird vertreten, dass sich das Herkunftslandprinzip schon aus der Rechtsprechung des EuGH ergebe[47]; daher habe seine im Laufe des Gesetzgebungsverfahrens erfolgte Streichung in der Sache nichts geändert, da es weiterhin als Fallrecht gelten würde[48] Die Kontroverse, die auch die Diskussion über den ursprünglichen Kommissionsvorschlag bestimmt hat, wird jedoch durch ein unterschiedliches Verständnis von Inhalt

---

[47] Vgl. *Rieger*, EuZW 2005, 430 (431).
[48] So *Wiesner/Wiedemann*, ZIP 2005, 1210 (1214).

und Reichweite des sog. „Herkunftslandprinzips" ausgelöst.[49] Der Begriff „Herkunftslandprinzip" findet sich weder im EG-Vertrag noch ausdrücklich in der Rechtsprechung des EuGH.[50] Der EuGH folgert aus dem Grundsatz der Verhältnismäßigkeit, dem entscheidenden Maßstab und Korrektiv für mitgliedstaatliche Maßnahmen, die die Grundfreiheiten gemeinschaftsrechtlich legitimiert begrenzen,[51] dass solche Schutzbestimmungen des Bestimmungslandes nicht mehr erforderlich sind, wenn und soweit den damit verfolgten Zielen bereits im Herkunftsland hinreichend Rechnung getragen wurde.[52] Insoweit ist eine (partielle) gegenseitige Anerkennung der Maßstäbe und Kontrollen im Herkunftsland geboten,[53] weshalb die Begriffe „Herkunftslandprinzip" und „gegenseitige Anerkennung" auch synonym verwendet werden.[54] Das Herkunftslandprinzip, wie es in Art. 16 des ursprünglichen Kommissionsvorschlags vorgesehen und ausdrücklich so bezeichnet worden war, ging aber über die Folgerungen, die der EuGH aus den Grundfreiheiten gezogen hat, hinaus, indem es dem Bestimmungsland die Kontrollmöglichkeiten nahm und dem Herkunftsland auch die alleinige Überwachung des Dienstleisters auch hinsichtlich seiner Tätigkeit im Bestimmungsland übertragen wollte.[55] Dagegen hat der EuGH in Prinzip der Herkunftslandkontrolle ausdrücklich als ein nicht im Vertrag verankertes Prinzip bezeichnet.[56] Die Konzentration der Kontrolle beim Herkunftsland wurde wegen offensichtlichen praktischen Probleme und naheliegenden Defizite einer quasi „extraterritorialen" Kontrolle[57] – welches Interesse sollte der Herkunftsstaat daran haben, „seinen" Unternehmen Geschäftsmöglichkeiten zu verbauen[58] – schließlich aufgegeben. Gemäß Art. 16 Abs. 3 ist das Bestimmungsland nicht daran gehindert, unter Beachtung des Art. 16 Abs. 1, d.h. der Grundsätze der Nicht-Diskriminierung, der Erforderlichkeit und der Verhältnismäßigkeit, Anforderungen in Bezug auf die Erbringung von Dienstleistungen zu stellen, die aus Gründen der öffentlichen Ord-

---

[49] Vgl. dazu *Calliess*, Dienstleistungsfreiheit, 2007 S. 25 ff.; *ders.*, DVBl. 2007, 336 (340 f.): „Irrungen und Wirrungen" um Inhalt und Reichweite des sog. Herkunftslandprinzips.

[50] *Albath/Giesler*, EuZW 2006, 38 (38).

[51] Vgl. dazu *Frenz*, Handbuch Europarecht, Bd. 1 Europäische Grundfreiheiten, 2004, Rn. 523 ff. m.w.N.

[52] St. Rspr., vgl. z.B. EuGH, C-340/89, Slg. 1991, I-2357 (2383 f.), Egrd. 15 ff. – Vlassopoulou. Vgl. dazu *Frenz*, Handbuch Europarecht, Bd. 1 Europäische Grundfreiheiten, 2004, Rn. 531.

[53] Vgl. insbesondere die Mitteilung der Kommission vom 3.10. 1980 über die Auswirkungen des Urteils des Europäischen Gerichtshofes vom 20. Februar 1979 in der Rechtssache 120/78 („Cassis de Dijon").

vom ABl. 1980 Nr. C 256/2. Das so verstandene Herkunftslandprinzip hat das Prinzip gegenseitiger Anerkennung mit beschränkter und durch den EuGH kontrollierter Kontrolle zur Folge.

[54] Vgl. z.B. *Kahl,* in: Calliess/Ruffert (Hrsg.), EUV/EGV, 3. Aufl. 2007, Art. 14 EGV, Rn. 22; *Müller-Graff,* in: Streinz (Hrsg.), EUV/EGV, 2003, Art. 49, Rn. 113.

[55] Vgl. *Calliess*, Dienstleistungsrichtlinie, 2007, S. 26 f. m.w.N; *ders.*, DVB. 2007, 336 (341) *Mankowski*, IPrax 2004, 385 (392); *Kluth/Rieger*, GewArch 2006, 1 (5); *Schliesky*, DVBl. 2005, 887 (889).

[56] *EuGH,* C-233/94, Slg. 1997, I-2405 (2463), Egrd. 64 – Kommission/Deutschland – Einlagensicherungssystem.

[57] Vgl. zu den verschiedenen Überwachungsmodellen *Möstl*, DöV 2006, 282 (282 ff.).

[58] Zutreffend *Beer/Vorbach*, WISO 2004, 39 (43); *Albath/Giesler*, EuZW 2006, 38 (42).

nung, der öffentlichen Sicherheit, der öffentlichen Gesundheit oder des Schutzes der Umwelt gerechtfertigt sind. Der ausdrückliche Ausschluss bestimmter „Klassiker“ generell unzulässiger Beschränkungsmaßnahmen durch Art. 16 Abs. 2 entspricht im Wesentlichen der Rechtsprechung des EuGH[59] und dient der Klarstellung. Soweit allerdings die in Art. 16 Abs. 3 aufgeführten zulässigen Beschränkungsgründe eng auszulegen[60] und – abgesehen von den in Art. 18 vorgesehenen Einzelfallregelungen – abschließend sein sollen, wovon das Handbuch der Kommission ausdrücklich ausgeht,[61] fehlen wichtige vom EuGH anerkannte Gemeinwohlbelange, insbesondere der Verbraucherschutz.[62] Dadurch würde dem Bestimmungsland hinsichtlich dieses und weiterer zwingender Gründe des Allgemeininteresses die Kontrollmöglichkeit abgeschnitten, die nach dem vom EuGH ausgelegten Primärrecht besteht.[63] Insoweit würde die Dienstleistungsrichtlinie das Herkunftslandprinzip des ursprünglichen Entwurfs partiell aufrecht erhalten.[64] Ob dies angesichts der Bedeutung gerade des Verbraucherschutzes und der unvollständigen Harmonisierung in diesem Bereich mit der Forderung nach einem „hohen Schutzniveau“[65] vereinbar ist, erscheint mehr als fraglich. Soweit der Verbraucherschutz nicht erschöpfend auf Gemeinschaftsebene sichergestellt ist, was angesichts der bloßen Beitragskompetenz der Gemeinschaft (vgl. Art. 153 Abs. 1 EGV) und dem Recht der Mitgliedstaaten, bei Beachtung des Gemeinschaftsrechts strengere Maßnahmen zu ergreifen (vgl. Art. 153 Abs. 5 EGV), selbst Schranken unterliegt, darf den Mitgliedstaaten die Kontrollmöglichkeit gegenüber Dienstleistungen aus anderen Mitgliedstaaten nicht gänzlich genommen werden.[66] Nach anderer Ansicht ist der Ausschluss des Verbraucherschutzes von den zulässigen mitgliedstaatlichen Beschränkungsmaßnahmen in der Dienstleistungsrichtlinie durchaus konsequent und zu begrüßen. Der Verbraucherschutz werde durch die in der Dienstleistungsrichtlinie vorgeschriebenen Informationspflichten (vgl. Art. 21, 22) hinreichend gewährleistet. Dies entspreche dem Leitbild vom „durchschnittlich informierten, aufmerksamen und verständigen Verbraucher“, „der seine Interessen autonom verfolgen kann“. Die vorgesehenen Auskunftsrechte böten ein „hinreichendes kompensationsfähiges Äquivalent“. Der „aufmerksame Verbraucher“ habe „die ihm zur Verfügung stehenden Erkenntnisquellen auszuschöpfen“. Dieses recht weit gehende Vertrauen in die Mündigkeit des

---

[59] Vgl. die Nachweise im Handbuch der Kommission (Fn. 30), S. 53 ff.

[60] Dies entspricht der st. Rspr. des EuGH, vgl. *Streinz*, Europarecht, 7. Aufl. 2005, Rn. 833 m.w.N. Vgl. auch die Nachweise im Handbuch (Fn. 30), S. 50 ff.

[61] Vgl. Handbuch (Fn. 30), S. 50.

[62] Vgl. dazu *W.-H. Roth*, Niederlassungs- und Dienstleistungsrecht, in: *Dauses* (Hrsg.), Handbuch des EU-Wirtschaftsrechts, Loseblatt (2006), E.I., Rn. 200 ff.

[63] *Möstl*, DöV 2006, 281 (282).

[64] So *Calliess*, Dienstleistungsfreiheit, 2007, S. 34; *ders.*, DVBl. 2007, 336 (344); *Korte*, EWS 2007, 246 (250 ff.).

[65] Vgl. Art. 95 Abs. 3 EGV; Art. 153 Abs. 1 EGV.

[66] Vgl. auch *Möstl*, DöV 2006, 281 (285); *W.-H. Roth*, VuR 2007, 161 (171). Grundlegend bereits *Steindorff*, Grenzen der EG-Kompetenzen, 1990, S. 102 f.; vgl. auch *Beyer*, Rechtsnormanerkennung im Binnenmarkt, 1998, S. 181 ff.

Verbrauchers erkläre sich einerseits aus dem im EG-Vertrag angelegten „liberalen Marktverständnis, nach dem sich jeder selbst helfen muss, wenn er die Möglichkeit dazu hat" und sei andererseits auch gerechtfertigt, weil die Neigung des Konsumenten zur Einholung etwaiger Auskünfte in der Regel von eingegangenen wirtschaftlichen Risiken abhänge, so dass nur geringe Vermögensverluste infolge von Informationsdefiziten drohten.[67] In der Tat geht der EuGH bei der Überprüfung mitgliedstaatlicher Beschränkungsmaßnahmen vom angesprochenen Leitbild des verständigen Verbrauchers aus,[68] im Gegensatz zur Überprüfung von Maßnahmen des Gemeinschaftsgesetzgebers am Maßstab der Gemeinschaftsgrundrechte.[69] Ungeachtet der unterschiedlichen Prüfungsmaßstäbe ergibt sich daraus ein Wertungswiderspruch.[70] Hier sei die Prognose gewagt, dass die Kommission und ihr folgend der Gemeinschaftsgesetzgeber angesichts der den Mitgliedstaaten genommenen Regelungsbefugnis bald neue Defizite des Verbraucherschutzes entdecken wird, die durch Regelungen auf Gemeinschaftsebene beseitigt werden müssen, und die weit über die auch hier geforderten Mindestregelungen hinausgehen. Denn das paternalistische Verständnis der Kommission geht alles andere als vom Leitbild eines „verständigen" Verbrauchers aus.[71]

---

[67] So *Korte*, EWS 2007, 246 (251). A.A. hinsichtlich Letzterem *Kluth/Rieger*, GewArch 2006, 1 (8): makroökonomische Verluste aufgrund der ungleichgewichtigen Verteilung der Informationslast. Während der Dienstleistungserbringer die Rechtsanpassungskosten nur ein einziges Mal zu tragen habe, müsse sich der Dienstleistungsempfänger auf die jeweilige Rechtsordnung des Dienstleistungserbringers einstellen.

[68] St. Rspr. vgl. z.B. ausdrücklich *EuGH*, C-470/93, Slg. 1995, I-1923 (1944), Egrd. 24 – Mars. Zur Tragweite vgl. *EuGH*, C-465/98, Slg. 2000, I-2297 (2334 ff), Egrd. 21 ff., 28 f.– Darbo ("naturrein"): Irreführungsgefahr in Einzelfällen kann Handelshemmnis nicht rechtfertigen. Vgl. dazu z.B. *Wichard*, in: Calliess/Ruffert (Hrsg.), EUV/EGV, 3. Aufl. 2007,Art. 153 EGV, Rn. 7 m.w.N; *Lurger,* in: Streinz (Hrsg.), EUV/EGV, 2003, Art. 153, Rn. 12; vgl. bereits *A.H. Meyer*, WRP 1993, 222; *Leible*, EuZW 1998, 528. Kritisch dazu z.B. *Lecheler*, Verbraucherschutz, in: *Dauses*, Handbuch des EU-Wirtschaftsrechts, Loseblatt (2002), H.V., Rn. 27 f.

[69] Vgl. dazu z.B. *EuGH*, C-306/93, Slg. 1994, I-5555 (5582), Egrd. 21 – Winzersekt („Méthode champenoise") – im Ergebnis wegen des Schutzes der geographischen Herkunftsangabe richtig, angesichts der klare Deklaration wirkt das abstellen auf den Verbraucherschutz aber befremdlich; *EuGH*, C-101/98, Slg. 1999, I-8841 (8871 ff.), Egrd. 26 ff. – UDL („Diätkäse"): Allein der Wortbestandteil „Käse" soll den Verbraucher irreführen, obwohl der Ersatz der Milch durch Pflanzenfett deutlich gemacht wird. Es ging letztlich allein um den Schutz der Milcherzeuger (vgl. die Verordnung Nr. 1898/87, o. Fn. 37).

[70] *Streinz*, Europarecht, 7. Aufl. 2005, Rn. 772.

[71] Dies wird bereits in der angeblichen Aufgabe einer „Verbrauchererziehung" deutlich, soweit diese auch Erwachsene erfassen soll, z.B. durch generelle Werbeverbote, vgl. dazu *Berg,* in: von der Groeben/Schwarze (Hrsg.), EUV/EGV, 6. Aufl. 2003, Art. 153 EG, Rn. 23 ff. Zu den Leitlinien der EG-Verbraucherpolitik vgl. *Lurger,* in: Streinz (Hrsg.), EUV/EGV, Art. 153, Rn. 13 ff. Die „"nachhaltige Verbesserung der Verbrauchererziehung und –information" wird ausdrücklich in der Mitteilung der Kommission „Verbraucherpolitische Prioritäten 1996-1998, Dok KOM(95)519 endg. genannt, vgl. dazu *Lecheler*, Verbraucherschutz, in: *Dauses*, Handbuch des EU-Wirtschaftsrechts, Loseblatt (2002), H.V., Rn. 4.

V. Anforderungen an das nationale Recht

1. Adressaten der Umsetzungspflicht

Adressaten der Umsetzungspflicht sind die Mitgliedstaaten in allen Ebenen und Bereichen der Verwaltung. In Deutschland sind dies Bund, Länder und Gemeinden sowie die Träger der mittelbaren Staatsverwaltung, insbesondere die Berufskammern.

2. Prüf- und Anpassungsaufträge

Den Mitgliedstaaten sind bestimmte Maßnahmen, die die Niederlassungs- und Dienstleistungsfreiheit beschränken, generell untersagt. Sie müssen, falls noch erforderlich, ihre Rechtsordnung entsprechend anpassen. Hinsichtlich bestimmter Beschränkungen werden konkrete Prüfaufträge dahingehend erteilt, ob ihre nationale Rechtsordnung bestimmten Anforderungen der Dienstleistungsrichtlinie entspricht.

a) Verfahrensrechtliche Vorkehrungen

aa) Vereinfachte Anerkennung von Dokumenten

Als konkrete Folgerung aus dem allgemeinen „Vereinfachungsauftrag" (Art. 5 Abs. 1) schreibt Art. 5 Abs. 3 die erleichterte Anerkennung ausländischer Dokumente, Übersetzungen und Beglaubigungen vor. Soweit damit die gegenseitige Anerkennung von Dokumenten mit gleichwertiger Funktion oder dem Nachweis der Erfüllung der materiellen Anforderungen vorgeschrieben wird, entspricht dies der Rechtsprechung des EuGH zur Vermeidung von Doppelkontrollen. Praktische Probleme dürfte dagegen das grundsätzliche Verbot aufwerfen, die Vorlage von Dokumenten eines anderen Mitgliedstaates im Original, in beglaubigter Kopie oder beglaubigter Übersetzung zu verlangen (Art. 5 Abs. 3 UAbs. 1 S. 2). Dem Sprachenproblem begegnet zwar das Recht, nicht beglaubigte Übersetzungen in einer der Amtssprachen des Staates der Leistungserbringung zu verlangen (Art. 5 Abs. 3 UAbs. 2). Es bleibt aber das Problem von Fälschungen oder auch fehlerhaften Übersetzungen, weshalb in reinen Inlandsfällen aus gutem Grund (z.B. von Universitäten) die Vorlage beglaubigter Kopien verlangt wird. Dem muss durch eine sachgerecht differenzierende Anwendung der Ausnahmeregelung für „zwingende Gründe des Allgemeininteresses, einschließlich der öffentlichen Ordnung und Sicherheit" (Art. 5 Abs. 3 UAbs. 1 S. 2) Rechnung getragen werden. Eine solche differenzierte Regelung enthält auch § 23 Abs. 2 Satz 2 VwVfG, wonach nur in begründeten Fällen die Vorlage einer beglaubigten oder von einem öffentlich bestellten oder beeidigten Dolmetscher oder Übersetzer angefertigte Übersetzung verlangt werden kann[72]. Der Zweck des Verbots dürfte auch allein sein, übertriebene Anforderungen, die in der Praxis durchaus vorkamen, zu unterbinden[73]. Generell ausgenommen von dieser Regelung sind die in Art. 5 Abs. 4 genannten Dokumente, die in anderen EG-Richtlinien, z.B. in der Berufsanerkennungsrichtlinie 2005/36/EG geregelt werden.

bb) Regelungen zu Genehmigungsverfahren (Art. 10-13) – Genehmigungsfiktion (Art. 13 Abs. 4)

Die Regelungen über Genehmigungsverfahren betreffen aus den genannten Gründen allein die Niederlassungsfreiheit. Die vorgeschriebenen Anforderungen umschreiben an sich selbstverständliche Folgerungen aus dem Grundsatz der Verhältnismäßigkeit und den Grundsätzen eines rechtsstaatlichen Verwaltungsverfahrens. Freilich kann auch eine Erinnerung daran nicht schaden. Nicht selbstverständlich, aber hilfreich ist die grundsätzliche Genehmigungsfiktion nach Ablauf einer festgelegten angemessenen Frist (Art. 13 Abs. 3, 4).[74]

b) Inhaltliche Anforderungen an die Aufnahme oder Ausübung einer Dienstleistungstätigkeit

Aufbauend auf der Rechtsprechung des EuGH werden bestimmte inhaltliche Anforderungen an die Aufnahme oder Ausübung einer Dienstleistungstätigkeit für generell unzulässig erklärt. Dabei wird, den genannten Unterschieden beider Grundfreiheiten entsprechend, zwischen der Niederlassungsfreiheit und der Dienstleistungsfreiheit unterschieden.

aa) Niederlassungsfreiheit (Art. 14-15)

Die ausdrücklich für unzulässig erklärten Anforderungen erfassen zunächst das Verbot von Diskriminierungen unter expliziter Einbeziehung indirekter Diskriminierungen aufgrund der Staatsangehörigkeit bzw. – bei Unternehmen – des satzungsmäßigen Sitzes. Ausdrücklich gleichgestellt wird eine Residenzpflicht, was wohl der Rechtsprechung des EuGH entspricht.[75] Die weiteren

---

[72] Vgl. dazu *Ziekow*, GewArch 2007, 179 (181, 224), der insoweit eine klarstellende Vorschrift anregt.

[73] Vgl. dazu das Handbuch (Fn. 30), S. 22. Bevor die Vorlage beglaubigter Dokumente gefordert wird, kann danach ggf. die Klärung zwischen den Behörden im Rahmen der Amtshilfe und des IMI-Sytems (s. dazu V. 5. c und VI. 2) geboten sein.

[74] Vgl. zum Genehmigungsverfahren *Ziekow*, GewArch 2007, 179 (217 ff.) mwN. Die Genehmigungsfiktion wird von ihm als „größere Herausforderung für das deutsche Recht" bezeichnet (ebd., S. 221 ff.).

[75] Vgl. dazu *EuGH*, C-224/97, Slg. 1999, I-2517 (2535 ff.), Egrd. 13 ff.– Ciola. Vgl. dazu auch *Streinz*, in: FS f. Rudolf, 2000, S. 199 (202 f., 220). Zur Unzulässigkeit wirtschaftlicher Erwägun-

Verbote greifen Erfordernisse des Primärrechts auf, die sich entweder direkt aus dem Vertrag oder aus der Rechtsprechung des EuGH ergeben. Gemäß ständiger Rechtsprechung des EuGH[76] sind wirtschaftlich begründete Bedürfnisprüfungen (Art. 14 Nr. 5) unzulässig. An sich selbstverständlich, aber wegen der folgenden Abgrenzung wohl ausdrücklich regelungsbedürftig ist das Verbot der direkten oder indirekten Beteiligung von Konkurrenten an der Erteilung von Genehmigungen oder anderen Behördenentscheidungen. Ausgenommen sind Berufsverbände und -vereinigungen oder andere Berufsorganisationen, die als zuständige Behörde fungieren (Art. 14 Nr. 6).[77] Auch dabei sind freilich das Gebot der Unparteilichkeit und das Verbot wirtschaftlicher Bedarfslenkung zu beachten. Bereits der Anschein eines „Zunftwesens" ist tunlichst zu vermeiden, um nicht die sachgerechte Beteiligung der genannten Organisationen insbesondere an Prüfungen in Misskredit zu bringen. Die Prüfaufträge (Art. 15 Abs. 1) beziehen sich auf nicht diskriminierende Anforderungen, die auch, was in Art. 15 Abs. 3 lit a deutlich wird, mittelbare Diskriminierungen umfasst, wie z.B. die Wahl einer bestimmten Rechtsform, Art. 15 Abs. 2 lit. b, oder bestimmte Qualifikationen, Art. 15 Abs. 2 lit. d, was typischerweise Ausländer speziell belastet. Zu prüfen sind aber auch Maßnahmen, die unter das Beschränkungsverbot zu subsumieren sind, wie das Verbot, in ein und demselben Hoheitsgebiet mehrere Niederlassungen zu unterhalten (Art. 15 Abs. 2 lit. c) oder die Beachtung von festgesetzten Mindest- und/oder Höchstpreisen durch den Dienstleistungserbringer (Art. 15 Abs. 2 lit. f). Letztere Maßnahmen sind nicht generell unzulässig, aber auf mittelbare Diskriminierung, Erforderlichkeit und Verhältnismäßigkeit zu prüfen (Art. 15 Abs. 3 lit. a-c). Für Rechtsvorschriften im Bereich der Dienstleistungen von allgemeinem wirtschaftlichem Interesse gilt Art. 15 Abs. 1-3 nur insoweit, als ihre Anwendung die Erfüllung der anvertrauten besonderen Aufgabe nicht rechtlich oder tatsächlich verhindert.

bb) Dienstleistungsfreiheit

Die in Art. 16 Abs. 2 genannten generell unzulässigen Beschränkungsmaßnahmen betreffen „Klassiker" aus der Rechtsprechung des EuGH wie Niederlassungserfordernisse (lit. a) oder das Verbot der Errichtung einer Infrastruktur (lit. c),[78] ferner Genehmigungserfordernisse (lit. b), administrative Behinde-

---

gen vgl. das Handbuch (Fn. 30), S. 41 f., das exemplarisch auf *EuGH*, C-367/98, Slg. 2002, I-4731 (4775 f.), Egrd. 52 – Kommission/Portugal verweist. Speziell zum freien Dienstleistungsverkehr vgl. *EuGH*, C-398/95, Slg. 1997, I-3091 (3121), Egrd. 23 – SETTG.

[76] Vgl. *EuGH*, C-224/97, Slg. 1999, I-2517 (2535 ff.), Egrd. 16 f. – Ciola. Der Fall zeigt freilich auch das Problem, wirtschaftliche Gründe von anderen, legitimen Gründen (hier: Umweltschutz) abzugrenzen.

[77] Vgl. die Abnahme der Meisterprüfung durch die Handwerkskammern gem. § 51a Abs. 4, § 51b HwO.

[78] Vgl. *EuGH*, C-55/94, Slg. 1995, I-4165 (4195), Egrd. 27 – Gebhard (deutscher Rechtsanwalt mit „Dienstleistungsbüro" bzw. Zweigniederlassung in Mailand).

rungen (lit. c) und übertriebene Anforderungen an Ausrüstungsgegenstände und Material (lit. f).[79] Auf die in Art. 17 genannten Dienstleistungen findet Art. 16 keine Anwendung. In Ausnahmefällen können die Mitgliedstaaten unter Beachtung der in Art. 17 Abs. 2 genannten Voraussetzungen und Bedingungen Maßnahmen ergreifen, die sich auf die Sicherheit der Dienstleistungen beziehen.

3. Weitere Anforderungen

a) Informationspflichten der Dienstleister – Sicherung eines Beschwerdemanagements (Art. 22, 27)

Die den Dienstleistungserbringern gegenüber den Dienstleistungsempfängern seitens der Mitgliedstaaten verbindlich aufzuerlegenden Informationspflichten sind ziemlich weitreichend. Sie sollen zum einen wohl die nach der Dienstleistungsrichtlinie unzulässigen Verbraucherschutzregelungen der Mitgliedstaaten ausgleichen (s.o. IV. 6.), entsprechen andererseits aber auch dem mitunter paternalistisch anmutenden Verbraucherschutzkonzept der Kommission. Sachgerecht umgesetzt scheinen sie auch erfüllbar zu sein. Dies gilt auch für die Gewährleistung der Streitbeilegung. Fraglich bleibt, ob hier wirklich alles gesetzlich vorgeschrieben werden muss.

b) Anforderungen an Dienstleistungsempfänger (Art. 19, 20)

Die Dienstleistungsempfänger als „passiv" Berechtigte der Dienstleistungsfreiheit dürfen nicht durch diskriminierende Maßnahmen an deren Inanspruchnahme gehindert werden. Unterschiede können aber durch objektive Kriterien gerechtfertigt werden.

c) Berufshaftpflichtversicherungen (Art. 23)

Bei Vorliegen unmittelbarer und besonderer Risiken für die Gesundheit oder Sicherheit des Dienstleistungsempfängers oder eines Dritten darf seitens der Mitgliedstaaten eine Berufshaftpflichtversicherung oder eine gleichwertige Sicherheit verlangt werden. Allerdings sind vergleichbare Sicherheiten, die bereits im Herkunftsland bestehen, ganz oder teilweise anzuerkennen. Dies entspricht dem in der Rechtsprechung des EuGH entwickelten Verbot ungerechtfertigter Doppelprüfungen.

---

[79] Vgl. zu dieser Liste die jeweiligen Nachweise aus der Rechtsprechung des EuGH im Handbuch (Fn. 30), S. 53 ff.

d) Kommerzielle Kommunikation (Art. 24)

Art. 24 Abs. 1 verpflichtet die Mitgliedstaaten, sämtliche *absoluten* Verbote der kommerziellen Kommunikation für reglementierte Berufe aufzuheben. Berufsrechtliche Regelungen müssen nichdiskriminierend, durch einen zwingenden Grund des Allgemeininteresses gerechtfertigt und verhältnismäßig sein. Dies entspricht der Rechtsprechung des Europäischen Gerichtshofs für Menschenrechte[80] und (später) auch des BVerfG, das den zum Teil abstrusen Werbeverboten des deutschen Standesrechts die Grundlage entzogen hat.[81]

e) Sicherheiten für die Vollstreckung gerichtlicher Entscheidungen (Art. 27 Abs. 3)

Die Regelung über Sicherheiten für die Vollstreckung gerichtlicher Entscheidungen knüpft an die Rechtsprechung zum Verbot sog. Ausländersicherheiten an,[82] der in Deutschland durch Änderungen der ZPO Rechnung getragen wurde.[83] Die Bonität der anzuerkennenden Sicherheiten soll durch die genannten EG-Richtlinien gewährleistet werden.

f) Limitierende Anforderungen an strafrechtliche Normen (Art. 1 Abs. 5 S. 2)

Das Strafrecht der Mitgliedstaaten wird als solches durch die Dienstleistungsrichtlinie „nicht berührt". Wie generell entbindet dies die Mitgliedstaaten aber nicht von der Beachtung des Gemeinschaftsrechts im Übrigen, was der EuGH in ständiger Rechtsprechung betont.[84] Dadurch wird das nationale Strafrecht also doch „berührt".

---

[80] Vgl. bereits *EGMR*, EuGRZ 1985, 170 (170 ff.) – Barthold/Deutschland; ferner *EGMR*, NJW 2003, 497 (497 ff. – Stambuk/Deutschland. Vgl. dazu *A. Peters*, Einführung in die Europäische Menschenrechtskonvention, 2003, S. 67 f.

[81] Vgl. BVerfGE 76, 171 (171 ff.); BVerfGE 76, 196 (196 ff.). Vgl. dazu *Tettinger/Mann,* in: Sachs (Hrsg.), GG, 4. Aufl. 2007, Art. 12, Rn. 54 b ff.

[82] Vgl. *EuGH*, C-20/92, Slg. 1993, I-3777 – Hubbard/Hamburger; *EuGH*, C-43/95, Slg. 1996, I-4661 (4676 f.) Egrd. 16 ff. - Data Delecta. Vgl. dazu *Streinz/Leible*, IPrax 1998, 162 (162 ff.).

[83] Vgl. § 110 ZPO, der jetzt Kläger, die ihren gewöhnlichen Aufenthalt in einem Mitgliedstaat der EU oder des EWR haben, von der Pflicht zur Sicherheitsleistung ausnimmt. Der Gesetzgeber entschied sich somit nicht für die gänzliche Streichung, sondern für die gemeinschaftskonforme Neufassung. Vgl. zu diesen Alternativen *Streinz/Leible*, IPrax 1998, 162 (170)

[84] Vgl. z.B. *EuGH*, C-348/96, Slg. 1999, I-11 (16), Egrd. 17. Vgl. dazu *Streinz*, JuS 1999, 1120 (1120 f.). Zur Europäisierung des Strafrechts vgl. z.B. *Satzger*, Internationales und Europäisches Strafrecht, 2005, S. 90 ff. Das Urteil Calfa wird auch im Handbuch (Fn. 30), S. 18 zitiert.

4. Organisationsaufträge

Die Dienstleistungsrichtlinie erlegt den Mitgliedstaaten umfangreiche Organisationsaufträge auf. Hervorzuheben ist das Konzept „einheitlicher Ansprechpartner“, das ebenso wie die elektronische Abwicklung aus der Ferne erhebliche bürokratische Hemmnisse abbauen soll. Diese Hemmnisse konnten und können grenzüberschreitende Dienstleistungen bis hin zur faktischen Unmöglichkeit ihrer Ausübung belasten. Zur Gewährleistung der Sicherheit im Binnenmarkt soll ein System europäischer Amtshilfe mit einem IT-gestützten europaweiten Vorwarnsystem gegen dienstleistungsbedingte Gefahren und Maßnahmen zu Austausch und Fortbildung aufgebaut werden.

a) Flächendeckendes Netz sog. „Einheitlicher Ansprechpartner“ (Art. 6)

Die Mitgliedstaaten müssen sicherstellen, dass die Dienstleistungserbringer alle Verfahren und Formalitäten, die für die Aufnahme und die Ausübung ihrer Dienstleistungstätigkeiten erforderlich sind, über „einheitliche Ansprechpartner“ abwickeln können (Art. 6 Abs. 1). Art. 6 Abs. 2 stellt klar, dass die Schaffung einheitlicher Ansprechpartner nicht die Verteilung von Zuständigkeiten und Befugnissen innerhalb der nationalen Systeme berührt, insoweit also nicht in die Organisationshoheit der Mitgliedstaaten[85] eingreift. Freilich sind umfangreiche organisatorische Maßnahmen erforderlich, um die zuständigen Behörden in dem notwendigen flächendeckenden Netz bzw. den für die jeweiligen Sachgebiete relevanten Netzen zu koordinieren. Zweck des einheitlichen Ansprechpartners ist, dass der Dienstleistungserbringer sich an *eine* Stelle wenden kann, die die Abwicklung bei den zuständigen Stellen besorgt oder zumindest vermittelt. Dadurch soll verhindert werden, dass der Antragsteller von einer Behörde zur anderen verwiesen wird. Dies könnte auch für reine Inlandssachverhalte ein vernünftiger Beitrag zu bürokratischen Erleichterungen sein. In seiner Funktion als den Dienstleistungserbringer unterstützende Verbindungsstelle muss der einheitliche Ansprechpartner einerseits nicht die Stellung der für das Verfahren zuständigen Behörden hineinwachsen, andererseits aber über eine bloße „Poststelle“ zur schlichten Entgegennahme und Weiterleitung von Anträgen und Unterlagen hinausgehen.[86] Der Dienstleistungserbringer kann darauf bestehen, dass er nicht in direkten Kontakt mit den zuständigen Stellen treten muss, sondern alle Verfahrensschritte über den einheitlichen Ansprechpartner abwickeln kann. Er kann aber auch darauf verzichten und sich

---

[85] Vgl. zur „institutionellen und Verfahrensautonomie der Mitgliedstaaten“ und ihre Einschränkung durch gemeinschaftsrechtliche Vorgaben *Streinz*, EUV/EGV, 2003, Art. 10 EGV, Rn. 29 m.w.N; *P.M. Huber*, Recht der Europäischen Integration, 2. Aufl. 2002, S. 363 ff.

[86] *Ziekow*, GewArch 2007, 179 (182). Zum Konzept der „one-stop shops“ vgl. das Handbuch (Fn. 30), S. 23 ff. Vgl. zum Konzept des einheitlichen Ansprechpartners und seiner Bedeutung für die Verwaltungspraxis auch *Ohler*, BayVBl. 2006, 261 (263 f.).

direkt an die jeweils zuständigen Stellen wenden.[87] Den einheitlichen Ansprechpartnern können auch die Informationen für Dienstleistungsempfänger übertragen werden (Art. 21 Abs. 2).

b) Elektronische Abwicklung aus der Ferne (Art. 8)

Gemäß Art. 8 Abs. 1 stellen die Mitgliedstaaten sicher, dass alle Verfahren und Formalitäten, die die Aufnahme oder die Ausübung einer Dienstleistungstätigkeit betreffen, problemlos aus der Ferne und elektronisch über den betreffenden einheitlichen Ansprechpartner oder bei der betreffenden zuständigen Behörde abgewickelt werden können. Dies ist offenbar als Angebot gedacht („können"), d.h., es muss auch eine „herkömmliche" Möglichkeit bestehen. Der Dienstleister muss insoweit die Wahl haben,[88] für die Behörden ist die Ermöglichung elektronischer Verfahrensabwicklung obligatorisch[89] Die Möglichkeit elektronischer Anmeldung sollte heute eigentlich selbstverständlich sein. Erfahrungen mit den Universitäten zeigen, dass dies jedenfalls nicht „problemlos" der Fall ist. Da es um grenzüberschreitende Vorgänge geht, müssen die Systeme nicht nur innerhalb eines Mitgliedstaats sondern auch zwischen den Mitgliedstaaten abgestimmt werden. Für diese „Interoperabilität der Informationssysteme"[90] sieht Art. 8 Abs. 3 Durchführungsbestimmungen der Kommission vor.

c) Aufbau eines Systems europäischer Amtshilfe (Art. 28 ff.)

Der Aufbau des geforderten Systems europäischer Amtshilfe zur Kontrolle der Dienstleistungserbringer und ihrer Dienstleistungen wird erhebliche Kapazitäten erfordern. Die Mitgliedstaaten benennen dazu eine oder mehrere Verbindungsstellen und teilen den übrigen Mitgliedstaaten und der Kommission die Kontaktdaten dieser Stellen mit (Art. 28 Abs. 2). Art. 29 bestätigt, dass abweichend vom Herkunftslandprinzip des ersten Kommissionsvorschlags der Niederlassungsmitgliedstaat für die Kontrolle des auf seinem Staatsgebiet tätigen Dienstleistungserbringers zuständig ist, dabei aber mit dem Herkunftsmitgliedstaat zusammenarbeiten muss, da der Dienstleistungserbringer dort seinen Sitz hat. Dieses „Tätigkeitsstaatsprinzip" wird auch durch Art. 30 Abs. 3 bestätigt. Art. 31 bestätigt die Relevanz des Rechts des Bestimmungslandes, wobei be-

---

[87] *Ziekow*, GewArch 2007, 179 (182).Vgl. auch das Handbuch (Fn. 30), S. 26.

[88] Vgl. das Handbuch (Fn. 30), S. 29 f. Vgl. hinsichtlich des deutschen Rechts § 3a Abs. 1 VwVfG („soweit der Empfänger hierfür einen Zugang eröffnet"); zu den Problemen und Risiken elektronischer Verwaltung vgl. *Britz*, DVBl. 2007, 993 (997 ff.).

[89] Zu den Folgen für das deutsche Recht vgl. *Ziekow*, GewArch 2007, 179 (183).

[90] Diese „interoperability" wird im EIF-European Interoperability Framework als „the ability of information and communication technology (ICT) system and of business processes they support to exchange data and to enable the sharing of information and knowledge" definiert, vgl. das Handbuch (Fn. 30), S. 30.

tont wird, dass dieses „im Einklang mit dem Gemeinschaftsrecht" anzuwenden ist (vgl. Art. 31 Abs. 1). Art. 32 sieht einen „Vorwarnmechanismus" nach dem bereits aus anderen Bereichen bekannten Modell[91] der Unterrichtung des Niederlassungsmitgliedstaates, der übrigen betroffenen Mitgliedstaaten und der Kommission vor. Wie aktuelle Fälle aus dem Bereich des Lebensmittelrechts („Gammelfleisch") gezeigt haben, ist vor allem auch die Fachbehörden übergreifende Information (insbesondere zwischen Staatsanwaltschaft und Verwaltungsbehörden) notwendig, weshalb Art. 33 unter den Informationen über die Zuverlässigkeit von Dienstleistungserbringern dafür relevante Informationen über Disziplinar- oder Verwaltungsmaßnahmen oder strafrechtliche Sanktionen und Entscheidungen wegen Insolvenz oder Konkurs mit betrügerischer Absicht vorsieht. Die Informationen erfolgen unter Beachtung des jeweiligen nationalen Rechts und unter Beachtung legitimer Interessen derjenigen, über die informiert wird, insbesondere des Datenschutzes (vgl. Art. 32 Abs. 1-3). Auch hier sollen die modernen Kommunikationsmittel genutzt werden, was bislang offenbar keineswegs selbstverständlich ist.[92] Die Kommission richtet in Zusammenarbeit mit den Mitgliedstaaten ein elektronisches System für den Austausch von Informationen zwischen den Mitgliedstaaten ein, wobei sie bestehende Informationssysteme berücksichtigt (Art. 34 Abs. 1). Die geforderte und grundsätzlich auch erforderliche Amtshilfe stellt erhebliche organisatorische und fachliche Anforderungen, z.B. an Sprachkenntnisse und Rechtskenntnisse. Die Realisierung muss daher differenziert erfolgen: Routinefälle müssen allein schon wegen der gebotenen Schnelligkeit auf unterer Ebene erledigt werden, was auch hinsichtlich der Sprachkenntnisse im grenznahen Bereich meist ohne größere Probleme möglich sein wird. Für darüber hinausgehende Fälle werden spezielle Stellen auf höheren Organisationseinheiten geschaffen werden müssen, da selbstverständlich nicht davon ausgegangen werden kann, dass in jeder Behörde Mitarbeiter vorhanden sind, die mit den einschlägigen Vorschriften der 27 Rechtsordnungen vertraut sind und die jeweils einschlägigen der 24 Amtssprachen der Europäischen Union beherrschen. Art. 34 Abs. 2 und 3 sehen begleitende Maßnahmen zur Förderung des Austausches und der Fortbildung der mit der Amtshilfe betrauten Beamten einschließlich Sprach und Computerkursen vor.

d) Qualitätssicherungsmaßnahmen und Verhaltenskodizes (Art. 26, 37)

Gemäß Art. 26 ergreifen die Mitgliedstaaten in Zusammenarbeit mit der Kommission begleitende Maßnahmen, um die Dienstleistungserbringer dazu anzuhalten, *freiwillig* die Qualität der Dienstleistungen zu sichern. Zu diesen Maßnahmen gehört die heute wohl unvermeidliche Zertifizierung durch akkre-

---

[91] Vgl. zum Bereich des Lebensmittelrechts *L. Fuchs*, Lebensmittelsicherheit in der Mehrebenenverwaltung der Europäischen Gemeinschaft, 2004, S. 160 ff. m.w.N.

[92] Vgl. zum geradezu unglaublichem Kommunikationsdesaster im Antibiotika-Shrimps-Fall *Fuchs* (Fn. 91), S. 36 f.

ditierte Einrichtungen – nicht gerade ein Beitrag zum Bürokratieabbau - und die Erarbeitung von „Qualitätscharten" oder die Beteiligung an auf Gemeinschaftsebene erarbeiteten „Qualitätscharten" oder Gütesiegeln von Berufsverbänden (Art. 26 Abs. 1). Die Mitgliedstaaten ergreifen in Zusammenarbeit mit der Kommission begleitende Maßnahmen, um die Berufsverbände sowie die Handels- und Handwerkskammern und die Verbraucherverbände in ihrem Hoheitsgebiet zu ermutigen, auf Gemeinschaftsebene zusammenzuarbeiten, um die Dienstleistungsqualität zu fördern (Art. 26 Abs. 3). Art. 27 sieht u.a. vor, dass die Mitgliedstaaten den Dienstleistungserbringern verbindliche Informationspflichten auferlegen, um den Dienstleistungsempfängern die Rechtsverfolgung im Rahmen der Streitbeilegung zu ermöglichen. Gemäß Art. 37 ergreifen die Mitgliedstaaten in Zusammenarbeit mit der Kommission Maßnahmen, um insbesondere Berufsverbände, -organisationen und –vereinigungen zu ermutigen, auf Gemeinschaftsebene im Einklang mit dem Gemeinschaftsrecht Verhaltenskodizes auszuarbeiten, die die Dienstleistungserbringung oder die Niederlassung von Dienstleistungserbringern in einem anderen Mitgliedstaat erleichtern sollen. Diese Verhaltenskodizes müssen aus der Ferne und elektronisch zugänglich sein.

5. Berichts-, Notifizierungs- und Evaluierungspflichten

Die Prüf- und Anpassungsaufträge der Mitgliedstaaten sind – heute wohl unvermeidbar und in angemessenem Umfang durchaus sinnvoll – mit speziellen Berichts-, Notifizierungs- und Evaluierungspflichten verbunden.

a) Sog. gegenseitige Evaluierung

Art. 39 Abs. 1 verpflichtet die Mitgliedstaaten, der Kommission bis zum 28. Dezember 2009 einen Bericht vorzulegen, der Informationen über die Genehmigungsregelungen (Art. 9 Abs. 2), die zu prüfenden Anforderungen (Art. 15 Abs. 2) und über die multidisziplinären Tätigkeiten (Art. 25 Abs. 3) enthält. Diese Berichte werden an die anderen Mitgliedstaaten weitergeleitet, die binnen sechs Monaten zu jedem dieser Berichte ihre Stellungnahmen übermitteln. Gleichzeitig konsultiert die Kommission die betroffenen Interessengruppen zu diesen Berichten. Berichte und Anmerkungen werden seitens der Kommission einem gemäß dem Komitologiebeschluss[93] errichteten Ausschuss (Regelungsverfahren gemäß Art. 5 und 7 sowie Art. 8 Komitologiebeschluss)[94] vorgelegt, der dazu Stellung nehmen kann (Art. 39 Abs. 3). Auf dieser Basis legt die Kommission dem Europäischen Parlament und dem Rat spätestens bis zum 28. Dezember 2010 einen zusammenfassenden Bericht vor, dem sie ggf. Vorschlä-

---

[93] Beschluss 1999/468/EG des Rates vom 28.6.1999, ABl. 1999 Nr. L 184/23.
[94] Vgl. dazu *Streinz*, Europarecht, 7. Aufl. 2005, Rn. 530.

ge für ergänzende Initiativen beifügt (Art. 39 Abs. 4). Eine weitere Berichtspflicht der Mitgliedstaaten gegenüber der Kommission betrifft die Gründe, aus denen die gemäß Art. 16 Abs. 3 noch zulässigen nationalen Anforderungen an Dienstleister den dort vorgesehenen Kriterien entsprechen, und zwar sowohl geänderte als auch neue Anforderungen. Der Kommission obliegt schließlich gegenüber dem Europäischen Parlament und dem Rat eine periodische (alle drei Jahre) Berichtspflicht, insbesondere über die Anwendung des Art. 16.

b) Betroffene Bereiche

aa) Hinsichtlich Genehmigungsregelungen (Art. 9, 39 Abs. 1 lit. a)

Hinsichtlich der in Art. 9 Abs. 1 vorgesehenen Anforderungen an Genehmigungsregelungen muss der in Art. 39 Abs. 1 lit. a i.V.m. Art. 9 Abs. 2 vorgesehene Evaluierungsbericht an die Kommission die in der jeweiligen Rechtsordnung der Mitgliedstaaten vorgesehenen Genehmigungsregelungen nennen und deren Vereinbarkeit mit den Forderungen der Nichtdiskriminierung, der Rechtfertigung durch zwingende Gründe und der Verhältnismäßigkeit begründen. Verlangt man hier mehr als nur Textbausteine, wie sie z.B. die Kommission häufig zur Begründung der Einhaltung des Subsidiaritätsprinzips verwendet, kann dies recht aufwendig sein. Als bloße Pflichtübung wäre dies andererseits aber eine der sinnlosen Formalitäten, mit denen nicht nur Unternehmen, sondern auch andere Einrichtungen von ihrer eigentlichen Arbeit abgehalten werden. Wie im innerstaatlichen Bereich auch kann dies auch staatliche Behörden treffen.

bb) Hinsichtlich inhaltlicher Anforderungen an Dienstleister (Art. 15, 39 Abs. 1 lit. b)

Die Evaluierungspflicht besteht gemäß Art. 39 Abs. 1 lit. b auch hinsichtlich der in Art. 15 festgelegten materiellen Anforderungen der Dienstleistungsrichtlinie. Die Mitgliedstaaten müssen benennen, welche Regelungen beibehalten wurden, welche aufgehoben und welche gelockert wurden (Art. 15 Abs. 5).

cc) Regelungen über multidisziplinäre Tätigkeiten (Art. 25, 39)

Gemäß Art. 39 Abs. 1 lit. c i.V.m. Art. 25 Abs. 3 nennen die Mitgliedstaaten die Dienstleistungserbringer, die den zulässigen Ausnahmen vom grundsätzlichen Verbot der Untersagung sog. Multidisziplinärer Tätigkeiten in einer Person (z.B. Doppelqualifikation als Rechtsanwalt und Architekt oder Rechtsanwalt und Arzt – dies kommt in der Praxis vor) oder in gemeinschaftlicher oder partnerschaftlicher Ausübung unterworfen sind, ferner den Inhalt der diese betreffenden Anforderungen sowie die Gründe, aus denen die Mitgliedstaaten diese für gerechtfertigt halten. Die in Art. 25 Abs. 1 lit. a und b genannten zulässigen Anforderungen betreffen die Gewährleistung der Unabhängigkeit und Unparteilichkeit, sollen also Interessenkollisionen verhindern. So dürfen z.B. Zertifizierungs- und Akkreditierungsstellen nicht miteinander verbunden sein.

dd) Meldepflicht und Begründungspflicht hinsichtlich beibehaltender Regelungen – Begründungspflicht (Art. 16, 39 Abs. 5)

Gemäß Art. 39 Abs. 5 sind die nationalen Anforderungen an Dienstleister zu nennen und deren Rechtfertigung zu begründen, die gemäß Art. 16 Abs. 1 UAbs. 3 bei Einhaltung der Gebote der Nicht-Diskriminierung, der Erforderlichkeit und der Verhältnismäßigkeit gemäß Art. 16 Abs. 3 Satz 1 aus den abschließend aufgeführten (s.o. III. 6.) Gründen der öffentlichen Ordnung, der öffentlichen Sicherheit, der öffentlichen Gesundheit oder des Schutzes der Umwelt gerechtfertigt sein könnten.

c) Notifizierungspflicht (Art. 15 Abs. 7)

Art. 15 Abs. 7 verpflichtet die Mitgliedstaaten, der Kommission alle neuen Rechts- und Verwaltungsvorschriften mitzuteilen, die unter den Voraussetzungen der Ausnahme in Art. 15 Abs. 6 („es sei denn“) hinsichtlich der Niederlassungsfreiheit eingeführt werden dürfen, nämlich bei Beachtung der Gebote der Nicht-Diskriminierung, der Erforderlichkeit und der Verhältnismäßigkeit. Zulässig sind hier – anders als bei Art. 16 Abs. 3 Satz 1 – alle zwingenden Gründe des Allgemeininteresses (vgl. Art. 15 Abs. 3 lit b). Die Kommission informiert die anderen Mitgliedstaaten darüber. Die Mitteilung löst – anders als im Verfahren gemäß der Informationsrichtlinie[95] – keine Standstill-Verpflichtung aus (Art. 15 Abs. 7 UAbs. 1 Satz 2). Im Übrigen ist der Zweck der Notifizierungspflicht aber derselbe, nämlich die Kommission über potenzielle Hindernisse für den Binnenmarkt zu informieren, damit sie diese prüfen und ggf. die gebotenen Maßnahmen bis hin zu einem Vertragsverletzungsvefahren (Art. 226 EGV) ergreifen kann. Die Verpflichtung aus der Dienstleistungsrichtlinie kann auch („gleichzeitig“) durch die Mitteilung eines Rechtsakts gemäß der genannten Informationsrichtlinie 98/34/EG erfüllt werden (Art. 15 Abs. 7 UAbs. 3), wodurch allerdings die dort vorgesehenen Folgen ausgelöst werden. Die Kommission prüft innerhalb von drei Monaten die Vereinbarkeit aller neuen anforderungen mit dem Gemeinschaftsrecht und entscheidet gegebenenfalls, den betreffenden Mitgliedstaat aufzufordern, diese neuen Anforderungen nicht zu erlassen oder aufzuheben (Art. 15 Abs. 7 UAbs. 2).

---

[95] Richtlinie 98/34/EG, ABl. 1998 Nr. L 204/37, geändert durch Richtlinie 98/48/EG, ABl. 1998 Nr. L 217/18. Vgl. dazu *Streinz*, Europarecht, 7. Aufl. 2005, Rn. 948.

VI. Umsetzung in Deutschland

1. Umsetzungsoptionen

Die Dienstleistungsrichtlinie verlangt die effektive Umsetzung durch die Mitgliedstaaten als Adressaten der Richtlinie, lässt deren innere Verwaltungsstruktur an sich aber unberührt. Gefordert wird allerdings, dass die Vorgaben der Richtlinie innerhalb dieser Verwaltungsstruktur erfüllt werden können und nicht „systembedingte" Hindernisse bestehen. Hier setzt das Gemeinschaftsrecht auch der prinzipiellen Organisationsautonomie der Mitgliedstaaten Grenzen. Für die Umsetzung in Deutschland bestehen mehrere Optionen, die in einem Gutachten des Deutschen Forschungsinstituts für Öffentliche Verwaltung Speyer hinsichtlich des „Einheitlichen Ansprechpartners" entwickelt wurden.[96] Die föderative Verwaltungsstruktur und die Einbeziehung der mittelbaren Staatsverwaltung bedürfen einer Abstimmung zwischen Bund und Ländern sowie den Berufskammern.

2. Folgen der föderativen Verwaltung

Die föderative Struktur der Bundesrepublik Deutschland, die die Verwaltungskompetenz grundsätzlich den Ländern überträgt (vgl. Art. 30, 83 GG), überlässt den Ländern in vielen Bereichen eine zentrale Umsetzungsrolle. Eine effektive Umsetzung erfordert aber eine Abstimmung zwischen den Ländern und zwischen Bund und Ländern. Dies betrifft insbesondere den Aufbau des europäischen Amtshilfesystems „IMI".[97] Gemeinsame „Eckpunkte" sind aber auch – ungeachtet der jeweiligen Festlegung auf den verschiedenen Verwaltungsebenen und in den verschiedenen Verwaltungszweigen – für die Einführung des Systems „Einheitlicher Ansprechpartner" geboten. Denn insoweit muss sichergestellt sein, dass für den Antragsteller wirklich ein „einheitlicher" Ansprechpartner zur Verfügung steht, ungeachtet der innerstaatlichen Organisations- und Zuständigkeitsstruktur.

3. Folgen mittelbarer Staatsverwaltung

In Deutschland sind weite Bereiche des Verwaltungsvollzugs der sog. mittelbaren Staatsverwaltung überlassen. In vielen Bereichen sind die Kommunen, sei es im eigenen oder im übertragenen Wirkungskreis, zuständig. Andere Aufga-

---

[96] *Ziekow/Windoffer* (Hrsg.), Ein einheitlicher Ansprechpartner für Dienstleister. Anforderungen des Vorschlags einer EU-Dienstleistungsrichtlinie und Gestaltungsoptionen im föderalen System der Bundesrepublik Deutschland, 2007. Vgl. dazu auch *Windoffer*, DVBl. 2006, 1210 (1210 ff.); *Ziekow*, GewArch 2007, 179 (181 ff.) m.w.N.

[97] Vgl. dazu das Handbuch (Fn. 30), S. 71.

ben sind Berufsverbänden und Kammern übertragen. Diese sind daher in den genannten Abstimmungsprozess einzubeziehen.

4. Stand der Umsetzung

Bislang wurden unter Federführung des Bundesministeriums für Wirtschaft Anfang Juni 2007 Grundsatzbeschlüsse gefasst[98] und Studien zu möglichen Umsetzungsalternativen sowie gebotenen Umsetzungsmaßnahmen erstellt.[99] Der Zeitrahmen für die Umsetzung ist angesichts der zu bewältigenden Aufgaben relativ kurz. Aber selbst wenn er nicht ganz eingehalten wird – Zeitvorgaben haben sich in der Europäischen Union erfahrungsgemäß bewährt, ohne sie bewegt sich nichts.

VII. Fazit

1. Die Dienstleistungsrichtlinie gestaltet die primärrechtlich unmittelbar garantierte Niederlassungsfreiheit und Dienstleistungsfreiheit aus. Sie orientiert sich dabei im Wesentlichen an der Rechtsprechung des EuGH. Dies dürfte grundsätzlich auch für die ausdrücklich genannten Verbote bestimmter Beschränkungsmaßnahmen gelten, zumal diese Öffnungsklauseln hinsichtlich Gefahren für die öffentliche Sicherheit und Ordnung enthalten. Ein gravierender Unterschied besteht hinsichtlich des Rechtfertigungsgrundes des Verbraucherschutzes, der zwar nicht hinsichtlich der Niederlassungsfreiheit, jedoch hinsichtlich der Dienstleistungsfreiheit ausgeschlossen ist. Insoweit werden offenbar die in der Dienstleistungsrichtlinie vorgesehenen Informationspflichten im Hinblick auf das Leitbild des aufmerksamen Durchschnittsverbrauchers als hinreichender Verbraucherschutz angesehen. Durch den grundsätzlichen (abgesehen von Ausnahmen im Einzelfall gemäß Art. 18) Ausschluss des legislativen Korrektivs seitens des Bestimmungsstaates kommt insoweit das erweiterte Herkunftslandprinzip zum tragen, das im ursprünglichen Richtlinienvorschlag für die Dienstleistungsfreiheit generell vorgesehen war.

2. Das nationale Recht ist der Dienstleistungsrichtlinie anzupassen. Materiellrechtlich müssten an sich die Vorgaben bereits erfüllt sein, da sich diese im Wesentlichen bereits aus den Grundfreiheiten ergeben. Die Rechtsprechung des EuGH zu den Grundfreiheiten zeigt aber, dass es nach wie vor Streitfälle bis hin zu evidenten Verstoßfällen gibt. Die Anforderungen der Dienstleistungsrichtlinie können hier zur Klarstellung des durch das Gemeinschaftsrecht gebotenen beitragen.

---

[98] Beschluss der Wirtschaftsministerkonferenz am 4./5.6. 2007 in Eisen.
[99] Vgl. z.B. *Ziekow*, GewArch 2007, 179 (179 ff.) m.w.N.

3. Erheblicher Regelungsbedarf existiert hinsichtlich der Organisationsaufträge. Insbesondere muss der bzw. müssen die jeweiligen „einheitlichen Ansprechpartner“ bestimmt und in einem flächendeckenden Netz verbunden werden. Die elektronische Abwicklung aus der Ferne muss gewährleistet werden. Erheblicher Anstrengungen bedarf der Aufbau des geforderten qualifizierten Systems der Amtshilfe und des Vorwarnsystems. Damit wird die Organisationseinheit der Mitgliedstaaten zwar nicht als solche verdrängt, aber durch erhebliche gemeinschaftsrechtliche Vorgaben bestimmt. Auffallend sind die weitgehenden Kooperationspflichten mit der Kommission.

4. Die Dienstleistungsrichtlinie erlegt den Mitgliedstaaten umfangreiche Berichts-, Begründungs- und Notifizierungspflichten auf. Der damit verbundene Verwaltungsaufwand ist nicht zu unterschätzen und nicht gerade ein Beitrag zum Bürokratieabbau. Hier muss auf ein sinnvolles Verhältnis zwischen Aufwand und Ertrag geachtet werden.

5. Gefordert sind Bund, Länder und Gemeinden, aber auch die Körperschaften des öffentlichen Rechts, insbesondere die Kammern, schließlich auch die betroffenen Verbände. Im föderalen und dezentralen System der Bundesrepublik Deutschland ist eine gegenseitige Abstimmung notwendig. Unter Federführung des Bundesministeriums für Wirtschaft hat die Arbeit daran begonnen.

VIII. Thesen

1. Die Dienstleistungsrichtlinie betrifft die Freiheit für Dienstleistungen im Gemeinsamen Markt/Binnenmarkt im Rahmen der Niederlassungsfreiheit (Art. 43 EGV) und der Dienstleistungsfreiheit (Art. 49 EGV).

2. Niederlassungsfreiheit und Dienstleistungsfreiheit gelten für selbständige Tätigkeiten unter Einbeziehung von juristischen Personen (Art. 48 EGV). Niederlassungsfreiheit betrifft die dauernde Ansässigkeit in einem anderen Mitgliedstaat, die Dienstleistungsfreiheit die vorübergehende grenzüberschreitende Tätigkeit.

3. Die Dienstleistungsfreiheit und die Niederlassungsfreiheit sind nicht nur Diskriminierungs- sondern auch Beschränkungsverbote. Unterschiede zeigen sich bei den Schranken-Schranken, da vom dauern Ansässigen mehr verlangt werden darf als vom lediglich vorübergehend Tätigen. Dies darf nicht dahingehend missverstanden werden, dass die Niederlassungsfreiheit kein Beschränkungsverbot darstellt.

4. Nach der sog. Gebhard-Formel des EuGH müssen nationale Maßnahmen, die die Ausübung der durch den Vertrag garantierten grundlegenden Freiheiten behindern oder weniger attraktiv machen können, vier Voraussetzungen erfüllen: Sie müssen in nichtdiskriminierender Weise angewandt

werden; sie müssen aus zwingenden Gründen des Allgemeininteresses gerechtfertigt sein; sie müssen geeignet sein, die Verwirklichung des mit ihnen verfolgten Zieles zu gewährleisten; sie dürfen nicht über das hinausgehen, was zur Erreichung dieses Zieles erforderlich ist.

5. Die Verwirklichung der Niederlassungsfreiheit und der Dienstleistungsfreiheit hat sich auch nach der Anerkennung der Grundfreiheiten als unmittelbar anwendbare Individualrechte als besonders schwierig erwiesen. Die fortbestehenden Hemmnisse führten dazu, dass zahlreiche Bürger die Realität des Binnenmarkts in diesem Bereich in Zweifel ziehen. Neben den grundsätzlich, d.h. abgesehen von Art. 46 EGV, ohnehin unzulässigen Diskriminierungen musste und muss der EuGH Wohnsitz- und Ansässigkeitserfordernisse, Doppelkontrollen, Bedürfnisprüfungen, Zulassungsbedingungen und –modalitäten, steuerrechtliche Benachteiligungen beanstanden. Die faktische gegenseitige Anerkennung durch die Rechtsprechung des EuGH bedurfte und bedarf daher der Ergänzung durch Harmonisierungsmaßnahmen. Erlassen wurden sektorielle Richtlinien (z.B. im Bereich der medizinischen Berufe, ferner z.B. die Dienstleistungs- und die Niederlassungsrichtlinie für Rechtsanwälte) sowie horizontale Richtlinien (z.B. die Diplomanerkennungsrichtlinien, die durch die Berufsanerkennungsrichtlinie 2005/36/EG ersetzt werden).

6. Dem dient auch die im Rahmen der Lissabon-Strategie erlassene Dienstleistungsrichtlinie, die auf Art. 47 Abs. 2 S. 1 und 3 i.V.m. Art. 55 EGV gestützt ist.

7. Der Gemeinschaftsgesetzgeber ist zur Ausgestaltung der Grundfreiheiten ermächtigt, dabei aber an die Grundfreiheiten gebunden. Die Grundfreiheiten sind bei der Umsetzung durch die Mitgliedstaaten zu beachten (Art. 3 Abs. 3).

8. Die Dienstleistungsrichtlinie klammert eine Reihe von Gegenständen ausdrücklich aus ihrem Gegenstand und Anwendungsbereich aus (Art. 1, 2). Sie ist gegenüber anderen Sekundärrechtsakten subsidiär. Dies gilt insbesondere für die Entsenderichtlinie 96/71/EG (Art. 3 I 2 lit. a) und die Berufsanerkennungsrichtlinie 2005/36/EG.

9. Die Dienstleistungsrichtlinie enthält allgemeine Grundregeln zur Verwaltungsvereinfachung (Art. 5-8) sowie unterschiedliche Regelungen für die Niederlassungsfreiheit (Art. 9-15) und die Dienstleistungsfreiheit (Art. 16-21).

10. Es ist fraglich, ob der ausdrückliche Ausschluss bestimmter mitgliedstaatlicher Maßnahmen (Art. 14, 16) lediglich die bisherige Rechtsprechung des EuGH festhält oder darüber hinausgeht und an die Stelle des

Prinzips der gegenseitigen Anerkennung ein (modifiziertes) Herkunftslandprinzip setzt. Hinsichtlich des Ausschlusses des Verbraucherschutzes als Rechtfertigungsgrund für mitgliedstaatliche Maßnahmen zur Beschränkung der Dienstleistungsfreiheit (erschöpfende Aufzählung möglicher Rechtfertigungsgründe in Art. 16 Abs. 3) geht die Dienstleistungsrichtlinie über die Rechtsprechung des EuGH hinaus und verwirklicht partiell das ursprünglich vorgesehene erweiterte Herkunftslandprinzip.

11. Adressaten der Umsetzungspflicht sind die Mitgliedstaaten in allen Ebenen und Bereichen der Verwaltung. In Deutschland sind dies Bund, Länder und Gemeinden sowie die Träger der mittelbaren Staatsverwaltung, insbesondere die Berufskammern.

12. Die Dienstleistungsrichtlinie erlegt den Mitgliedstaaten Prüf- und Anpassungsaufträge hinsichtlich des Grundsatzes der Verhältnismäßigkeit generell („Vereinfachung“, Art. 5 Abs. 1) und mit speziellen Vorgaben für verfahrensrechtliche Vorkehrungen und inhaltlichen Anforderungen. Strafrechtliche Normen dürfen die Aufnahme oder Ausübung einer Dienstleistungstätigkeit nicht gezielt regeln oder Beeinflussen (Art. 1 Abs. 5 S. 2). In einigen Bereichen bestehen Evaluierungs- und Notifizierungspflichten sowie Meldepflichten.

13. Den Mitgliedstaten werden ferner Organisationspflichten auferlegt. Dazu gehören die Schaffung eines flächendeckenden Netzwerks so genannter „Einheitlicher Ansprechpartner“, die Ermöglichung elektronischer Abwicklung der Verfahren und Formalitäten aus der Ferne sowie der Aufbau eines Systems europäischer Amtshilfe.

14. Für die Umsetzung in Deutschland bestehen mehrere Optionen. Die föderative Verwaltungsstruktur und die Einbeziehung der mittelbaren Staatsverwaltung bedürfen einer Abstimmung zwischen Bund und Ländern sowie den Berufskammern.

15. Bislang wurden allgemeine Grundsatzbeschlüsse zur Umsetzung gefasst. Einzelne Umsetzungsmaßnahmen sind in Vorbereitung.

Auswirkungen der Dienstleistungsrichtlinie auf die Handwerks- und Gewerbeordnung

WINFRIED KLUTH

I. Einleitung

Mit der Dienstleistungsrichtlinie (RL 2006/123/EG[1]) nimmt das Gemeinschaftsrecht in einer bislang nicht bekannten Breite und Tiefe Einfluss auf das Wirtschaftsverwaltungsrecht der Mitgliedstaaten. In der Breite, weil die Dienstleistungsrichtlinie sich nicht auf einen abgegrenzten Sachbereich erstreckt, sondern grundsätzliche alle Dienstleistungen erfasst, die grenzüberschreitend erbracht werden, sei es durch vorübergehendes Handeln (Art. 49/50 EGV), sei es durch eine Niederlassung in einem anderen Mitgliedstaat (Art. 43 EGV). Dass einzelne Bereiche vom Anwendungsbereich ausgenommen bzw. durch bereits bestehende Richtlinien erfasst werden, ändert an der neuen Qualität der Regelung nichts. In der Tiefe, weil die Richtlinie den Mitgliedstaaten weit reichende Vorgaben für die Ausgestaltung der Zulassungsverfahren und die materiellen Kriterien für Genehmigungsanforderungen, beides Kernmaterien des Wirtschaftsverwaltungsrechts, macht. Das alles ist Ausdruck eines neuen, umfassend proaktiven Regelungsansatzes[2] mit dem das Ziel verfolgt wird, die Verwirklichung des Binnenmarktes durch die Verlagerung der Handlungspflichten von der Gemeinschaftsebene auf die Mitgliedstaaten zu beschleunigen: Nicht mehr EU-Kommission und EuGH sollen in schwerfälligen (und oft erfolglosen)[3] Verfahren die vorhandenen, den Grundfreiheiten widersprechenden Hindernisse im mitgliedstaatlichen Recht aufspüren und verbannen,[4] sondern die Mitgliedstaaten werden verpflichtet, ihre bestehenden Regelungen umfassend und grundlegend auf ihre Vereinbarkeit mit den grundfreiheitlichen Vorgaben hin zu überprüfen und darüber gegenüber der EU-Kommission Bericht zu erstatten.

Dieser Teil war nicht im Focus der öffentlichen Aufmerksamkeit, die fast ausschließlich dem „Herkunftslandprinzip" gewidmet war.[5] Aber auch die Verhandlungsführer sowie die Wissenschaft haben diesen Regelungsbereichen wenig(er) Aufmerksamkeit[6] geschenkt, obwohl von ihnen umfangreiche Reformimpulse für das mitgliedstaatliche Wirtschaftsverwaltungsrecht ausgehen. Betroffen sind davon auch die in der deutschen Handwerks- und Gewerbeordnung traditionell verankerten Genehmigungserfordernisse und –verfahren. Die in diesem Bereich zu erwartenden Änderungen sowie damit verbundene grund-

---

[1] ABL.EU Nr. L 376/36.

[2] *Hatje*, NJW 2007, 2357 (2358).

[3] Der ambitionierte Plan für ein umfassendes Programm von sektoralen Harmonisierungsrichtlinien aus dem Jahr 1961 war schon sehr früh gescheitert und hatte zu einem Stillstand der Harmonisierung geführt, vgl. *Kluth*, in: Calliess/Ruffert (Hrsg.), EUV/EGV, 3. Aufl. 2007, Art. 52, Rn. 20 f.

[4] Zu den Gründen für diese Vorgehensweise siehe *Kluth*, in: Calliess/Ruffert (Hrsg.), EUV/EGV, 3. Aufl. 2007, Art. 52, Rn. 18 f.

[5] Dazu näher *Kluth/Rieger*, GewArch. 2006, 1 ff.; *Hatje*, NJW 2007, 2357 (2360 f.).

[6] Siehe aber *Kluth*, Die Bedeutung der EU-Dienstleistungsrichtlinie für die Kammern und ihre Aufgaben, in: ders. (Hrsg.), Jahrbuch des Kammerrechts 2003, 2004, S. 94 ff.

sätzliche und auf Einzelpunkte bezogene Rechtsfragen[7] werden im Vortrag erörtert.

II. Der Anwendungsbereich und die einzelnen Regelungsebenen und Regelungsziele der Dienstleistungsrichtlinie

1. Beschränkung auf grenzüberschreitende Vorgänge?

Die Kompetenzgrundlage der Richtlinie sieht die Kommission in Art. 47 Abs. 2 S. 1 u. 3 sowie Art. 55 EGV, also in Rechtsetzungsermächtigungen zur Niederlassungs- und Dienstleistungsfreiheit.[8] Die Grundfreiheiten beziehen sich in ihrem sachlichen Anwendungsbereich nur auf grenzüberschreitende Sachverhalte[9], wobei speziell bei der Dienstleistungsfreiheit die Konstellationen sehr vielfältig sind.[10] Im Falle der Niederlassungsfreiheit wird dies besonders deutlich. Gleichwohl sind die Rechtsetzungsbefugnisse der Gemeinschaft nach Art. 47 Abs. 2 EGV (und wohl auch nach Art. 55 EGV) nach überwiegender Ansicht[11] nicht auf grenzüberschreitende Sachverhalte beschränkt, wenn es um Harmonisierungsmaßnahmen (wörtlich: Richtlinien zur Koordinierung der Rechts- und Verwaltungsvorschriften) geht. Auf Grund des damit verbundenen z.T. sehr weit reichenden Spill-over-Effekts (auf diese Weise könnte z.B. eine Reglementierung von bislang nicht reglementierten Berufen erzwungen werden) begegnet diese Auslegung jedenfalls dann Bedenken, wenn es nicht nur zu formalen Angleichungen, sondern zu erheblichen Auswirkungen auf die materiellen Regelungsbefugnisse der Mitgliedstaaten kommt. Aus Art. 47 Abs. 2 S. 1 EGV würde ansonsten eine Grundlage für eine vollständige (Neu-) Regelung des Wirtschaftsverwaltungsrechts abgeleitet werden können. Eine derartige Reichweite der auf den Abbau von Hindernissen des grenzüberschreitenden Verkehrs gerichteten Norm kann auch nicht mit dem Hinweis begründet werden, dass auf diesem Wege bestehende Inländerdiskriminierungen nicht zu

---

[7] Siehe dazu auch *Ziekow*, GewArch. 2007, 179 ff. und 217 ff.

[8] Ergänzend werden noch Art. 71 und 81 Abs. 2 EGV herangezogen. Einen Kompetenzverstoß nimmt *Scholz*, in: Bauer/Czybulka/Kahl/Vosskuhle (Hrsg.), Wirtschaft im offenen Verfassungsstaat, FS für Reiner Schmidt zum 70. Geburtstag, 2006, S. 169 ff. an; zutreffende Gegenposition u.a. bei *Ohler*, BayVBl. 2006, 261 (266 f.).

[9] Siehe nur *Ehlers*, Allgemeine Lehren, in: ders. (Hrsg.), Europäische Grundrechte und Grundfreiheiten, 2. Auf. 2005, § 7, Rn. 19, 24, 55; *Roth*, in: Dauses (Hrsg.), Handbuch des EU-Wirtschaftsrechts, Loseblatt, Stand: Juni 2007, E I, Rn. 31. Eine Erstreckung auch auf rein innerstaatliche Vorgänge wird z.T. unter Verweis auf das Binnenmarktziel des Art. 14 EGV gefordert, da in einem grenzenlosen Markt Staatsgrenzen keine Relevanz besitzen dürfen; vgl. zu diesem Argumentationsansatz *Epiney*, in: Calliess/Ruffert (Hrsg.), EUV/EGV, 3. Aufl. 2007, Art. 12 EGV, Rn. 34, die die Rechtfolgen aber beschränkt (a.a.O. Rn. 25 f.).

[10] Etwa der aus dem Herkunftsland mitgebrachte Reiseführer, bei dem in einem anderen Mitgliedstaat die Dienstleistung zwischen Personen des Herkunftsstaates erbracht wird.

[11] *Bröhmer*, in: Calliess/Ruffert (Hrsg.), EUV/EGV, 3. Aufl. 2007, Art. 47, Rn. 9; *Randelzhofer/Forsthoff*, in: Grabitz/Hilf, EUV/EGV, Loseblatt, Stand: April 2007, Art. 47, Rn. 21.

groß werden.[12] Wenn man davon ausgeht, dass jedenfalls das Gemeinschaftsrecht die Inländerdiskriminierung zulässt,[13] so kann dieser Gesichtspunkt nicht eine weite Auslegung von Kompetenzen begründen. Es hat zudem den Anschein, dass den Befürwortern einer weiten, auch reine Inlandssachverhalte einschließenden Interpretation, die sachliche Reichweite nicht recht bewusst ist. Jedenfalls wäre es ein (weiteres) kompetenzrechtliches Husarenstück, über eine primär auf Verfahrensvereinfachung abzielende Ermächtigung den Grundfreiheiten eine umfassende innerstaatliche Wirkung beizumessen.[14]

Allerdings heißt das nicht, dass im Falle von erheblichen Niveauunterschieden für grenzüberschreitende und innerstaatliche Vorgänge und den damit verbundenen Inländerdiskriminierungen keinerlei Rechtsfolgen ausgelöst werden. Diese sind aber durch die Mitgliedstaaten und ihre Rechts- und Verfassungsordnungen zu lösen.[15] Ganz in diesem Sinne hat auch das Bundesverfassungsgericht in einem Kammerbeschluss zum Großen Befähigungsnachweis (allerdings in Bezug auf die alte Rechtslage vor der großen Handwerksrechtsreform des Jahres 2004) im Handwerksrecht argumentiert:

> „Die spürbare Konkurrenz aus dem EU-Ausland lässt bereits daran zweifeln, ob der große Befähigungsnachweis nach § 1 Abs. 1 Satz 1 in Verbindung mit § 7 HwO a.F., weil er diese Anbieter nicht erreichte, zur Sicherung der Qualität der in Deutschland angebotenen Handwerkerleistungen noch geeignet sein konnte. Vor allem aber erscheint fraglich, ob angesichts des Konkurrenzdrucks durch Handwerker aus dem EU-Ausland deutschen Gesellen noch die Aufrechterhaltung einer gesetzlichen Regelung zuzumuten war, die ihnen für den Marktzugang in zeitlicher, fachlicher und finanzieller Hinsicht deutlich mehr abverlangte als ihren ausländischen Wettbewerbern auf dem deutschen Markt.“[16]

Dieser Prüfungsansatz hat auch gemeinschaftsrechtlich den erheblichen Vorteil, dass die Kompetenz der Mitgliedstaaten für die Regelung rein innerstaatlicher Vorgänge gewahrt wird, ohne dass die Auswirkungen von Inländerdiskriminierungen ignoriert werden. Hinzu kommt, dass auch nur auf diesem Wege der Wettbewerb um die beste Regulierungsform, die einen Systembestandteil der Binnenmarktphilosophie darstellt, Aufrecht erhalten werden kann. Indem auf die Schwere der Folgen abgestellt wird, trägt der Prüfungsansatz des

---

[12] So die Argumentation von *Bröhmer*, in: Calliess/Ruffert (Hrsg.), EUV/EGV, 3. Aufl. 2007, Art. 47, Rn. 9 und *Randelzhofer*, in: Grabitz/Hilf, EUV/EGV, Loseblatt, Stand: April 2007, Art. 47, Rn. 21.

[13] Siehe *Roth*, in: Dauses (Hrsg.), Handbuch des EU-Wirtschaftsrechts, Loseblatt, Stand: Juni 2007, E I, Rn. 34; *Streinz*, in: ders. (Hrsg.), EUV/EGV, 2003, Art. 12 EGV, Rn. 58 ff.; zur Gegenposition *Epiney*, in: Calliess/Ruffert (Hrsg.), EUV/EGV, 3. Aufl. 2007, Art. 12 EGV, Rn. 27 ff.

[14] Kritisch, soweit es um Fragen der Verwaltungsorganisation geht auch *Ohler*, BayVBl. 2006, 261 (266).

[15] Siehe dazu *Rieger*, in: Kluth (Hrsg.), Jahrbuch des Kammer- und Berufsrechts 2005, 2006, S. 427 ff. m.w.N.

[16] *BVerfG*, GewArch. 2006, 71 ff. Dazu *Rieger*, DÖV 2006, 685 ff.; *Riese/Noll*, NVwZ 2007, 516 ff. Ablehnend *Frenz*, Handwerkliche Qualifikation und EU-Recht, 2006, S. 84 ff.

Bundesverfassungsgerichts auch den praktischen wirtschaftlichen Zusammenhängen ausreichend Rechnung.

Für die Erfüllung des durch die Dienstleistungsrichtlinie begründeten Prüfungsauftrags ist diese Differenzierung zunächst ohne Bedeutung. Erst wenn es zu Unvereinbarkeiten mit den Vorgaben der Dienstleistungsrichtlinie kommt, wird man den dann drohenden Kompetenzkonflikt austragen müssen, soweit der deutsche Gesetzgeber nicht von sich aus zur Deregulierung im rein innerstaatlichen Bereich gewillt ist.

2. Verhältnis zur EU-Berufsanerkennungsrichtlinie (RL 2005/36/EG)

Soweit handwerkliche und gewerbliche Betätigungen durch Angehörige reglementierter Berufe durchgeführt werden, kommt die Berufsanerkennungsrichtlinie[17] zur Anwendung. Es bedarf deshalb einer genaueren Bestimmung des Anwendungsbereichs dieser parallel zur Dienstleistungsrichtlinie entstandenen Richtlinie.

Unter einem reglementierten Beruf versteht die Richtlinie in Art. 3 Abs. 1 lit. a „eine berufliche Tätigkeit oder eine Gruppe beruflicher Tätigkeiten, bei der die Aufnahme oder Ausübung oder eine der Arten der Ausübung direkt oder indirekt durch Rechts- und Verwaltungsvorschriften an den Besitz bestimmter Berufsqualifikationen gebunden ist; eine Art der Ausübung ist insbesondere die Führung einer Berufsbezeichnung, die durch Rechts- oder Verwaltungsvorschriften auf Personen beschränkt ist, die über eine bestimmte Berufsqualifikation verfügen." In Absatz 2 werden Berufe, die von Mitgliedern von Verbänden oder Organisationen, die im Anhang I der Richtlinie aufgeführt werden, den reglementierten Berufen gleichgestellt. Damit wird insbesondere der abweichenden Regelungspraxis des Vereinigten Königreichs Rechnung getragen, wo das Berufsrecht weitgehend durch private Verbände festgelegt wird.[18]

Direkt ist die Berufsausübung durch Rechts- und Verwaltungsvorschriften an den Besitz bestimmter Berufsqualifikationen gebunden, wenn sie einer Eröffnungskontrolle unterliegt, wie dies insbesondere bei den zulassungspflichtigen Handwerken nach § 7 HwO i.V.m. Anlage A zur HwO der Fall ist. Fraglich ist, wie die nicht zulassungspflichtigen nach Anlage B der HwO einzuordnen sind. Für sie schreibt § 18 Abs. 1 HwO zwar eine Anzeigepflicht vor. Diese stellt aber keine Bedingung für die Berufsausübung dar, sondern löst lediglich die Beratung und Betreuung durch die örtlich zuständige Handwerks-

---

[17] Richtlinie 2005/36/EG des Europäischen Parlaments und des Rates vom 7. September 2005 über die Anerkennung von Berufsqualifikationen, ABl.EU Nr. L 235/22. Siehe dazu im Überblick *Kluth/Rieger*, EuZW 2005, 486 ff.

[18] Dazu eingehend *Nuckelt*, Die Regelungssysteme der rechts-, steuer- und wirtschaftsberatenden Freien Berufe in Deutschland, England und Wales, 2006, S. 186 ff.

kammer aus.[19] Eine direkte Bindung an den Nachweis einer Berufsqualifikation ist demnach nicht gegeben. Auch für die Annahme einer indirekten Bindung liefert die Handwerksordnung keine Anknüpfungspunkte. Das gilt auch für den Erwerb und die Führung des Meistertitels, der für nicht zulassungspflichtige Handwerke auf einer ausschließlich freiwilligen Basis im Sinne eines besonderen Qualitätskennzeichens erfolgen kann.[20]

Im Bereich der Gewerbeordnung ist das Regel-Ausnahme-Verhältnis umgekehrt ausgestaltet, da wegen des Leitbildes der Gewerbefreiheit[21] das nicht genehmigungspflichtige Gewerbe den Normalfall darstellt. In den Anwendungsbereich der Berufsanerkennungsrichtlinie können nach dieser Systematik nur gewerbliche Betätigungen fallen, die einer Genehmigungspflicht unterliegen. Diese finden sich in den §§ 29 ff. GewO. Die dabei zugrunde gelegten Genehmigungsanforderungen setzen zum Teil die Prüfung der Sachkunde der Antragsteller voraus. Eine solche Sachkundeprüfung stellt aber für sich genommen noch keine Berufsqualifikation i.S.d. Berufsanerkennungsrichtlinie dar. Die Richtlinie definiert Berufsqualifikationen in Art. 3 Abs. 1 lit. b und c nämlich derart, dass dazu eine geregelte Ausbildung erforderlich ist, wie sie dem Mindestqualifikationsniveau nach Art. 11 lit a) der Berufsanerkennungsrichtlinie entspricht. Derartige Mindestanforderungen werden durch die Gewerbeordnung aber nicht gestellt, so dass die dort erfassten Tätigkeiten insgesamt nicht in den Anwendungsbereich der Berufsanerkennungsrichtlinie fallen.

Für die erfassten zulassungspflichtigen Handwerke nach Anlage A zur HwO stellt sich somit die Frage, inwieweit sie von den Regelungen der Dienstleistungsrichtlinie erfasst werden. Da die Beantwortung der Frage auch vom Regelungsgehalt der einzelnen Vorschriftenkomplexe der Dienstleistungsrichtlinie abhängt, kann sie nicht pauschal, sondern nur im Zusammenhang mit den einzelnen Normen erfolgen.

3. Allgemeine Vorgaben für das berufsbezogene Zulassungsverfahren

Die Dienstleistungsrichtlinie enthält in ihren Art. 5 bis 8 allgemeine Anforderungen an die Verfahrensgestaltung im Zusammenhang mit der Aufnahme einer beruflichen Tätigkeit in einem anderen Mitgliedstaat, die auch für das Handwerks- und Gewerberecht gelten ohne sich aber hier spezifisch auszuwirken, so dass insoweit auf die allgemeinen Ausführungen zu diesen Vorschriften verwiesen werden kann. Es geht dabei insbesondere um die Vereinfachung der Verfahrensabläufe nach den einzelnen Maßgaben des Art. 5 DLRL, die

---

[19] *Ziekow*, Öffentliches Wirtschaftsrecht, 2007, § 11, Rn. 24; *Ruthig/Storr*, Öffentliches Wirtschaftsrecht, 2005, § 5, Rn. 364.

[20] Zu dieser neuen Funktion des Meistertitels *Ruthig/Storr*, Öffentliches Wirtschaftsrecht, 2005, § 5, Rn. 365.

[21] Zu seinen historischen Wurzeln siehe *Schmidt*, Öffentliches Wirtschaftsrecht, Allgemeiner Teil, 1990, § 1 III 3.

Einführung des Einheitlichen Ansprechpartners gem. Art. 6 DLRL,[22] die Begründung spezifischer Informationsrechte nach Art. 7 DLRL sowie die Ermöglichung der Elektronischen Verfahrensabwicklung[23] gem. Art. 8 DLRL.[24]

Dieser Vorschriftenkomplex kommt auch für die von der Berufsanerkennungsrichtlinie erfassten zulassungspflichtigen Handwerke zur Anwendung.

4. Materielle und verfahrensrechtliche Anforderungen an Genehmigungserfordernisse

Von vorrangiger Bedeutung für das Handwerks- und Gewerberecht sind die in den Art. 9 bis 15 DLRL für den Fall der Niederlassung und in den Art. 16 bis 21 DLRL für den Fall der vorübergehenden grenzüberschreitenden Dienstleistung statuierten Vorgaben für die mitgliedstaatliche Rechtsetzung. Diese Normen enthalten unterschiedlich ausgerichtete Kriterien, an denen die bestehenden Regelungen gemessen und gegenüber der EU-Kommission gerechtfertigt werden müssen (Screening). Im Zentrum steht dabei eine strenge Verhältnismäßigkeitskontrolle der Zulassungsanforderungen. Damit verfolgt die Dienstleistungsrichtlinie einen Regelungsansatz, der auch dem deutschen Verfassungsrecht bekannt ist. Das Bundesverfassungsgericht überprüft in ständiger Rechtsprechung wirtschaftsverwaltungsrechtliche Eröffnungskontrollen am Maßstab des Art. 12 Abs. 1 GG auf ihre Verhältnismäßigkeit, wie u.a. die Rechtsprechung zum Großen Befähigungsnachweis im Handwerksrecht verdeutlicht.[25] Dies entspricht strukturell der Überprüfung von beschränkenden Regelungen am Maßstab der Grundfreiheiten, wie sie der EuGH vornimmt[26] und wie sie Art. 9 DLRL zugrunde liegt. Der wesentliche Unterschied besteht aber darin, dass das Bundesverfassungsgericht dem parlamentarischen Gesetzgeber einen nicht unerheblichen Beurteilungs- und Gestaltungsspielraum einräumt, so dass die Kontrolldichte jedenfalls bei leichten und mittleren Eingriffsschweren geringer ausfällt.[27] Diese Unterschiede sind auch bei der Durchführung des Screenings der bestehenden Zulassungsregelungen durch die deutschen Behörden zu berücksichtigen. Es reicht nicht aus, dass eine gewisse

---

[22] Dazu eingehend Ziekow/Windoffer (Hrsg.), Ein Einheitlicher Ansprechpartner für Dienstleister, 2007.

[23] Siehe dazu aus verwaltungsverfahrensrechtlicher Perspektive *Kluth*, in: Wolff/Bachof/Stober/Kluth, Verwaltungsrecht I, 12. Aufl. 2007, § 58, Rn. 18 ff. sowie umfassend *Eifert*, Electronic Government, 2006.

[24] Zu kompetenzrechtlichen Bedenken in diesem Bereich siehe *Scholz*, in: Bauer/Czybulka/Kahl/Vosskuhle (Hrsg.), Wirtschaft im offenen Verfassungsstaat, FS für Reiner Schmidt zum 70. Geburtstag, 2006, S. 169 (174 ff.).

[25] BVerfGE 13, 97 ff.; siehe weiter *Stober*, Besonderes Wirtschaftsverwaltungsrecht, 14. Aufl. 2007, S. 117 f. m.w.N.

[26] *Ehlers*, Allgemeine Lehren, in: ders. (Hrsg.), Europäische Grundrechte und Grundfreiheiten, 2. Auf. 2005, § 7, Rn. 80 ff.

[27] Zur verfassungsgerichtlichen Kontrolldichte im deutschen öffentlichen Wirtschaftsrecht vgl. *Kluth*, ZHR 162 (1998), 657 (665 ff.).

Schlüssigkeit und Plausibilität anhand von in Deutschland gängigen Gemeinwohlformeln vorgenommen wird. Es bedarf eines Nachweises zwingender Erfordernisse, wie sie der EuGH in seiner Rechtsprechung entwickelt hat. Dabei ist allerdings zu berücksichtigen, dass die Richtlinie die Schutzgüter, die eine Beschränkung erlauben, jedenfalls enger fasst, als dies in der bisherigen Rechtsprechung des EuGH zur Dienstleistungsfreiheit der Fall ist.[28]

III. Auswirkungen bei grenzüberschreitenden Dienstleistung gem. Art. 49, 50 EGV

1. Abgrenzung von Dienstleistungsfreiheit und Niederlassungsfreiheit

Die Abgrenzung von Niederlassungsfreiheit und Dienstleistungsfreiheit ist seit jeher schwierig und umstritten.[29] Sie kann auch nicht dahinstehen, weil im Anwendungsbereich der Niederlassungsfreiheit deutlich höhere materielle und verfahrensrechtliche Anforderungen zugelassen werden als im Bereich der Dienstleistungsfreiheit.[30] Vor allem das Phänomen der durchgängigen grenzüberschreitenden Dienstleistung im grenznahen Bereich macht die Abgrenzungsschwierigkeiten deutlich. Nicht zuletzt vor diesem Hintergrund wurde von der EU-Kommission im ersten Entwurf der Dienstleistungsrichtlinie eine Abgrenzungsformel vorgeschlagen, die auf einen 6-Monats-Zeitraum abstellte. Diese wurde aber zu Recht im Laufe der Beratungen verworfen, da ein starrer Zeitfaktor alleine eine überzeugende Abgrenzung nicht ermöglicht. Es bleibt deshalb auch bei der Dienstleistungsrichtlinie bei dem in Art. 5 Abs. 2 UAbs. 2 der Berufsanerkennungsrichtlinie niedergelegten Grundsatz, dass „der vorübergehende und gelegentliche Charakter von Dienstleistungen ... im Einzelfall beurteilt [wird], insbesondere anhand der Dauer, der Häufigkeit, der regelmäßigen Wiederkehr und der Kontinuität der Dienstleistung“.[31]

Bei dieser Abgrenzung muss zwischen den verschiedenen Erscheinungsformen der Dienstleistungsfreiheit unterschieden werden. Relevant ist für die Dienstleistungsrichtlinie in erster Linie die aktive Dienstleistungsfreiheit, da in diesen Fällen die größten Hindernisse auftreten können. Dagegen kommt Korrespondenzdienstleistungen, für die auch die Kriterien der Zeit und Häufigkeit zur Abgrenzung irrelevant sind, keine praktische Bedeutung zu. Im Zentrum stehen deshalb in enger Wechselwirkung die Faktoren Zeit und Häufigkeit da

---

[28] Dazu näher unter III. 4.

[29] Siehe näher *Frenz*, Handwerkliche Qualifikation und EU-Recht, 2006, S. 27 ff.; *Kluth*, in: Calliess/Ruffert (Hrsg.), EUV/EGV, 3. Aufl. 2007, Art. 49/50, Rn. 1 ff. und 13 ff.

[30] *Tietje*, Niederlassungsfreiheit, in: Ehlers (Hrsg.), Europäische Grundrechte und Grundfreiheiten, 2. Auf. 2005, § 10, Rn. 24.

[31] Siehe auch auch *Tietje*, Niederlassungsfreiheit, in: Ehlers (Hrsg.), Europäische Grundrechte und Grundfreiheiten, 2. Auf. 2005, § 10, Rn. 27 ff.

sie am besten darüber Auskunft geben, wie intensiv der Dienstleister in die Rechts- und Wirtschaftsordnung des Bestimmungslandes integriert ist. Diese Faktoren müssen in Bezug auf den Einzelfall wertend betrachtet werden. Es kann dabei im Falle einer Zu- oder Abnahme der Intensität ab einem bestimmten Zeitpunkt eine als Dienstleistung betriebene Tätigkeit in die Niederlassungsfreiheit „übergehen" und umgekehrt.

Die praktisch entscheidende Frage, wie die zuständigen Wirtschaftsaufsichtsbehörden den Übergang von der Dienstleistung in die Niederlassung feststellen sollen, offenbart einen wichtigen Unterschied zwischen der Berufsanerkennungsrichtlinie und der Dienstleistungsrichtlinie. Während die Angehörigen reglementierter Berufe nach Art. 7 Abs. 1 Berufsanerkennungsrichtlinie die Erbringung von Dienstleistungen den zuständigen Behörden des Aufnahmemitgliedstaates melden und dabei auch Angaben über den Umfang machen müssen, ist dies in der Dienstleistungsrichtlinie nicht vorgesehen. Hier sind die Behörden demnach auf Zufallserkenntnisse angewiesen. Eine Umgehung der Anforderungen, die an eine Niederlassung gestellt werden können, ist in der Praxis damit vergleichsweise leicht möglich. Die fehlende instrumentelle Handhabe steht in einem Widerspruch zu Erwägungsgrund 79 der Dienstleistungsrichtlinie, der anknüpfend an die Rechtsprechung des EuGH[32] die Rechtsfigur des missbräuchlichen Gebrauchs von Grundfreiheiten[33] ausdrücklich anerkennt und damit auch die Bereitstellung von Sanktionsmechanismen nahegelegt hätte.

2. Vorrangige Regelungen der Berufsanerkennungsrichtlinie

Soweit es sich um Dienstleistungen handelt, die im Inland durch Angehörige von reglementierten Berufen erbracht werden, im vorliegenden Zusammenhang also durch zulassungspflichtige Handwerke, kommt Art. 5 Berufsanerkennungsrichtlinie zur Anwendung. Zu beachten ist dabei, dass es nach der Berufsanerkennungsrichtlinie auf die Reglementierung im Bestimmungsland ankommt. Voraussetzung für den Marktzugang ist nach Art. 5 Berufsanerkennungsrichtlinie eine zweijährige Berufsausübung desselben[34] Berufs, eine vergleichsweise anspruchslose Hürde.

---

[32] Siehe etwa *EuGH*, Slg. 1999, I-1459, Rn. 24 - Centros m.w.N. Praktisch bedeutsam ist z.B. der Fall, dass ein grenznah wohnhafter Unionsbürger seinen Wohnsitz über die Grenze verlegt um auf diese Weise Zugang zu einer Berufsausübung zu erlangen, die ihm als Inländer verwehrt wäre. Da die Berufsanerkennungsrichtlinie für Unionsbürger aus anderen Mitgliedstaaten jeweils niedrigere Qualifikationsanforderungen stellt als für Inländer, ist dies praktisch sehr bedeutsam.

[33] Siehe auch *Tietje*, Niederlassungsfreiheit, in: Ehlers (Hrsg.), Europäische Grundrechte und Grundfreiheiten, 2. Auf. 2005, § 10, Rn. 24 ff.

[34] Zur Klärung der Frage, was unter demselben Beruf zu verstehen ist, gibt Art. 4 Abs. 2 Berufsanerkennungsrichtlinie eine Orientierung (unmittelbar anwendbar ist die Regelung nicht). Dort heißt es: „Für die Zwecke dieser Richtlinie ist der Beruf, den der Antragsteller im Aufnahmemit-

Soweit die Berufsanerkennungsrichtlinie zur Anwendung kommt unterliegt der Dienstleister nach Art. 5 Abs. 3 den „berufsständischen, gesetzlichen und verwaltungsrechtlichen Berufsregeln, die dort in unmittelbarem Zusammenhang mit den Berufsqualifikationen für Personen gelten, die denselben Beruf wie er ausüben“. Zur Anwendung kommen auch die „dort geltenden Disziplinarbestimmungen“. Solche Bestimmungen sind „etwa Regelungen für die Definition des Berufs, das Führen von Titeln und schwerwiegende berufliche Fehler in unmittelbarem und speziellem Zusammenhang mit dem Schutz und der Sicherheit der Verbraucher“. Die Berufsanerkennungsrichtlinie folgt damit in Bezug auf das Marktverhalten der Dienstleister mit einer gewissen inhaltlichen Auflockerung (Begrenzung auf schwerwiegende Fehler) dem Bestimmungslandprinzip.[35]

Weiter bestehen nach Maßgabe der Regelungen des Bestimmungslandes auch besondere Meldepflichten nach Art. 7 der Richtlinie sowie die Möglichkeit der Etablierung einer Pro-Forma-Mitgliedschaft in einer Berufskammer nach Art. 6 lit. a).[36] Dadurch wird die Aufsicht über den Dienstleister wesentlich erleichtert.

3. Vorgaben für Beschränkungen der Dienstleistungsfreiheit gem. Art. 16 DLRL

a) Die bisherige Rechtsprechung des EuGH zur Beschränkung der Dienstleistungsfreiheit

Bereits in seinem für den Bereich der Dienstleistungsfreiheit grundlegenden Urteil im Fall van Binsbergen hat der EuGH ausgeführt, dass durch das Allgemeininteresse gerechtfertigte Berufsregelungen der Mitgliedstaaten durchaus mit Art. 49 EGV vereinbar sein können.[37] Eine wichtige Funktion der Grundfreiheiten besteht aber darin, solche Beschränkungen einem Rechtfertigungserfordernis zu unterwerfen. Aufgabe der Schrankendogmatik ist es, die materiellen Anforderungen der zulässigen Beschränkungen näher zu bestimmen. Dabei ist zwischen den verschiedenen Gewährleistungsgehalten der Dienstleistungsfreiheit zu differenzieren.

---

gliedstaat ausüben möchte, derselbe wie derjenige, für den er in seinem Herkunftsmitgliedstaat qualifiziert ist, wenn die Tätigkeiten, die er umfasst, vergleichbar ist“.

[35] Siehe zu weiteren Einzelheiten *Kluth/Rieger*, EuZW 2005, 486 (488 ff.).

[36] Mit der Ermöglichung einer Pro-Forma-Mitgliedschaft bzw. einer automatischen Mitgliedschaft mildert die Dienstleistungsrichtlinie die Folgen der Corsten-Entscheidung des *EuGH*, Rs. C-58/98, Slg. 2000, I-7919, Rn. 33 - Corsten. Praktisch bedeutsam ist dies vor allem für reglementierte Berufe, bei denen das Berufsrecht teilweise auf Satzungen der Kammern beruht, die ihrerseits nur für Mitglieder gelten.

[37] *EuGH*, Rs. 33/74, Slg. 1974, 1299, Rn. 10/12 - van Binsbergen.

Trotz der unterschiedlichen sachlichen Reichweite und der strukturellen Abweichungen der einzelnen Grundfreiheiten kann auf der Grundlage der bisherigen Rechtsprechung des EuGH[38] heute von einer jedenfalls in den Grundzügen gemeinsamen Schrankensystematik gesprochen werden. Diese ist durch folgende Systemelemente gekennzeichnet:

(1) Es besteht – vorbehaltlich des Art. 46 Abs. 1 EGV – ein absolutes Verbot offener Diskriminierungen aus Anlass der Staatsangehörigkeit;
(2) sonstige Beschränkungen sind nur aus zwingenden Gründen des Allgemeininteresses zulässig;
(3) sie müssen geeignet sein, die Verwirklichung des mit ihnen verfolgten Zieles zu gewährleisten;
(4) sie dürfen nicht über das hinausgehen, was zur Erreichung des Zieles erforderlich ist (Verhältnismäßigkeit).[39]

Bei der Anwendung dieser Rechtfertigungsvoraussetzungen gelten die gleichen Grundsätze wie bei den übrigen Grundfreiheiten. So müssen die angeführten Rechtfertigungsgründe kumulativ vorliegen. Eine Besonderheit stellen lediglich die geringeren Anforderungen an die Geeignetheit und Erforderlichkeit von beschränkenden Maßnahmen in den so genannten sensiblen Dienstleistungssektoren dar. Darunter versteht der EuGH Dienstleistungen, bei denen dem Verbraucherschutz eine besonders große Bedeutung zukommt, so dass den Mitgliedstaaten zu seiner Verwirklichung, insbesondere bei Genehmigungs- und Kontrollerfordernissen, eine größere Gestaltungsfreiheit eingeräumt wird. Als besonders sensibel wurden von der Rechtsprechung u.a. der Bankensektor,[40] Versicherungen[41] sowie die Tätigkeit von Wirtschaftsprüfern[42] und Zeitarbeitsunternehmen[43] eingestuft. Etwas anderes soll nur gelten, wenn die betreffenden Lebensbereiche bereits umfassend harmonisiert wurden, da in diesen Fällen die Belange des Verbraucherschutzes durch die gemeinschaftsrechtlichen Vorgaben mit erfasst sind.

Als zwingende Gründe des Allgemeininteresses, die eine Beschränkung der Dienstleistungsfreiheit rechtfertigen können, hat der EuGH in seiner bisherigen Rechtsprechung neben den Berufsregeln[44] den Schutz des geistigen Eigentums,[45] den Schutz der Arbeitnehmer,[46] den Schutz der Verbraucher,[47] die Kul-

---

[38] S. *EuGH*, Rs. C-19/92, Slg. 1993, I-1663, Rn. 32 - Kraus; Rs. C-55/94, Slg. 1995, I-4165, Rn. 37 - Gebhard; Rs. C-272/94, Slg. 1996, I-1905, Rn. 11 - Guiot; Rs. C-369/96, Slg. 1999, I-8453, Rn. 34 - Arblade.

[39] *EuGH*, Rs. C-3/95, Slg. 1996, I-6511, Rn. 28 m. w. N. - Reisebüro Broede; Rs. C-369/96, Slg. 1999, I-8453, Rn. 35 - Arblade. S. auch *Kingreen*, Die Struktur der Grundfreiheiten des Europäischen Gemeinschaftsrechts, 1999, S. 168 ff.

[40] *EuGH*, Rs. C-222/95, Slg. 1997, I-3899 - Parodi.

[41] *EuGH*, Rs. 205/84, Slg. 1986, 3755 - Kommission/Italien.

[42] *EuGH*, Rs. C-106/91, Slg. 1992, I-3351 - Ramrath.

[43] *EuGH*, Rs. 279/80, Slg. 1981, 3305 - Webb – hier erstmalige Verwendung des Ausdrucks.

[44] *EuGH*, Verb. Rs. 110 und 111/78, Slg. 1979, 35, Rn. 28 - Van Wesemael.

[45] *EuGH*, Rs. 62/79, Slg. 1980, 881 - Coditel.

turpolitik,[48] die Erhaltung des nationalen historischen und künstlerischen Erbes,[49] sowie die Aufwertung der archäologischen, historischen und künstlerischen Reichtümer und die bestmögliche Verbreitung von Kenntnissen über das künstlerische und kulturelle Erbe des Landes[50] anerkannt.[51]

Weiter hat der EuGH in der Entscheidung Säger entschieden, dass für eine Tätigkeit, durch die ein Verfall gewerblicher Schutzrechte verhindert werden soll, eine besondere berufliche Qualifikation nicht verlangt werden darf.[52] In der Entscheidung Reisebüro Broede hat er die Beschränkung der gerichtlichen Inkassotätigkeit auf Rechtsanwälte als durch Gründe des Verbraucherschutzes gerechtfertigt angesehen.[53]

In der Entscheidung Omega hat der EuGH im Zusammenhang mit einem Franchise-Vertrag zum Betrieb von sog. „Laserdromen", die eine spielerische Simulation von Tötungshandlungen an Menschen ermöglichen, auch die Menschenwürde als Schranke der Dienstleistungsfreiheit anerkannt.[54] Der EuGH hat zugleich klargestellt, dass dies auch dann der Fall ist, wenn nicht in den Rechtsordnungen aller Mitgliedstaaten im konkreten Fall eine Verletzung der Menschenwürde angenommen wird.[55] Dadurch wird zugleich Rücksicht auf die jeweiligen besonderen Traditionen der mitgliedstaatlichen Rechtsordnungen im Sinne von Art. 6 Abs. 3 EUV genommen.[56]

Umstritten ist, ob auch Regelungen, die nur einen mittelbaren Bezug zur gewerblichen Betätigung aufweisen, am Maßstab der Art. 49, 50 EGV zu messen sind, wie z. B. Regelungen über den Grundstückserwerb, die Raummiete oder die Kreditvergabe.[57] In der Eurowings-Entscheidung hat der EuGH im Zusammenhang mit dem Leasing deutlich herausgestellt, dass auch innerstaatliche Steuervorschriften, die die Nachfrage von Dienstleistungen bei inländi-

---

[46] *EuGH*, Rs. 279/80, Slg. 1981, 3305, Rn. 19 - Webb; Rs. C-113/89, Slg. 1990, I-1417, Rn. 18 - Rush Portuguesa; Rs. C-272/94, Slg. 1996, I-1905, Rn. 16 - Guiot.

[47] *EuGH*, Rs. 220/83, Slg. 1986, 3663, Rn. 20 - Kommission/Frankreich.

[48] *EuGH*, Rs. C-353/89, Slg. 1991, I-4069, Rn. 30 - Kommission/Niederlande.

[49] *EuGH*, Rs. C-180/89, Slg. 1991, I-709, Rn.20 - Kommission/Italien.

[50] *EuGH*, Rs. C-154/89, Slg. 1991, I-659, Rn. 17 - Kommission/Frankreich.

[51] S. auch *Randelzhofer/Forsthoff*, in: Grabitz/Hilf, EUV/EGV, Loseblatt, Stand: April 2007, Art. 60, Rn. 20 ff.

[52] *EuGH*, Rs. C-76/90, Slg. 1991, I-4221, Rn. 18 ff. - Säger.

[53] *EuGH*, Rs. C-3/95, Slg. 1996, I-6511, Rn. 38 ff. - Reisebüro Broede.

[54] *EuGH*, Rs. C-36/02, Slg. 2004, I-9609, Rn. 34 - Omega. Siehe dazu auch den Vorlagebeschluss BVerwGE 115, 189 und dazu (inhaltlich ablehnend) *Aubel*, Die Verwaltung 37 (2004), 299 (250 ff.).

[55] *EuGH*, Rs. C-36/02, Slg. 2004, I-9609, Rn. 37 ff. - Omega. Dazu *Frenz*, NVwZ 2005, 48 ff.

[56] Allerdings nimmt der EuGH eine Verhältnismäßigkeitskontrolle vor, so dass die Anerkennung des Absolutheitsanspruchs des Art. 1 Abs. 1 GG ihrerseits relativiert wird; vgl. *Frenz*, NVwZ 2005, 48 (50). Siehe zum Ganzen vertiefend *von Papp*, Die Integrationswirkung von Grundrechten in der Europäischen Gemeinschaft, 2007, S. 210 ff.

[57] Ablehnend: *Roth*, in: Dauses (Hrsg.), Handbuch des EU-Wirtschaftsrechts, Loseblatt, Stand: Juni 2007, Abschnitt E. I, Rn. 148.

schen Anbietern begünstigen, an Art. 49 EGV zu messen sind.[58] Derartige Regelung können in der Regel nicht unter Berufung auf das Prinzip der steuerlichen Kohärenz oder unter Hinweis auf die geringere steuerliche Belastung in dem anderen Mitgliedstaat gerechtfertigt werden.[59]

Verlangt das nationale Recht den Nachweis besonderer Sicherheitsleistungen (Nachweis von Eigenkapital, Hinterlegungen, Bürgschaften) so muss eine im Heimatstaat getroffene Regelung bzw. erbrachte Sicherheit berücksichtigt werden.[60] Das gleiche gilt für steuerliche Regelungen die Inländer begünstigen.[61] Insoweit besteht ein Verbot der Doppelregelung oder Doppelbelastung.[62] Beschränkungen können in diesen Fällen auch durch den Heimatstaat des Dienstleistenden erlassen werden.[63] In diesen Fällen gelten die gleichen Grundsätze wie bei einer Beschränkung durch den Mitgliedstaat, in dem die Dienstleistung erbracht wird.

b) Ausschluss von Rechtsfertigungsgründen nach Art. 16 Abs. 2 DLRL

Die Dienstleistungsrichtlinie setzt wichtige Teile dieser differenzierten Rechtsprechung des EuGH sekundärrechtlich um und verfestigt sie damit zugleich. Diese geschieht namentlich in Art. 16 Abs. 2, der einen Katalog von absoluten Verboten aufführt, die sich in der Rechtsprechung des EuGH finden. Konkret verboten sind damit:

- die Verpflichtung des Dienstleisters, im Hoheitsgebiet eine Niederlassung zu unterhalten (weit verstandene Residenzpflicht);
- die Begründung einer Genehmigungspflicht (i.S. einer Eröffnungskontrolle) einschließlich der Verpflichtung zur Eintragung in ein Register oder zur Mitgliedschaft in einem Berufsverband oder einer Berufsvereinigung (Umsetzung der Corsten-Entscheidung des EuGH), soweit nicht in anderen Rechtsvorschriften der Gemeinschaft anderes bestimmt ist (z.B. Art. 6 lit. a Berufsanerkennungsrichtlinie);
- die Untersagung der Errichtung einer bestimmten Form oder Art von Infrastruktur (u.a. Geschäftsräume, Kanzlei etc.);

---

[58] *EuGH*, Rs. C-294/97, Slg. 1999, I-7447, Rn. 25 ff. - Eurowings. Dazu *Saß*, DB 2000, 176 ff.; *Scheffler*, DB 2000, 735 ff.; *Wachter*, IStR 1999, 689 ff.

[59] *EuGH*, Rs. C-294/97, Slg. 1999, I-7447, Rn. 41, 43 - Eurowings. S. auch *EuGH*, Rs. C-55/98, Slg. 1999, I-7641 - Vestergaard.

[60] *EuGH*, Rs. C-272/94, Slg. 1996, I-1905, Rn. 17 ff. - Guiot. S. auch *Bungert*, IStR 1993, S. 481 ff.

[61] *EuGH*, Rs. C-300/90, Slg. 1992, I-305, Rn. 22 ff. - Kommission/Belgien; Rs. C-484/93, Slg. 1995, I-3955, Rn. 15, 19 - Svensson und Gustavsson. S. auch *Rademacher*, ZRP 1996, 471 ff.

[62] *Tiedje/Troberg*, in: von der Groeben/Schwarze, EUV/EGV, 6. Aufl. 2003, Art. 59, Rn. 18. S. auch *EuGH*, Rs. C-272/94, Slg. 1996, I-1905, Rn. 14 ff. – Guiot.

[63] *EuGH*, Rs. C-384/93, Slg. 1995, I–1141, Rn. 30 - Alpine Investment.

- sonstige die Beziehung zum Dienstleistungsempfänger behindernde Regelungen;
- die Pflicht zur Ausstellung eines besonderen Ausweises;
- beschränkende Vorschriften in Bezug auf verwendete Ausrüstungsgegenstände und Materialien, es sei denn, diese Anforderungen sind für den Schutz der Gesundheit und die Sicherheit am Arbeitsplatz notwendig.

Überprüft man das deutsche Handwerks- und Gewerberecht in Bezug auf Fälle der Dienstleistung i.S.d. Art. 49/50 EGV an diesen Vorgaben, so ist festzustellen, dass für diese Betätigungsform weder Residenzpflichten begründet werden, noch die Einrichtung von Infrastruktureinrichtungen untersagt wird. Allerdings wird in der Praxis bei der Abgrenzung von Niederlassung und Dienstleistung noch deutlicher als bislang zu beachten sein, dass die Existenz einer Infrastruktur alleine noch kein hinreichender Beleg für eine Niederlassung ist. Umgekehrt ist es aber auch nicht falsch, wenn die Wirtschaftsaufsicht in der Existenz von Geschäftsräumen ein bedeutendes Indiz für eine Niederlassung sieht. Dies ist die Folge der allgemeinen Schwierigkeit der Abgrenzung beider Grundfreiheiten.

Die Kammermitgliedschaft knüpft sowohl nach § 90 Abs. 2 HwO als auch nach § 2 IHKG nur (noch) an die Niederlassung an, so dass die Vorgabe des Art. 16 Abs. 2 lit. b) DLRL erfüllt ist. Zugleich ist zu beachten, dass der Gesetzgeber für zulassungspflichtige Handwerke nach Art. 6 lit. a) eine Pro-Forma-Mitgliedschaft bzw. automatische Mitgliedschaft einführen könnte. Zudem bestehen für zulassungspflichtige Handwerke die Meldepflichten nach der Berufsanerkennungsrichtlinie.

Da auch sonstige beschränkende Regelungen nicht ersichtlich sind, genügt das deutschen Handwerks- und Gewerberecht den Vorgaben des Art. 16 Abs. 2 DLRL.

c) Verschärfung der Beschränkungsmöglichkeiten durch Art. 16 Abs. 3 DLRL

Die den Mitgliedstaaten verbleibenden Gestaltungs- und Beschränkungsmöglichkeiten regelt Art. 16 Abs. 3 DLRL. Danach können die Mitgliedstaaten für die Erbringung von Dienstleistungen (nur) Anforderungen stellen, „die aus Gründen der öffentlichen Ordnung, der öffentlichen Sicherheit, der öffentlichen Gesundheit oder des Schutzes der Umwelt gerechtfertigt sind". Zudem können die Mitgliedstaaten ihre Bestimmungen über Beschäftigungsbedingungen einschließlich tarifvertraglicher Regelungen zur Anwendung bringen. Diese Schrankenregelung knüpft an Art. 55 i.V.m. Art. 46 EGV an und stellt gegenüber der Rechtsprechung des EuGH im Bereich des allgemeinen Beschränkungsverbotes eine Verschärfung dar, die in der Literatur als das wesentliche Liberalisierungspotenzial der Richtlinie bezeichnet wird.[64]

Die Regelung ist klar und eindeutig. Anfragen an ihren Anwendungsbereich stellen sich aber ein, sobald man Art. 50 Abs. 2 EGV in den Blick nimmt. Danach wird dem Dienstleister (nur) gewährleistet, die Leistung „unter den Voraussetzungen, welche dieser Staat (= das Bestimmungsland) für seine eigenen Angehörigen vorschreibt“ erbringen zu können. Hier wird das Prinzip der Inländergleichbehandlung statuiert und zwar für das Marktverhalten. Während die Berufsanerkennungsrichtlinie in Art. 5 Abs. 3 dieser Vorgabe explizit folgt, scheint Art. 16 Abs. 3 DLRL jedenfalls bei Regelungen, die nicht der Umsetzung der vier angeführten Schutzgüter dienen, einen anderen, strengeren Maßstab zugrunde zu legen. Das wirft die doppelte Frage auf, ob die Gemeinschaftsorgane selbst bei ihrer Rechtsetzung an die Grundfreiheiten gebunden sind[65] und inwieweit von Art. 50 Abs. 2 EGV eine Bindungswirkung ausgeht, die das Bestimmungslandprinzip für das Marktverhaltensrecht vorschreibt.[66] Beide Fragen können an dieser Stelle nicht grundsätzlich diskutiert und entschieden, sondern nur als solche angesprochen werden.

Befürchtungen, dass die enge Fassung des Art. 16 Abs. 3 DLRL vor allem mitgliedstaatliche Regelungen des Verbraucherschutzes aushebelt ist entgegen zu halten, dass diese Einschränkungen für besonders sensiblen Dienstleistungen nicht gilt, da diese durchweg von Angehörigen reglementierter Berufe erbracht werden, für die in der Berufsanerkennungsrichtlinie eine abweichende Regelung getroffen wurde. Für die übrigen Bereiche ist darauf hinzuweisen, dass durch entsprechende Richtlinien Mindeststandards des Verbraucherschutzrechts in allen Mitgliedstaaten vorgegeben sind, so dass es zwar zu einer Nivellierung, nicht aber zu einem vollständigen Wegfall entsprechender Schutzmechanismen kommt. Zudem kann der Verbraucher im Rahmen des Vertragsabschlusses das inländische Recht zur Anwendung bringen und auf diesem Wege das Bestimmungslandprinzip durchsetzen. An dieser Stelle greift auch die in Art. 21 DLRL verankerte Pflicht zur Unterstützung der Dienstleistungsempfänger ein, die in Absatz 1 lit. a) den Verbraucherschutz ausdrücklich anführt.

---

[64] *Hatje*, NJW 2007, 2357 (2362).

[65] Siehe dazu nur *Ehlers*, Allgemeine Lehren, in: ders. (Hrsg.), Europäische Grundrechte und Grundfreiheiten, 2. Auf. 2005, § 7, Rn. 44, 7 m.w.N. Richtig erscheint mir die Annahme einer Bindung auch der Gemeinschaftsorgane an die Grundfreiheiten.

[66] Von einer Bindungswirkung ist m.E. jedenfalls für Richtlinien nach Art. 55 EGV auszugehen, während für weitergehende nach Art. 53 EGV eine Überwindung dieser Grenze angenommen werden kann.

4. Anforderungen an Beschränkungen gem. Art. 18 DLRL

Nach Art. 18 DLRL sind im Einzelfall Ausnahmen (d.h. Beschränkungen) möglich, soweit die in Absatz 2 angeführten Voraussetzungen vorliegen. Danach darf das betreffende Berufsrecht nicht harmonisiert sein und die Maßnahme muss dem Verbraucherschutz dienen. Für Dienstleistungen in den Bereichen Handwerk und Gewerbe kommt als gesetzliche Grundlage für solche Maßnahme die Generalklausel in § 35 GewO in Betracht. Bei deren Anwendung müssen die Kriterien des Art. 18 DLRL zur Konkretisierung des unbestimmten Rechtsbegriffs der Unzuverlässigkeit[67] in § 35 Abs. 1 GewO hinreichend berücksichtigt werden. Der Einführung eines weiteren besonderen Ermächtigungstatbestandes bedarf es nicht.

IV. Auswirkungen in Fällen der Niederlassung gem. Art. 43 EGV

1. Verhältnis zu den Regelungen der Berufsanerkennungsrichtlinie

Auch für die Falle einer dauerhaften Niederlassung bedarf es bei reglementierten Berufen einer Klärung des Verhältnisses der Dienstleistungsrichtlinie zur Berufsanerkennungsrichtlinie. Insbesondere ist zu klären, ob bei reglementierten Berufen die Art. 9 bis 15 DLRL zur Anwendung kommen. Abzustellen ist dabei auf die Zielsetzung der Regelungen.

Die Berufsanerkennungsrichtlinie enthält keine homogene Regelungsstruktur. Vielmehr ist zwischen den Regelungen in Bezug auf reglementierte Berufe, die zuvor Gegenstand einer sektoralen Harmonisierung waren und in diesem „Zustand" in die allgemeine Berufsanerkennungsrichtlinie überführt wurden und den sonstigen reglementierten Berufen, in Bezug auf die eine solche Harmonisierung nicht vorgenommen wurde, zu unterscheiden. Die Unterscheidung ist bereits für die Anwendung der Mechanismen der Berufsanerkennungsrichtlinie relevant, da die in Art. 21 vorgesehene automatische Anerkennung sich nur auf die zuvor harmonisierten Berufe bezieht. In den übrigen Fällen bedarf es eines Anerkennungsverfahrens nach den Vorgaben der Art. 10 ff. Berufsanerkennungsrichtlinie.[68]

Die mit Art. 9 ff. DLRL verfolgte Zielsetzung einer Deregulierung des Berufsrechts der Mitgliedstaaten lässt sich nur dort verwirklichen, wo die Mitgliedstaaten über die entsprechende Gestaltungsfreiheit verfügen. Daran fehlt es, soweit das jeweilige Berufsrecht gemeinschaftsrechtlich vorgegeben ist, wie bei den harmonisierten Berufen nach Art. 24 ff. Berufsanerkennungsricht-

---

[67] Dazu Einzelheiten bei *Tettinger*, in: Tettinger/Wank, GewO, 7. Aufl. 2004, § 35, Rn. 26 ff.; *Ziekow*, Öffentliches Wirtschaftsrecht, 2007, § 10, Rn. 41 ff.

[68] Dazu näher *Kluth/Rieger*, EuZW 2005, 486 (487 ff.).

linie. Diese sind deshalb von der Überprüfung nach den Art. 9 bis 15 DLRL ausgenommen. Praktisch relevant wird das aber nur für die Architekten (Art. 46 ff.), da es sich bei den übrigen Berufen um Gesundheitsberufe handelt, die ohnehin vom Anwendungsbereich der Dienstleistungsrichtlinie gem. Art. 2 Abs. 2 lit. f) ausgenommen sind. Die Argumentation gilt dafür aber entsprechend für Rechtsanwälte.

Für die übrigen reglementierten Berufe und damit auch für die zulassungspflichtigen Handwerke schließt die Erfassung durch die Berufsanerkennungsrichtlinie die Anwendung der Überprüfungspflichten nach Art. 9 bis 15 DLRL nicht aus, da es insoweit an einem gemeinschaftsrechtlich vorgegebenen Berufsrecht fehlt, die Mitgliedstaaten insoweit über Gestaltungsfreiheit und –verantwortung verfügen.

2. Rechtfertigung von Genehmigungsvorbehalten (Art. 9 DLRL)

In Art. 9 Abs. 1 DLRL wird eine allgemeine Rechtfertigungspflicht für Genehmigungsregelungen in Form einer Eröffnungskontrolle statuiert, wie sie nicht nur bereits bislang aus Art. 43 EGV folgt,[69] sondern auch im deutschen Wirtschaftsverwaltungsrecht nach Art. 12 Abs. 1 GG besteht.[70] Der Gleichklang erstreckt sich auch auf die drei explizit angeführten Voraussetzungen: (1) die Genehmigungsregelung darf nicht diskriminierend sein; (2) sie muss durch zwingende Gründe des Allgemeininteresses gerechtfertigt sein; (3) das angestrebte Ziel kann nicht durch ein milderes Mittel erreicht werden, insbesondere nicht durch eine nachträgliche Kontrolle, weil diese zu spät erfolgen würde, um wirksam zu sein. Der Unterschied besteht jedoch in der Anwendung vor allem des dritten Grundsatzes, da das Bundesverfassungsgericht dem parlamentarischen Gesetzgeber auf Grund seiner unmittelbaren demokratischen Legitimation einen Gestaltungsspielraum zugesteht,[71] den die EU-Kommission[72] bei der Beurteilung mitgliedstaatlicher Regelungen in der Regel nicht anerkennt.[73]

Bei der Bestimmung des Anwendungsbereichs der Regelung ist die Begriffsbestimmung in Art. 4 Nr. 6 DLRL zugrunde zu legen. Danach ist Genehmigungsregelung „jedes Verfahren, das einen Dienstleistungserbringer oder –

[69] *Ziekow*, GewArch. 2007, 217.

[70] *BVerfG* NVwZ 1992, 53: Ein Verbot mit Erlaubnisvorbehalt bedarf auch dann einer ausreichenden Rechtfertigung, wenn in der Regel die Zulassung erteilt wird. Siehe auch *Gromitsaris*, VerwArch 88 (1997), S. 52 ff. Zur wirtschaftsverwaltungsrechtlichen Systematik der Genehmigungspflichten vgl. *Ziekow*, Öffentliches Wirtschaftsrecht, 2007, § 5, Rn. 11 ff.

[71] Siehe dazu auch *Kluth*, ZHR 162 (1998), 657 (672 f.).

[72] Etwas anders verhält es sich, wenn der EuGH die Konkretisierung von Beschränkungen der Grundfreiheiten überprüft. In diesen Fällen wird den Mitgliedstaaten zuweilen ein Gestaltungsspielraum zuerkannt; siehe *von Papp*, Die Integrationswirkung von Grundrechten in der Europäischen Gemeinschaft, 2007, S. 213 ff.

[73] So auch *Ziekow*, GewArch 2007, 217.

empfänger verpflichtet, bei einer zuständigen Behörde eine förmliche oder stillschweigende Entscheidung über die Aufnahme oder Ausübung einer Dienstleistungstätigkeit zu erwirken". Zu berücksichtigen ist zudem Erwägungsgrund 39 in dem es heißt: „Der Begriff der Genehmigungsregelung sollte unter anderem die Verwaltungsverfahren, in denen Genehmigungen, Lizenzen, Zulassungen oder Konzessionen erteilt werden, erfassen sowie die Verpflichtung zur Eintragung bei einer Berufskammer oder in einem Berufsregister, einer Berufsrolle oder einer Datenbank, die Zulassung durch eine Einrichtung oder den Besitz eines Ausweises, der die Zugehörigkeit zu einem bestimmten Beruf bescheinigt, falls diese Voraussetzung dafür sind, eine Tätigkeit ausüben zu können."

Erfasst werden demnach echte Eröffnungskontrollen, aber auch Melde- und Anzeigepflichten soweit sie Voraussetzung für die legale Betätigung sind. Nicht erfasst werden selbständige Anzeigepflichten, die an die berufliche Betätigungen bzw. ihre Aufnahme anknüpfen, ohne aber für deren rechtmäßige Ausübung relevant zu sein. Das gilt etwa für steuerrechtliche oder sozialversicherungsrechtliche Anzeigepflichten.[74]

In Bezug auf jede Genehmigungsregelung muss der Nachweis erbracht werden, dass sie durch zwingende Gründe des Allgemeininteresses gerechtfertigt ist. Die Gründe des Allgemeininteresse sind hier thematisch weit zu verstehen und nicht auf die vier Schutzgüter des Art. 46 EGV beschränkt, da diese ansonsten wie an anderen Stellen der Richtlinie ausdrücklich angeführt worden wären. Demnach kommt hier insbesondere auch der Verbraucherschutz als Allgemeininteresse in Betracht.

Liegt ein Rechtfertigungsgrund vor, so muss zweitens nachgewiesen werden, dass diesem nur durch eine präventive Kontrolle und nicht durch eine nachträgliche Kontrolle wirksam umgesetzt werden kann. Konkret geht es damit um die Frage, ob eine zeitnahe Kontrolle nach § 38 GewO, ggf. in Verbindung mit einer Untersagung nach § 35 GewO, nicht eine ausreichend wirksame Kontrolle ermöglicht. Die Beurteilung hat sich strikt an denjenigen Zielsetzungen zu orientieren, die die Genehmigungspflicht rechtfertigen. Darüber hinaus gehende Erwägungen, wie etwa der Minderung des Verwaltungsaufwands oder die Verbindung mit der Erfüllung von Pflichten, die für sich betrachtet eine Eröffnungskontrolle nach Art. 9 Abs. 1 DLRL nicht rechtfertigen, reichen nicht aus. Das kann zur Folge haben, dass nicht nur für die Behörde, sondern auch für die Dienstleister der Verfahrensaufwand steigt, da sie in hö-

[74] Dass es schwierig ist, gegenüber Dienstleistern, die keiner Meldepflicht unterliegen, Steuerzahlungspflichten durchzusetzen, ist ein allgemeines, bereits heute bestehendes Problem, das durch die strikten Vorgaben in Art. 9, 10 DLRL allerdings verschärft wird. Da die Effektivität der Steuerverwaltung in den einzelnen Mitgliedstaaten sehr unterschiedlich ausgeprägt ist, vermag in diesem Bereich auch der Verweis auf die Kontrollen im Herkunftsland nicht zu überzeugen. Es bedarf deshalb letztlich einer grundlegenden Veränderung im Steuersystem, die eine wirksame Steuererhebung erleichtert.

herem Maße als bisher mit begleitenden und ggf. auch zeitlich nicht koordinierten behördlichen Kontrollen rechnen müssen. Sinnvoll wäre es deshalb, den Dienstleister frühzeitig darauf hinzuweisen,[75] welche nicht als Genehmigungsregelung zu qualifizierenden Melde- und Anzeigepflichten ihn treffen und ihm eine Abwicklung über den Einheitlichen Ansprechpartner zu ermöglichen. So könnte nicht nur der behördliche Verwaltungsaufwand für begleitende Kontrollen, sondern auch die damit verbundene „Störung" der Geschäftstätigkeit vermindert werden.

Im Zentrum der Überprüfung dürfte die auch in der deutschen Rechtsordnung seit Jahrzehnten umstrittenen[76] zulassungspflichtigen Handwerke nach Anlage A zur Handwerksordnung stehen. Die im Zuge der Handwerksnovelle 2003 vorgenommene Beschränkung der Zulassungspflicht auf gefahrengeneigte Tätigkeiten hat zwar durch die deutliche Beschränkung der sachlichen Reichweite des Großen Befähigungsnachweises und das Abstellen auf die Gefahrenabwehr zur Rechtfertigung der Zulassungspflichtigkeit[77] die argumentative Ausgangslage wesentlich verbessert. Gleichwohl wird man aber für jedes einzelne Handwerk eine tragfähige Begründung liefern müssen. Der Schwerpunkt der Rechtfertigungslast dürfte dabei in dem Nachweis liegen, dass eine zeitnahe repressive Kontrolle nach dem Vorbild des § 38 GewO nicht ausreichend wirksam ist.

Die Rechtfertigungsfähigkeit der präventiven Genehmigungspflichten der §§ 30 ff. GewO und im Gaststättenrecht wird in der Literatur allgemein in Zweifel gezogen.[78] Dem kann in dieser Allgemeinheit nicht gefolgt werden. So ist für das Betreiben von Privatkliniken eine vorherige Erlaubnis, wie sie § 30 GewO verlangt, ohne weiteres zu rechtfertigen. Das gleiche gilt für das Bewachungsgewerbe (§ 34e GewO) und – sogar gemeinschaftsrechtlich veranlasst[79] – die Versicherungsvermittlung (§ 34d GewO). Berechtigt erscheint die Kritik aber u.a. bezüglich der Tanzlustbarkeiten insbesondere aber auch bezüglich des Gaststättenrechts. Das zeigt sich u.a. daran, dass der Bundesgesetzgeber vor der Föderalismusreform die Absicht hatte, das Gaststättengesetz aufzuheben und durch einen Paragraphen in der Gewerbeordnung zu ersetzen, der das Betreiben einer Gaststätte als überwachungspflichtige Tätigkeit mit bloßer Anzeigepflicht ausgestalten sollte.[80] Dadurch wird naturgemäß auch die Recht-

---

[75] Dies kann bei einem ersten Kontakt mit den Einheitlichen Ansprechpartner oder auf den Internetseiten geschehen, die nach Art. 7 Abs. 3 DLRL einzurichten sind, um die Dienstleister über die rechtlichen Rahmenbedingungen einer Niederlassung im betreffenden Mitgliedstaat zu informieren.

[76] Dazu näher *Stober*, Besonderes Wirtschaftsverwaltungsrecht, 14. Aufl. 2007, S. 124 f.

[77] Dazu ausführlicher *Stober*, Besonderes Wirtschaftsverwaltungsrecht, 14. Aufl. 2007, S. 115 f., 122 f.

[78] *Ziekow*, GewArch 2007, 217.

[79] Richtlinie 2002/92/EG des Europäischen Parlaments und des Rates vom 9. Dezember 2002 über Versicherungsvermittlung, ABl.EU Nr. L 9/3. Dazu näher *Schönleiter*, GewArch 2007, 265 ff.

[80] *Böhme*, GewArch 2006, 185 ff.

fertigung einer zukünftigen Genehmigungspflicht für Gaststätten gegenüber der EU-Kommission erschwert. Diesem Umstand sollten auch die nunmehr für die Gesetzgebung zuständigen Länder[81] Rechnung tragen.

3. Genehmigungsvoraussetzungen (Art. 10 Abs. 1 u. 2 DLRL)

Während es nach deutschem Wirtschaftsverwaltungsrecht grundsätzlich zulässig ist, in ein Verfahren der Eröffnungskontrolle auch Anforderungen einzubeziehen, die für sich genommen eine Eröffnungskontrolle nicht rechtfertigen, steht nunmehr Art. 10 DLRL einer solchen Vorgehensweise entgegen. Danach muss jedes im Genehmigungsverfahren zu prüfende Tatbestandsmerkmal den in Art. 10 Abs. 2 DLRL angeführten Kriterien genügen.[82]

Diese Verschärfung wirkt sich vor allem dort aus, wo die Erteilung einer Genehmigung an den unbestimmten Rechtsbegriff der Zuverlässigkeit geknüpft ist, wie z.B. in den §§ 30 ff. GewO und in § 4 GastG.[83] Die Zuverlässigkeit wird negativ erfasst, also von den Voraussetzungen der Unzuverlässigkeit ausgehend definiert. Nach der ständigen Rechtsprechung des Bundesverwaltungsgerichts ist unzuverlässig, wer „nach dem Gesamteindruck seines Verhaltens nicht die Gewähr dafür bietet, dass er sein Gewerbe künftig ordnungsgemäß betreibt".[84] In der Praxis haben sich einzelne Fallgruppen herausgebildet, die das Vorliegen einer Unzuverlässigkeit indizieren.[85] Dazu gehören insbesondere Straftaten und Ordnungswidrigkeiten[86], Verstöße gegen steuer- und sozialversicherungsrechtliche Pflichten,[87] Verletzung anderer rechtliche Pflichten mit einem sachlichen Bezug zur gewerblichen Betätigung,[88] mangelnde wirtschaftliche Leistungsfähigkeit[89] und fehlende Eignung für das betreffende Gewerbe.[90] Das Hauptproblem dürfte bei diesen Fallgruppen weniger darin liegen, dass es sich nicht um einen zwingenden Grund des Allgemeininteresses handelt, sondern dass zweifelhaft ist, ob die maßgeblich von der Rechtsprechung geprägten Fallgruppen „klar und unzweideutig" (lit. d) sind

---

[81] Art. 74 Abs. 1 Nr. 11 GG; dazu *Kluth*, in: ders. (Hrsg.), Föderalismusreformgesetz, 2007, Art. 74, Rn. 39 ff.

[82] *Ziekow*, GewArch. 2007, 217 (218).

[83] Einzelheiten bei *Stober*, Besonderes Wirtschaftsverwaltungsrecht, 14 Aufl. 2007, S. 42 ff.; *Ziekow*, Öffentliches Wirtschaftsrecht, 2007, § 10, Rn. 41.

[84] BVerwGE 65, 1 (2); siehe auch *Laubinger/Repkewitz*, VerwArch 1998, 145 (148) m.w.N.; *Tettinger*, in: Tettinger/Wank, GewO, 7. Aufl. 2004, § 35, Rn. 26 ff.

[85] Übersichten bei *Ziekow*, Öffentliches Wirtschaftsrecht, 2007, § 10, Rn. 46 ff.

[86] Dabei muss ein sachlicher Bezug zum betreffenden Gewerbe vorliegen; vgl. *Tettinger*, in: Tettinger/Wank, GewO, 7. Aufl. 2004, § 35, Rn. 37; *VGH Mannheim*, GewArch. 1990, 253.

[87] BVerwGE 65, 1 (2). Dabei muss es sich um Rechtsverletzungen und Zahlungsrückstände von einigem Gewicht handeln, die nicht auf einen einmaligen Vorgang beschränkt sind.

[88] BVerwGE 42, 68 (70): Beschäftigung ausländischer Arbeitnehmer ohne Arbeitserlaubnis.

[89] BVerwGE 65, 1 (4); *BVerwG* GewArch. 1999, 72.

[90] Dabei geht es aber nur um elementare Voraussetzungen; vgl. *BVerwG* NJW 1961, 1834. Praktisch ist diese Fallgruppe kaum relevant.

und „im Voraus bekannt gemacht werden" (lit. f), wie es Art. 10 Abs. 2 DLRL verlangt. Der Gesetzgeber wird wohl gezwungen sein, wie dies bei einigen Normen ja auch bereits der Fall ist, die Gründe einer Unzuverlässigkeit konkret im Normtext der Genehmigungsregelungen anzuführen.

4. Keine Doppelprüfungen (Art. 10 Abs. 3 DLRL)

Unmittelbar an die Rechtsprechung des EuGH[91] knüpft die in Art. 10 Abs. 3 DLRL getroffene Regelung an, die so genannte Doppelprüfungen bzw. doppelte Nachweise untersagen. Gefordert wird nicht, dass die Behörden der Mitgliedstaaten auf jegliche Kontrolle verzichten, sondern lediglich, dass sie bei der Prüfung der Genehmigungsvoraussetzungen im Herkunftsland bereits erbrachte Nachweise etc. entsprechend berücksichtigen. In Erwägungsgrund 61 wird insoweit auf „gleichwertige Voraussetzungen" verwiesen. So können etwa die Ergebnisse einer körperlichern Untersuchung, die nicht zu lange zurückliegt, übernommen werden.

Zu berücksichtigen ist in diesem Kontext auch Art. 5 Abs. 3 DLRL, der eine Aussage dazu trifft, in welcher Form Nachweise zu erbringen sind. Nach Satz 2 dürfen die Mitgliedstaaten nicht verlangen, dass Dokumente eines anderen Mitgliedstaates im Original, in beglaubigter Kopie oder in beglaubigter Übersetzung vorgelegt werden, außer in den Fällen, in denen dies in anderen Gemeinschaftsrechtsakten vorgesehen ist, oder wenn zwingende Gründe des Allgemeininteresses, einschließlich der öffentlichen Ordnung und Sicherheit, dies erfordern. Daraus folgt, dass in Bezug auf Genehmigungserfordernisse, die nach Art. 9, 10 DLRL gerechtfertigt sind, entsprechende qualifizierte Dokumente verlangt werden können, da die Rechtfertigung der Genehmigung durch zwingende Gründe des Allgemeininteresses sich auch auf die Art des Nachweises der tatbestandlichen Voraussetzungen erstreckt.

5. Räumliche Geltung von Genehmigungen und Kammermitgliedschaft (Art. 10 Abs. 4 DLRL)

Das Gemeinschaftsrecht respektiert die interne Zuständigkeitsordnung der Mitgliedstaaten.[92] Dies kommt u.a. in Art. 10 Abs. 7 DLRL zum Ausdruck und auch Art. 6 Abs. 2 DLRL bekräftigt dies. Eine durch föderale und regionale Autonomie im Bereich der Wirtschaftsverwaltung geprägter Staat wie die Bundesrepublik Deutschland birgt aus dem Blickwinkel des Gemeinschafts-

---

[91] Siehe dazu *Randelzhofer/Forsthoff*, in: Grabitz/Hilf, EUV/EGV, Loseblatt, Stand: April 2007, Art. 43, Rn. 103.

[92] Siehe dazu allgemein *EuGH* Rs. 33/76, Slg. 1976, 1989, Rn. 5 - Rewe; *von Danwitz*, DVBl. 1998, 421 (429 ff.). Die Aussage, dass das Gemeinschaftsrecht die Staats- und Verwaltungsorganisation den Mitgliedstaaten überlässt, ist jedoch in dieser Allgemeinheit heute nicht mehr richtig. Siehe dazu im vorliegenden Zusammenhang auch *Ohler*, BayVBl. 2006, 261 ff.

recht aber die Gefahr, dass zwar grenzüberschreitendes Handeln vereinfacht wird, es innerhalb des Hoheitsgebiets zu Hindernissen kommt, wenn erforderliche Genehmigungen auf das Gebiet des erlassenden Bundeslandes bzw. regionalen Hoheitsträgers (Landkreis, Kammer) beschränkt wird. Vor diesem Hintergrund findet sich in Art. 10 Abs. 4 DLRL die normative Maßgabe, dass erteilte Genehmigungen grundsätzlich im gesamten Hoheitsgebiets des Mitgliedstaates, in dem sie erlassen wurden, gelten. Dies gilt auch für die Einrichtung von Agenturen, Zweigniederlassungen, Tochtergesellschaften oder Geschäftsstellen, „sofern nicht zwingende Gründe des Allgemeininteresses eine Genehmigung für jede einzelne Betriebsstätte oder eine Beschränkung der Genehmigung auf einen bestimmten Teil des Hoheitsgebiets rechtfertigen". Zu diesem Gesichtspunkt heißt es zudem in Erwägungsgrund, dass der Umweltschutz die Auflage rechtfertigen kann, eine Einzelgenehmigung für jede Anlage im nationalen Hoheitsgebiet einzuholen. Offen bleibt damit, in welchen weiteren Fällen für Zweigniederlassungen und ähnliche betriebliche Dependancen weitere Genehmigungen verlangt werden dürfen. Entscheidend dürfte sein, dass die jeweiligen regionalen Umstände eine neue Sachentscheidung erforderlich machen.

Eindeutig dürfte auch sein, dass in Fällen, in denen ein Bundesland keine Genehmigung verlangt, diese nicht bedeutet, dass Zweigniederlassungen in anderen Bundesländern, die eine Genehmigungspflicht vorsehen, ohne eine solche Genehmigung möglich ist. Voraussetzung für die Berufung auf Art. 10 Abs. 4 DLRL ist die Existenz einer Genehmigung.

Schwieriger ist die Beantwortung der weiteren Frage, ob aus Art. 10 Abs. 4 DLRL in Zukunft eine Beschränkung der Kammermitgliedschaft auf den Hauptstandort bzw. den zuerst begründeten Standort folgt.[93] Dagegen spricht, dass die Kammermitgliedschaft maßgeblich der auf die Region bezogenen Interessenvertretung dient und den ansässigen Unternehmen die Möglichkeit der Mitgestaltung und Mitverwaltung an den sie betreffenden Angelegenheiten eröffnet.[94] Deshalb wäre ein Ausschluss diskriminierend.[95] Die Kammermitgliedschaft stellt deshalb einen zwingenden Grund des Allgemeininteresses dar, wenn man an dieser Stelle die Kammermitgliedschaft überhaupt vom Regelungsgehalt erfasst sieht.[96] Im Ergebnis ist deshalb die gesetzliche Pflichtmitgliedschaft in den regional verfassten Wirtschaftskammern (Industrie- und Handelskammern und Handwerkskammern) mit Art. 10 Abs. 4 DLRL vereinbar.

---

[93] In diese Richtung *Ziekow*, GewArch 2007, 217 (218).

[94] Siehe dazu näher *Kluth*, Die Verwaltung 35 (2002), 349 ff.

[95] *Kluth*, Verfassungsfragen der Privatisierung von Industrie- und Handelskammern, 1997, S. 30 ff.

[96] Dagegen spricht, dass es um die Erstreckung des materiellen Regelungsgehaltes und nicht um die Mitgliedschaft in einer Organisation geht, die nur die Region zuständig ist.

6. Geltungsdauer von Genehmigungen (Art. 11 DLRL)

Keinen Änderungsbedarf im Handwerks- und Gewerberecht dürfte Art. 11 DLRL auslösen, der verlangt, dass Genehmigungen grundsätzlich nicht befristet erteilt werden. Das entspricht den normativen Vorgaben sowohl der Handwerksordnung als auch der Gewerbeordnung für den Normalfall. Ausdrücklich klargestellt wird in Absatz 4, dass die Widerrufsmöglichkeit dadurch nicht tangiert ist.

Zu beachten ist weiterhin, dass nach Art. 11 Abs. 3 DLRL die Mitgliedstaaten verpflichtet sind, den Dienstleistungserbringern Informationspflichten gegenüber dem Einheitlichen Ansprechpartner(!) aufzuerlegen. Diese beziehen sich auf die Gründung einer Tochtergesellschaft, deren Tätigkeit der Genehmigungsregelung unterworfen ist sowie der Änderung der Situation, die dazu führen kann, dass die Voraussetzungen für die Erteilung der Genehmigung nicht mehr erfüllt sind. Zur Umsetzung bedarf es wegen des besonderen Adressaten der Informationspflicht entsprechender Ergänzungen in beiden Gesetzen.

7. Bewerberauswahl bei Ressourcenknappheit (Art. 12 DLRL)

Vor allem im Bereich der kommunalen Dienstleistungen kommt es immer wieder vor, dass die Zahl der Genehmigungen, die für die Erbringung von Leistungen der örtlichen Daseinsvorsorge[97] oder bei der Durchführung von Messen und Märkten[98] erteilt werden, aus natürlichen (zur Verfügung stehender Raum) oder technischen Gründen beschränkt ist.[99] In diesem Fällen muss ein „neutrales und transparentes Verfahren zur Auswahl der Bewerber“ durchgeführt werden, dessen Eröffnung, Ablauf und Ausgang angemessen bekannt zu machen ist.[100]

Eine rudimentäre Regelung für Auswahlverfahren existiert für das allgemeine Gewerberecht bislang (nur) in Gestalt des § 70 GewO für die Zulassung zu Messen und Märkten, die aber auch nicht allen Anforderungen des Art. 11

---

[97] So genannte Dienstleistungskonzessionen; siehe dazu *Burgi*, Die Dienstleistungskonzession ersten Grades, 2004.

[98] Bislang noch in §§ 64 ff. GewO geregelt; siehe dazu *Stober*, Besonderes Wirtschaftsverwaltungsrecht, 14 Aufl. 2007, S. 88 ff. Durch die Föderalismusreform sind nunmehr die Länder gem. Art. 74 Abs. 1 Nr. 11 GG zuständig; siehe *Kluth*, in: ders. (Hrsg.), Föderalismusreformgesetz, 2007, Art. 74, Rn. 39 ff.

[99] Nicht von Art. 12 DLRL erfasst werden demnach sozial oder (wirtschafts-)politisch motivierte Verknappungen; dies ergibt sich auch aus Erwägungsgrund 62. Zur Rechtfertigung solcher Verknappungen *Kupfer*, Die Verteilung knapper Ressourcen im Wirtschaftsverwaltungsrecht, 2005, S. 108 ff., 541 ff.

[100] Zu den Anforderungen an die Bekanntmachung *Burgi*, NZBau 2006, 610 ff.; *Bohne/Heinbuch*, NVwZ 2006, 489 ff.

DLRL genügt.[101] Sie muss nach dem Übergang der Gesetzgebungskompetenz für diese Materie auf die Bundesländer ohnehin ersetzt werden, sobald ein Land von seiner Gesetzgebungsbefugnis Gebrauch macht. Es erscheint deshalb sinnvoll, in diesem Zusammenhang eine neue und umfassendere Regelung zu schaffen, die auch für andere Bereiche, wie z.B. die Zulassung zu kommunalen öffentlichen Einrichtungen zur Anwendung kommen kann. Es liegt nahe, zu diesem Zweck in den Verwaltungsverfahrensgesetzen des Bundes und der Länder einen neuen Abschnitt einzufügen, der ein allgemeines Verfahrensrecht für derartige Auswahlentscheidungen enthält. Damit die Regelung auch bei privatrechtlich ausgestalteten Vergabeverfahren zur Anwendung kommt, müsste zugleich (zumindest insoweit) auch der Anwendungsbereich der Verwaltungsverfahrensgesetze erweitert werden, wofür auch aus anderen Gründen ein dringender Bedarf besteht.[102] In einer Neuregelung sollten die verwendbaren (anerkannten) Auswahlkriterien[103] so geregelt werden, dass der ausschreibenden Stelle ein gewisser Gestaltungsspielraum verbleibt, wie er von der Rechtsprechung auch bisher anerkannt wird.[104]

Anders als bei normalen Genehmigungen, die grundsätzlich unbefristet zu erteilen sind, kann bei knappen Ressourcen ein offener Markt nur erzeugt werden, wenn die Zuteilung zeitlich befristet erfolgt. Art. 12 Abs. 2 DLRL spricht insoweit von einem „angemessen befristeten Zeitraum“ und schließt auch eine automatische Verlängerung aus. Bei der Bemessung der Frist ist aus verfassungsrechtlichen Gründen die für eine Amortisierung von notwendigen Investitionen erforderliche Frist zu berücksichtigen.

Bei der Konkretisierung der Auswahlwahlkriterien darf im Rahmen des Art. 12 Abs. 3 DLRL eine Bepackung mit dort angeführten weiteren Zwecken erfolgen. Insbesondere dürfen bei der Auswahl die öffentliche Gesundheit, sozialpolitische Ziele, die Gesundheit und Sicherheit von Arbeitnehmern und Selbständigen, der Schutz der Umwelt, die Erhaltung des kulturellen Erbes sowie weitere zwingende Gründe des Allgemeininteresses Berücksichtigung finden. Aus Gründen der Rechtssicherheit empfiehlt es sich, auch diesen Katalog in der gesetzlichen Regelung durch Regelbeispiele zu konkretisieren.

---

[101] Es fehlt z.B. an einer klaren Regelung der Auswahlkriterien sowie an einer ausdrücklichen Bekanntgaberegelung.

[102] Siehe dazu *Kluth*, in: Wolff/Bachof/Stober/Kluth, Verwaltungsrecht I, 12. Aufl. 2007, § 58, Rn. 48 ff.

[103] Anerkannt ist eine Mehrzahl von Kriterien, die auch kombiniert werden können. Wichtig ist, dass eine ausreichende Zugangschance für Newcomer besteht und dass die Verwaltung auch die Möglichkeit hat, bekannte und bewährte Anbieter zu berücksichtigen. Zu Einzelheiten der bisherigen deutschen Praxis siehe *Tettinger*, in: Tettinger/Wank, GewO, 7. Aufl. 2004, § 70. Rn. 39 ff. Siehe vertiefend *Kupfer*, Die Verteilung knapper Ressourcen im Wirtschaftsverwaltungsrecht, 2005, S. 222 ff.

[104] Insbesondere können verschiedene Auswahlkriterien kombiniert werden, z.B. 50 % „bekannt und bewährt“, 25 % Newcomer, 25 % Losverfahren. Umstritten ist in jüngster Zeit die Verwendung des Prioritätsgrundsatzes, siehe dazu *Vosskuhle*, Die Verwaltung 32 (1999), S. 21 ff.

8. Ausgestaltung des Genehmigungsverfahrens (Art. 12 bis 15 DLRL)

Sehr ausführlich determinieren die Art. 13 bis 15 DLRL weitere Einzelheiten des Genehmigungsverfahrens. Neben einem allgemeinen Transparenzgebot (Art. 13 Abs. 1 DLRL) werden vor allem Vorgaben für eine zügige Verfahrensdurchführung gemacht, wie sie auch neueren Verfahrensregelungen des deutschen Verwaltungsrechts (z.B. den Genehmigungsverfahren der Landesbauordnungen) bekannt sind. Da es im allgemeinen Gewerbe- und Handwerksrecht an entsprechenden Regelungen fehlt können die §§ 71a ff. VwVfG zur Anwendung kommen. Dies wird für personenbezogene gewerbliche Genehmigungen bejaht,[105] nicht aber für die zulassungspflichtigen Handwerke. Es erscheint deshalb sinnvoll, den Anwendungsbereich der §§ 71a ff. VwVfG zu erweitern und die Regelung auch inhaltlich den Vorgaben des Art. 13 DLRL anzupassen. Dazu bedarf es u.a. der Aufnahme einer Regelentscheidungsfrist sowie einer Regelung zur Genehmigungsfiktion, wie sie Art. 13 Abs. 4 DLRL verlangt.[106]

Zu Recht ist darauf hingewiesen worden, dass in der Praxis die Dauer der Verfahren wesentlich durch die Klärung der Vollständigkeit der eingereichten Unterlagen beeinflusst wird.[107] Insoweit fehlt in Art. 13 DLRL die Vorgabe einer Frist für diese Prüfung, die aber im Rahmen der Umsetzung eingefügt werden könnte.

In materieller Hinsicht wird das Prüfungsprogramm, das die Mitgliedstaaten beim Screening bearbeiten müssen, konkretisiert. Dabei unterscheidet die Richtlinie zwischen unzulässigen Anforderungen, die auf keinen Fall verwendet werden dürfen (Art. 14 DLRL), und sonstigen Anforderungen (Art. 15 DLRL), deren Verwendung zu rechtfertigen ist. Die in beiden Normen angeführten Kriterien entstammen weitgehend der Rechtsprechung des EuGH und sind damit grundsätzlich bereits bislang zu beachten gewesen. Für die Zukunft bedeutsam ist die Vorgabe in Art. 15 Abs. 6 DLRL wonach die Mitgliedstaaten seit dem 28. Dezember 2006 keine neuen Anforderungen der in Art. 15 Abs. 2 genannten Art neu einführen dürfen, es sei denn, diese neuen Anforderungen erfüllen die in Absatz 3 aufgeführten Bedingungen. Ergänzend wird für solche Fälle in Absatz 7 eine Art Notifizierungspflicht eingeführt.

---

[105] *Bonk*, in: Stelkens/Bonk/Sachs (Hrsg.), Verwaltungsverfahrensgesetz, 6. Aufl. 2001, § 71a, Rn. 53.

[106] Siehe dazu näher *Ziekow*, GewArch 2007, 217 (221 f.); allgemein *Jachmann*, Die Fiktion im öffentlichen Recht, 1998, S. 857 ff.

[107] Siehe dazu die Untersuchungsergebnisse von *Ziekow/Ortel/Windoffer*, Dauer von Zulassungsverfahren, 2005, S. 96 f., 190 f., 271 f.

V. Zusammenfassung und Ausblick

Die Dienstleistungsrichtlinie stellt an die für das Gewerbe- und Handwerksrecht zuständige Ministerialbürokratie der Mitgliedstaaten in den kommenden zwei Jahren hohe Anforderungen. Neben der Einführung des Einheitlichen Ansprechpartners und des elektronischen Verwaltungsverfahrens wird eine grundlegende Überprüfung aller Genehmigungstatbestände und damit zusammenhängenden Verfahrensregelungen verlangt. In materieller Hinsicht ist damit ein deutlicher Impuls in Gestalt einer Rückkehr zur Gewerbefreiheit verbunden. Damit wird zugleich der fast vergessene freiheitliche Regelungsgehalt des Grundrechts der Berufsfreiheit[108] neu zur Geltung gebracht. Zugleich werden Deregulierungstendenzen, wie sie zuletzt im Handwerksrecht zu beobachten waren, fortgeführt.

Wie generell bei Deregulierungsmaßnahmen so ist auch bei der Umsetzung der Vorgaben der Dienstleistungsrichtlinie nicht mit einer Abnahme der Normendichte zu rechnen. Vielmehr machen vor allem die detaillierten Anforderungen, die die Richtlinie für das Genehmigungsverfahren stellt, deutlich, dass mit einer deutlichen Zunahme der Regelungsdichte zu rechnen ist. Dabei ist aber an die auch den Interessen des Bürgers bzw. Dienstleisters dienende Funktion des Verwaltungsverfahrensrechts zu erinnern.

---

[108] Zutreffende Kritik zur Rechtsprechung des Bundesverfassungsgerichts zu diesem Grundrecht bei *Hufen*, NJW 1994, 2913 ff.

Verfassungsrechtliche Fragen der europäischen Amtshilfe

CHRISTOPH OHLER

I. Einführung

Die Dienstleistungsrichtlinie ist bei ihrer Einführung als wichtiger Schritt zur Verwirklichung der Lissabon-Strategie gefeiert worden.[1] Zugleich wurde sie, in bislang wohl einmaliger Weise, zum Gegenstand europaweiter politischer Proteste, die sich vor allem gegen das strenge Herkunftslandprinzip richteten und schließlich den Gemeinschaftsgesetzgeber zum Einlenken bewegten.[2] Im Mittelpunkt der politischen Aufmerksamkeit stand dabei nie das Modell der Verwaltungskooperation, wiewohl es instrumentell als Herzstück der Liberali-

---

[1] Siehe Schlussfolgerungen des Rats vom 31. Mai 2006, Memo/06/222.
[2] Vgl. *Hatje*, NJW 2007, 2357.

sierungsbemühungen angesehen werden kann.[3] Dementsprechend haben die Vorschriften zur Verwaltungszusammenarbeit auch weitgehend unbeschadet den Sturm politischer Entrüstung überstanden.

Die Regeln über die Verwaltungszusammenarbeit, insbesondere die Vorschriften über die Amtshilfe, entsprechen im Grundsatz dennoch dem, was in vielen anderen Sekundärrechtsakten bereits tägliches Brot der Verwaltung ist. Ihre Sprengkraft erfahren die Vorschriften der Richtlinie vielmehr vor dem Hintergrund dreier Besonderheiten: Erstens bildet die Dienstleistungsrichtlinie auch nach der Einführung verschiedener, politisch begründeter Ausnahmen vom Anwendungsbereich eine weit gefasste Querschnittsregelung.[4] Sie bindet daher Verwaltungsbehörden unterschiedlichster Couleur, personeller und fachlicher Ausstattung und sachlicher Aufgabenbeschreibung zusammen. Zweitens enthält die Richtlinie bei der Verwaltungszusammenarbeit keinerlei Harmonisierungsvorgaben, die über das allgemeine Diskriminierungsverbot bzw. Verhältnismäßigkeitsprinzip hinausgingen. Verständlich ist das zwar, weil die Richtlinie querschnittartig Beschränkungen des Dienstleistungsverkehrs abbauen will, sie erschwert damit aber auch den Gleichlauf der Verwaltungsanstrengungen beim Rechtsvollzug. Drittens schließlich ist die Richtlinie von einem auf den ersten Blick widersprüchlichen Vorverständnis getragen: Zum einen hat die Kommission die mitgliedstaatlichen Verwaltungen als größtes Hindernis für die freie Ausübung des Dienstleistungsverkehrs ausgemacht.[5] Zum anderen aber stärkt die Richtlinie gerade Verwaltungsstrukturen bzw. schafft erst neue Institutionen und Verfahren, die sich bei gesamtwirtschaftlicher Betrachtung in Zukunft als nicht weniger kostenträchtig erweisen können.[6]

II. Bedeutung und Begriff der Amtshilfe

All diese Kritik soll nicht die große praktische Bedeutung der grenzüberschreitenden Verwaltungszusammenarbeit in Form der Amtshilfe schmälern. Die Amtshilfe ist die wichtigste Form der internationalen behördlichen Zusammenarbeit, um die räumliche Begrenzung staatlicher Hoheitsgewalt, wie sie in der völkerrechtlich anerkannten Gebietshoheit zum Ausdruck kommt, zu überwinden.[7] Speziell im Rahmen der Dienstleistungsrichtlinie verhindert sie, dass sich Dienstleistungserbringer durch Wechsel in einen anderen Mitgliedstaat der behördlichen Kontrolle entziehen. Die Amtshilfe schafft damit auch eine Vor-

---

3 Siehe ausdrücklich Egrd. 7 der Richtlinie.

4 Zu den Ausnahmen siehe Art. 2 Abs. 2 und 3; Art. 17 RL.

5 Vgl. Egrd. 3 der Richtlinie.

6 Als „zu bürokratisch“ beschreibt *Schwarze*, Europäisches Wirtschaftsrecht, 2007, Rn. 755, bereits den ersten Entwurf der Kommission.

7 Vgl. *Hatje,* Die gemeinschaftsrechtliche Steuerung der Wirtschaftsverwaltung, 1998, S. 136.

aussetzung für Wettbewerbsgleichheit im Binnenmarkt.[8] Die Amtshilfe kann auch dazu beitragen, doppelte Kontrollen zulasten der Dienstleistungserbringer zu vermeiden.[9] Schließlich schont die Amtshilfe die Gebietshoheit der Mitgliedstaaten, weil die ersuchende Behörde nicht selbst auf fremdem Territorium tätig wird, sondern unter Beachtung des Verhältnisses strenger Gleichordnung die Behörden des Gebietsstaats einschaltet. Die ersuchte Behörde wahrt, auch wenn sie im Auftrag der ersuchenden Behörde tätig wird, ihren Charakter als rechtlich und organisatorisch dem Gebietsstaat zugeordnete Stelle. Funktional kommt es freilich zu einer Verknüpfung von ersuchender und ersuchter Behörde, die man durchaus als behördliches Netzwerk bzw. Verwaltungsverbund auffassen kann.[10] Unbeschadet hiervon handeln die beteiligten Behörden stets in eigenem Namen, in eigener Verantwortung und auf der Grundlage eigenen Rechts.[11]

Die Richtlinie definiert nicht ausdrücklich, was sie allgemein unter Amtshilfe versteht. Nach der bisherigen völkerrechtlichen, aber auch der gemeinschaftsrechtlichen Praxis lässt sich die Amtshilfe folgendermaßen beschreiben: Sie kann nur für einen Einzelfall oder eine Gruppe von Einzelfällen in Anspruch genommen werden.[12] Aus dem Begriff der Amtshilfe folgt ferner, dass es sich um unterstützende Tätigkeiten handeln muss, die im Interesse der ersuchenden Behörde wahrgenommen werden.[13] Im Vergleich zum Hauptverfahren der ersuchenden Stelle haben die von der ersuchten Behörde ausgeübten Tätigkeiten nur ergänzenden Charakter und sind untergeordneter Natur.[14]

Welche konkreten Maßnahmen aufgrund der Amtshilfe zu erbringen sind, lässt sich teilweise den Bestimmungen der Richtlinie entnehmen.[15] Hierzu gehören vor allem die Informationsübermittlung sowie die Durchführung von Überprüfungen, Kontrollen und Untersuchungen. Diese Liste ist nicht abschließend, doch müssen die ersuchten Maßnahmen qualitativ vergleichbar sein. So wäre z.B. die Befragung Dritter als Zeugen noch von der Amtshilfe umfasst.[16] Für die Verwaltungspraxis dürften allerdings Auskunftsersuchen bzw. die Übermittlung von Informationen den wichtigsten Teil der Amtshilfe

---

[8] Egrd. 105 RL. Vgl. auch *Voß,* in: Dauses (Hrsg.), Handbuch des EU-Wirtschaftsrechts, J Rn. 331 in Bezug auf das Steuerrecht.

[9] Vgl. Egrd. 105 RL.

[10] Vgl. *Calliess,* DVBl. 2007, 336 (342); *Korte,* NVwZ 2007, 501 (507 f.). Allgemein hierzu siehe *Schmidt-Aßmann,* EuR 1996, 270 (291); *Wettner,* Die Amtshilfe im Europäischen Verwaltungsrecht, 2005, S. 289 ff.

[11] *Wettner,* Die Amtshilfe im Europäischen Verwaltungsrecht, 2005, S. 147 ff.

[12] *Wettner,* Die Amtshilfe im Europäischen Verwaltungsrecht, 2005, S. 139 f. Ausdrücklich auch Art. 2 Abs. 1 RL 77/799; Art. 5 Abs. 1 VO (EG) Nr. 1798/2003.

[13] *Prieß/Spitzer,* in: von der Groeben/Schwarze„ EUV/EGV, 6. Aufl. 2003, Art. 280 EGV Rn. 80; *Wettner,* Die Amtshilfe im Europäischen Verwaltungsrecht, 2005, S. 142 f.

[14] *Wettner,* Die Amtshilfe im Europäischen Verwaltungsrecht, 2005, S. 133 f.

[15] Siehe Art. 28 Abs. 3 und Art. 29 Abs. 2 RL.

[16] *Prieß,* EuR 1991, 342 (349).

ausmachen.[17] Nicht umfasst von der Amtshilfe sind dagegen Ersuchen um Vollstreckung behördlicher Entscheidungen in einem anderen Mitgliedstaat.

III. Die Amtshilfe im Gefüge der Verwaltungskooperation aufgrund der Richtlinie

1. Materiell-rechtliches und prozessuales Trennungsprinzip

Die zwischenstaatliche Amtshilfe beruht auf dem Gedanken der Trennung der Verantwortungssphären.[18] Das Trennungsprinzip wirkt sich materiell-rechtlich und prozedural aus. So bestimmt sich bereits im Völkerrecht die materielle Rechtmäßigkeit des Ersuchens nach dem Recht des Staates, dessen Behörde das Ersuchen gestellt hat.[19] Umgekehrt richtet sich die Rechtmäßigkeit der Handlungen, die die ersuchte Behörde ergreift, nach dem Recht des Staates, dem sie angehört.[20] Teilweise findet dieses Prinzip seinen ausdrücklichen Niederschlag in internationalen Amtshilfeverträgen.[21] Innerhalb der Europäischen Union wird dieser Grundsatz allgemein anerkannt, weder primäres noch sekundäres Recht modifizieren ihn.[22] Das Trennungsprinzip beruht auf dem Gedanken, dass die jeweiligen staatlichen Hoheitsträger für sich genommen als geschlossene organisatorische Einheiten zu sehen sind. Daher wird die ersuchte Behörde nur in Wahrnehmung eigener Hoheitsgewalt dem Bürger gegenüber tätig, auch wenn sie dabei Aufgaben oder Interessen eines anderen Staates fördert. Insofern bleiben die von der ersuchten Behörde vorgenommenen hoheitlichen Maßnahmen ihr vollständig als eigene zurechenbar. Dementsprechend richtet sich der gerichtliche Rechtsschutz des Bürgers gegen diese Maß-

[17] *Europäische Kommission,* Handbuch zur Umsetzung der Dienstleistungsrichtlinie, 2007, Ziff. 9.3.1. So auch die Einschätzung von *von Danwitz*, in: v. Mangoldt/Klein/Starck, Kommentar zum Grundgesetz, Band 2: Artikel 20 bis 82, 5. Aufl. 2005, Art. 35 Rn. 55.

[18] *Harings,* Grenzüberschreitende Zusammenarbeit der Polizei- und Zollverwaltungen und Rechtsschutz in Deutschland, 1998, S. 223 f.; *Ohler,* Die Kollisionsordnung des Allgemeinen Verwaltungsrechts, 2005, S. 229 f. Allgemein zum Trennungsprinzip siehe *Schmidt-Aßmann,* Das Allgemeine Verwaltungsrecht als Ordnungsidee, 2. Aufl. 2004, S. 381 f.; *Schwarze*, Europäisches Wirtschaftsrecht, 2007, Rn. 524.

[19] *Ohler,* Die Kollisionsordnung des Allgemeinen Verwaltungsrechts, 2005, S. 229.

[20] Vgl. bereits *Neumeyer,* Internationales Verwaltungsrecht, Bd. 4, 1936, S. 357; *Jellinek,* NVwZ 1982, 535 (537 f.).

[21] Art. 6 Abs. 1 des Europäischen Übereinkommens über die Zustellung von Schriftstücken in Verwaltungssachen im Ausland, BGBl. II 1981, 535; Art. 20 des Europäischen Übereinkommens über die Erlangung von Auskünften und Beweisen in Verwaltungssachen im Ausland, BGBl. II 1981, 550; Art. 3 und 4 Abs. 1 des Vertrags zwischen der Bundesrepublik Deutschland und der Republik Österreich über Amts- und Rechtshilfe in Verwaltungssachen, BGBl. II 1990, 57.

[22] *Ohler,* Die Kollisionsordnung des Allgemeinen Verwaltungsrechts, 2005, S. 233 f.; *Schmidt-Aßmann,* Das Allgemeine Verwaltungsrecht als Ordnungsidee, 2. Aufl. 2004, S. 406.

nahmen auch allein gegen die ersuchte Behörde.[23] Umgekehrt ist die ersuchende Behörde dem Bürger gegenüber allein für das Amtshilfeersuchen (soweit hiergegen überhaupt Rechtsschutz in Betracht kommen kann) sowie selbstverständlich für die von ihr mit Rechtswirkung gegenüber dem Bürger ergriffenen Maßnahmen verantwortlich.[24]

2. Herkunfts- und Bestimmungslandprinzip bei der Kontrolle von Dienstleistungserbringern

a) Brückenfunktion der Amtshilfe

In das Trennungsprinzip greift die Dienstleistungsrichtlinie grundsätzlich nicht ein. Sie instrumentalisiert die Amtshilfe vielmehr als einen Ausgleich für fehlende materiell-rechtliche Harmonisierungen. Hier soll die Verwaltungskooperation und speziell die Amtshilfe als Brücke zwischen den unterschiedlichen Rechtsordnungen bzw. den handelnden Verwaltungen dienen. Zudem ändert die Richtlinie den Umfang des von den betroffenen Mitgliedstaaten anwendbaren Rechts. Dies trifft weniger in der Situation der Niederlassungsfreiheit, als vielmehr in den Fällen der Ausübung der Dienstleistungsfreiheit zu. Speziell hier dient die Amtshilfe als Kompensation für das von der Richtlinie nach wie vor verwirklichte Herkunftslandprinzip.[25]

b) Grundsatz gegenseitiger Anerkennung im EG-Vertrag

Nach klassischem Völkerrecht vollzieht jeder Staat auf seinem Hoheitsgebiet seine eigenen Rechtsvorschriften und nehmen demgemäß seine Behörden im räumlich-sachlichen Anwendungsbereich des innerstaatlichen Rechts auch die internationale Zuständigkeit in Anspruch.[26] Diese Praxis führt für die betroffenen, grenzüberschreitend tätigen Unternehmen zu vielfachen Doppelbelastungen, weil sie den Rechtsvorschriften mehrerer Staaten gleichzeitig unterliegen. Neben den Doppelbelastungen können sogar Normwidersprüche auftreten, sei es bereits durch die gesetzlichen Vorschriften oder aufgrund von Vollzugsmaßnahmen der Verwaltung. Bereits die Grundfreiheiten des EG-Vertrags sollen diese nachteiligen Wirkungen vermeiden. Insbesondere das im Rahmen der Grundfreiheiten anwendbare Verhältnismäßigkeitsprinzip verpflichtet den Aufnahmemitgliedstaat, die Gleichwertigkeit von Vorschriften des Herkunfts-

---

[23] *Linke,* Europäisches Internationales Verwaltungsrecht, 2001, S. 262.

[24] *Linke,* Europäisches Internationales Verwaltungsrecht, 2001, S. 262; vgl. auch *Feldmüller,* Die Rechtsstellung fremder Staaten und sonstiger juristischer Personen des ausländischen öffentlichen Rechts im deutschen Verwaltungsprozess, 1999, S. 356.

[25] Von einem vollständigen Verzicht auf das Herkunftslandprinzip geht dagegen fälschlich *Schwarze*, Europäisches Wirtschaftsrecht, 2007, Rn. 141 aus.

[26] *Ohler,* Die Kollisionsordnung des Allgemeinen Verwaltungsrechts, 2005, S. 212 f.

mitgliedstaats zu prüfen und ggf. die eigenen Vorschriften außer Anwendung zu lassen.[27] Dieses plakativ als Prinzip der gegenseitigen Anerkennung beschriebene Modell bewirkt im Ergebnis eine erhebliche Entlastung der Dienstleistungserbringer, indem es die Anwendung bzw. den Vollzug solcher „doppelt belastender“ Rechtspflichten des Aufnahmemitgliedstaats verbietet.[28] Dagegen regeln die Grundfreiheiten grundsätzlich nicht, welche Schutzziele und welches Schutzniveau ein Mitgliedstaat durch sein innerstaatliches Recht verfolgen darf.[29] Vielmehr dient die Figur der zwingenden Gründe des Allgemeininteresses als Blankettformel,[30] die in der Praxis das wichtigste Rechtfertigungsschema für mitgliedstaatliche Gestaltungen abgibt. Nach ständiger Rechtsprechung des EuGH ist den Mitgliedstaaten allein die Verfolgung rein wirtschaftlicher Ziele nicht gestattet.[31] Die richterliche Kontrolle setzt vielmehr im Einzelfall anhand des gemeinschaftsrechtlichen Verhältnismäßigkeitsprinzips an, wobei wiederum die genannte Pflicht zur Anerkennung gleichwertiger Regeln des Herkunftsmitgliedstaats das wichtigste Regulativ bildet.

c) Herkunftslandsprinzip in der Dienstleistungsrichtlinie

Betrachtet man die Art. 16 ff. der Richtlinie, so lässt sich feststellen, dass die Richtlinie zugunsten der ungestörten Ausübung der Dienstleistungsfreiheit eine Modifikation bei der internationalen Zuständigkeit der betroffenen mitgliedstaatlichen Behörden vornimmt. Wie ist das zu verstehen? Die Richtlinie geht über die Grundfreiheiten insoweit hinaus, als sie einerseits den Herkunftsmitgliedstaat zu einer gemeinschaftsweiten Kontrolle der Dienstleistungserbringer verpflichtet, andererseits den Aufnahmemitgliedstaat in der Durchsetzung seines eigenen Rechts beschränkt.

Nach Art. 30 der Richtlinie ist der Herkunftsmitgliedstaat, in der Terminologie der Richtlinie der Niederlassungsmitgliedstaat, dazu verpflichtet, den Dienstleistungserbringer wirksam zu überwachen, auch wenn er grenzüberschreitend tätig wird.[32] Dies führt übrigens zu einer Neubewertung des Begriffs des öffentlichen Interesses, da der Rechtsgüterschutz, zu dessen Durchsetzung eine Behörde verpflichtet ist, sich räumlich nunmehr auf das gesamte Gemein-

---

[27] Grundlegend *EuGH,* Rs. 120/78, Slg. 1979, 649, Rn. 14 – Cassis de Dijon; für den freien Personenverkehr: Rs. C-340/89, Slg. 1991, I-2357, Rn. 15 – Vlassopoulou/Baden-Württemberg; Rs. C-250/95, Slg. 1997, I-2471, Rn. 23 ff. – Futura Participations.

[28] Vgl. *Calliess,* DVBl. 2007, 336 (345 f.).

[29] Vgl. *EuGH,* Rs. C-338/04, Slg. 2007, I-000, Rn. 48 – Placanica; Rs. C-254/05, Slg. 2007, I-000, Rn. 35 – Kommission/Belgien.

[30] Siehe allgemein *Ehlers,* in: ders. (Hrsg.), Europäische Grundrechte und Grundfreiheiten, 2. Aufl. 2005, § 7 Rn. 89 ff.; *Streinz,* Europarecht, 7. Aufl. 2005, Rn. 831: grundsätzlich beliebige Allgemeinwohlbelange. Ebenso *Hatje*, NJW 2007, 2357 (2360); *Schwarze*, Europäisches Wirtschaftsrecht, 2007, Rn. 136.

[31] *EuGH*, Rs. C-120/95, Slg. 1998, I-1831, Rn. 39 – Decker; Rs. C-158/96, Slg. 1998, I-1931, Rn. 41 – Kohll.

[32] Siehe *Calliess,* DVBl. 2007, 336 (341); *Korte,* NVwZ 2007, 501 (506).

schaftsgebiet bezieht.[33] Allerdings verleiht die Richtlinie dem Herkunftsmitgliedstaat nicht das Recht, auf dem Hoheitsgebiet anderer Mitgliedstaaten aufsichtlich tätig zu werden.[34] Vielmehr sollen Amtshilfemaßnahmen durch den Aufnahmemitgliedstaat die räumliche Lücke schließen. Zugleich reduziert die Richtlinie die internationale Zuständigkeit des Aufnahmemitgliedstaats, den grenzüberschreitend tätigen Dienstleistungserbringer zu überwachen.[35] Regelungstechnisch wird das dadurch erreicht, dass die Richtlinie den Gegenstand der materiell-rechtlichen Regelungen einschränkt, die der Aufnahmemitgliedstaat gegenüber dem Dienstleistungserbringer vollziehen darf. Sieht man von den Bereichsausnahmen nach Art. 17 der Richtlinie ab, handelt es sich allein um die nach Art. 16 Abs. 3 sowie Art. 18 der Richtlinie legitimen Zielsetzungen. Sie sind eindeutig enger als die primärrechtlich zulässigen Rechtfertigungsgründe bzw. die ungeschriebenen, zwingenden Gründe des Allgemeininteresses.[36] Ausdrücklich umfasst sind nur noch die öffentliche Ordnung, die öffentliche Sicherheit,[37] die öffentliche Gesundheit und der Schutz der Umwelt. Nach Art. 18 der Richtlinie darf der Aufnahmemitgliedstaat zudem Maßnahmen durchsetzen, die die Sicherheit der Dienstleistung betreffen. Nicht mehr zulässig ist demgegenüber die Verfolgung verbraucherschützerischer Ziele oder sonstiger Gemeinwohlanforderungen durch den Aufnahmemitgliedstaat, es sei denn, sie lassen sich unter die Ausnahmeregeln subsumieren.

IV. Verwaltungsorganisatorische Probleme der Amtshilfe

1. Sprachproblem

Auf der verwaltungsorganisatorischen Seite wirft die Richtlinie einige Fragen auf, die zur Belastungsprobe für die Wirksamkeit der Amtshilfe werden können. So sieht die Richtlinie keine Regelung für die Sprache vor, in der das Amtshilfeersuchen gestellt bzw. beantwortet werden muss.[38] Aus anderen Bestimmungen der Richtlinie folgt aber, dass diese das nationale Sprachenregime grundsätzlich unangetastet lässt.[39] Verständlich ist das Schweigen der Richtlinie vor dem Hintergrund, dass es sich um eine Querschnittsmaterie handelt, die zur Einbindung höchst verschiedener Behörden in die Amtshilfestrukturen

---

[33] Dies ist die Folge von Art. 30 Abs. 2 RL. Ob dieses Modell in der Verwaltungsrealität effektiv werden wird ist zweifelhaft; ausdrücklich positiv *Korte,* NVwZ 2007, 501 (506).

[34] Siehe ausdrücklich Art. 30 Abs. 3 RL.

[35] Kritisch zu dieser Konsequenz *Möstl,* DÖV 2006, 281 (284 f.).

[36] *Calliess,* DVBl. 2007, 336 (343); *Korte,* NVwZ 2007, 501 (504). Ebenso *Hatje*, NJW 2007, 2357 (2362).

[37] Diese Ausnahmen sind nach st. Rspr. eng zu verstehen, siehe die Nachweise bei *Streinz,* Europarecht, 7. Aufl. 2005, Rn. 821.

[38] Eine ausdrückliche Regelung findet sich für den Sozialversicherungsbereich dagegen in Art. 76 Abs. 7 VO (EG) Nr. 883/2004.

[39] Egrd. 52 a.E.; Egrd. 60; Art. 5 Abs. 3 UAbs. 2; Art. 7 Abs. 5 RL.

führen wird. Diesen Behörden fehlt daher vielfach das Verbindende mancher „Fachbruderschaften", die aufgrund eines speziellen gemeinsamen Aufgabenbereichs besser in der Lage sind, sprachliche Hürden zu nehmen. Daraus lässt sich rechtfertigen, dass dem Amtshilfeersuchen, wenn es nicht ohnehin in der Amtssprache des ersuchten Mitgliedstaats gehalten ist,[40] zumindest eine Übersetzung beizufügen ist, so dass die ersuchte Behörde ohne Schwierigkeiten erkennen kann, was von ihr verlangt wird. Angesichts von 27 Mitgliedstaaten mit 23 Amtssprachen dürfte allein die Notwendigkeit, rasch und zuverlässig Übersetzungen zu beschaffen, einen erheblichen administrativen Aufwand bedeuten. Fehlt es an einer Übersetzung, so muss die ersuchende Behörde sich nach Art. 28 Abs. 5 RL um eine Klärung des Sachverhalts bemühen,[41] was im Zweifel mittels der Verbindungsstellen bewerkstelligt werden kann. Überspannte Anforderungen dürfen an die Klärungspflicht aber nicht gestellt werden. Die ersuchte Behörde ist allerdings auch nicht gehindert, Amtshilfe zu gewähren, wenn behördenintern entsprechende Sprachkenntnisse vorhanden sind.[42] Auch ist es als zulässig anzusehen, wenn die beteiligten Behörden eine Vereinbarung über die Nutzung einer Sprache treffen.[43]

2. Feststellung der zuständigen Behörde

In der Praxis dürften sich schwierige Fragen auch bei der Ermittlung der Behörde stellen, die für die Bearbeitung des Amtshilfeersuchens zuständig ist. Die Richtlinie geht ja davon aus, dass das Amtshilfeersuchen direkt an die zuständige (Fach-)Behörde des anderen Mitgliedstaats gestellt werden kann.[44] Zumindest in der Theorie ist die direkte Amtshilfe effizienter, da sie schneller ist und von vornherein nur die jeweils zuständigen Behörden miteinander kooperieren.[45] Soweit aufeinander eingespielte Fachbehörden miteinander kooperieren, dürfte diese Erwartung auch zutreffen. Welche Fachbehörden im Anwendungsbereich der RL 2006/123 als richtige Empfänger des Ersuchens zuständig sind, regelt die Richtlinie allerdings nicht, wie sich aus dem Zusammenspiel von Erwägungsgrund 107 und Art. 4 Nr. 9 ergibt. Diese bewusste Lücke rechtfertigt sich aus der Schonung der innerstaatlichen Zuständigkeitsordnung der Mitgliedstaaten, in die durch die Richtlinie nicht eingegriffen

---

[40] So Art. 8 Abs. 3 Übereinkommen über gegenseitige Amtshilfe und Zusammenarbeit der Zollverwaltungen, ABl. 1998 Nr. C 24, S. 2.

[41] Vgl. *Wettner,* Amtshilfe im Europäischen Verwaltungsrecht, 2005, S. 273 f. Im völkerrechtlichen Amtshilfeverkehr könnte dagegen die Amtshilfe verweigert werden, siehe *Jellinek,* NVwZ 1982, 535 (539).

[42] Nach Art. 34 Abs. 2 sollen Sprachkurse der Bediensteten gefördert werden.

[43] So die Regelung in Art. 38 VO (EG) Nr. 1798/2003 und in Art. 12 Abs. 4 VO (EG) Nr. 2006/2004.

[44] Egrd. 107. Auch aus dem Wortlaut des Art. 28 Abs. 4 ergibt sich, dass die Amtshilfe direkt angefragt und geleistet wird.

[45] *Wettner,* Amtshilfe im Europäischen Verwaltungsrecht, 2005, S. 284 f.

werden sollte.[46] Dabei umfasst die innerstaatliche Zuständigkeitsordnung die Regelung der örtlichen, der sachlichen und der instanziellen Zuständigkeit der einzelnen Behörden einschließlich der Unterscheidung nach Trägern der Selbstverwaltung und staatlichen Behörden. Angesichts der Vielfalt möglicher Konstellationen, in denen es im Anwendungsbereich der Dienstleistungsrichtlinie zu einem Amtshilfeersuchen kommen könnte, wäre der Gemeinschaftsgesetzgeber unter diesen Voraussetzungen auch faktisch schlicht überfordert, eine Festlegung der zuständigen Behörde zu treffen. Insofern obliegt es zunächst der ersuchenden Behörde zu ermitteln, welche Behörde im Niederlassungsmitgliedstaat örtlich, sachlich und instanziell zuständig sein könnte. Hierfür kann jedoch auch die Unterstützung der Verbindungsstellen gem. Art. 28 Abs. 2 in Anspruch genommen werden. In der Praxis dürfte es sich ohne die Mitwirkung der Verbindungsstellen als außerordentlich schwierig erweisen, die zuständige Behörde zu ermitteln, an die das Ersuchen zu richten ist. Gemeinschaftsrechtlich kann diese Schwierigkeit nur dadurch teilweise kompensiert werden, dass Art. 10 EGV alle Mitgliedstaaten verpflichtet, auch die sekundärrechtlich bestehenden Pflichten loyal zu erfüllen.

3. Subsidiarität und Erforderlichkeit der Amtshilfe

Immanente Grenzen der Amtshilfepflicht können sich schließlich aus Anlass, Gegenstand oder Umfang eines Amtshilfeersuchens ergeben. Sie lassen sich mit den Gesichtspunkten der Subsidiarität und der Verhältnismäßigkeit beschreiben. Aus dem Wortlaut der Richtlinie folgt zwar nicht ausdrücklichen, ob die Amtshilfe subsidiären Charakter hat, d.h. nur dann in Anspruch genommen werden kann, wenn die ersuchende Behörde zuvor ihre innerstaatlichen Ermittlungsmöglichkeiten ausgeschöpft hat. In anderen Rechtsakten des sekundären Gemeinschaftsrechts finden sich dagegen Subsidiaritätsklauseln,[47] was den Schluss nahe legt, dass es sich um einen allgemeinen Grundsatz des Amtshilferechts handelt. Rechtfertigen lässt sich die Subsidiarität der zwischenstaatlichen Amtshilfe zum einen mit der Erwägung, dass die mitgliedstaatlichen Verwaltungen auch unter der RL 2006/123 grundsätzlich eigenverantwortlich bleiben. Zum anderen folgt aus dem Gebot der Rücksichtnahme zwischen den Mitgliedstaaten die Pflicht, die Ressourcen anderer Verwaltungen nicht unnötig in Anspruch zu nehmen.[48] Auch können innerstaatliche Ermittlungen vielfach effektiver und zügiger durchgeführt werden als das Verfahren zwischenstaatlicher Amtshilfe. Daher ist eine mitgliedstaatliche Verwaltung zunächst verpflichtet, die eigenen Ermittlungsmöglichkeiten auszuschöpfen, bevor sie

---

[46] Egrd. 60.

[47] Art. 2 Abs. 1 RL 77/799; Art. 40 Abs. 1 lit. b VO (EG) Nr. 1798/2003; Art. 15 Abs. 3 lit. a VO (EG) Nr. 2006/2004. Siehe auch Carl/Klos, RIW 1995, 146, 149 f.

[48] Vgl. *Burrichter*, in: Immenga/Mestmäcker,, Kommentar zum Recht der Wettbewerbsbeschränkungen, 2007, Art. 22 VerfVO Rn. 22; *Wettner,* Amtshilfe im Europäischen Verwaltungsrecht, 2005, S. 252 f.

ein Amtshilfeersuchen an die Behörde eines anderen Mitgliedstaates stellt. Im Einzelfall kann jedoch hiervon abgesehen werden, wenn das Amtshilfeersuchen gegenüber eigenen Ermittlungsmaßnahmen das effektivere Vorgehen verspricht.[49] Diese Grundsätze verleihen dem Einzelnen aber kein subjektives Recht, da der durch sie vermittelte Schutz nur den beteiligten Behörden dient.[50] Allerdings wird auch die ersuchte Behörde nur in offenkundigen Fällen eines Verstoßes gegen das Subsidiaritätsprinzip die Amtshilfe ablehnen können.

Im Übrigen steuert die Richtlinie nicht den Umfang des Ersuchens für den konkreten Anwendungsfall, zumal sich solche Fragen der Regelbarkeit entziehen. Ganz allgemein wird sich nur feststellen lassen, dass Anzahl und Art der Ersuchen innerhalb eines bestimmten Zeitraums sich auf das Notwendige zu beschränken haben, um nicht unnötig die Ressourcen der ersuchten Behörde in Anspruch zu nehmen.[51]

Nicht ganz klar ist, welche praktische Bedeutung eine weitere Grenze der Amtshilfepflicht entfalten wird. Die Richtlinie stellt nämlich den allgemeinen Grundsatz nicht in Frage, dass die Erfüllung der eigenen Verwaltungsaufgaben Vorrang vor der Wahrnehmung der Amtshilfepflicht hat.[52] Zu weitherzig darf diese Ausnahme aber nicht gehandhabt werden, da sonst die Amtshilfepflicht leer laufen würde.[53] Bloße Schwierigkeiten bei der Ermittlung von Informationen oder der Durchführung sonstiger Amtshilfemaßnahmen rechtfertigen daher keine Ausnahme.[54] Auch sind die Mitgliedstaaten gehalten, zur Erfüllung der Amtshilfepflicht ausreichende personelle und sachliche Ressourcen vorzuhalten. Wenn jedoch auch unter Beachtung dieser Anforderungen die Amtshilfe die Erfüllung zwingender, eigener Aufgaben ernsthaft gefährden würde, scheidet eine Amtshilfepflicht aus.[55] Die Amtshilfepflicht besteht ferner nicht, wenn das Ersuchen eine objektiv unmögliche Maßnahme zum Gegenstand hat.[56]

---

[49] Vgl. *Hendricks,* Internationale Informationshilfe im Steuerverfahren, 2004, S. 248 f., 362 f.

[50] *Carl/Klos,* RIW 1995, 146 (149).

[51] So ausdrücklich Art. 40 Abs. 1 lit. a VO (EG) Nr. 1798/2003. Zu einer vergleichbaren Problematik siehe *EuGH,* Rs. 104/75, Slg. 1976, 613, Rn. 32 – De Pijper; aus dem Schrifttum vgl. *Groß,* EuR 2005, 54 (65); *Winkelmüller,* Verwaltungskooperation bei der Wirtschaftsaufsicht im EG-Binnenmarkt, 2002, S. 53.

[52] Vgl. *Hendricks,* Internationale Informationshilfe im Steuerverfahren, 2004, S. 225 f.; *Wettner,* Die Amtshilfe im Europäischen Verwaltungsrecht, 2005, S. 255; im deutschen Recht siehe § 5 Abs. 3 Nr. 3 VwVfG.

[53] *Burrichter,* in: Immenga/Mestmäcker, Kommentar zum Recht der Wettbewerbsbeschränkungen, 2007, Art. 22 VerfVO Rn. 23.

[54] *Europäische Kommission,* Handbuch zur Umsetzung der Dienstleistungsrichtlinie, 2007, Ziff. 9.2.1.

[55] So im deutschen Recht bereits § 3 Abs. 2 Nr. 4 EG-Amtshilfe-Gesetz, BGBl. I 1985, 2436 (2441).

[56] *Prieß,* EuR 1991, 342 (350).

4. Praxislösungen

Ein erheblicher Teil der oben beschriebenen Probleme soll mit Hilfe eines elektronischen Informationssystems gelöst werden, dem sog. „Binnenmarkt-Informationssystem“ (BIS). Es befindet sich derzeit noch in der Entwicklungsphase, soll aber nach seiner Einführung die standardisierte Bearbeitung von Amtshilfeverfahren zwischen den mitgliedstaatlichen Behörden erleichtern.[57] Es enthält mehrere Komponenten, darunter eine Datenbank, mit deren Hilfe die zuständigen Behörden ermittelt werden sollen. Das BIS arbeitet zugleich als Übersetzungssystem für die Ersuchen und ihre Beantwortung. Ob auch komplexe Amtshilfeersuchen mit diesem System bewältigt werden können, muss die künftige Praxis zeigen.

V. Sicherheitsrechtliche Defizite des Kooperationsmodells

Die gravierendsten Probleme der Verwaltungszusammenarbeit dürften sich im Rahmen der Ausnahmevorschriften nach Art. 18 i.V.m. Art. 35 der Richtlinie stellen. Materiell-rechtlich erlauben sie dem Aufnahmemitgliedstaat, Maßnahmen zu treffen, die der Sicherheit der Dienstleistung dienen. Verfahrensmäßig setzt die Inanspruchnahme dieses Rechts aber die vorherige, zeitlich und sachlich sehr aufwändige Abstimmung mit dem Herkunftsmitgliedstaat voraus, der ja vorrangig für die Überwachung des Dienstleistungserbringers zuständig ist. Zudem muss bei jedem Gebrauch der Ausnahmevorschrift durch einen Mitgliedstaat die Kommission informiert werden, was zu einer erheblichen administrativen Belastung bei den Mitgliedstaaten und der Kommission führen dürfte, bedenkt man die möglichen Anlässe und die Vielzahl der Fälle.

1. Sicherheit der Dienstleistung gem. Art. 18 RL

In der Sache erweist sich zunächst problematisch, was unter „Sicherheit der Dienstleistung“ verstanden werden muss. Die englische Sprachfassung spricht von „safety of services“ im Gegensatz zum Begriff der „public security“ nach Art. 16 Abs. 3. Konzeptionell ist wohl an eine Parallele zur Produktsicherheit im Handel mit Waren gedacht.[58] Das legt die Vermutung nahe, dass jedenfalls der Schutz der körperlichen Integrität und Gesundheit einzelner Personen bezweckt werden soll.[59] Ein einfacher Vergleich mit den Zielsetzungen der Produktsicherheit bei Waren greift im Falle von Dienstleistungen aber zu kurz.

---

[57] Hierzu siehe *Europäische Kommission,* Handbuch zur Umsetzung der Dienstleistungsrichtlinie, 2007, Ziff. 9.2.2.

[58] Vgl. Entschließung des Rates vom 1. Dezember 2003, ABl. 2003 Nr. C 299, S. 1 unter Ziff. 1.

[59] KOM(2003) 313 endg. unter Ziff. 7.

Dienstleistungen sind nicht nur Produkte im Sinne des Ergebnisses einer Tätigkeit. Vielmehr erschöpfen sich Dienstleistungen vielfach gerade in der Erbringung einer bestimmten Tätigkeit durch den Dienstleistungserbringer. Risikoträchtig ist damit nicht nur das Arbeitsergebnis, sondern ebenso das Verhalten des Dienstleistungserbringers. Ob nun weitere Schutzgüter unter den Begriff der Sicherheit der Dienstleistung zu fassen sind, lässt sich aufgrund der Richtlinie nicht mit Sicherheit klären. Dies gilt insbesondere für den Vermögens- und Eigentumsschutz von Personen. Offen lässt die Richtlinie auch den Kreis der geschützten Personen. Zu eng wäre aber ein Bezug auf den Verbraucher wie im herkömmlichen Produktsicherheitsrecht.[60] Vielmehr können durch die Tätigkeit des Dienstleistungserbringers auch Arbeitnehmer des Dienstleistungserbringers und dritte, unbeteiligte Personen betroffen sein.

2. Verfahrensrechtliche Anforderungen des Art. 35 RL

Auf der verfahrenrechtlichen Seite liegt das Problem darin, dass die Zuständigkeit des Aufnahmemitgliedstaats nach Art. 35 nur subsidiärer Natur ist, da, in Übereinstimmung mit dem Herkunftslandprinzip, zunächst der Herkunftsmitgliedstaat tätig werden muss.[61] Die vorherige Befassung des Herkunftsmitgliedstaats ist zeitlich und inhaltlich sehr formal ausgestaltet (Fristen, Mitteilungspflichten, Begründungserfordernisse), betrachtet man die Regelungen des Art. 35 Abs. 1 bis 4. Nur in dringlichen Fällen darf der Aufnahmemitgliedstaat davon absehen, zunächst den Herkunftsmitgliedstaat einzuschalten, muss dann aber die Kommission und den Herkunftsmitgliedstaat über seine Beweggründe informieren.[62] Dieses Modell ist an sich dem Gemeinschaftsrecht nicht fremd. Es findet sich beispielsweise im Recht der Bankenaufsicht.[63] Im Unterschied zur Dienstleistungsrichtlinie sind dort aber die materiell-rechtlichen Anforderungen weitgehend harmonisiert. Zudem handeln dort wenige, fachlich spezialisierte Behörden, die entsprechend stark aufeinander eingespielt sind. Alle diese Voraussetzungen liegen bei der Querschnittsregelung der Dienstleistungsrichtlinie nicht vor. Das weckt erhebliche Zweifel an der Tauglichkeit des Kooperationsmodells. In der Praxis dürfte daher die Dringlichkeitsausnahme des Art. 35 Abs. 6 RL zum Regelfall werden.

3. Bewältigung der Staatsaufgabe Sicherheit

Sieht man den Befund des Art. 18 in Verbindung mit der Tatsache, dass die von Art. 16 Abs. 3 RL zugelassenen Ausnahmetatbestände der öffentlichen

[60] Vgl. aber Entschließung des Rates vom 1. Dezember 2003, ABl. 2003 Nr. C 299, S. 1 unter Ziff. 1 ff.
[61] Art. 35 Abs. 2 RL.
[62] Art. 35 Abs. 6 RL.
[63] Art. 30 und 33 RL 2006/48, ABl. 2006 Nr. L 177, S. 1.

Sicherheit bzw. öffentlichen Ordnung vom EuGH seit jeher eng zu verstehen sind,[64] stellt sich die Frage, ob sicherheitsrechtliche Aspekte gegenüber der grenzüberschreitenden Erbringung von Dienstleistungen nicht zu kurz kommen könnten. Kann vor diesem Hintergrund eine „Sicherheitslücke" in den Aufnahmemitgliedstaaten drohen, die die Erfüllung der staatlichen Aufgabe Sicherheit in Frage stellt? Die Antwort ergibt sich zunächst vor dem Hintergrund des Erwägungsgrunds 9 der Richtlinie, der vorsieht, dass die Richtlinie nicht auf die mitgliedstaatlichen Vorschriften Anwendung findet, die allgemein gelten und den Dienstleistungserbringer wie eine Privatperson treffen. Freilich ist das im Erwägungsgrund 9 vorgestellte Konzept rechtlich bislang noch nicht eindeutig geklärt. Die Antwort dürfte zudem von der (vorrangigen) primärrechtlichen Vorgabe abhängen, wie weit man den Beschränkungsbegriff im Rahmen der Dienstleistungsfreiheit fasst. Wenn mit anderen Worten eine innerstaatliche Maßnahme überhaupt keine Beschränkung der Dienstleistungserbringung darstellt, fällt sie nicht in den Anwendungsbereich des Art. 16 Abs. 1 der Richtlinie und im Ergebnis auch nicht in den Anwendungsbereich des Art. 18 iVm 35 RL. Im Sinne der Dogmatik der Grundfreiheiten lässt sich dies über eine sachliche Einschränkung des Beschränkungsbegriffes erreichen. Denkbar wäre hier zum einen ein Rückgriff auf die Keck-Rechtsprechung.[65] Ihre Interpretation und die Frage der Übertragbarkeit auf die Dienstleistungsfreiheit sind freilich nach wie vor umstritten.[66] In der Literatur dürfte insoweit die Meinung als herrschend anzusehen sein, die nur Marktzugangsregeln als Beschränkungen auffasst.[67] Problematisch bleibt gleichwohl, wo exakt die Trennlinie zwischen Marktzutritts- und anderen Regelungen zu ziehen ist. Je stärker auf die potenzielle Eignung zur Behinderung des Marktzutritts abgestellt wird, desto eher ist eine Beschränkung anzunehmen.[68] Je mehr eine „spezifische" Behinderung des Marktzutritts verlangt wird,[69] desto enger fällt der Beschränkungsbegriff aus. Im Ergebnis dürfte aber die simple Abgrenzung zwischen Marktzutritts- und Ausübungsregelungen kaum mit der Konzeption des Art. 16 Abs. 1 UAbs. 2 RL zu vereinbaren sein, die neben der Aufnahme ausdrücklich auch die freie Ausübung von Dienstleistungstätigkeiten schützt.[70] Denkbar ist zum anderen eine Reduktion des Beschränkungsbegriffs unter Kausalitätsgesichtspunkten. So hat der EuGH eine Beschränkung verneint, wenn die mitgliedstaatliche Maßnahme eine „zu ungewisse und zu mittelbare

---

[64] *Streinz,* Europarecht, 7. Aufl. 2005, Rn. 821.

[65] *EuGH*, verb. Rs. C-267/91 und C-268/91, Slg. 1993, I-6097, Rn. 15 – Keck und Mithouard.

[66] Siehe *Ohler*, JA 2006, 839 (842 f.) m.w.N.

[67] Siehe z.B. *Kingreen*, Die Struktur der Grundfreiheiten des Europäischen Gemeinschaftsrechts, 1998, S. 123 ff.; *Streinz,* Europarecht, 7. Aufl. 2005, Rn. 808; *Ehlers,* in: ders. (Hrsg). Europäische Grundrechte und Grundfreiheiten, 2. Aufl. 2005, § 7 Rn. 77; *Jarass,* EuR 2000, 705 (711 f.); *Möstl,* EuR 2002, 318 (328).

[68] Auf die potentielle Wirkung stellt *EuGH*, Rs. C-60/00, Slg. 2002, I-6279, Rn. 37 ff. – Carpenter in extremer Weise ab.

[69] *Streinz,* Europarecht, 7. Aufl. 2005, Rn. 808; *Pache*, in: Schulze/Zuleeg (Hrsg.), Europarecht, 2005, § 10 Rn. 27.

[70] *Korte*, EWS 2007, 246 (249).

Wirkung“ auf die Grundfreiheiten entfaltet.[71] Beispielsweise sah der EuGH in einer nationalen Regelung, die den Antrag auf Erlass eines Mahnbescheids gegen einen im Ausland ansässigen Schuldner nicht zulässt, mit dieser Begründung keine Beschränkung der Warenverkehrsfreiheit.[72] Die mit der Formel verbundene wertende Kausalitätsprüfung[73] ist damit durchaus geeignet, brauchbare Ergebnisse zu liefern. Problematisch bleibt jedoch, welche konkreten Wertungsgesichtspunkte der EuGH einzustellen bereit ist.[74] Wie ist nun diese Rechtsprechung auf die Situation des Art. 18 der Richtlinie übertragen? Geht man davon aus, dass die innerstaatliche Maßnahme sich unmittelbar auf die Dienstleistung bezieht, bleibt es bei der Anwendbarkeit des Art. 18 RL. Soweit dagegen die Maßnahme den Dienstleistungserbringer nicht spezifisch in seiner Funktion als Wirtschaftsteilnehmer trifft, ist Art. 18 RL nicht anwendbar. Beispielsweise würde die Richtlinie nicht eingreifen, wenn die Polizei eine Trunkenheitsfahrt des Dienstleistungserbringers aus sicherheitsrechtlichen Gründen beendet. Hier ist der Zusammenhang mit der Dienstleistungserbringung nur zufällig.

VI. Grundrechtliche Fragen der Informationsübermittlung

1. Grundrechtseingriffe im Rahmen der Amtshilfe

Im Rahmen der Amtshilfe kann es mehrfach zu Grundrechtseingriffen kommen. Betroffen ist aus deutscher Sicht das Grundrecht der informationellen Selbstbestimmung, das im gemeinschaftsrechtlichen Zusammenhang als eigenständiges Grundrecht auf Datenschutz konstituiert ist.[75] Folgt man dem zeitlichen Ablauf eines Amtshilfevorgangs, so können sich folgende Grundrechtseingriffe ergeben: Zunächst begründet die rein behördeninterne Entscheidung, Amtshilfe einzuholen oder zu gewähren, keine Maßnahme, der Außenwirkung zukommt.[76] Erhebt die ersuchte Behörde zur Erfüllung des Amtshilfeersuchens beim betroffenen Bürger personenbezogene Informationen, so liegt unzweifelhaft ein Eingriff vor, der eine hinreichende innerstaatliche Befugnisnorm erfordert.[77] Zusätzlich begründet die Übermittlung von

---

[71] *EuGH*, Rs. C-93/92, Slg. 1993, I-5009, Rn. 12 – CMC Motorradcenter; Rs. C-190/98, Slg. 2000, I-493, Rn. 25 – Graf.

[72] *EuGH*, Rs. C-412/97, Slg. 1999, I-3845, Rn. 11 – ED.,

[73] Vgl. *Deckert/Schroeder,* JZ 2001, 88 (91).

[74] *Streinz,* Europarecht, 7. Aufl. 2005, Rn. 809. Von „fehlender Nähebeziehung“, spricht *Ehlers,* in: ders. (Hrsg). Europäische Grundrechte und Grundfreiheiten, 2. Aufl. 2005, § 7 Rn. 74.

[75] Art. 8 EU-GR-Charta.

[76] *Kluge*, Das internationale Steuerrecht, 4. Aufl. 2000, S. 1041; *Schaumburg*, Internationales Steuerrecht, 2. Aufl. 1998, Rn. 19.34; *Tipke*, in: Tipke/Kruse,, AO, Stand 2004, § 117 Rn. 54.

[77] *Harings*, Grenzüberschreitende Zusammenarbeit der Polizei- und Zollverwaltungen und Rechtsschutz in Deutschland, 1998, S. 159; *Scheller*, Ermächtigungsgrundlagen für die internatio-

personenbezogenen Daten an ausländische Behörden einen eigenständigen Eingriff, da die Daten Dritten bekannt gegeben werden. Diese Maßnahme löst demgemäß einen eigenen Vorbehalt des Gesetzes aus und bedarf dementsprechend ausdrücklicher Regelungen.[78] Beispielsweise hält § 4b BDSG eine eigenständige gesetzliche Befugnis für diesen Fall vor.[79] Das in der Praxis wichtigste Problem internationaler Amtshilfe, nämlich die Gewährleistung datenschutzrechtlicher Standards auch nach Übermittlung ins Ausland,[80] wird durch die Richtlinie dagegen selbst gelöst. Sie gebietet in Art. 28 Abs. 3, dass ausgetauschte Informationen nur im Zusammenhang mit der Angelegenheit verwendet werden dürfen, für die sie angefordert wurden. Auch durch die Einbeziehung der Datenschutzrichtlinien der EG in das Amtshilferecht (Art. 43) ist eine grenzüberschreitende Zweckbindung gesichert.[81]

2. Das Problem des doppelten Standards und Beweisverwertungsverbote

Soweit die aufgrund der Amtshilfe erlangten Informationen personenbezogenen Charakter aufweisen, kommt ihre Verarbeitung nur auf der Grundlage einer hinreichenden gesetzlichen Ermächtigung in Betracht. Dabei gilt ein doppelter Standard:[82] Die Weiterleitung durch die ersuchte Behörde muss den rechtlichen Anforderungen des Mitgliedstaats dieser Behörde genügen. Dagegen richtet sich die Verwertung der erlangten Informationen allein nach dem Recht des Mitgliedstaats der ersuchenden Behörde.[83] Dieses bestimmt, ob und in welchem Umfang das Material zum Nachteil des Bürgers herangezogen werden kann. Sofern diese Voraussetzungen erfüllt sind, müssen die von der ersuchten Behörde erlangten Informationen in gleicher Weise wie nach inländischem Recht erlangte Informationen behandelt werden.[84] Sie genießen mit anderen Worten den gleichen Beweiswert. Ungeklärt ist bislang im Amtshilferecht jedoch, wie Rechtsfehler im Bereich der ersuchten Behörde sich auf das Hauptverfahren der ersuchenden Behörde auswirken. Es geht demgemäß um

---

nale Rechts- und Amtshilfe zur Verbrechensbekämpfung, 1997, S. 74, 112, 199 ff.; *Wettner,* Die Amtshilfe im europäischen Verwaltungsrecht, 2005, S. 313.

[78] *Meessen*, AöR 110 (1985), 398 (406 f.); *Scheller*, Ermächtigungsgrundlagen für die internationale Rechts- und Amtshilfe zur Verbrechensbekämpfung, 1997, S. 204 ff.; *Wettner,* Die Amtshilfe im Europäischen Verwaltungsrecht, 205, S. 319 ff.

[79] Neufassung in der Bekanntmachung vom 14. Januar 2003, BGBl. I 2003, 66.

[80] Siehe *Ohler,* Die Kollisionsordnung des Allgemeinen Verwaltungsrechts, 2005, S. 306 f.

[81] Siehe Art. 6 Abs. 1 lit. b) und c) RL 95/46, ABl. 1995 Nr. L 281, S. 31.

[82] Ebenso im europäischen Sozialrecht, vgl. *Eichenhofer,* Sozialrecht der Europäischen Union, 3. Aufl. 2006, Rn. 318.

[83] *Wettner,* Amtshilfe im Europäischen Verwaltungsrecht, 2005, S. 347 ff.; *Weiß,* EuZW 2006, 263 (267).

[84] Vgl. z.B. Art. 12 RL 77/799; Art. 13 Abs. 2 VO (EG) Nr. 2006/2004.

die Frage, unter welchen Voraussetzungen ein Beweisverwertungsverbot im Hauptverfahren der ersuchenden Behörde entsteht.[85]

Grundsätzlich lassen sich zwei Modelle denken, die eng mit der jeweils vertretenen Konzeption des transnationalen Rechtsschutzes verbunden sind. Zum einen ließe sich vertreten, dass Rechtsfehler auf Seite der ersuchten Behörde sich nicht auf das Hauptverfahren der ersuchenden Behörde auswirken. Diese Konzeption hätte demgemäß in formaler Übereinstimmung mit dem Trennungsprinzip im Rechtsschutz zur Folge, dass die Rechtsfehler allein gegenüber der ersuchten Behörde geltend zu machen sind. Hiergegen spricht aber bereits, dass in vielen Fällen faktisch dem Betroffenen kein Rechtsschutz im Mitgliedstaat der ersuchten Behörde möglich ist, weil er von dem Amtshilfevorgang überhaupt keine Kenntnis hat.

Geht man daher davon aus, dass Rechtsfehler im Verfahren der ersuchten Behörde auf das Hauptverfahren der ersuchenden Behörde durchschlagen können, muss insoweit auch das prozessuale Trennungsprinzip relativiert werden. In der Konsequenz stellt sich die Frage, nach welchem Maßstab die Rechtswirkungen dieser Fehler zu beurteilen sind. Da sich der Rechtsschutz gegen die Verwertung einer fehlerhaft erlangten Information im Hauptverfahren des ersuchenden Mitgliedstaats richtet, kommt für die Anwendung von Beweisverwertungsverboten nur das Recht dieses Mitgliedstaats in Betracht.[86] Dieser Grundsatz wird jedoch gemeinschaftsrechtlich überformt. Insofern gebietet es der gemeinschaftsrechtliche Grundsatz des fairen Verfahrens zunächst, dass der Wert des Beweismittels in einem kontradiktorischen Verfahren überprüft werden kann.[87] Für die Frage der Verwertbarkeit des Beweismittels gilt gemeinschaftsrechtlich das Äquivalenzprinzip, das eine Gleichbehandlung mit rein inländischen Konstellationen gebietet. Inhaltlich gibt das Gemeinschaftsrecht dagegen nicht vor, wann und unter welchen Voraussetzungen nationales Recht ein Beweisverwertungsverbot vorsehen muss. Das kann lediglich in den Fällen anders zu beurteilen sein, in denen die Beweiserhebung auf schwerwiegenden, rechtsstaatlichen oder grundrechtlichen Verstößen beruhte, da ansonsten der gemeinschaftsrechtlich garantierte Mindeststandard des Art. 6 Abs. 2 EUV verloren ginge.[88]

---

[85] Eine spezielle Konzeption verfolgt insoweit die VO (EG) Nr. 1206/2001 über die Zusammenarbeit zwischen den Gerichten der Mitgliedstaaten auf dem Gebiet der Beweisaufnahme in Zivil- und Handelssachen, ABl. 2001 Nr. L 174, S. 1. In Art. 14 Abs. 1 sieht sie die Befugnis des ersuchten Gerichts vor, ein Ersuchen um Vernehmung abzulehnen, wenn nach dem Recht eines der beteiligten Mitgliedstaaten ein Recht zur Aussageverweigerung besteht.

[86] *Wettner,* Amtshilfe im Europäischen Verwaltungsrecht, 2005, S. 347.

[87] Vgl. *EuGH,* Rs. C-276/01, Slg. 2003, I-3735, Rn. 75 ff. – Steffensen. Ähnlich wie hier *Wettner,* Amtshilfe im Europäischen Verwaltungsrecht, 2005, S. 348 f.

[88] *Kerse/Khan,* EC Antitrust Procedure, 5. Aufl. 2005, Rn. 5.014. Vgl. zu einem vergleichbar gelagerten Problem aus dem zivilrechtlichen Vollstreckungsrecht *EuGH,* Rs. C-7/98, Slg. 2000, I-1935, Rn. 37 ff. – Krombach.

Diese materiell-rechtlichen Überlegungen haben Auswirkungen auf die prozessuale Seite, speziell den vom Trennungsprinzip geleiteten Zugang zu gerichtlichem Rechtsschutz. Der Problemkreis der Beweisverwertungsverbote nötigt zu einer Durchbrechung des Trennungsprinzips. Insofern muss es im Einzelfall möglich sein, den Rechtsfehler der ersuchten Behörde im Rahmen des Hauptverfahrens der ersuchenden Behörde geltend zu machen. Das Folgeproblem dieser Auffassung liegt darin, dass hiermit zwei Rechtsschutzmöglichkeiten eröffnet werden, die zu widersprechenden Ergebnissen führen können. Um hier aber eine unbegrenzte Wahlfreiheit des Betroffenen zu verhindern, in welchem Mitgliedstaat er Rechtsschutz sucht, ist grundsätzlich zu verlangen, dass er zunächst Rechtsschutz im Mitgliedstaat der ersuchten Behörde in Anspruch nimmt. Dieser Mitgliedstaat ist zudem sachlich näher an dem fehlerhaften Vorgang und besser in der Lage, die Rechtmäßigkeit bzw. Rechtswidrigkeit zu beurteilen. Sinnvollerweise müssen dann Behörden und Gerichte im ersuchenden Mitgliedstaat verpflichtet sein, die Rechtsschutzentscheidung im anderen Mitgliedstaat dem eigenen Verfahren zugrunde zu legen. Unterlässt der betroffene Bürger es dagegen, im ersuchten Mitgliedstaat Rechtsschutz in Anspruch zu nehmen, obwohl es ihm rechtlich und faktisch möglich war, kann er den Rechtsfehler nicht mehr im Mitgliedstaat der ersuchenden Behörde geltend machen.[89] Hiervon wird wiederum eine Ausnahme in den Fällen zu machen sein, in denen die Verwertung der fehlerhaft erhobenen Information im Ergebnis mit den gemeinschaftsrechtlichen Grundrechten schlechthin nicht vereinbar wäre, weil der Rechtsfehler offenkundig und schwerwiegend ist.

VII. Schlussbetrachtung

Eine vorläufige Bilanz der Vorschriften über die Verwaltungszusammenarbeit weist Licht und Schatten auf. In ihren Instrumenten geht die Richtlinie zwar nicht über bislang Bekanntes hinaus. Angesichts des weiten Anwendungsbereichs hätten aber einige Klarstellungen den Verwaltungsvollzug erleichtern können. In der täglichen Zusammenarbeit wird erst ein leistungsfähiges Binnenmarkt-Informationssystems viele praktische Probleme der Verwaltungszusammenarbeit abmildern helfen. Nicht problemadäquat sind dagegen die Vorschriften, die die Sicherheit von Dienstleistungen gewährleisten sollen. Rechtlich ungeklärte Fragen stellen sich zudem noch beim Grundrechtsschutz im Rahmen der Amtshilfe und bei den verwaltungsorganisatorischen Grenzen der Amtshilfepflicht.

---

[89] Ebenso Dalheimer, in: Dalheimer/Feddersen/Miersch, EU-Kartellverfahrensverordnung, Kommentar zu VO 1/2003, 2005, Art. 12 Rn 8.

Was bleibt vom Standesrecht der beratenden freien Berufe?

BARBARA GRUNEWALD

I. Einleitung

Eine einheitliche Antwort für alle drei beratenden Berufe (Rechtsanwälte, Steuerberater, Wirtschaftsprüfer) auf die Frage, wie sich die Dienstleistungsrichtlinie auf das jeweilige jeweilige Berufsrecht auswirkt, ist nicht möglich. Zu unterschiedlich ist die rechtliche Ausgangssituation. Zwar werden im Grundsatz alle drei beratenden Berufe als Dienstleister gem. Art. 2 Abs. 1 von der Dienstleistungsrichtlinie erfasst. Aber Art. 17 Abs. 4 bestimmt, dass Rechtsanwälte von der in Art. 16 der Richtlinie geregelten Dienstleistungsfreiheit ausgenommen sind, und generell besagt Art. 3 der Richtlinie, dass die Berufsanerkennungsrichtlinie, die für Steuerberater und Wirtschaftsprüfer einschlägig ist, Vorrang gegenüber der Dienstleistungsrichtlinie hat. Daher kann sinnvollerweise nur jeder der beratenden freien Berufe für sich behandelt werden.

II. Rechtsanwälte

1. Der Anwendungsbereich der Dienstleistungsrichtlinie

Gemäß Art. 17 Nr. 4 findet Art. 16 auf Rechtsanwälte keine Anwendung. Art. 16 ist mit dem Titel Dienstleistungsfreiheit überschrieben. Die Regelung in Art. 17 Nr. 4 besagt zugleich aber auch, dass die übrigen Bestimmungen der Richtlinie auch für Rechtsanwälte gelten.

2. Einheitlicher Ansprechpartner

Zu den auf Rechtsanwälte anwendbaren Regeln zählt Art. 6 (einheitlicher Ansprechpartner). Wer diese Ansprechpartner sein werden, liegt noch nicht fest. Die Interessenvereinigungen der Anwaltschaft haben zu erkennen gegeben, dass sie an der Funktion des einheitlichen Ansprechpartners Interesse haben;[1] wobei zu beachten ist, dass sich die Kammern an den Aufgabenkatalog von § 73 BRAO zu halten haben. Ob eine alle Bereiche abdeckende "Gründungsberatung" unter diese Bestimmung subsumiert werden kann, erscheint eher fraglich.

Sofern man dies anders sieht und die Kammern wirklich nur mit der Beratung der ausländischen Kollegen betraut, sollte die damit verbundene neue Aufgabe für die Kammer zu bewältigen sein,[2] da die Zahl der europäischen Rechtsanwälte, die sich in der Bundesrepublik niederlassen wollen, nur gering ist.[3] Gleiches dürfte für die Rechtsanwälte gelten, die in Ausnutzung der Dienstleistungsfreiheit hier tätig werden wollen. Auch trifft diese Personen keinerlei besondere Anzeigepflicht, so dass sie auch nicht "automatisch" Verwaltungsaufwand auslösen. Vielmehr haben sie nur auf Verlangen nachzuweisen, dass sie berechtigt sind, ihren Beruf im Herkunftsland auszuüben (§ 26

---

[1] Deutscher Anwaltverein, Stellungnahme 40/04 S. 11, abrufbar unter http://www.anwaltverein.de/03/05/2004/index.html; Bundesrechtanwaltskammer, Stellungnahme Juli 2004, S. 2, abrufbar unter http://www.brak.de/seiten/pdf/Stellungnahmen/2004/Nr23.pdf; so auch *Waschkau,* EU-Dienstleistungsrichtlinie und Berufsanerkennungsrichtlinie – Analyse der Auswirkungen auf das Recht der freien Berufe in Deutschland unter besonderer Berücksichtigung der Rechtsanwälte, Steuerberater und Wirtschaftsprüfer, Diss. Köln 2007, S. 120.

[2] Siehe Gutachten Deutsches Forschungsinstitut für Öffentliche Verwaltung Speyer, 2006, S. 110 (114).

[3] Zum 1.01.2007 waren in Deutschland 527 ausländische Rechtsanwälte niedergelassen, siehe die Statistik der BRAK unter http://www.brak.de/seiten/pdf/Statistiken/2007/MG_gross_2007.pdf.

Abs. 2 EURAG). Daher wird auch Art. 5 Abs. 2 der Richtlinie (keine Pflicht zur Vorlage von Originaldokumenten) keine allzu große Bedeutung erlangen.[4]

3. Berufshaftpflichtversicherung

Gemäß § 51 Abs. 1 S. 2 BRAO muss die Berufshaftpflichtversicherung bei einer Versicherung genommen werden, die im Inland zum Geschäftsverkehr befugt ist. Diese Regelung ist m.E. mit Art. 14 Abs. 7 der Richtlinie vereinbar.[5] Nach dieser Bestimmung darf nicht eine Versicherung verlangt werden, die im Hoheitsgebiet niedergelassen ist. Dem Wortlaut der Richtlinie widerspricht § 51 Abs. 1 S. 2 BRAO daher jedenfalls nicht. Da die Befugnis zum Führen eines Geschäftsbetriebes des Versicherungsgeschäfts nach § 110a Abs. 1 VAG auch relativ leicht zu erhalten ist und nur Anforderungen gestellt werden, deren Erfüllung auch von einem inländisches Versicherungsunternehmen, das das Versicherungsgeschäft in einem EG-Mitgliedstaat betreiben will (§ 13b, c VAG), verlangt werden, dürfte die Norm mit der Richtlinie vereinbar sein.

Auch ist der niedergelassene europäische Rechtsanwalt von der Versicherungspflicht in Deutschland befreit, wenn er eine nach den Vorschriften seines Herkunftsstaates geschlossene gleichwertige Versicherung unterhält. Diese Regeln erleichtern die Mitnahme der eigenen Versicherung.

4. Bestimmungen über die Zusammensetzung des Gesellschafterkreises

a) Assoziierungsverbot

Gemäß Art. 15 Abs. 2 c, Abs. 3 der Richtlinie sind Anforderungen im Hinblick auf die Beteiligungen am Gesellschaftsvermögen daraufhin zu überprüfen, ob sie nicht diskriminierend, erforderlich und verhältnismäßig sind. Art. 25 Abs. 1 verpflichtet zudem die Mitgliedstaaten, sicher zu stellen, dass die Dienstleistungserbringer keinen Anforderungen unterworfen werden, die die gemeinschaftliche Ausübung unterschiedlicher Tätigkeiten beschränken. Allerdings können hiervon Ausnahmen für die Angehörigen reglementierter Berufe gemacht werden, um die Einhaltung der verschiedenen Standesregeln im Hinblick auf die Besonderheiten der jeweiligen Berufe sicher zu stellen und um die Unabhängigkeit und Unparteilichkeit zu gewährleisten. Abs. 2 verpflichtet die Mitgliedsstaaten sicher zu stellen, dass Interessenkonflikte und Unvereinbarkeiten zwischen bestimmten Tätigkeiten vermieden und Unabhängigkeit und Unparteilichkeit gewährleistet werden. Weiter müssen die Anforderungen

---

[4] Einzelheiten, auch zu dem Unterschied der Niederlassung: *Waschkau* (s.o. Fn. 1) S. 119.
[5] A.A. *Waschkau*, (s.o. Fn. 1) S. 129.

der Standesregeln für die verschiedenen Tätigkeiten miteinander vereinbar sind.

Dem gegenüber bestimmt § 59a Abs. 1 BRAO, dass Rechtsanwälte sich nur mit Mitgliedern einer Rechtsanwaltskammer, Patentanwaltskammer, mit Steuerberatern, Steuerbevollmächtigten, Wirtschaftsprüfern und vereidigten Buchprüfern in einer Sozietät zur gemeinschaftlichen Berufsausübung verbinden dürfen. Gem. § 59e Abs. 1 BRAO gilt dasselbe für die Gesellschafter einer Rechtsanwaltsgesellschaft.

Es gehört zu den umstrittensten Fragen des anwaltlichen Berufsrechts, ob diese Norm mit den Vorgaben des EG-Vertrages im Bereich der Dienstleistungs – bzw. Niederlassungsfreiheit vereinbar ist.[6] Als Argumente für diese Regelung[7] werden angeführt:

- die erhöhte Verantwortlichkeit der genannten Freiberufler für ihr Verhalten gegenüber ihren Mandanten
- das Risiko einer fortschreitenden Kommerzialisierung
- die Absicherung des Gebotes der Unabhängigkeit, Verschwiegenheit und des Verbotes der Vertretung widerstreitender Interessen.

Während der zuerst genannte Aspekt m.E. schon deshalb die Beschränkung des § 59a Abs. 1 BRAO nicht rechtfertigen kann, weil die Verantwortlichkeit und Professionalität des Rechtsanwalts im Verhältnis zu seinen Mandanten unabhängig von der Organisation der Sozietät ist, bedarf der Hinweis auf Kommerzialisierungstendenzen näherer Betrachtung. Natürlich wird die Hereinnahme mehr gewinnorientierter Partner eine solche Kommerzialisierung fördern. Es ist aber doch mehr oder weniger blauäugig, wenn man davon ausgeht, dies würde für die Anwaltschaft irgendwelche tiefgreifenden Veränderungen zur Folge haben. Denn gewinnorientiert kann und muss eine Praxis schon heute geführt werden.[8] Es gehört zu den stets – also mit oder ohne Beteiligung berufsfremder Dritter an der Sozietät - einzuhaltenden Berufspflichten darüber die Interessen des Mandanten, für die es in erster Linie einzutreten gilt, nicht aus dem Auge zu verlieren. Im übrigen hat eine englische Studie sogar ergeben, dass die Befolgung des Berufsrechts in Anwaltsgesellschaften mit reiner Kapitalbeteiligung sogar eher besser gewährleistet ist als in anderen Anwaltsgesellschaften.

Auch sind die in § 59a Abs. 1 BRAO niedergelegten Restriktionen zur Absicherung des Unabhängigkeits- und Verschwiegenheitsgebotes sowie des Verbotes der Vertretung widerstreitender Interessen nicht erforderlich. Da

---

[6] Verneinend *Hellwig,* NJW 2005, 1217 (1220); *ders.*, AnwBl. 2007, 576 (581); *Kleine-Cosack*, DB 2007, 1851 (1854); bejahend *Schaub*, AnwBl. 2004, 263 (265).

[7] Aufzählung etwa bei *Kleine-Cosack*, DB 2007, 1851.

[8] Pelzer, Die Sozietät im Sinne der BRAO unter besonderer Berücksichtigung der Neuregelung in § 59a Abs. 4 S. 1 BRAO-E, Diss. Köln 2007, § 6 C. I. 26.

unstreitig in der Sozietät Personen mit beliebigen beruflichen Qualifikationen angestellt werden können, ist die besondere Gefahr für die genannten Werte nicht erkennbar,[9] die mit einer gesellschaftsrechtlichen Beteiligung Berufsfremder, und zwar auch mit einer Mehrheitsbeteiligung,[10] verbunden wäre. Natürlich wäre ein Gesellschafterbeschluss, nach dem Mandantengeheimnisse offenzulegen sind, rechtswidrig und unwirksam und natürlich dürfte ein Rechtsanwalt einer Weisung, die seine Unabhängigkeit gefährdet, nicht Folge leisten (siehe § 59f Abs. 4 S. 1 BRAO) . Dies hat aber mit der Frage, ob eine Person Gesellschafter werden kann, nichts zu tun. Im Übrigen ist darauf hinzuweisen, dass Ärzte in Krankenhaus-Aktiengesellschaften angestellt sind, ohne dass es insoweit je zu Problemen im Bereich der ärztlichen Berufspflichten gekommen wäre.

Zu demselben Ergebnis führt ein Vergleich mit Darlehen, die unstreitig auch an Sozietäten vergeben werden dürfen. Wenn der Darlehensgeber sich Weisungsrechte etwa bezüglich der Einhaltung des Verbotes der Vertretung widerstreitender Interessen im Darlehensvertrag vorbehalten würde – so wären diese Passagen natürlich rechtswidrig und nichtig. Dass wegen dieser Gefahr die gesamte Möglichkeit der Kreditvergabe an Sozietäten in Frage zu stellen wäre, behauptet niemand.

Dabei ist die geplante Liberalisierung des § 59a BRAO (Schaffung von Assoziierungsmöglichkeiten mit sogen. vereinbaren Berufen) nicht nur unproblematisch, sondern sogar europäisch vorgegeben.

Auch der Hinweis darauf, es bestehe für eine so weitgehende Freigabe wie in dem neuen § 59a Abs. 4 BRAO vorgesehen kein Bedürfnis, ist nicht zielführend.[11] Ob ein Bedürfnis für solche Zusammenschlüsse besteht, entscheidet der Mandant. Jedenfalls kann man Verhaltensweisen nicht deshalb verbieten, weil der Normgeber sie nicht für notwendig hält. Insbesondere fehlt es an der Nennung eines Gemeinschaftsgutes, das dieses Verbot rechtfertigen würde.

Der EuGH hat allerdings in der Rechtssache Wouters[12] das niederländische Assoziierungsverbot zwischen Rechtsanwälten und Wirtschaftsprüfern gebilligt. In dem Urteil heißt es: "Damit ist festzustellen, dass die niederländische Rechtsanwaltskammer in Anbetracht der dortigen berufsständischen Grundsätze annehmen konnte, dass ein Rechtsanwalt möglicherweise nicht mehr in der Lage ist, seinen Mandanten unabhängig und unter Wahrung eines strengen Berufsgeheimnisses zu vertreten, wenn er einer Struktur angehört, die auch die Aufgabe hat, die finanziellen Ergebnisse der Vorgänge, bezüglich derer er tätig geworden ist, im Rahmen der Rechnungslegung zu erfassen und zu prüfen."

---

[9] Siehe auch Pelzer, (s.o. Fn. 8) S. 71.
[10] Insoweit a.A. Hellwig, NJW 2005, 1217 (1222).
[11] A.A. *Kleine-Cosack*, DB 2007, 1851 (1856); *Pelzer* (s.o. Fn. 8), § 6 D. I. 2c).
[12] *EuGH,* Slg. 2002, I-1577.

Diese Ausführungen sind zwar auf die Besonderheiten des Zusammenschlusses zwischen Wirtschaftsprüfern und Rechtsanwälten bezogen und der EuGH betont auch, dass gerade die Wirtschaftsprüfer in den Niederlanden keinen vergleichbaren Standespflichten unterliegen wie die Rechtsanwaltschaft. Man kann aber wohl doch dem Urteil entnehmen, dass der EuGH Assoziierungsbeschränkungen großzügig betrachten wird.

In dieselbe Richtung weist auch Art. 11 Nr. 4 der Niederlassungsrichtlinie. Hier wird gesagt, dass einem Rechtsanwalt, der sich im Aufnahmestaat assoziieren will, in demselben Umfang Assoziierungsmöglichkeiten versperrt werden können, wie diese gegenüber den heimischen Rechtsanwälten gelten. Auch diese Regelung legt nahe, dass solche Verbote hinzunehmen sind, wenn auch nicht ausdrücklich etwas über den Umfang gesagt wird, in dem solche Verbote mit der Niederlassungsfreiheit vereinbar sind.

b) Mehrheitserfordernisse

Nach § 59e Abs. 3 BRAO muss die Mehrheit der Geschäftsanteile und der Stimmrechte bei einer Rechtsanwalts-GmbH Rechtsanwälten zustehen. Gem. § 59f Abs. 1 S. 2 BRAO muss die Mehrheit der Geschäftsführer Rechtsanwalt sein. Um die Verhältnismäßigkeit dieser Regeln darzulegen, wird wiederum auf die Unabhängigkeit der Rechtsanwälte sowie generell auf ihre Berufspflichten hingewiesen. Auch sei es wichtig, dass die Führungskräfte der Gesellschaft an die Berufsordnung gebunden sind.[13]

Wenn man – wie hier vertreten – die anwaltlichen Berufspflichten etc. auch dann als gewahrt ansieht, wenn Berufsfremde als Gesellschafter beteiligt sind, eben weil die Einflussmöglichkeiten Dritter dort enden, wo das Berufsrecht beginnt, so erscheinen auch diese Regeln mehr oder weniger zwecklos. Denn auch Nichtanwälte können verstehen, dass sie nicht per Weisung in das Tagesgeschäft der Anwälte eingreifen dürfen. Zur Absicherung eines entsprechenden Verständnisses mag man verlangen, dass immer ein Rechtsanwalt gewissermaßen als Compliance-Beauftragter in der Geschäftsführung tätig ist.[14] Dem entspricht, dass es für Sozietäten in der Rechtsform der BGB-Gesellschaft keine vergleichbaren Mehrheitsregeln gibt.[15]

5. Mindest- und Höchstpreise

Gem. Art. 15 Abs. 2f, Abs. 3 der Richtlinie sind Mindest- und Höchstpreise auf Erforderlichkeit und Verhältnismäßigkeit zu überprüfen.

---

[13] *Waschkau,* (s.o. Fn. 1) 137.

[14] A.A. *Waschkau,* (s.o. Fn. 1) 138: Mehrheit müsse bei den Rechtsanwälten liegen.

[15] Kritisch auch *Henssler* in Henssler/Prütting BRAO, 2. Aufl., § 59e Rn. 21 f; *Römermann,* in: Hartung/Holl, BORA, 3. Aufl., § 59e, Rn. 20.

Da seit dem 01.07.2006 für die außergerichtliche Beratung und Begutachtung keine Gebührenvorschriften mehr bestehen, ist diese Vorschrift für Rechtsanwälte insoweit bedeutungslos. Für gerichtliche Tätigkeiten, für die nach wie vor Mindestgebühren gelten (§ 49b Abs. 1 BRAO), hat das sogen. Cipolla-Verfahren eine gewisse Klärung gebracht.[16]

Nach Ansicht des EuGH kann eine solche Regelung gerechtfertigt sein. Ob dies der Fall ist, haben die nationalen Gerichte zu prüfen. Maßgeblich soll sein, ob so die Qualität der Beratung verbessert wird und der Schutz der Verbraucher eine solche Regelung nahe legt. Insbesondere soll auch eine Rolle spielen, ob nicht Berufs- und Standesrecht als Kontrolle ausreichen.

Dieses Urteil stammt aus der Zeit vor Inkrafttreten der Richtlinie. Die Richtlinie toleriert gemäß Art. 15 Abs. 2g, Abs. 3 Mindestpreise, wenn diese durch zwingende Gründe des Allgemeininteresses gerechtfertigt sind. Gemäß Erwägungsgrund 40 umfasst dieser Begriff auch den Schutz der Dienstleistungsempfänger. Hierzu kann im weitesten Sinne auch der Verbraucherschutz gezählt werden.

Die deutschen Gerichte werden die Mindestgebühren wohl weiterhin akzeptieren. Dabei wird das Argument, ohne Mindestgebühren sei der Zugang zum Recht blockiert, da der Rechtsanwalt nur auf Grund einer Mischkalkulation trotz kleiner Mandate insgesamt kostendeckend arbeiten könne, entscheidend sein.[17] Ungeprüft ist allerdings bislang, ob dieses Argument wirklich trägt. Schließlich eröffnen niedrige Sätze, die bei Aufhebung des Gebotes von Mindestsätzen noch weiter absinken können, den Zugang zum Recht insofern, als ein potentieller Mandant dann ein geringeres Gebührenrisiko zu tragen hätte. Man könnte also auch sagen, dass zwar eine Pflicht zur Übernahme eines Mandates für einen Rechtsanwalt nur dann besteht, wenn die Mindestvergütung bezahlt wird, billigere Angebote aber gemacht werden dürfen.[18] Zudem hat eine neuere Studie ergeben, dass eine solche Mischkalkulation nur bei einem kleinen Teil der Anwälte überhaupt erfolgt.[19]

Wenig überzeugend erscheint mir auch der Hinweis, dass ein zu geringes Kostenrisiko aussichtlose Prozesse herbeiführen würde.[20] Dies kann nämlich allenfalls eine absolute Untergrenze der Gebühren rechtfertigen, nicht aber vom Streitwert abhängige Mindestgebühren. Daher ist es durchaus möglich, dass der EuGH die deutschen Mindestgebühren nicht hinnehmen wird.

---

[16] *EUGH,* NJW 2007, 281ff.

[17] *Schaub*, AnwBl. 2004, 263 (265); auch *Hellwig*, NJW 2005, 1217 (1219), der aber davon ausgeht, dass die deutsche Regelung keinen Bestand haben wird: AnwBl. 2007, 576 (579).

[18] Das BVerfG hat die Kappung des Gegenstandswertes auf 30 Millionen Euro für verfassungsgemäß angesehen: AnwBl. 2007, 535.

[19] *Kilian,* AnwBl. 2006, 406.

[20] So *Hellwig,* NJW 2005, 1217 (1218).

III. Steuerberater

1. Anwendungsbereich der Dienstleistungsrichtlinie

Gemäß Art. 17 Abs. 6 der Richtlinie ist Art. 16 auf Berufe, für die die Berufsanerkennungsrichtlinie gilt, nicht anwendbar. Hierzu zählen die Steuerberater. Die Berufsanerkennungsrichtlinie regelt aber in Art. 5 ebenfalls die Dienstleistungsfreiheit.

2. Einheitlicher Ansprechpartner

Die Regeln über den einheitlichen Ansprechpartner gelten demgegenüber auch für die Steuerberater. Da Steuerberater unter die Berufsanerkennungsrichtlinie fallen, betreffen sie nur die Vorschriften über die vereinfachte Dokumentenvorlage weitgehend nicht (Art. 5 Abs. 4 mit Art. 7 Abs. 2, Art. 50 der Berufsanerkennungsrichtlinie).

3. Bestimmungen über die Zusammensetzung des Gesellschafterkreises

a) Assoziierungsverbote

Gemäß § 56 Abs. 1, 2 StBerG kann ein Steuerberater sich zur gemeinschaftlichen Berufsausübung mit anderen Steuerberatern, Steuerbevollmächtigten, Wirtschaftsprüfern, vereidigten Buchprüfern, Mitglieder einer Rechtsanwalts- und Patentanwaltskammer zusammenschließen. Für Steuerberatungsgesellschaften gilt gem. § 50a StBerG das gleiche, wobei allerdings außerdem vorgesehen ist, dass zusätzlich auch andere Steuerberatungsgesellschaften und sogar auch Dritte, deren Tätigkeit von der Kammer genehmigt wurde, Gesellschafter sein können (§ 50a Abs. 1 StBerG).

Die für diese Regelung angeführten Argumente gleichen naturgemäß denen, die auch ins Feld geführt werden, um die Assoziierungsgebote für Rechtsanwälte zu rechtfertigen. Betont wird insbesondere, dass es um die Sicherstellung einer ordnungsgemäßen Steuerberatung gehe.[21] Diesem Argument lässt sich m.E. dadurch Rechnung tragen, dass die Steuerberatung als solche in der Hand qualifizierter Personen bleibt. Wer eine Beteiligung hält, muss ja nicht zwangsläufig auch beraten.

Auch das Steuerberatergesetz sieht insoweit wohl keine wirklich gravierenden Probleme. Gemäß § 154 StBerG bleiben Steuerberatergesellschaften, die

---

[21] *Kluth/Goltz/Kujath*, Die Zukunft der freien Berufe in der europäischen Union, 2005, S. 160; *Waschkau,* (s.o. Fn. 1) S. 143 (192).

bei Einfügung von § 50a StBerG schon bestanden, ohne zeitliche Beschränkung weiter anerkannt, was, wenn es wirklich um zwingende Gründe des Gemeinschaftswohls gehen würde, wohl kaum vertretbar wäre.[22] Es handelt sich um ca. 3.600 Gesellschaften.[23] Soweit mir bekannt, ist keine dieser Gesellschaften die Anerkennung wegen Gesetzesverletzung entzogen worden.

Gleichwohl sieht der Referentenentwurf zur Änderung des Steuerberatergesetzes keine Anpassung an die veränderte Rechtslage vor.[24]

b) Mehrheitserfordernisse

§ 50a Abs. 1 Nr. 5 StBerG bestimmt für Steuerberatungsgesellschaften, dass Steuerberater, Rechtsanwälte, niedergelassene europäische Rechtsanwälte, Wirtschaftsprüfer, vereidigte Buchprüfer, Steuerbevollmächtigte oder Steuerberatungsgesellschaften zumindest die Mehrheit der Stimmen in der Gesellschaft haben müssen. Erforderlich ist also nur eine Stimmenmehrheit, keine Anteilsmehrheit.

Hinsichtlich der Geschäftsführer bzw. Vorstandsmitglieder bestimmt § 50 Abs. 4 StBerG, dass mindestens die Hälfte Steuerberater sein müssen.

Diese Regelung ist deutlich liberaler als die der BRAO und lässt daher erneut an der restriktiven Haltung der BRAO zweifeln. Auch in Bezug auf Steuerberatungsgesellschaften gilt m.E. aber das schon für die Anwaltschaft angeführte Argument, dass, welche Personen auch immer geschäftsführend tätig sind, jede berufsrechtswidrige Einflussnahme zu unterbleiben hat und demgemäß unbeachtlich ist. M. E. kann man den Steuerberatern ebenso wie den Rechtsanwälten zutrauen, dass sie solchen Einflussnahmen widerstehen werden. Daher erscheint die Regelung von § 50 Abs. 4 StBerG nicht notwendig.[25]

4. Mindest- und Höchstpreise

Nach § 64 Abs. 1 S. 1 StBerG sind Steuerberater und Steuerbevollmächtigte an die Gebührenordnung gebunden. Trotz dieses doch eigentlich klaren Wortlauts ist umstritten, was mit Bindung an die Gebührenordnung gemeint ist, ob also abweichende Vereinbarungen nun berufsrechtlich zulässig oder unzulässig sind.[26]

---

[22] Siehe *Kleine-Cosack,* DB 2007, 1851 (1854).

[23] *Gehre/von Borstel*, Steuerberatergesetz 2005, § 50a Rn. 3.

[24] Berechtigte Kritik bei *Henssler*, AnwBl 2007, 553 (558).

[25] A.A. *Waschkau* (s.o. Fn. 1) 143.

[26] *BGH*, NJW 2005, 1268 (1270) zu § 45 Abs. 4 BOStB (mittlerweile aufgehoben): Unterschreitung der angemessenen Gebühr unzulässig; Unterschreiten der Mindestgebühr berufsrechtswidrig: *Gehre/von Borstel,* (s.o. Fn. 22) § 64 Rn. 7; berufsrechtlich zulässig *Kluth/Goltz/Kujath,*

Vor dem geschilderten Hintergrund der Dienstleistungsrichtlinie kann der Deutung der Gebührenordnung als dispositives Recht nur zugestimmt werden. Anderenfalls müssten die gegen die Mindestgebühren der Anwaltschaft ins Feld geführten Argumente auch dem Steuerberatungsgesetz entgegengehalten werden. Zugleich zeigt der Blick auf das nach h.M. insoweit liberalere Recht der Steuerberater, dass die Mindestgebühren der Anwaltschaft doppelt problematisch sind.

IV. Wirtschaftsprüfer

1. Anwendungsbereich

Wie die Steuerberater fallen auch die Wirtschaftprüfer unter die Berufsanerkennungsrichtlinie und sind daher von Art. 16 der Dienstleistungsrichtlinie ausgenommen. Für Wirtschaftsprüfer gilt allerdings auch Art. 5 der Berufsanerkennungsrichtlinie nicht, da insoweit die Wirtschaftsprüferrichtlinie Vorrang hat.

2. Einheitlicher Ansprechpartner

Unterschiede zu den Steuerberatern ergeben sich insoweit nicht.

3. Bestimmungen über die Zusammensetzung des Gesellschafterkreises

Gemäß § 44b Abs. 1 S. 1 WPO dürfen Wirtschaftsprüfer ihren Beruf mit Personen, die einen freien Beruf ausüben und der Berufsaussicht einer Berufskammer unterliegen und ein Zeugnisverweigerungsrecht haben, gemeinsam ihren Beruf ausüben. Diese Regelung ist deutlich liberaler als die für Rechtsanwälte und Steuerberater geltenden Bestimmungen, da etwa eine Zusammenarbeit mit Ärzten möglich wäre. Die für Rechtsanwälte und Steuerberater geäußerten generellen Bedenken gegen Assoziierungsverbote gelten im Grundsatz allerdings auch für Wirtschaftsprüfer, zumal die Zusammenarbeit de facto dadurch beschränkt ist, dass, wenn ein Rechtsanwalt oder Steuerberater ebenfalls Sozius ist, diese Liberalisierung auf Grund des für diese Berufe geltenden Assoziierungsverbotes leerläuft.

Für Wirtschaftsprüfungsgesellschaften schreibt § 28 Abs. 4 Nr. 3 WPO vor, dass die Mehrheit an der Wirtschaftsprüfungsgesellschaft Wirtschaftsprüfern

---

(s.o. Fn. 20) S. 232 ff; *Hund,* DSWR 2005, 211 (213); siehe die Darstellung bei *Waschkau,* (s.o. Fn. 1) 161.

oder Wirtschaftsprüfungsgesellschaften zustehen muss. Zugleich müssen Wirtschaftsprüfer die Mehrheit im Leitungsorgan der Gesellschaft haben. Da die Prüfungsrichtlinie in Art. 3 Abs. 4 festlegt, dass die Mehrheit der Stimmrechte bei in der Europäischen Union zugelassenen Wirtschaftsprüfern oder Wirtschaftsprüfungsgesellschaften liegen muss, und zugleich festlegt, dass im Leitungsorgan zugelassene Wirtschaftsprüfer oder Prüfungsgesellschaften die Mehrheit haben müssen, ist die Regelung klar europarechtskonform.

4. Mindest- und Höchstpreise

Da für Wirtschaftsprüfer keine Mindest- und Höchstpreise gelten, sind die entsprechenden Regeln der Dienstleistungsrichtlinie für diese Berufsgruppe ohne Bedeutung.

V. Zusammenfassung

1. Die Auswirkungen der Dienstleistungsrichtlinie auf die wirtschaftsnahen beratenden Berufe halten sich in Grenzen.

2. Die Assoziierungsverbote für Rechtsanwälte, Steuerberater und Wirtschaftsprüfer sowie die Bestimmungen über den Gesellschafterkreis von Rechtsanwalts- und Steuerberatungsgesellschaften halten einer Überprüfung anhand der Dienstleistungsrichtlinie nicht Stand.

3. Die für Rechtsanwalts- und Steuerberatungsgesellschaften geltenden Regeln über Beteiligungsmehrheiten und Mehrheiten in den jeweiligen Geschäftsführungsorganen halten einer inhaltlichen Überprüfung anhand der Dienstleistungsfreiheiten nicht Stand.

4. Die für Rechtsanwälte geltende Mindestpreisregelung hält einer Überprüfung anhand der Dienstleistungsrichtlinie nicht Stand.

Werberegelungen für freie Berufe

MICHAEL KLEINE-COSACK

Freiberufler unterliegen heutzutage keinen nennenswerten freiberufsspezifischen Werbeverboten mehr.[1] Für sie ergeben sich von wenigen Spezialnormen abgesehen werberechtliche Schranken nur noch aus dem für alle Bürger, Gewerbetreibenden Recht wie z.B. dem UWG. Daher stellen sich auch aus deutscher Sicht im Bereich der freiberuflichen Werbung keine besonderen Probleme auf Grund der Dienstleistungsrichtlinie.

[1] Vgl. ausführlich. *Kleine-Cosack*, Das Werberecht der rechts- und steuerberatenden Berufe, 2. Aufl., München 2003; *ders.* demnächst: Bundesrechtsanwaltsordnung, 5. Aufl. 2008, Erl. zu Vorb. vor § 43 b.

I. Früher: Totales Werbeverbot

Die grundrechtliche Verbürgung des Werberechts und die damit verbundenen Werbefreiheiten hatten die Rechtsanwaltkammern sowie die Gerichte bis Mitte der 90er Jahre des letzten Jahrhunderts sträflich missachtet. Anstatt das seit 1949 geltende Grundrecht der Berufsfreiheit und damit auch der Werbefreiheit zu achten, traten sie es mit Füßen, wenn ein Zwangsmitglied auch nur den kleinsten Werbeschritt tat. Der Blick zurück kann nur ein solcher in Zorn und Unverständnis sein, bedenkt man, was alles bis vor allzu langer Zeit untersagt wurde.

- So wurde bekanntlich jede Angabe zu Spezialisierungen trotz manifester Relevanz für den Rechtsanwalt wie die Rechtsuchenden oder für Arzt und Patienten verboten.
- Keine Gnade in den verfassungsrechtlich getrübten Augen der Kammern und Gerichte fanden banale Zeitungsanzeigen, ein zweites oder gar ein größeres – und für schlecht sehende Rechtsuchende sehr sinnvolles – Praxisschild oder ein Zeitungsartikel, in dem ein Arzt bei Abbildung auf einem Photo mit Arztkittel über seine Tätigkeit informierte.
- Selbst die schlichte Anbringung eines Paragraphen auf dem Dach des Kanzleihauses – bedeutsam allenfalls für potentielle Klienten aus dem Bereich der Luftfahrt – erregte den Unwillen der Aufsicht, obwohl sie nicht einmal ansatzweise dartun konnten, dass diese Werbung – z.B. wegen Schocks für den mit der Dachwerbung konfrontierten „Überflieger“ und daraus resultierender Absturzgefahr - gemeinwohlschädlich sei.

II. Heute: Werbefreiheit für alle freien Berufe

Diese Zeit des Werbeverbots ist mittlerweile passé. Der gerichtlich – zu nennen ist vor allem das BVerfG – verordnete Abbau des bis 1987 geltenden nahezu totalen Werbeverbots hat die Geschichte des Berufsrechts der freien Berufe in den letzten 20 Jahren maßgeblich bestimmt. Richter, Kammern, Vereine und vor allem die Freiberufler selbst mussten erkennen, dass die von ihnen errichteten Werbeverbote weder politisch noch verfassungs- und noch weniger europarechtlich vertretbar waren.

Nachdem das *BVerfG* beginnend mit der grundlegenden Apothekerentscheidung[2]– erinnert sei nur an die Spezialistenentscheidungen zu Ärzten und Anwälten - den Freiberuflern bis in die jüngste Zeit deutlich gemacht hatte, dass

---

[2] *BVerfG,* NJW 1996, 3067.

letztlich besondere über das UWG hinausgehende berufliche Werbeverbote nicht mehr zu rechtfertigen waren, ist vom früheren Verbotsberg praktisch nichts mehr übrig geblieben. Die Freiberufler besitzen heutzutage eine nahezu grenzenlose Werbefreiheit, welche fast so groß ist, wie die von Reinhart Mey besungene Freiheit über den Wolken.

Daher stellen sich auch keine werbrechtlichen Probleme in Deutschland mit der neuen Dienstleistungsrichtlinie. Wenn nämlich keine nennenswerten freiberufsspezifischen Verbote mehr bestehen bzw. bei einer Prüfung am Maßstab der Berufsfreiheit des Art. 12 I GG oder auch der Dienstleistungsfreiheit des Art. 43 EGV Bestand haben, letztlich im wesentlichen nur noch das allgemeine Wettbewerbsrecht und einige Spezialnormen gelten, dann sind alle Untersuchungen zu Fragen der Begrenzung der Dienstleistungsfreiheit durch nationale Werbeverbote in Gesetzen oder Kammersatzungen schlicht Makulatur.

Diese neue Werbefreiheit gilt praktisch für alle freien rechts- und steuerberatenden Berufe. Nicht nur Rechtsanwälte, auch Steuerberater und Wirtschaftsprüfer oder Angehörige der Heilberufe können auf die Freiheit ihrer Werbung pochen. Zwar weisen die Berufsordnungen z.T. noch einen freiheitsfeindlichen Überhang aus. Die meisten Bestimmungen sind jedoch irrelevant oder verfassungswidrig.

III. Verfassungsrechtliche Schranken für Werbeverbote

Werbeverbote für Freiberufler können als Eingriffe in die grundrechtlichen Freiheitsrechte der Berufsfreiheit des Art. 12 I GG wie der Meinungsfreiheit des Art. 5 I GG bzw. des Art. 10 EMRK nur gerechtfertigt werden, wenn sie im Gemeinwohlinteresse erforderlich sind.

Jede Einschränkung der grundrechtlich gewährleisteten Werbefreiheit auch der Freiberufler ist genauestens daraufhin zu überprüfen, ob sie geeignet und vor allem erforderlich ist zum Schutz des Gemeinwohls.[3] Eingriffe in die freie Berufsausübung durch berufsordnungsrechtliche Werbeverbote sind daher nur dann mit Art. 12 I GG vereinbar ist, wenn sie – so z.B. bei Rechtsanwälten -

- durch ausreichende Gründe des Gemeinwohls gerechtfertigt sind, dazu zählen z.B. die Rechtspflege und das Vertrauen der Bevölkerung in ihre Funktionsfähigkeit, weiter auch und vor allem die Interessen der Rechtsuchenden, nicht aber Konkurrenzschutzbelange der Anwälte.
- sie dem Verhältnismäßigkeitsgrundsatz entsprechen, mithin das gewählte Mittel zur Erreichung des verfolgten Zwecks geeignet und auch erforderlich ist,

---

[3] *BVerfG,* NJW 2006, 1499 („Rechtsanwälte und Steuerberatung").

- bei einer Gesamtabwägung zwischen der Schwere des Eingriffs und der ihn rechtfertigenden Gründe die Grenze der Zumutbarkeit noch gewahrt ist.

Vergleichbar dem Verfassungsrecht sind die Schranken, welche sich aus der in Art. 49 EGV garantierten Dienstleistungsfreiheit ergeben Nach Art. 24 der Dienstleistungsrichtlinie 2006/ 123/EG v. 12.12.2006 müssen dementsprechend Einschränkungen der kommerziellen Kommunikation bei reglementierten Berufen nicht nur nicht nur nicht diskriminierend sondern auch durch einen **zwingenden Grund des Allgemeininteresses gerechtfertig**t und verhältnismäßig sein.

IV. Allgemeine Schranken

An diesem verfassungs- wie auch europarechtlichen Maßstab sind unbedenklich die auch für Freiberufler sich aus dem allgemeinen Recht ergebenden Werbungsschranken.

1. UWG

Selbstverständlich unterliegen alle Freiberufler den für alle Bürger und Gewerbetreibenden geltenden Schranken des Wettbewerbsrechts.

a) Irreführungsverbot

So ist ihnen vor allem eine irreführende Werbung nach § 5 UWG untersagt.

aa) Allgemein

Dabei darf aber nicht in Vergessenheit geraten, dass auch die deutschen Gerichte heutzutage unter dem Druck des EuGH das Irreführungsverbot liberalisiert haben. Maßstab ist der aufgeklärte und werbegewohnte Bürger und nicht eine beschränkte Sicht von Richtern oder Kammern.[4]

Absolut unverständliche Entscheidungen wie z.B. des BGH, dass Rechtsanwälte nicht den Zusatzhinweis „Strafverteidiger“ verwenden dürften, weil das als eigenständiger, vom Rechtsanwalt abzugrenzender Beruf verstanden werden könnte, wären heute nicht mehr vorstellbar.

Die Mitteilung von Tätigkeitsschwerpunkten durch Rechtsanwälte oder Ärzte stellt auch keine unzulässige Irreführung dergestalt dar, dass damit behaup-

---

[4] Vgl. auch *Omsels*, GRUR 2005, 548.

tet werden, andere Berufsangehörigen verfügten nicht über derartige Schwerpunkte,[5] Erfahrungen oder Befähigungen.[6]

Selbstverständlich darf mit förmlich verliehenen Bezeichnungen wie Fachanwaltstiteln nur geworben werden, wenn sie auch dem Werber tatsächlich verliehen wurden. Andernfalls liegt eine Irreführung vor.

Sie kommt auch in Betracht, wenn man sich bei Adressverzeichnissen und Telefonbüchern wie den Gelben Seiten unter der Rubrik „Fachanwälte" benennen lässt, ohne selbst über eine entsprechende Bezeichnung zu verfügen.

bb) Spezialist/Experte

Das *BVerfG* sollte im Übrigen mit seinen Spezialistenentscheidungen[7] einem rigiden Verbotsdenken zu Lasten der Rechtsuchenden endgültig den Garaus gemacht haben, indem es u.a. betont hat:

> „Die durch die werberechtlichen Regelungen geschützten Rechtsgüter und insoweit vom Normgeber verfolgten Ziele rechtfertigen es ….. nicht, Angaben und Zusätze, die eine ausgeübte Tätigkeit näher charakterisieren sollen, ohne Rücksicht auf ihren Sinn und Zweck oder ihren Informationswert für Dritte zu verbieten.[8]

Nach dem Zusammenbruch der Stufenleiter „Fachanwalt"-„Tätigkeits"- und „Interessenschwerpunkt" bei den Rechtsanwälten und der Zulassung von wertenden Selbstqualifikationen wie „Spezialist" oder „Experte" geht der aktuelle Streit in einer kaum noch zu übersehenden Entscheidung der Gerichte dahin, wann bei einer entsprechenden Werbung eine Irreführung gegeben ist.[9]

Eine Irreführung kann letztlich im Einzelfall nur vorliegen, wenn der Berufsangehörige – so das BVerfG – „ *tatsächlich im allgemeinen Wortsinn kein Spezialist wäre.* "

---

[5] *BGH,* WRP 1996, 288- Tätigkeitsschwerpunkte von Rechtsanwälten; BVerfG, NJW 2001, 2788.

[6] *BGH,* MedR 2004, 212: Zahnarztfall, Implantologie u.a., LBerfG f. Hb beim OVG NRW MedR 2004, 343: Schwerpunktpraxis Diabetes: Irreführung nur, wenn der Arzt keine besonderen Kenntnisse auf dem Gebiet der Diabetesbehandlung und keinen entsprechenden Praxisschwerpunkt hätte.

[7] *BVerfG,* NJW 2002,1331

[8] *BVerfG,* NJW 2004, 2656 ff.

[9] Vgl. nur *LG Dortmund,* BRAK-Mitt. 2006, 44: Die Behauptung einer Rechtsanwalts GmbH, Rechtsuchenden" Spezialisten" für jedes relevante Rechtsproblem zur Verfügung stellen zu können, sei irreführend, wenn sich der Gesellschafterstamm nur aus jungen Kollegen zusammensetzt. Der Rechtsuchende, wenn ein Spezialist versprochen wird, erwarte, dass er eine Person trifft, die auf einem bestimmten speziellen Rechtsgebiet herausragende Kenntnis und Erfahrung erworben hat. Die Kenntnisse, Eignung und Befähigung des Spezialisten müssten jedenfalls höher sein als diejenigen eines Fachanwalts oder des Inhabers eines Interessen oder Tätigkeitsschwerpunktes.

Das *LG Kiel*[10] versteht unter einem „Spezialisten“ eine Person, die über langjährige Berufserfahrung verfügt, sich – was unsinnig ist – ausschließlich um ein Fachgebiet kümmert und Mandate aus anderen Gebieten ablehnt.

Im konkreten Fall ging es um eine Anzeige mit folgendem Inhalt, der allerdings in der Tat im Ergebnis irreführend war:

„Jeder in meiner Kanzlei ist ein absoluter Spezialist und bearbeitet ausschließlich Fälle, die sein Rechtsgebiet betreffen. Mit dem Resultat, dass die Kanzlei höchst selten bei juristischen Auseinandersetzungen verliert.“

In der Praxis gibt es hier natürlich eine erhebliche Grauzone, so dass Verstöße nur in seltenen Fällen nachweisbar sind.

Nach dem *OLG Frankfurt am Main*[11] darf ein Anwalt nicht mit der Aussage werben, dass er im Unterschied zu einigen anderen auf seinem Rechtsgebiet spezialisierten Anwaltskollegen, bei denen der Sachvortrag häufig recht dürftig ist und keine Vertretung in der mündlichen Verhandlung erfolgt.

Nach dem *OLG Jena*[12] ist es unzulässig, dass ein Anwalt in einem Rundschreiben die Behauptung aufstellt, dass fachlich nicht spezialisierte Anwaltskanzleien dem Rechtsuchenden „allenfalls nur durchschnittliches Wissen" anbieten könnten. Das Gericht stellt auf einen Verstoß gegen § 6 Abs. 2 Nr. 5 UWG ab, nach der Herabsetzung von Dienstleistung von Mitbewerbern wettbewerbswidrig ist.

b) Belästigende Werbung

Nach allgemeinem Wettbewerbsrecht ist den Rechtsanwälten wie jedermann natürlich auch untersagt eine belästigende Werbung. So dürfen sie unaufgefordert vor allem nicht mittels Telefon, Telefax oder E-Mail und neuerdings nach dem BGH auch SMS werben.

c) Alleinstellungswerbung

Verboten ist natürlich eine Alleinstellungswerbung. Sie liegt aber noch nicht darin, dass z.B. ein Steuerberater oder Rechtsanwalt Handzettel mit der Aufschrift „Mobile Steuerberatung“ verteilt[13] oder versendet, in denen er mitteilt, dass er die Mandanten bei Bedarf auch zu Hause aufsucht.

---

[10] *LG Kiel,* NJW 2006, 2496; vgl. auch *LG Dortmund*, NJW-RR 2006, 345.
[11] *OLG Frankfurt am Main,* NJW 2005, 1283.
[12] *OLG Jena,* NJW 2005, 2089.
[13] *OLG Karlsruhe*, 4 U 196/039.

d) Sympathiewerbung

Zulässig ist auch eine gefühlsbetonte Werbung, nachdem der *BGH* auf Druck des *BVerfG*[14] bekanntlich seine gegenteilige Rechtsprechung aufgegeben hat.[15] Er hat kürzlich nicht mehr beanstandet die 1994 aufgegebene Anzeige mit der Sonnenbrillenwerbung eines Optikers:

> „B-Optik unterstützt die Aktionsgemeinschaft für Artenschutz e.V..“

Werbung mit dem sog. „Umweltsponsoring“ und damit generell jede Form der Werbung sog. Social sponsoring – z.B. „Kaloderma unterstützt die Kindernothilfe e.V.“ wie auch altruistische Kauf- und Unterstützungsappelle sind auch bei Freiberuflern zulässig. Dies gilt selbst dann, wenn der Unterstützungsbetrag konkret genannt wird: „Vom Erlös jeden verkauften Bäumchens gehen 20 Pfennig an die Deutsche Umwelt-Aktion“.

Zulässig und am Maßstab des Sachlichkeitsgebots der freien Berufe nicht zu beanstanden ist bekanntlich auch eine Sympathiewerbung,[16] welche nicht nur nüchtern berufsbezogene Sachinformationen vermittelt, sondern auch – z.B. durch Verwendung von Slogans oder einer von einer Berufsorganisation wie der DGÄZ ausgestellten Werbeurkunde, wonach man auf bestimmten Gebieten schwerpunktmäßig tätig sei - emotionale Elemente in den Werbeauftritt integriert. Voraussetzung soll sein, dass durch die Verwendung emotionaler Elemente der Informationscharakter nicht völlig in den Hintergrund tritt. Eine unsachliche Anpreisung soll vorliegen, wenn der Sachinformationscharakter von unsachlichen Elementen so überlagert wird, dass nicht mehr erkennbar ist, welcher Nutzen mit der jeweiligen Werbung – z.B. einem Internetangebot – überhaupt verbunden sein soll.[17]

Selbst eine vergleichende Werbung ist nach dem Erlass der entsprechenden Richtlinie der EU, welche auch für Freiberufler gilt, bei Einhaltung der gesetzlichen Vorgaben zulässig.[18]

2. Sonstiges Recht

Selbstverständlich dürfen die Freiberufler nicht bei der Werbung gegen andere Gesetze, Berufspflichten oder Rechte verstoßen.

So unterliegen Ärzte z.B. den Restriktionen des HWG.

---

[14] *BVerfG,* GRUR 2002, 455-Tier und Artenschutz.
[15] *BGH,* NJW 2006, 149; dazu *Hartwig*, NJW 2006, 1326.
[16] Vgl. *BVerfG,* NJW 2003, 3470.
[17] Vgl. auch *Balzer*, MedR 2004, 214.
[18] Vgl. allgemein *BGH* I ZR 273/01.

So ist es unzulässig im Hinblick auf die Verschwiegenheitspflicht des § 43 a II BRAO bzw. des § 203 StGB, ohne deren Zustimmung mit den Namen der vertretenen Mandanten zu werben.

Selbst die Werbung mit den Gegnern kann unzulässig sein, sei es, dass – so das OLG Köln – dies ebenfalls gegen die strafrechtliche Schweigepflicht verstößt – oder – so das *KG* [19]– zumindest das Persönlichkeitsrecht der Anderen verletzt. Das *KG* führt insoweit aus:

> „Die zu Werbezwecken vorgenommene tabellarische Auflistung der Unternehmen in Form einer reinen Namensliste auf einer Seite der Homepage einer auf die Vertretung von Kapitalanlegern spezialisierten Rechtsanwaltskanzlei, gegen die die Rechtsanwälte dieser Kanzlei Mandate zur außergerichtlichen und/oder gerichtlichen Rechtsverfolgung erteilt wurden, stellt einen unzulässigen Eingriff in das allgemeine Persönlichkeitsrecht (BGB §§ 823 Abs. 1, § 1004, GG Art. 2 Abs. 1) der in der Liste aufgeführten "Gegner" dar.“

Ob diese Entscheidung Bestand haben wird, muss demnächst das BVerfG entscheiden.

V. Berufsrecht

Von diesen allgemeinrechtlichen und vor allem wettbewerbsrechtlichen Schranken abgesehen unterliegen die Freiberufler heutzutage jedoch kaum noch zusätzlichen berufsspezifischen Werbeverboten.

Bei Ärzten gibt es z.B. in der aktuell geltenden MBO keine nennenswerten Verbote mehr. Hier gilt fast nur noch das UWG.

Das Berufsrecht der steuer- und rechtsberatenden Berufe enthält zwar noch einige Spezialnormen sowie ergänzendes werberestriktives Satzungsrecht. Diesen Bestimmungen kommt jedoch keine nennenswerte Bedeutung zu**, weil sie überflüssig oder verfassungswidrig sind.**

Diese geringe Bedeutung sei am Beispiel des Berufsrechts der Rechtsanwälte verdeutlicht.

1. BORA

Praktisch bedeutungslos sind die §§ 6 bis 10 BORA, nachdem vor allem die Beschränkung auf Tätigkeits- und Interessenschwerpunkte in § 7 BORA sich als unhaltbar erwiesen hat

---

[19] *KG Berlin* Urt. v. 30. September 2005- 9 U 21/04.

aa) Es war von Anfang an sonnenklar, dass die kunstvoll konstruierte Stufenleiter zu Spezialisierungen mit der untersten Stufe der Interessenschwerpunkte, der weiteren Stufe der Tätigkeitsschwerpunkte bei jeweils zahlenmäßiger Limitierung und der höchsten Stufe der Fachanwaltschaften bloßer Ausdruck freiheitsfeindlicher Phantasielosigkeit war. Schließlich war sie am Maßstab des Art. 12 GG sowie des erforderlichen Nachweises der Gemeinwohlschädlichkeit einer von der Satzungsnorm abweichenden Werbung unhaltbar. Mit der Spezialistenentscheidung des *BVerfG*[20] brachen dann alle freiheitsfeindlichen Stufenleitervisionen zusammen.

Die nunmehr bestehende Regelung des § 7 BORA n.F. ist ohne praktische Relevanz:

§ 7 Benennung von Teilbereichen der Berufstätigkeit

(1) Unabhängig von Fachanwaltsbezeichnungen darf Teilbereiche der Berufstätigkeit nur benennen, wer seinen Angaben entsprechenden Kenntnisse nachweisen kann, die in der Ausbildung, durch Berufstätigkeit, Veröffentlichungen oder in sonstiger Weise erworben wurden. Wer qualifizierende Zusätze verwendet, muss zusätzlich über entsprechende theoretische Kenntnisse verfügen und auf dem benannten Gebiet in erheblichem Umfang tätig gewesen sein.

(2) Benennungen nach Absatz 1 sind unzulässig, soweit sie die Gefahr einer Verwechslung mit Fachanwaltschaften begründen oder sonst irreführend sind.

(3) Wer Teilbereiche der Berufstätigkeit benennt, ist verpflichtet, sich auf diesen Gebieten fortzubilden. Auf Verlangen der Rechtsanwaltskammer ist dies nachzuweisen.

(4) Die vorstehenden Regelungen gelten für Berufsausübungsgemeinschaften entsprechend.

Diese Bestimmung erklärt sich allenfalls als Versuch einer Verschleierung des Todes des bisherigen Verbots bzw. der Bewältigung einer fragwürdigen Vergangenheit oder auch als Ausdruck von Verlustangst. Ohne jede Limitierung können sich jedenfalls heutzutage Rechtsanwälte mit Schwerpunktangaben an die Öffentlichkeit wenden, soweit sie nicht irreführend werben.

---

[20] *BVerfG,* NJW 2004, 2656; dazu *Fassbender*, NJW 2006, 1463.

2. § 43 b BRAO

Nur in sehr beschränktem Umfang ergeben sich berufsrechtliche Einschränkungen der Werbefreiheit noch aus § 43 b BRAO und vergleichbaren Bestimmungen in § 57 a StBerG oder § 52 S.2 WPO.[21]

Nach diesen gleich lautenden Bestimmungen ist Werbung erlaubt, soweit es sich um berufsbezogene Informationen handelt, die Werbung nach Form und Inhalt sachlich und nicht auf die Erteilung eines Auftrags im Einzelfall gerichtet ist.

a) Berufsbezogenheit

Demgemäß muß die Werbung einmal berufsbezogen sein; dies ist im Prinzip selbstverständlich angesichts ihrer Funktion.

aa) Daher können Rechtsanwälte Angaben zu ihrem Werdegang, ihrer Kanzlei, den Mitarbeitern, ihre Schwerpunktgebiete etc. machen.

Die Rechtsanwälte können unstreitig über alle Angaben informieren, welche ihre Ausbildung, ihre Fortbildung oder die Praxis betreffen.

Sie können auch auf dem Anwaltsbriefbogen „Insolvenzverwalter" angeben, wenn sie von den Gerichten ständig bestellt werden.[22]

Zulässig sind auch Angaben zu nicht sozietätsfähigen Kooperationspartnern – wie Architekt als Sachverständiger für Schäden an Gebäuden -; § 8 BORA enthält keine Beschränkung auf sozietätsfähige Berufsgruppen. Hinreichende Gründe des Gemeinwohls würden auch kein Verbot rechtfertigen.

bb) Auch über ihre Preise dürfen sie informieren. Voraussetzung ist allein, dass sie nicht irreführend werben und nicht gegen zwingende gesetzliche Bestimmungen verstoßen.

Eine Preiswerbung – z.B. mit „Gebührenbeispielen"[23] - ist erlaubt, soweit sie nicht irreführend ist oder gegen gesetzliche Bestimmungen verstößt. Seit Mitte 2006 unterliegen die Rechtsanwälte nicht mehr den Beschränkungen des RVG bei einem Tätigwerden im außergerichtlichen Bereich. Daher können sie nach dem OLG Stuttgart und dem AGH Berlin mit einer Erstberatung zum Nulltarif werben.

---

[21] Vgl. auch § 27 II MBO-Ä: „Aus dieser Grundlage sind dem Arzt sachliche berufsbezogene Informationen gestattet."

[22] *AnwG Freiburg*, NJW-Spezial 2006, 190. Die eine Rüge verhängende RAK hatte unverständlicher Weise eine Irreführung mit der Begründung angenommen, dass mit der Angabe der Eindruck erweckt wurde, man werde ständig zum Insolvenzverwalter bestellt.

[23] Vgl. u.a. *OLG Hamm*, NJW 2004, 3269.

cc) Mit dem Kriterium „berufsbezogen“ in § 43 b BRAO ist es im übrigen dem Rechtsanwalt nicht untersagt, auf Hobby-Tätigkeiten wie z.B. das Reiten oder Golfen hinzuweisen. Schließlich kann doch die Sachkenntnis dieser Bereiche die rechtliche Behandlung von Fällen erleichtern.

Nach dem *BVerfG*[24] darf sich ein Berufsangehöriger auch innerhalb seines Internetauftritts mit privaten Hobbys vorstellen. Zwar bestehe zwischen diesen Angaben und der ärztlichen Tätigkeit kein unmittelbarer Sachzusammenhang. Doch erfordere das berufsrechtliche Sachlichkeitsgebot keine Beschränkung auf „nüchterne“ Praxisdaten, solange die Informationsvermittlung nicht völlig in den Hintergrund trete.

dd) Im Übrigen verbietet die Schranke der Berufsbezogenheit auch denjenigen, welche mit ihren Einnahmen aus anwaltlicher Tätigkeit nichts Sinnvolles anzufangen wissen, nicht, sich als Sponsoren zu betätigen.

b) Sachlichkeit

Weitgehend bedeutungslos ist auch das weiter in § 43 b BRAO wie auch den vergleichbaren Bestimmungen des § 57 a StBerG und § 52 S. 2 WPO oder § 27 II MBO-Ä enthaltene Gebot, nach dem die Werbung sachlich nach Form und Inhalt sein muss.

Es verbietet den Rechtsanwälten eine marktschreierische, reklamehafte Selbstanpreisung bzw. eine „reißerische Aufmachung“.[25]

aa) Form der Werbung

Dieser Schranke kommt praktisch überhaupt keine Bedeutung zu, soweit es um die Form der Werbung geht.

Es stehen den Freiberuflern praktisch alle üblichen – auch neuartigen Werbemethoden – zur Verfügung.

So können sie nicht nur auf Briefbögen, mit Anzeigen oder Praxisbroschüren sowie mit Praxisschildern, deren Größe, Zahl und Lage nicht limitiert ist, werben. Schließlich kann daraus im Regelfall nicht auf eine Gemeinwohlschädlichkeit geschlossen werden. Der werbungsgewohnte umworbene Rechtsuchende erleidet keinen Nachteil geschweige denn einen Schock, wenn Rechtsanwälte nicht nur mittels Briefbogen, Visitenkarte oder gar nur im – womit er sich nach dem BGH niemandem aufdrängt - Internet,[26] sondern auch

---

[24] *BVerfG*, NJW 2003, 3470.

[25] So für Ärzte LBerG f. Hb beim *OVG NRW*, MedR 2004, 112.

[26] Zur Arztwerbung im Internet, *BGH*, NJW 2004, 440- Tätigkeitsschwerpunkte; *Kazemi*, MeDR 2005, 17.

mit Daueranzeigen in Zeitungen oder gar in Film und Fernsehen sowie auf Plakatsäulen und öffentlichen Verkehrsmitteln oder eigenen Kfz. werben.

bb) Inhalt

Allein inhaltlich sollten Rechtsanwälte bei ihrer Werbung vermeiden, sich reklamehaft selbst „als den großen Max" herauszustellen. Sie bewegen sich mit derartigen Selbstanpreisungen ohnehin meist an der Grenze des Irreführungsverbots. Die sachliche Information über die eigene Tätigkeit wird den Verbraucher wesentlich mehr interessieren, als unkontrollierbare Selbstbelobigungen. Plakative Allein- und Spitzenstellungsbehauptungen sind berufs- und wettbewerbswidrig.

Zu recht wurde daher beanstandet, die Werbeaussage, „führende Rechtsanwaltskanzlei deutschen Ursprungs" und „Partner Nr. 1 für den internationalen Mittelstand",[27] oder wenn jemand sich „Spitzenleistungen" berühmt, bzw. von der Erfüllung „höchster Qualitätsansprüche" gesprochen wird, weiß doch schließlich (fast) jeder, dass Rechtsanwälte dazu kaum in der Lage sind.....

Noch kein Verstoß liegt aber vor bei einer Werbung mit „optimaler Interessenvertretung"[28] bzw. „optimaler Interessenwahrnehmung und – durchsetzung.[29]

Zulässig ist aber in jedem Fall eine Qualitätswerbung. Die Freiberufler können auch mit wertenden Schwerpunktangaben und damit einer Qualitätswerbung an die Öffentlichkeit treten. Zwar hat der BGH[30] im Hinblick auf eine Werbung mit Werturteilen Bedenken gegen die Zulässigkeit geäußert. Sie seien regelmäßig mit dem Sachlichkeitsgebot nicht vereinbar. Die Verwendung wertender Begriffe ein „typisches Kennzeichen" einer - angeblich verbotenen - gewerblichen Werbung.

cc) Irrelevanz von Zeit und Ort

Das berufsrechtliche Sachlichkeitsgebot bezieht sich im Übrigen nicht auf Zeit und Ort der Werbung. So bedarf es für eine Werbung keines bestimmten Anlasses – wie z.B. eines Umzugs - mehr. Auch können Anzeigen aufgegeben und Rundbriefe versandt werden, soweit man sich davon etwas verspricht. Eine zahlenmäßige Beschränkung gibt es nicht.

Restriktionen gibt es auch nicht im Hinblick auf den Ort der Werbung. Man kann überall werben, ohne auf traditionelle Plätze und Methoden beschränkt zu

---

[27] *OLG Nürnberg,* NJW 2004, 2167.
[28] *BGH,* NJW 2005, 1644.
[29] *BVerfG,* NJW 2001, 3324.
[30] *BGH,* NJW 1996, 2733 u. 852.

sein. Selbst im oder vor einem Kaufhaus kann man werben. Ebenso stehen alle Verzeichnisse offen und ist man nicht darauf beschränkt, dass das Verzeichnis allen Berufsangehörigen zumindest für einen Grundeintrag offen steht.[31] Eine solche Beschränkung der Werbung im Zugang zu öffentlichen Adressverzeichnissen ist nicht zu rechtfertigen.

c) Einzelfall

Heftig umstritten ist vor allem noch die Frage, inwieweit die Rechtsanwälte oder Steuerberater über eine Information über ihre Dienstleistungen hinaus unverhüllt um konkrete Mandate werben dürfen. Nach der dritten Schranke des § 43 b BRAO darf die Werbung nicht gerichtet sein auf die Erteilung eines Auftrags im Einzelfall.

aa) Begriff der Mandatswerbung

Die entsprechende Schranke hat einmal zur Voraussetzung, dass die Werbung des Freiberuflers auf die „Erteilung eines Auftrags im Einzelfall gerichtet" ist. Sie greift damit – so auch der *BGH*[32] - nur ein bei einer „Mandatswerbung".

Die Werbemaßnahme muss auf die Übertragung eines – z.B. nach dem Adressaten, dem Gegenstand, der Zeit oder sonstigen Umständen konkreten Mandats gerichtet sein. Dies ist der Fall, wenn es z.B. um die Einkommensteuererklärung oder Scheidung des X oder den Verkehrsunfall des Y bzw. das konkrete Rechts- oder Steuerproblem des Z geht.

Die bloße „Mandantenwerbung", also allgemein um Mandanten wird hingegen von vornherein nicht von der dritten Verbotsschranke erfasst.[33] Sie liegt vor, wenn der Berufsangehörige nur allgemein über sich selbst, sein Dienstleistungsangebot, seine Kanzlei, Schwerpunkte seiner Tätigkeit oder allgemeine Rechtsfragen – z.B. durch Versendung von Praxisbroschüren oder Rundschreiben mit entsprechendem Inhalt - informiert. Nichts anderes gilt bei einer nicht an bestimmte Adressaten sondern an die Allgemeinheit gerichteten Werbung z.B. durch Anzeigen, im Rundfunk, auf Plakatsäulen oder durch Auslegung von Praxisbroschüren.[34]

Mit der nur begrifflichen Unterscheidung zwischen zulässiger Mandanten- und problematischer Mandatswerbung wird die umstrittene Schranke des § 43 b BRAO oder des § 57 a StBerG jedoch nicht ausreichend umschrieben.

---

[31] *OLG Frankfurt am Main*, MedR 2004, 447.

[32] Ebenda.

[33] Vgl. *BGH*, AnwBL. 2001,628 = MDR 2001, 1308 (sog. „Dinslakener-Anwaltskrieg"; Rechtsanwälte hatten 120 Personen angeschrieben und u.a. auf Neuerungen im Steuerrecht sowie die Mitgliedschaft in einer Gesellschaft für Erbrechtskunde hingewiesen.

[34] Vgl. auch *Hartung*, MDR 2003, 485, 488.

Schließlich ist schon die Grenzziehung zwischen beiden Werbevarianten in der Praxis fließend. Verwendet der Werber z.B. in seinen Schreiben bestimmte auf Mandatierung gerichtete (pseudo-) individuelle Formulierungen, dann kann es sich um eine konkrete Mandatswerbung handeln. Nichts anderes gilt bei der Beschränkung der Werbung z.B. mittels Rundbriefen an einige wenige oder gar nur an einen Mandanten, bei denen Beratungsbedarf vermutet wird oder sogar Kenntnis davon vorhanden ist.

bb) Zulässigkeit einer Mandatswerbung

Zudem kann eine Werbung um Mandate nicht per se als unzulässig angesehen werden. Davon geht zwar die bisher noch h.A. aus.[35] Immer wieder wird eine „gezielte Werbung um Praxis" für verboten erklärt.[36] Auf dieser Linie bewegte sich noch das – vom BGH [37] aufgehobene – Urteil des OLG Düsseldorf,[38] das die Versendung von Rundschreiben an ca. 120 namentlich benannte Adressaten, mit denen z.T. kein Mandatsverhältnis bestanden hatte, als wettbewerbswidrig einstufte, weil der Ratschlag, man solle sein Verhalten mit einem Berater sorgfältig abstimmen, wozu man „gerne zur Verfügung" stehe, als „kaum noch verhüllte Akquisition von Einzelaufträgen" angesehen werde.[39]

cc) Gemeinwohlschädlichkeit

Mit der Einstufung einer Werbung als „Mandatswerbung" ist jedenfalls entgegen einer weit verbreiteten, am schlichten Gesetzeswortlaut wie an einigen Formulierungen des BGH [40] orientierten Auslegung noch nichts gesagt über die Zulässigkeit einer solchen Werbung. Wichtiger als die nur am Wortlaut orientierte Unterscheidung zwischen (Einzel-) Mandats- und Mandantenwerbung ist bei der gebotenen verfassungskonformen Auslegung der entsprechenden Werbrechtschranke für Freiberufler wie z.B. des § 43 b 3. Alt. BRAO, ob die auf die Erteilung eines ganz konkreten Auftrags im Einzelfall ausgerichtete Werbung gemeinwohlschädlich ist. Werbeverbote können anerkanntermaßen

---

[35] Vgl. nur *KG Berlin*, Urt. v.13.7. 2001, Az. 5 U 47/01: „Das unaufgeforderte Herantreten an potentielle Mandanten mit dem Ziel einer Geschäftsanbahnung ist dem Rechtsbeistand wie dem Rechtsanwalt nicht gestattet, weil für beide das Verbot der gezielten Werbung um Praxis gilt".

[36] So auch noch *Maxl*, WPK-Mitt. 1998, 114 (119); krit. demgegenüber. *Ahrens*, ZZP 115 (2002) S. 281 ff., 309 ff.

[37] *BGH,* NJW 2001, 2886.

[38] *OLG Düsseldorf,* NJW-RR 1999, 1076.

[39] Der 105. Deutsche Ärztetag hat im Übrigen die Unterscheidung zwischen aufgedrängter und nachgefragter Werbung aufgegeben.

[40] *BGH,* NJW 2001, 2087 u. 2886.

nur durch „hinreichend gewichtige Gemeinwohlbelange oder schutzwürdige Rechte und Interessen Dritter“[41] verfassungsrechtlich gerechtfertigt werden:[42]

dd) Verbot einer wegen Bedarfs aufdringlichen Werbung

Die dritte Werberechtsschranke soll vorrangig den Rechtsuchenden, der aktuell oder potentiell eines Rechtsrats bedarf, vor einer Beeinträchtigung seines Rechts auf freie Wahl des Rechtsberaters, wie es z.B. in § 3 III BRAO normiert ist, schützen. Er muss davor bewahrt werden, dass Rechtsberater sich ihm – vor allem in einer Bedarfssituation – oder auch sonst – wie bei einem sehr belästigenden gezielten und überraschenden Ansprechen auf der Strasse[43] - aufdrängen. Die Qualität der Dienstleistungen und die Leistungsfähigkeit von Berufsangehörigen sind für unkundige Dritte ohnehin nur schwer zu durchschauen. Wenn Rechtsprobleme konkret auftreten, befinden sich Rechtsuchende zudem oftmals auch allgemein in Schwierigkeiten, z.B. bei Haft, Scheidung, Schulden, einem Steuerbescheid oder bei Todes-, Unglücksfällen.

Die Berufsangehörigen sollen die Lage des ohnehin verunsicherten Bürgers nicht durch Werbung um Einzelfallaufträge erschweren. Letzterer soll sich – soweit es möglich ist - frei für einen bestimmten Berufsangehörigen vor allem dann entscheiden [44], wenn er des Rechtsrats bedarf; seine Not soll nicht durch Werbung vergrößert werden. Untersagt ist nur eine eigentlich und überflüssigerweise bereits das Sachlichkeitsgebot bzw. im Wettbewerbsrecht unter dem Aspekt des Kundenfangs, vor allem der Überrumpelung, untersagte Werbung. Es geht letztlich um die Entschließungsfreiheit und den mit dem Wettbewerberschutz verbundenen Abnehmerpersönlichkeitsschutz nach Art. 2 I GG i.V.m. Art. 1 I GG.[45]

---

[41] *BVerfG*, NJW 2001, 591, 592: Zu den Gemeinwohlbelangen zählt das *BVerfG*, NJW 2000, 3195, u.a., dass Anwälte durch Werbereglementierungen davon abgehalten werden, „aus Gewinnstreben zu Prozessen (zu) raten, oder die Sachbehandlung an Gebühreninteressen auszurichten“. Diese Schranke dürfte in den seltensten Fällen praxisrelevante Werbeverbote legitimieren. I.d.R. können sie allein gerechtfertigt werden durch die Interessen der umworbenen Rechtsuchenden.

[42] Die Notwendigkeit des Gebots der verfassungskonformen Auslegung unterstreicht auch das *OLG Naumburg*, NJW 2003, 3566.

[43] *BGH*, BerlZ v. 24.2.05 – I ZR 93/02: Telefonwerbung des Telekomkonkurrenten Arcor. Allenfalls Werbung durch einen sichtbaren Werbestand sei zulässig. Werbende müssen eindeutig als solche zu erkennen sein. Man darf die Höflichkeit der Menschen nicht missbrauchen.

[44] Die Bedeutung der Entscheidungsfreiheit der Rechtsuchenden betont auch *OLG Stuttgart*, NJW-RR 1995, 1269.

[45] Vgl. auch *Baumbach/Hefermehl*, Wettbewerbsrecht, 22. Aufl. 2001, § 1 UWG Rdz. 47 ff. u. 57.

ee) Verbot einer Gleichsetzung: Bedarf und Aufdringlichkeit

Eine gemeinwohlschädliche Mandatswerbung liegt aber nicht schon deshalb vor, weil der Umworbene des Rechtsrats bedarf. Zwar hat der *BGH*[46] betont, eine für sich genommen an sich zulässige Werbung um mögliche Auftraggeber könne sich als eine auf die Erteilung von Aufträgen im Einzelfall gerichtete, gegen § 43 b BRAO verstoßende Werbung darstellen, *„wenn der Umworbene in einem konkreten Einzelfall der Beratung oder der Vertretung bedarf und der Werbende dies in Kenntnis der Umstände zum Anlass für seine Werbung nimmt. Eine solche Werbung ist als unzulässig anzusehen, weil sie in gleicher Weise wie die offene Werbung um die Erteilung eines Auftrags im Einzelfall in einer oft als aufdringlich empfundenen Weise auszunützen versucht, dass sich der Umworbene beispielsweise in einer Lage befindet, in der er auf Hilfe angewiesen ist und sich möglicherweise nicht frei für seinen Anwalt entscheiden kann."*

Nicht haltbar ist es hingegen, aus dieser Begründung des BGH automatisch zu entnehmen, dass z.B. jede „offene Werbung" um ein Einzelmandat bzw. eine Werbung verboten sei, wenn der Umworbene der Beratung oder Vertretung „bedarf".

Dieses manifeste Argumentationsdefizit wird deutlich in der bekannten Entscheidung des OLG Naumburg;[47] in der Rechtsanwälte Fondsanleger im Anschluss an ein EuGH-Urteil zu einer Informationsveranstaltung geladen hatten. Das OLG beanstandete allen Ernstes unter völliger Verkennung des Gebots einer verfassungskonformen, an den Interessen vor allem der Rechtsuchenden orientierten Auslegung von Schranken des Werberechts die Versendung der Rundschreiben am Maßstab des § 43 b BRAO mit dem Argument, „dass primär eigene Interessen der Adressaten angesprochen werden". Das OLG musste sich fragen lassen, warum ein derartiges Handeln im Interesse der Verbraucher untersagt werden soll? Es hat seine Entscheidung nunmehr zu recht im Urteil in der Hauptsache korrigiert.[48]

Viel zu eng ist das *OLG München,*[49] wonach die Verteilung von anwaltlichen Werbeflyern an Teilnehmer einer Gesellschafterversammlung im Vorraum eines Hotelkonferenzraums unzulässig sei, wenn bei einem Teil der angesprochenen Personen konkreter Beratungsbedarf bestehe. Die Adressaten würden hier in einer aufdringlichen Weise mit einem Werbeanliegen konfrontiert.[50] Diese Art der Werbung gehe von der Intensität der Einwirkung auf den

---

[46] *BGH,* NJW 2001, 2087, 2089- Anwaltswerbung II.
[47] *OLG Naumburg,* NJW-RR 2003, 708.
[48] *OLG Naumburg*, NJW 2003, 3566.
[49] *OLG München,* NJW 2006, 517; vgl. auch *OLG Hamburg,* NJW 2005, 2783.
[50] Vgl. auch *BGH,* NJW 2004, 2593.

Umworbenen über ein – in Einzelfällen möglicherweise zulässiges – unaufgefordertes Werberundschreiben an Nichtmandanten.[51]

ff) „Verbale Aufdringlichkeit"

Derzeit ist sehr umstritten, inwieweit die gesetzliche Schranke des Verbots einer auf die Erteilung eines Mandats im Einzelfall gerichteten Werbung bereits durch bloße Formulierungen des Berufsangehörigen – vor allem in Rundschreiben - überschritten werden kann. Zwar hat der Werbende jede direkt auf höchst-individuelle Verhältnisse und Probleme des Umworbenen abstellende Werbung zu unterlassen. Schließlich kann ein Adressat peinlich berührt sein, wenn ihn ein Dritter aus beruflichen Gründen auf seine persönlichen Umstände, Krankheiten etc. anspricht.[52] Etwas anders gilt bei Kollektivproblemen wie z.B. Katastrophenfällen oder wirtschaftlichen Zusammenbrüchen. Die Abgrenzung ist letztlich fließend. Sie hängt von der Geschicktheit und dem Takt sowie von der Formulierungs- bzw. Verschleierungskunst des freiberuflichen Werbers ab.

Die Frage ist aber, ob darüber hinaus der Anwalt oder Steuerberater offen um ein Einzelmandat werben darf oder ob in einem solchen Fall automatisch von einer „verbalen Aufdringlichkeit" und damit einer verbotenen Werbung auszugehen ist. Darf der Anwalt sich z.B. ausdrücklich in einem individuell gehaltenen Anschreiben bereit erklären, ein Mandat zu übernehmen; darf er z.B. im Internet konkrete Mandatskonditionen einschließlich des Honorars angeben oder auch gleich eine Vollmacht sowie eine Rückantwortkarte beifügen?

gg) Neuere Rechtsprechung

In der neueren Rechtsprechung zeichnet sich immerhin eine vorsichtige Tendenzwende in Richtung Liberalisierung auch der dritten Werbeverbotsschanke ab.[53]

Der BGH [54] hat erst für unbedenklich erachtet, dass Prospekten einer Steuerberatungsgesellschaft Rückantwortkarten beigefügt waren mit etwa ankreuzbaren Punkten „Ich möchte mich persönlich beraten lassen" und „Bitte rufen Sie mich an". Das *AnwG Hamm* [55] beanstandete nicht die Anzeige eines Rechtsanwalts: „Das Transplantationsgesetz lässt Organentnahmen bei Ein-

---

[51] Dazu *OLG Naumburg,* NJW 2003, 566.

[52] Daher verbietet sich i.d.R. – ungeachtet der weitgehend gleichen Werbefreiheit der verschiedenen freien Berufe; vgl. *Kleine-Cosack*, NJW 2003, 868 ff. - Eine der anwaltlichen Mandatswerbung vergleichbare Patientenwerbung von Ärzten, Tierärzte ausgenommen.

[53] Dafür auch *Hirte*, ZZP 2003, 135 ff. (153 ff.).

[54] *BGH;* StbSt (R) 2/02.

[55] *AnwG Hamm*, MDR 2000, 55.

willigung von Angehörigen zu. Schaffen Sie selbst Klarheit. Machen Sie das Testament Ihres Körpers"...Auskünfte und Beratung Rechtsanwalt ....". Nicht beanstandet wurde auch[56] eine Anzeige: „Berufsunfähigkeitsrente abgelehnt? Verhalten im Streitfall. Taktisches Vorgehen. Rechtsanwalt N. Tätigkeitsschwerpunkt: Berufs- und Erwerbsunfähigkeit. Informationen? Broschüre anfordern! S und N Rechtsanwälte". Auf die skizzierte liberale Linie ist nunmehr auch das *OLG Düsseldorf*[57] eingeschwenkt.

---

[56] *AG Schwerte,* NJW-RR 2002, 1146.
[57] *OLG Düsseldorf,* NJW 2003, 362.

Die Dienstleistungsrichtlinie und der Verbraucherschutz

WULF-HENNING ROTH

I. Einführung

Die am 12.12.2006 nach langem Ringen verabschiedete Dienstleistungsrichtlinie[1] stellt sich in den Dienst der „Lissabon-Strategie", wonach die Europäische Union bis zum Jahre 2010 „zum wettbewerbsfähigsten und dynamischsten wissensbasierten Wirtschaftsraum der Welt"[2] ausgebaut werden soll. Gewiss enthält diese Ankündigung mehr Luft als Substanz; doch wird man der im dritten Erwägungsgrund der Dienstleistungsrichtlinie getroffenen Feststellung kaum widersprechen können, dass eine „breite Kluft zwischen der Vision einer wirtschaftlich integrierten Europäischen Union und der Wirklichkeit ...(besteht), die die europäischen Bürger und Dienstleistungserbringer erleben." Trotz der langwierigen Bemühungen um die Vollendung des Binnenmarktes zeigt sich gerade für den Bereich der Dienstleistungen, dass hier die Wirklichkeit noch weit vom Ziel eines integrierten Binnenmarktes entfernt ist. Als die Vollendung des Binnenmarktes hemmende Faktoren nennt der dritte Erwägungsgrund die schwerfälligen Verwaltungsverfahren, ein hohes Maß an Rechtsunsicherheit und das fehlende gegenseitige Vertrauen zwischen den Mitgliedstaaten.[3] Und im 43. Erwägungsgrund der Richtlinie heißt es dann mit aller Deutlichkeit: „Eine der grundlegenden Schwierigkeiten bei der Aufnahme und Ausübung von Dienstleistungstätigkeiten, insbesondere für KMU, besteht in der Komplexität, Langwierigkeit und mangelnden Rechtssicherheit der Verwaltungsverfahren." In dem Abbau der mit diesen Verwaltungsverfahren verbundenen Beschränkungen für die grenzüberschreitende Dienstleistungserbringung auch und vor allem durch die Entwicklung von Mechanismen und Instrumenten der Verwaltungszusammenarbeit liegt denn auch eine ganz wesentliche Zielsetzung der Dienstleistungsrichtlinie.

Die Verwirklichung des integrierten Binnenmarktes für Dienstleistungen soll jedoch nicht auf Kosten des Verbraucherschutzes gehen. Im vierten Erwägungsgrund wird betont, dass die Beseitigung der Beschränkungen „bei gleichzeitiger Gewährleistung eines fortschrittlichen europäischen Gesellschaftsmodells" anzustreben und die Öffnung der Märkte unter Achtung der Rechte der Verbraucher in ausgewogener Weise zu realisieren ist. Den hohen Rang des Verbraucherschutzes betonen die Erwägungsgründe zur Dienstleistungsrichtlinie an verschiedener Stelle, so z.B. wenn es heißt, dass die Koordinierung der

---

[1] Richtlinie 2006/123/EG des Europäischen Parlaments und des Rates vom 12. Dezember 2006 über Dienstleistungen im Binnenmarkt, ABl. 2006 L 376/36; dazu aus dem Schrifttum z.B *Calliess,* DVBl. 2007, 336; *ders.*, Die Dienstleistungsrichtlinie, Zentrum für Europäisches Wirtschaftsrecht – Vorträge und Berichte Nr. 160, 2006; *Davies,* Eur.L.Rev. 32 (2007), 232; *Hatje*, NJW 2007, 2357; *Korte,* EWS 2007, 246; *Möstl*, DVBl. 2006, 281; *Roth*, VuR 2007, 111; zum Richtlinienvorschlag *Albath/Giesler*, EuZW 2006, 38; *Garabiol-Furet,* RMC 2005, 295; *Kugelmann,* EuZW 2005, 327; *Pechstein,* EuZW 2004, 167; *Reim*, NJW 2005, 1553; *Schlachter*, GPR 2003-2004, 245; *Wiesner/Wiedmann*, ZIP 2005, 1210.

[2] So der Erwägungsgrund 4 der Richtlinie.

[3] Gemeint ist wohl: das fehlende Vertrauen in die Gleichwertigkeit der von den Mitgliedstaaten verfolgten Politiken.

nationalen Rechtsvorschriften „ein hohes Maß an rechtlicher Integration auf Gemeinschaftsebene und ein hohes Niveau des Schutzes von Gemeinwohlinteressen, insbesondere den Schutz der Verbraucher," sicherstellen solle, „wie es für die Schaffung von Vertrauen zwischen den Mitgliedstaaten unerlässlich ist".[4] Und in Art. 4 Nr. 8 der Richtlinie wird – in Anlehnung an die Rechtsprechung des Gerichtshofs[5] - der Verbraucherschutz zu den „zwingenden Gründen des Allgemeininteresses" gezählt.

Bei genauerem Hinsehen scheint die Dienstleistungsrichtlinie dem Verbraucherschutz jedoch einen durchaus unterschiedlichen Stellenwert beizumessen. Für das grenzüberschreitende Verbrauchervertragsrecht stellt Art. 3 Abs. 2 klar, dass die Regeln des internationalen Privatrechts, einschließlich derjenigen über den Verbraucherschutz, unangetastet bleiben sollen. Für den Bereich der Niederlassungsfreiheit verweisen die Art. 9 Abs. 1 lit. b) für die Rechtfertigung mitgliedstaatlicher Genehmigungsregelungen ebenso auf die den Verbraucherschutz umfassenden „zwingenden Gründe des Allgemeininteresses" wie Art. 15 Abs. 1 und 3 lit. b) hinsichtlich der sonstigen Anforderungen für die Aufnahme oder Ausübung einer Dienstleistungstätigkeit über eine Niederlassung. Damit kontrastiert jedoch die Regelung der Dienstleistungsfreiheit in Art. 16 Abs. 1 und 3: Hier wird zunächst einmal (in Art. 16 Abs. 1, UA 1 und 2) der Gehalt und die Tragweite der primärrechtlichen Dienstleistungsfreiheit wiederholt:

> „Die Mitgliedstaaten achten das Recht der Dienstleistungserbringer, Dienstleistungen in einem anderen Mitgliedstaat als demjenigen ihrer Niederlassung zu erbringen.

Der Mitgliedstaat, in dem die Dienstleistung erbracht wird, gewährleistet die freie Aufnahme und freie Ausübung von Dienstleistungstätigkeiten innerhalb seines Hoheitsgebiets."

Einschränkungen der insoweit gewährleisteten primär- und sekundärrechtlichen Dienstleistungsfreiheit werden in Art. 16 Abs. 1 UA 3 zwar zugelassen, aber – in Abweichung zum Primärrecht – im Rahmen der Erforderlichkeitsprüfung nur mehr durch eine Berufung auf Gründe

> „der öffentlichen Ordnung, der öffentlichen Sicherheit, der öffentlichen Gesundheit oder des Schutzes der Umwelt"

als rechtfertigbar angesehen (Art. 16 Abs. 1 UA 3 lit. b). Eine Rechtfertigung von Beschränkungen der Dienstleistungsfreiheit durch die sonstigen (in Art. 4 Nr. 8 in Bezug genommenen und bei Beschränkungen der Niederlassungsfreiheit einschlägigen) „zwingenden Gründe des Allgemeininteresses" wird mithin ausgeschlossen. Damit scheint sich das Sekundärrecht spektakulär

---

[4] Erwägungsgrund 7; s. auch die Erwägungsgründe 40 und 56.

[5] So auch der Erwägungsgrund 56. Zur Rspr. des EuGH zum Verbraucherschutz als Allgemeininteresse vgl. etwa Rösler, Europäisches Konsumentenvertragsrecht, 2004, S. 110 ff.; Glöckner, Europäisches Lauterkeitsrecht, 2006, S. 81 ff.; Roth, VuR 2007, 161 (162-165).

von der bisherigen Rechtsprechung des EuGH zum Primärrecht[6] abzusetzen und die Ausübung der Dienstleistungsfreiheit gegenüber beschränkenden mitgliedstaatlichen Regelungen in effektiver Weise erleichtern zu wollen. Die damit erfolgende Einschränkung der Berufung auf die „zwingenden Gründe des Allgemeininteresses" (mit Ausnahme des Umweltschutzes) wird bestätigt durch die Regelung in Art. 16 Abs. 3 Satz 1 der Richtlinie, die sich (in Anlehnung an Art. 50 Abs. 3 EG) auf die körperliche Präsenz des Dienstleistungserbringers im Aufnahmestaat bezieht:

> „Der Mitgliedstaat, in den sich der Dienstleistungserbringer begibt, ist nicht daran gehindert, unter Beachtung des Absatzes 1 Anforderungen in Bezug auf die Erbringung von Dienstleistungen zu stellen, die aus Gründen der öffentlichen Ordnung, der öffentlichen Sicherheit, der öffentlichen Gesundheit oder des Schutzes der Umwelt gerechtfertigt sind."

Wiederum wird eine Berufung auf die von der Rechtsprechung entwickelten „zwingenden Gründe" (mit Ausnahme des Umweltschutzes) ausgeschlossen.

Dieser Regelungsansatz in der Dienstleistungsrichtlinie bedeutet, dass – jenseits des internationalen Vertragsrechts – die Mitgliedstaaten zwar im Anwendungsbereich der Niederlassungsfreiheit, nicht aber im Rahmen der Dienstleistungsfreiheit das überkommene und anerkannte Allgemeininteresse des Verbraucherschutzes verfolgen können. Trotz vielfacher Berufung auf den Verbraucherschutz und die damit verbundene Stärkung des gegenseitigen Vertrauens in den Erwägungsgründen der Richtlinie wird – zumindest auf den ersten Blick - Verbraucherschutz damit eher abgebaut. Dies legt eine Reihe von Fragen nahe. Zunächst soll der hier kursorisch vorgestellte Befund (unter II.) und die Relevanz der Richtlinie für den Verbraucherschutz (unter III.) näher untersucht werden. Im Anschluss daran wird der Grundfreiheitenkonformität der Richtlinie und dabei insbesondere der Frage nachgegangen, ob und inwieweit sekundäres Gemeinschaftsrecht den Mitgliedstaaten eine Berufung auf die Wahrnehmung der „zwingenden Gründe" verwehren kann. (unter IV.). Schließlich werden denkbare Bindungen des Gemeinschaftsgesetzgebers bei der Ausgestaltung seiner Regelungen zu erörtern sein (unter V.).

---

[6] Dazu *Roth*, in: Dauses (Hrsg.), Handbuch des EU-Wirtschaftsrechts, 2006, E.I. Rn. 199 ff.

II. Gleichlauf der Richtlinie mit primärem Gemeinschaftsrecht?

1. Niederlassungsfreiheit

a) Gleichlauf

Ein erster Blick auf die Dienstleistungsrichtlinie zeigt, dass sie in vielem nichts anderes und nicht mehr als eine sekundärrechtliche *Bestätigung* der Tragweite der Grundfreiheiten darstellt, so wie sie durch die Rechtsprechung des EuGH ausgeformt und konkretisiert worden sind. Dies gilt zunächst und vor allem für das Kapitel III über die Niederlassungsfreiheit der Dienstleistungserbringer. Verbreitet finden sich hier sogar wörtliche Wiederholungen aus der Rechtsprechung. Hierfür müssen Beispiele genügen:

(1) Art. 9 der Richtlinie umreißt die Voraussetzungen für eine zulässige (ex ante) *Genehmigung* für eine bestimmte Tätigkeit, die von einer *Niederlassung* im Aufnahmestaat aus erfolgen soll:

> „Die Mitgliedstaaten dürfen die Aufnahme und die Ausübung der Dienstleistungstätigkeit nur dann Genehmigungsregelungen unterwerfen, wenn folgende Voraussetzungen erfüllt sind:
> a) die Genehmigungsregelungen sind für den betreffenden Dienstleistungserbringer nicht diskriminierend;
> b) die Genehmigungsregelungen sind durch zwingende Gründe des Allgemeininteresses gerechtfertigt;
> c) das angestrebte Ziel kann nicht durch ein milderes Mittel erreicht werden, insbesondere weil eine nachträgliche Kontrolle zu spät erfolgen würde, um wirksam zu sein."

Und in Art. 10 Abs. 1 und 2 werden im Einzelnen Anforderungen an die Ausgestaltung eines Genehmigungserfordernisses formuliert:

> (1) Die Genehmigungsregelungen müssen auf Kriterien beruhen, die eine willkürliche Ausübung des Ermessens der zuständigen Behörden verhindern.
> (2) Die in Absatz 1 genannten Kriterien müssen:
> a) nicht diskriminierend sein;
> b) durch einen zwingenden Grund des Allgemeininteresses gerechtfertigt sein;
> c) in Bezug auf diesen Grund des Allgemeininteresses verhältnismäßig sein;
> d) klar und unzweideutig sein;
> e) objektiv sein;
> f) im Voraus bekannt gemacht werden;
> g) transparent und zugänglich sein."

Diese in Art. 9 und 10 der Richtlinie umschriebenen Anforderungen finden sich etwa im Urteil *Canal Satélite Digital*[7] und weiteren Judikaten zur Warenverkehrs-, Kapitalverkehrs- und Dienstleistungsfreiheit.[8] Die zusätzlichen in Art. 10 Abs. 3, 5 und 6 der Richtlinie gestellten Anforderungen an eine Genehmigung (keine doppelte Anwendung gleichwertiger Kontrollen; die Genehmigung ist von einer angemessenen Prüfung abhängig; ablehnende Entscheidungen sind zu begründen und einer Überprüfung zugänglich) sind in gleicher Weise von der Rechtsprechung entwickelt worden.[9]

(2) Ein weiteres Beispiel: In einer Reihe von Urteilen hat der Gerichtshof in allerjüngster Zeit die Vergabe von Aufträgen bzw. Konzessionen außerhalb des Anwendungsbereichs der Vergaberichtlinien im Hinblick auf die Grundfreiheiten (Art. 43, 49 EG) und den allgemeinen Gleichbehandlungsgrundsatz Transparenzvoraussetzungen unterworfen, die sowohl die (für notwendig gehaltene) Ausschreibung wie auch das Vergabeverfahren betreffen,[10] um auf diese Weise eine (versteckte) Diskriminierung ausländischer Anbieter bzw. Nachfrager zu verhindern.[11] In Art. 12 Abs. 1 der Richtlinie werden diese aus dem Primärrecht stammenden Anforderungen wie folgt umschrieben:

> „Ist die Zahl der für eine bestimmte Dienstleistungstätigkeit verfügbaren Genehmigungen aufgrund der Knappheit der natürlichen Ressourcen oder der verfügbaren technischen Kapazitäten begrenzt, so wenden die Mitgliedstaaten ein neutrales und transparentes Verfahren zur Auswahl der Bewerber an und machen insbesondere die Eröffnung, den Ablauf und den Ausgang des Verfahrens angemessen bekannt."

(3) Die in Art. 14 Nr. 1-6 der Richtlinie beschriebenen unzulässigen (und nicht rechtfertigbaren) Anforderungen an die Aufnahme oder Ausübung einer (Dienstleistungs-) Tätigkeit über eine Niederlassung (z.B. diskriminierende, auf der Staatsangehörigkeit beruhende Anforderungen; Verbot mehrfacher Niederlassungen; Gegenseitigkeitserfordernisse; Bedarfsprüfung etc.) spiegeln in gleicher Weise eine ständige Rechtsprechung des Gerichtshofs wider.[12] Nichts anderes gilt der Sache nach für die in Art. 15 genannten Regelungen (Rechtsformerfordernisse; Verbot mehrfacher Niederlassung in ein und demselben Mitgliedstaat; Mindestbeschäftigtenzahl etc.), die, soweit sie nichtdiskriminierend sind, einer Rechtfertigung durch die „zwingenden Gründe des

---

[7] EuGH, Slg. 2002, I-607 (654), Egrd. 35 - Canal Satélite Digital.

[8] Z.B. EuGH, Slg. 2001, I-1271 (1312 f.), Egrd. 35 - Analir.

[9] Nachweise bei *Roth*, in: Dauses (Fn. 7), E.I. Rn. 171.

[10] EuGH, Slg. 2005, I-7287 (7316 f.), Egrd. 17 f. - Coname; EuGH, Slg. 2005, I-8585 (8629 f.), Egrd. 46 f. - Parking Brixen; EuGH, Slg. 2006, I-3303 (3320), Egrd. 21 – ANAV; EuGH 13.9.2007, C-260/04, Egrd. 23 f. – Kommission ./. Italien.

[11] S. auch die Mitteilung der Kommission zu Auslegungsfragen in Bezug auf das Gemeinschaftsrecht, das für die Vergabe öffentlicher Aufträge gilt, die nicht oder nur teilweise unter die Vergaberichtlinien fallen, ABl. 2006 C 179/2.

[12] Nachweise bei *Roth*, in: Dauses (Fn. 7), E.I. Rn. 81 f., 89.

Allgemeininteresses" zugänglich sind, wenn sie sich als erforderlich und verhältnismäßig erweisen (Art. 16 Abs. 3).

b) Funktion der „Übersetzung" primären Gemeinschaftsrechts in sekundäres Gemeinschaftsrecht

Welchen Zweck verfolgt der Richtliniengesetzgeber, wenn und soweit das sekundäre Gemeinschaftsrecht im Wesentlichen auf eine bloße *Kodifizierung der Rechtsprechungsgrundsätze* im Anwendungsbereich der Niederlassungsfreiheit zielt, also auf eine bloße Bestätigung des primären Gemeinschaftsrechts durch das sekundäre? Der sechste Erwägungsgrund der Richtlinie mag den entscheidenden Hinweis geben:

„Diese Beschränkungen können nicht allein durch die direkte Anwendung der Artikel 43 und 49 des Vertrages beseitigt werden, weil – insbesondere nach der Erweiterung – die Handhabung von Fall zu Fall im Rahmen von Vertragsverletzungsverfahren sowohl für die nationalen als auch für die gemeinschaftlichen Organe äußerst kompliziert wäre ...".

Die Gemeinschaftsorgane, so wird man annehmen dürfen, versprechen sich damit eine effektivere Durchsetzung des primären Gemeinschaftsrechts durch die Mitgliedstaaten, wenn es in Form sekundären Gemeinschaftsrechts als Verpflichtung zur Umsetzung bzw. Befolgung gegossen ist.

Ironie der Geschichte: Bereits in den 70er Jahren des vorigen Jahrhunderts hatte die Kommission Richtlinienvorschläge auf den Weg gebracht, in denen abzuschaffende diskriminierende Regelungen der Mitgliedstaaten im Einzelnen benannt worden waren (sog. Liberalisierungsrichtlinien).[13] Nachdem der Gerichtshof 1974 erstmals die unmittelbare Anwendbarkeit der Niederlassungsfreiheit bejaht und die auf die Abschaffung von diskriminierenden Regelungen gerichteten Richtlinien als „rechtlich überflüssig" bezeichnet hatte,[14] zog die Kommission Ende 1974 alle vom Rat noch nicht verabschiedeten Liberalisierungsrichtlinien zurück.[15] In ähnlicher Weise verfuhr die Kommission nach Erlass des *Cassis-de-Dijon*-Urteils von 1979, das die Verpflichtung der Mitgliedstaaten begründet hatte, bei Import- und Vertriebsregelungen zur Absicherung der „zwingenden Erfordernisse" den Umstand zu berücksichtigen, dass die Ware im Herkunftsland rechtmäßig in Verkehr gebracht worden war.[16] Die damit verknüpfte Pflicht zur gegenseitigen Anerkennung gleichwertiger Rege-

---

[13] Eine Liberalisierungsrichtlinie ist 1973 erlassen worden: Richtlinie des Rates vom 24.7.1973 zur Aufhebung der Beschränkungen der Niederlassungsfreiheit auf dem Gebiet der Direktversicherung mit Ausnahme der Lebensversicherung (73/240/EWG), ABl. 1973 L 228/20.

[14] S. EuGH, Slg. 1974, 631 (652), Egrd. 30 – Reyners ("rechtlich überflüssig"); ebenso EuGH, Slg. 1977, 1199 (1205), Egrd. 13 – Patrick.

[15] Dazu Kommission, Achter Gesamtbericht über die Tätigkeit der Europäischen Gemeinschaften 1974 (1975) Rn. 122.

[16] EuGH, Slg. 1979, 649 (664), Egrd. 14 und Tenor – Rewe-Zentral AG.

lungsstandards (im Anwendungsbereich der Warenverkehrsfreiheit) bedeutete in der Sache, dass damit die Notwendigkeit zu einer umfänglichen Harmonisierung der Produktstandards entfiel. Die Kommission reagierte mit einer Mitteilung, [17] in der sie dem primärrechtlichen Gebot der gegenseitigen Anerkennung eine zentrale Bedeutung zusprach, um dem Sekundärrecht eine reduzierte (aber gleichwohl wichtig bleibende) Aufgabe (für den Bereich der „zwingenden Erfordernisse") zuzuweisen.[18] In der Sache mag man hier von einer strikten Rollenverteilung von unmittelbar anwendbarem Primärrecht[19] und dem dieses ergänzenden Sekundärrechts sprechen. Freilich war damit (noch) nicht für eine effektive *Durchsetzung* des Primärrechts in den Mitgliedstaaten gesorgt.[20]

Es hat den Anschein, dass mit der Dienstleistungsrichtlinie jetzt wieder umgekehrt verfahren werden soll: Sie wiederholt für den Bereich der Niederlassungsfreiheit weitgehend die Anforderungen des unmittelbar anwendbaren Primärrechts, ohne in ihrer Konkretisierungstiefe über die Rechtsprechung wesentlich hinauszugehen und setzt damit wiederum „rechtlich überflüssige" Normen. Fragt man nach den Gründen dafür, so liegen vor allem zwei Erklärungen nahe. Zum einen mag an der Bereitschaft (oder Fähigkeit) der (oder einiger) Mitgliedstaaten gezweifelt werden, das nationale Recht an die Erfordernisse des unmittelbar anwendbaren Primärrechts anzupassen. Der Gemeinschaftsgesetzgeber scheint von der Annahme auszugehen, die Mitgliedstaaten würden in Richtlinienrecht gegossenes primäres Gemeinschaftsrecht eher Beachtung schenken (und systematischer Umsetzung zuführen) als dem primären Gemeinschaftsrecht selbst.[21] Dies mag im Hinblick auf die durch die Richtlinien auferlegten Umsetzungs- und Berichtspflichten der Mitgliedstaaten einige Plausibilität haben, zumal damit gerechnet werden muss, dass die Kommission die Umsetzung der Richtlinienvorgaben im einzelnen nachprüft. Zum anderen mag auch die Überlegung eine Rolle spielen, dass die in der Rechtsprechung durch den Gerichtshof vollzogene Konkretisierung der Grundfreiheiten eher nur in eingeweihten Juristenkreisen nachvollzogen wird und von daher der Gesichtspunkt der *Transparenz* für einen Nachvollzug der Judikatur durch den

---

[17] Mitteilung der Kommission, ABl. 1980 C 256/2.

[18] Es geht hier um die Harmonisierung derjenigen mitgliedstaatlichen Regelungen, die als „zwingende Erfordernisse" den Warenverkehr weiterhin beschränken können.

[19] Eine Interpretation des Primärrechts hinsichtlich der aus dem Gebot der gegenseitigen Anerkennung folgenden Pflichten liefert die „Mitteilung der Kommission zu Auslegungsfragen – Erleichterung des Marktzugangs für Waren in einem anderen Mitgliedstaat: praktische Anwendung des Prinzips der gegenseitigen Anerkennung, ABl. 2003 C 265/2.

[20] Die effektive Beachtung des Prinzips der gegenseitigen Anerkennung durch die Behörden (und Gerichte) der Mitgliedstaaten versucht der Gerichtshof dadurch abzusichern, dass Produkt- und Vertriebsregelungen der Mitgliedstaaten mit einer Anerkennungs-Klausel versehen sein müssen; EuGH, Slg. 1998, I-6197 (6226), Egrd. 28 und Tenor – Kommission ./. Frankreich.

[21] Diese Vermutung findet sich auch bei *Wyatt/Dashwood*, European Union Law, 5th ed. 2006, Rn. 21.031.

Gemeinschaftsgesetzgeber streitet.[22] Zwar vermag denselben Zweck auch das von der Kommission häufiger benutzte Instrument der „Mitteilung“ erreichen, doch lässt sich nicht bestreiten, dass die Richtlinie als Instrument der Gesetzgebung nicht nur eine höhere Autorität genießt, sondern auch erwarten lässt, dass die in ihr gesetzten Vorgaben von den Mitgliedstaaten in einem größeren Umfang beachtet werden.

Gegen die „Verdoppelung“ des primären und sekundären Gemeinschaftsrechts ist im Übrigen aus gemeinschaftsrechtlicher Sicht nichts einzuwenden. Zwar ist es den Mitgliedstaaten verwehrt, das unmittelbar anwendbare Gemeinschaftsrecht (etwa in Form von Verordnungen) im nationalen Recht zu „verdoppeln“,[23] doch bestehen keine vergleichbaren Vorbehalte im Hinblick auf die Übernahme des primären Gemeinschaftsrechts in das sekundäre. Gewiss wirft ein solcher Gleichlauf bisher noch nicht hinreichend diskutierte Probleme auf, - etwa dahingehend, ob es sich um eine statische oder dynamische (auf den jeweiligen Stand der Rechtsprechung abgestellte) Übernahme des Primärrechts handelt. Doch wird man ihre grundsätzliche Zulässigkeit nicht in Frage stellen können:[24] Die Verdoppelung des primären Gemeinschaftsrechts durch das sekundäre entspricht nicht nur vielfach geübter Praxis;[25] sie dient vor allem mit ihrer Transparenzfunktion, aber auch mit der nicht unberechtigten Erwartung einer stärkeren Beachtung durch die maßgebenden Organe der Mitgliedstaaten auch und vor allem der effektiveren Durchsetzung des primären Gemeinschaftsrechts (*effet utile*) und wird von daher als gemeinschaftsrechtlich zulässig angesehen werden müssen.[26]

2. Dienstleistungsfreiheit

a) Abweichungen?

Auf den ersten Blick scheint auch das Kapitel IV der Richtlinie über den „Freien Dienstleistungsverkehr“ auf eine Kodifizierung der Rechtsprechung des Gerichtshofs ausgerichtet zu sein. So werden in Art. 16 Abs. 1 UA 3 lit. a)-c) die bekannten allgemeinen Prüfungsstandards (Nicht-Diskriminierung; Erforderlichkeit; Verhältnismäßigkeit) wiederholt, in Art. 16 Abs. 2 lit. a)-f) eine Reihe von den freien Dienstleistungsverkehr beschränkenden Maßnahmen

---

[22] *Wyatt/Dashwood* (letzte Fn.) Rn. 21-031. Nicht von der Hand zu weisen ist auch der Hinweis von *Davies*, wonach Richterrecht in einigen Mitgliedstaaten im Vergleich zur Gesetzgebung auf Anerkennungsprobleme stoßen mag; *Davies*, Eur.L.Rev. 32 (2007) 232 (234).

[23] EuGH, Slg. 1972, 1055 (1062), Egrd. 12-17 – Belgien . /. Cobelex;; EuGH, Slg. 1973, 981 (990), Egrd. 10-11 – Variola.

[24] Implizit auch EFTA-Gerichtshof 25.11.2005, E-1/05, *EFTA Surveillance Authority ./. The Kingdom of Norway*, Egrd. 30 ff.

[25] Vgl. etwa Art. 1 Abs. 1 lit. b), Art. 33, Art. 47 Richtlinie 2002/83/EG des Europäischen Parlaments und des Rates vom 5.11.2002 über Lebensversicherungen, ABl. 2002 L 345/1.

[26] Insoweit gibt es auch keine Vorbehalte bei den in Fn. 23 zitierten Autoren.

aufgezählt, die in der Rechtsprechung als nicht gerechtfertigt angesehen worden sind,[27] und in Art. 16 Abs. 2 lit. g, Art. 19, 20 einige der die Dienstleistungsempfängerfreiheit betreffenden Beschränkungen erfasst. Bei genauerem Zusehen ergeben sich in den Art. 16 ff. allerdings einige zum Teil gravierende Abweichungen zum bisherigen Stand der Rechtsprechung zur Dienstleistungsfreiheit (Art. 49 ff. EG). Drei Punkte sind hervorzuheben.

(1) Art. 16 Abs. 1 UA 1 der Richtlinie bestimmt, dass die Mitgliedstaaten das Recht der Dienstleistungserbringer zu „achten" haben, Dienstleistungen in einem anderen Mitgliedstaat als demjenigen ihrer Niederlassung zu erbringen. Die Norm bringt keine wesentliche Abweichung, soweit man die Norm dahingehend versteht, dass sie allein die Regelungskompetenz der Herkunftsstaaten (und nicht der Destinationsstaaten) betrifft, und damit in der Sache die *Exportfreiheit* regelt. Auffällig ist, dass die Norm – abweichend von Art. 3 Abs. 1 der Richtlinie 2000/31/EG über den elektronischen Geschäftsverkehr[28] - nicht das Herkunftslandprinzip in der Weise festschreibt, dass die Sitzstaaten für die Einhaltung der in diesem Staate geltenden innerstaatlichen Vorschriften Sorge zu tragen haben,[29] obwohl in Art. 30 Abs. 1 der Dienstleistungsrichtlinie den Sitzstaaten die Verpflichtung auferlegt wird, die Einhaltung „seiner Anforderungen" zu überwachen. Eine nähere Umschreibung der „Anforderungen" unterbleibt.

(2) Art. 16 Abs. 1 UA 2 ist hingegen als maßgebliche Regelungsschranke für die Destinationsstaaten anzusehen:

> „Der Mitgliedstaat, in dem die Dienstleistung erbracht wird, gewährleistet die freie Aufnahme und Ausübung von Dienstleistungstätigkeiten innerhalb seines Hoheitsgebiets."

Die Norm ist – ohne den Begriff der „Beschränkung" zu benutzen - in der Sache als weitreichendes Beschränkungsverbot formuliert, das sowohl den Marktzugang („Aufnahme") wie auch die Vertriebstätigkeit („Ausübung") umfasst. Soweit dann in Unterabsatz 3 an die Grundsätze der Nicht-Diskriminierung, Erforderlichkeit und Verhältnismäßigkeit erinnert wird, fällt allerdings auf, dass es nach dem Wortlaut der Norm nicht darauf ankommen soll, ob der Dienstleistungserbringer im Staat seiner Niederlassung in *rechtmäßiger Weise* vergleichbare Dienstleistungen erbringt. Eine solche Voraussetzung hatte der Gerichtshof in seinem insoweit grundlegenden *Säger*-Urteil

---

[27] Zur Rechtsprechung vgl. die Nachweise bei *Roth*, in: Dauses (Fn. 7), E.I. Rn. 99, 175, 177, 199 ff.

[28] Richtlinie 2000/31/EG des Europäischen Parlaments und des Rates vom 8.6.2000 über bestimmte rechtliche Aspekte der Dienste der Informationsgesellschaft, insbesondere des elektronischen Geschäftsverkehrs, im Binnenmarkt („Richtlinie über den elektronischen Geschäftsverkehr"), ABl. 2000 L 178/1.

[29] Damit entfallen auch Bedenken, die man gegen ein striktes und weit verstandenes Herkunftsprinzips aus der Sicht der Dienstleistungsfreiheit als Exportfreiheit erheben könnte; vgl. dazu *Glöckner*, WRP 2005, 795 (804, 807); zur Exportfreiheit des Art. 49 EG s. *Roth,* in Dauses (Fn. 7), E.I. Rn. 182-186.

formuliert und damit das in der *Cassis-de-Dijon*-Entscheidung aufgestellte (modifizierte) „Herkunftslandprinzip“[30] (hier im Sinne einer Berücksichtigung des Herkunftslandsrechts im Rahmen der Verhältnismäßigkeitsprüfung auf der Grundlage gegenseitiger Anerkennung) auf die Dienstleistungsfreiheit übertragen.[31] Hier scheint die Richtlinie über den in der Rechtsprechung erreichten Stand der Dienstleistungsfreiheit hinaus zu gehen, wenn und soweit es nicht mehr auf die rechtmäßige Erbringung der Leistung im Herkunftsstaat ankommen soll:[32] Die Reichweite der Dienstleistungsfreiheit würde durch das Sekundärrecht zu Lasten der mitgliedstaatlichen Regelungskompetenz erweitert.

Unklar ist die Tragweite des Art. 16 Abs. 1 UA 2 insoweit, als die freie „Ausübung“ von Dienstleistungstätigkeiten im Destinationsstaat angesprochen wird. Die Erbringung von Dienstleistungen mag nicht nur durch Anforderungen beschränkt werden, die die Person des Dienstleistungserbringers oder aber das Produkt betreffen, sondern auch die Modalitäten der Leistungserbringung, etwa polizeirechtliche, baurechtliche und andere Bestimmungen (z.B. Nacht-, Sonntagsarbeitsverbote etc.). Regelungen der Herkunftsstaaten erheben für diese Regelungsbereiche keinen extraterritorialen Anwendungsanspruch; und die Anordnung ihrer Anwendung (auf der Grundlage eines strikten Herkunftslandprinzips, dem die Richtlinie freilich gerade nicht folgt) machte keinen Sinn, weil die Regelungen der Herkunftsstaaten oftmals gerade auf die (gesellschaftlichen, kulturellen etc.) Verhältnisse zugeschnitten sind und keineswegs immer sinnvoll auf die Verhältnisse im Destinationsstaat angewendet werden können. Da die Destinationsstaaten ihrerseits durch Art. 16 Abs. 1 UA 3 lit. b der Richtlinie in ihrer Regelungsmacht weitgehend beschnitten sind, entsteht bei weiter Auslegung des Begriffs der „freien Ausübung“ eine (Regulierungs-) Lücke, die im Folgenden noch zu diskutierende Probleme aufwirft.

(3) In Art. 16 Abs. 2 lit. a) –g) werden eine Reihe von Anforderungen genannt, die (mit Ausnahme der in Art. 16 Abs. 2 lit. f genannten) ohne Möglichkeit der Rechtfertigung als unzulässig anzusehen sind. Die Anforderungen (z.B. Niederlassungserfordernis; Genehmigungspflichten; Verbot, sich einer Infrastruktur zu bedienen) sind in der Rechtsprechung des Gerichtshofs als unzulässige Beschränkungen beurteilt worden, weil sie sich in der konkreten Ausgestaltung nicht durch zwingende Erfordernisse des Allgemeininteresses rechtfertigen ließen. Diese Bewertungen werden in der Richtlinie verallgemeinert und zu per-se Verboten ausgebaut, ohne dass eine Rechtfertigung überhaupt noch erwogen werden könnte.

---

[30] *Roth*, in: Dauses (Fn. 7), E.I. Rn. 205.

[31] EuGH, Slg. 1991, I-4221 (4243), Egrd. 12 – Säger ("rechtmäßig ähnliche Dienstleistungen").

[32] Konsequenz der *Säger*-Rechtsprechung ist es bisher gewesen, dass für grenzüberschreitend erbrachte Dienstleistungen, die im Herkunftsstaat überhaupt nicht oder in anderer Form angeboten werden, die Destinationsstaaten nur an das Diskriminierungsverbot gebunden sind.

(4) Die in Art. 16 Abs. 1 UA 3 lit. b) der Richtlinie angesprochene Erforderlichkeitsprüfung hinsichtlich der vom Aufnahmestaat gestellten Anforderungen an die Aufnahme und Ausübung der Dienstleistungstätigkeit beschränkt die zugelassenen Rechtfertigungsgründe auf die in der Schutzklausel des Art. 46 Abs. 1 EG genannten Gründe, angereichert durch den in Art. 6 EG hervorgehobenen Umweltschutz, aber unter Ausschluss aller anderen, in der Rechtsprechung des Gerichtshofs entwickelten und in Erwägungsgrund No. 40 sowie in Art. 4 No. 8 der Richtlinie aufgezählten „zwingenden Gründe des Allgemeininteresses" – auch unter Ausschluss des an verschiedenen Stellen in den Erwägungsgründen der Richtlinie hervorgehobenen Verbraucherschutzes. In Art. 16 Abs. 3 der Richtlinie wird diese weitgehende Einschränkung der Rechtfertigungsgründe für die Anforderungen in Bezug auf die Erbringung von Dienstleistungen im Aufnahmestaat wiederholt.

Eine *Zusammenschau* der Regelungen ergibt damit, dass die Richtlinie keineswegs nur bei dem im Rahmen der Verhältnismäßigkeitsprüfung relevanten Prinzip der gegenseitigen Anerkennung stehen bleibt, sondern über das Primärrecht hinausgehend in einem wesentlichen Umfang das Herkunftslandprinzip verwirklicht: Wenn und soweit die Mitgliedstaaten sich nicht mehr auf die „zwingenden Erfordernisse des Allgemeininteresses" berufen können, entfällt die Regelungs- und Aufsichtskompetenz der Destinationsstaaten (bei deren Anwendung das Prinzip der gegenseitigen Anerkennung von Bedeutung ist); das bedeutet aber nichts anderes, als dass *insoweit* das Herkunftslandprinzip gilt,[33] d.h. dass die Destinationsstaaten voll und ganz die Leistungen akzeptieren müssen, wie sie im Herkunftsstaat (und von ihm aus) erbracht werden können. Das Herkunftslandprinzip ist ein *beschränktes* insoweit als die in Art. 16 Abs. 1 UA 3 lit. b und Abs. 3 genannten Rechtfertigungsgründe noch eingreifen können; (nur) insoweit verbleibt es beim Prinzip der gegenseitigen Anerkennung. Das Herkunftslandprinzip ist ein *beschränktes* auch insoweit, als die in Art. 16 Abs. 1 UA 2 der Richtlinie gewährleistete „freie Ausübung" keineswegs alle Rahmenbedingungen erfasst, unter denen die Dienstleistung im Destinationsstaat erbracht werden kann.

b) Auslegung im Lichte der Rechtsprechung?

Die soeben dargelegten Abweichungen der Regelungen der Richtlinie von den in der Rechtsprechung entwickelten Grundsätzen zur Dienstleistungsfreiheit legen die Frage nahe, ob nicht die Richtlinie im Lichte der bisherigen Rechtsprechungspraxis ausgelegt werden sollte bzw. auszulegen ist.

So hat etwa *Davies* das Argument ins Spiel gebracht, Art. 16 Abs. 1 UA 1 und 2 seien doch ganz ähnlich wie Art. 49 EG formuliert und öffneten sich deshalb auch der Möglichkeit, einer parallelen Auslegung: So wie die „zwin-

[33] In diesem Sinne auch *Calliess*, DVBl. 2007, 336 (344).

genden Gründe" nirgendwo im Text des Art. 49 EG genannt und vom Gerichtshof in Art. 49 EG als immanente Verbotsschranken hineingelesen worden seien, so ließe sich auch bei Art. 16 Abs. 1 der Richtlinie vorgehen. Dafür spräche immerhin, dass ähnlich formulierte Regelungen auch ähnlich ausgelegt werden sollten.[34] Freilich würde dabei völlig ignoriert, dass die Richtlinie die Dienstleistungsfreiheit und die Niederlassungsfreiheit gerade im Hinblick auf die „zwingenden Gründe des Allgemeininteresses" ganz unterschiedlich behandelt und von daher eine klare Entscheidung des Richtliniengesetzgebers gegeben ist. Im Übrigen kommt hinzu, dass der Richtlinientext in Art. 16 Abs. 2 gerade eine explizite Unterscheidung zwischen dem Beschränkungsverbot (in UA 1 und 2) und den Rechtfertigungsgründen (in UA 3) vornimmt, sodass sich schon von daher jedes „Hineinlesen" von immanenten Schranken in Art. 16 Abs. UA 1 und 2 von selbst verbietet.

Ein anderer Weg zu einer mit dem Primärrecht „harmonisierenden" Auslegung des Dienstleistungskapitels der Richtlinie läge in der Subsumtion der „zwingenden Gründe des Allgemeininteresses" unter den Begriff der „öffentlichen Ordnung" (in Art. 16 Abs. 1 UA 3 lit. b) und Abs. 3). Aber auch ein solcher Versuch ist offenkundig zum Scheitern verurteilt: In Art. 4 No. 8 wie auch in Erwägungsgrund 40 wird die „öffentliche Ordnung" gerade umgekehrt zu den „zwingenden Gründen des Allgemeininteresses" gezählt und damit neben den Verbraucherschutz etc. gestellt. Im Übrigen stellt Erwägungsgrund 41 klar, dass die „öffentliche Ordnung" ganz eng (im Sinne der Rechtsprechung) als „Schutz vor einer tatsächlichen und hinreichend erheblichen Gefahr, die ein Grundinteresse der Gesellschaft berührt", verstanden werden muss.[35] Die Entscheidung zur Eliminierung der meisten „zwingenden Gründe" als Rechtfertigungsgründe - darunter auch der Verbraucherschutz - durch die Richtlinie ist mithin eindeutig und keiner korrigierenden Auslegung zugänglich.[36]

Anders verhält es sich mit dem von der Richtlinie anscheinend vorgenommenen Verzicht auf das Kriterium des *rechtmäßigen* Vertriebs der Dienstleistung im Herkunftsland. Ziel der Richtlinie ist es, die durch Doppelregelungen und Doppelkontrolle durch den Herkunfts- und den Destinationsstaat bewirkten Beschränkungen für den grenzüberschreitenden Dienstleistungsverkehr zugunsten einer alleinigen Regelungs- und Aufsichtszuständigkeit der Herkunftsstaaten abzubauen. Dies geschieht durch die weitgehende Einschränkung der Berufung auf die „zwingenden Erfordernisse des Allgemeininteresses" und setzt ein in den Erwägungsgründen vielfach in Bezug genommenes Vertrauen zwischen den Mitgliedstaaten voraus: Vertrauen darauf, dass die Wahrneh-

---

[34] *Davies*, Eur.L.Rev. 32 (2007) 232 (235); *Davies* wendet sich im Folgenden gegen eine solche Position.

[35] *Lemor*, EuZW 2007, 135 (139); *Korte*, EWS 2007, 246 (250).

[36] Da im Anwendungsbereich der Niederlassungsfreiheit sich die Mitgliedstaaten weiterhin auf die „zwingenden Gründe des Allgemeininteresses" berufen können, wird die Abgrenzung zur Dienstleistungsfreiheit und damit der Begriff der Niederlassung (definiert in Art. 4 No. 5 der Richtlinie) bedeutsam.

mung der Regelungs- und Aufsichtskompetenz der Herkunfts- (Sitz-) staaten die Gemeinwohlinteressen der Destinationsstaaten hinreichend absichern. Diese Konzeption setzt freilich zwingend voraus, dass die grenzüberschreitend tätigen Dienstleister den Regelungen der Herkunftsstaaten unterworfen sind und die angebotenen Dienstleistungsprodukte im Herkunftsstaat rechtmäßig vertrieben werden. Ansonsten gäbe es keine Basis für ein „gegenseitiges Vertrauen". Insoweit wird man Art. 16 Abs. 1 UA 2 der Richtlinie vor dem Hintergrund und im Lichte der *Säger*-Rechtsprechung dahingehend zu lesen haben, dass die Leistungen in ähnlicher Weise im Herkunftsland rechtmäßig angeboten werden.[37]

III. Praktische Relevanz der Dienstleistungsrichtlinie für den Verbraucherschutz

Fragt man nach der praktischen Tragweite der von Art. 16 Abs. 1 und Abs. 3 der Richtlinie angeordneten Einschränkung der Berufung auf die „zwingenden Erfordernisse" – und hier insbesondere auf den Verbraucherschutz - als Rechtfertigungsgrund, so gilt es zunächst, sich den sachlichen Anwendungsbereich der Art. 16 ff. der Dienstleistungsrichtlinie kurz vor Augen führen.

1. Ausgeschlossene Bereiche

Von der Richtlinie *nicht erfasst* werden zunächst das Strafrecht, das Arbeitsrecht (Art. 1 Abs. 5 und 6), sowie eine Vielzahl „sensibler" Dienstleistungen wie etwa die Gesundheits- und Verkehrsdienstleistungen, soziale Dienstleistungen, die Leistungen von Sicherheitsdiensten und Leiharbeitsagenturen, Glücksspiele, die Tätigkeit von Notaren und Gerichtsvollziehern, audiovisuelle Dienste und Dienstleistungen der elektronischen Kommunikation (Art. 2 Abs. 2 lit. a, c-l). Vom Anwendungsbereich der Richtlinie ausgeschlossen sind darüber hinaus nicht-wirtschaftliche Dienstleistungen von allgemeinem Interesse (Art. 2 Abs. 2 lit. a). Für all diese Bereiche bleibt die Berufung auf die „zwingenden Erfordernisse" unangetastet.

Aus dem Anwendungsbereich der Richtlinie ausgeschlossen sind auch die Finanzdienstleistungen (Art. 2 Abs. 2 lit. b), also der andernorts geregelte Bereich der Banken,[38] Versicherungen[39] und Wertpapierdienstleistungen.[40] Für

---

[37] Wird ein Dienstleister nur grenzüberschreitend tätig, ohne vergleichbare Leistungen im Sitzstaat anzubieten, sind nach Art. 49 EG die Regelungen des Destinationsstaats nur am Diskriminierungs-, nicht am Beschränkungsverbot zu messen; dazu *Roth,* in Dauses (Fn. 7), E.I. Rn. 181.

[38] Richtlinie 2006/48/EG des Europäischen Parlaments und des Rates vom 14.6.2006 über die Aufnahme und Ausübung der Tätigkeit der Kreditinstitute (Neufassung), ABl. 2006 L 177/1.

[39] Richtlinie 2002/83/EG des Europäischen Parlaments und des Rates vom 5.11.2002 über Lebensversicherungen, ABl. 2002 L 345/1; weitere Nachweise bei *Hübner,* in: Dauses (Fn. 7), E.IV.

diesen Bereich existiert ein dichtes Geflecht von Richtlinien, die auf dem Konzept der Mindestharmonisierung basierend das Prinzip des „Europapasses" (*single licence*) verwirklichen und die die Wahrnehmung der Niederlassungs- und Dienstleistungsfreiheit in vielfältiger Weise fördern. Kennzeichnend für diesen Bereich ist, dass die Richtlinien zu einer weitgehenden Verlagerung der Regelungskompetenzen der Mitgliedstaaten geführt haben: Die Aufsicht über die finanzielle Solidität der Unternehmen liegt exklusiv beim Sitzstaat. Mit der Pflicht zur Anerkennung der alleinigen Zulassungs- und Aufsichtskompetenz des Sitzstaates ist hier schon seit längerem das Herkunftslandprinzip verwirklicht worden.[41] Die Dienstleistungsrichtlinie nimmt daher die Finanzdienstleistungen von ihrem Anwendungsbereich konsequenterweise aus,[42] folgt aber in manchen Einzelheiten dem für diese geltenden Regelungsmodell.

Die von Art. 16 Abs. 1 und 3 der Richtlinie angeordnete Beschränkung der Berufung auf die „zwingenden Erfordernisse" wird durch Art. 17 No. 1-15 weiter entschärft, in dem eine Reihe von Tätigkeiten zwar nicht dem Niederlassungskapitel, wohl aber der in Art. 16 konkretisierten Dienstleistungsfreiheit entzogen werden. Das in Art. 16 verwirklichte beschränkte Herkunftslandprinzip gilt etwa nicht für die grenzüberschreitenden Tätigkeiten von Rechtsanwälten, die gerichtliche Beitreibung von Forderungen, für Handlungen, für die die Mitwirkung eines Notars gesetzlich vorgeschrieben ist, sowie nicht für schuldrechtliche Bestimmungen, die über die – unangetastet bleibenden (Art. 3 Abs. 2) – Regelungen betreffend das Internationale Privatrecht zur Anwendung berufen werden. Für all diese Bereiche bleiben damit die „zwingenden Erfordernisse" und damit auch die Berufung auf den Verbraucherschutz unangetastet.

Dienstleistungen von allgemeinem wirtschaftlichen Interesse (also Leistungen der Daseinsvorsorge) sind vom Anwendungsbereich der Richtlinie nicht ausgeschlossen. Die Richtlinie schreibt aber weder ihre Liberalisierung vor (Art. 1 Abs. 2), noch geht sie in ihren Anforderungen für die Niederlassungsfreiheit über das Primärrecht hinaus (Art. 15 Abs. 4 mit Verweis auf Art. 86 Abs. 2 EG); Dienstleistungen von allgemeinem wirtschaftlichem Interesse werden aber, soweit sie in einem anderen Mitgliedstaat erbracht werden sollen, von den Richtlinienregeln über die Dienstleistungfreiheit (Art. 16) ausgenommen (Art. 17 Nr. 1).

---

[40] Richtlinie 2004/39/EG des Europäischen Parlaments und des Rates vom 21.4.2004 über Märkte für Finanzinstrumente, ABl. 2004 L 145/1.

[41] Dazu *Roth*, NJW 1993, 3028.

[42] Erwägungsgrund 18 und Art. 2 Abs. 2 lit. b der Richtlinie 2006/123/EG.

2. Berufsrecht

Soweit Verbraucherschutz durch berufsrechtliche Regelungen verfolgt wird, ist zunächst daran zu erinnern, dass bereits in den 60er Jahren sog. *Übergangsrichtlinien* für eine Vielzahl von Tätigkeiten erlassen worden sind.[43] Die Richtlinien bezweckten, den selbständig Tätigen die Ausübung ihrer Tätigkeit in den anderen Mitgliedstaaten im Wege der Niederlassungs- oder Dienstleistungsfreiheit zu ermöglichen. Kernelement dieser Übergangsrichtlinien war (anstelle und neben der Anerkennung von Befähigungsnachweisen) die Verpflichtung zur *Anerkennung der Qualifikation aufgrund der Berufserfahrung* im Herkunftsland als materiell gleichwertig mit den beruflichen Qualifikationsanforderungen im Aufnahmestaat.[44] In den 70er Jahren wurden dann einige Richtlinien vor allem für den ärztlichen Bereich erlassen, in denen zum Teil die Ausbildungsanforderungen harmonisiert und die Ausbildungsgänge gegenseitig anerkannt wurden (für Krankenschwestern, Krankenpfleger, Ärzte, Apotheker, Zahnärzte, Tierärzte, Hebammen Architekten).[45]

Mit der Richtlinie 2005/36/EG über die Anerkennung von Berufsqualifikationen[46] sind die zwischenzeitlich erlassenen und geänderten Richtlinien, die das Übergangsregime aus den 60er Jahren abgelöst hatten,[47] ihrerseits abgelöst und konsolidiert worden.[48] Ziel der Richtlinie ist es, durch die Anerkennung der Berufsqualifikationen (wie es Art. 4 Abs. 1 formuliert) zu erreichen, dass die begünstigte Person in dem Aufnahmemitgliedstaat denselben Beruf aufnehmen kann wie denjenigen, für den sie in ihrem Herkunftsstaat qualifiziert ist. Die Richtlinie zieht für die zeitweilige und gelegentliche grenzüberschreitende Erbringung von Dienstleistungen dem Regelungsspielraum des Aufnahmestaates wesentlich engere Schranken als für die Wahrnehmung der Niederlassungsfreiheit.[49] Sie bleibt von der Dienstleistungsrichtlinie unberührt,[50]

---

[43] Nachweise bei *Tiedje/Troberg,* in: von der Groeben/Schwarze, Kommentar zum Vertrag über die Europäische Union und zur Gründung der Europäischen Gemeinschaft, 6. Aufl. 2003, Bd. 1, Art. 47 EG Rn. 95 Fn. 96; *Séché*, Berufsausübung im Gemeinsamen Markt, 1988, S. 247-248.

[44] Vgl. die Hinweise bei *Stumpf,* in: Dauses (Fn. 7), E.II. Rn. 73 f.;

[45] Nachweise bei *Stumpf,* in: Dauses (Fn. 7), E.II. Rn. 78 ff.; *Tietje/Troberg,* in: von der Groeben/Schwarze (Fn. 44), Art. 47 EG Rn. 67 ff.

[46] Richtlinie 2005/36/EG des Europäischen Parlaments und des Rates vom 7.9.2005 über die Anerkennung von Berufsqualifikationen, ABl. 2005 L 255/22; dazu *Kluth,* in: Calliess/Ruffert, EUV/EGV, 3. Aufl. 2007, Art. 52 EGV Rn. 62 ff.

[47] Vor allem die Richtlinie 1999/42/EG des Europäischen Parlaments und des Rates vom 7.6.1999 über ein Verfahren zur Anerkennung von Befähigungsnachweisen für die unter die Liberalisierungs- und Übergangsrichtlinien fallenden Berufstätigkeiten in Ergänzung der allgemeinen Regelung zur Anerkennung der Befähigungsnachweise, ABl. 1999 L 201/77; dazu *Tietje/Troberg,* in: von der Groeben/Schwarze (Fn. 44), Art. 47 EG Rn. 89 ff.; *Stumpf,* in: Dauses (Fn. 7), E.II. Rn. 95 ff.

[48] Erwägungsgrund 9 der Richtlinie 2005/36/EG.

[49] Art. 5-9 der Richtlinie 2005/36/EG einerseits und Art. 10 ff. andererseits.

[50] Art. 3 Abs. 1 lit. d der Richtlinie 2006/123/EG.

womit (entgegen anderslautenden Presseberichten)[51] Fragen der Berufsqualifikation bei der Erbringung von Leistungen durch Handwerker allein von der Richtlinie 2005/36/EG geregelt werden. Die Dienstleistungsrichtlinie hat insoweit allein ergänzenden Charakter, wenn und soweit in ihr etwa Fragen der Berufshaftpflichtversicherung oder der Verwaltungsvereinfachung geregelt werden.[52]

3. Praktische Tragweite

Will man den Anwendungsbereich der Dienstleistungsrichtlinie für den Bereich der grenzüberschreitend zu erbringenden Dienstleistungen positiv umschreiben, so sind es die im Erwägungsgrund 33 aufgezählten Tätigkeiten, die von der Richtlinie erfasst werden und bei denen die Destinationsstaaten sich nur mehr sehr eingeschränkt auf die „zwingenden Erfordernisse" berufen können. Die Tätigkeiten reichen von der Unternehmensberatung, der Anlagenverwaltung, den Zertifizierungs- und Prüfungstätigkeiten, den Personalagenturen und Handelsvertretern über die Rechts- und Steuerberatung, die Tätigkeiten der Immobilienmakler, die Dienstleistungen des Baugewerbes (einschließlich der Architekten) und der Reisebüros, den Handel, die Veranstaltung von Messen und die Leistungen im Fremdenverkehr bis hin zu Sportzentren und Freizeitparks. In diesen Bereichen müssen sich die Aufnahmestaaten mit der Wahrnehmung der Allgemeininteressen allgemein und dem Verbraucherschutz insbesondere durch die Herkunftsstaaten begnügen. Dabei sei aber in Erinnerung gerufen, dass Art. 16 Abs. 1 UA 3 lit. b immerhin den Aufnahmestaaten eine Regelungskompetenz für die Wahrung der öffentlichen Gesundheit – und insoweit auch für den Schutz des Verbrauchers – einräumt. Im Übrigen ist der Verbraucherschutz über die Richtlinie 2005/29/EG über unlautere Geschäftspraktiken[53] sowie im Bereich des Verbrauchervertragsrechts durch zahlreiche weitere Richtlinien (Klausel-Richtlinie; Fernabsatzrichtlinie etc.) harmonisiert.[54]

---

[51] Zutreffend hingegen etwa FAZ Nr. 50, 1.3.2005, S. 15: „Im Kreuzfeuer der Demagogen"; S. 24: „Die übersehene Richtlinie"; FAZ Nr. 84, 12.4.2005, S. 14: „Die Dienstleistungsdiskussion geht oft am Kern vorbei".

[52] Erwägungsgrund 31 der Richtlinie 2006/123/EG.

[53] Richtlinie 2005/29/EG des Europäischen Parlaments und des Rates vom 11.5.2005 über unlautere Geschäftspraktiken im binnenmarktinternen Geschäftsverkehr, ABl. 2005 L 149/22.

[54] Dazu etwa *Riesenhuber*, Europäisches Vertragsrecht, 2. Aufl. 2006, § 1 Rn. 4 ff.; zum europäischen Verbrauchervertragsrecht s. im Übrigen z.B. *Rösler,* Europäisches Konsumentenvertragsrecht, 2004; *Heiderhoff*, Grundstrukturen des nationalen und europäischen Verbrauchervertragsrechts, 2004.

IV. Grundfreiheitenkonformität der Dienstleistungsrichtlinie

Art. 17 der Dienstleistungsrichtlinie nimmt – wie dargestellt - weite Bereiche der Dienstleistungsbranche von der Anwendung der in Art. 16 formulierten, an der Dienstleistungsfreiheit des Art. 49 EG orientierten Grundsätze aus. Dies hat einerseits zur Konsequenz, dass die sich aus Art. 16 Abs. 1 lit. b und Abs. 3 ergebende Beschränkung für die Aufnahmestaaten, sich nicht auf die „zwingenden Gründe des Allgemeininteresses" berufen zu können, nicht greifen kann. Andererseits ist für Art. 17 auch eine Interpretation dahingehend für möglich gehalten worden, dass mit der Unanwendbarkeitserklärung des Art. 16 auch die in Art. 16 Abs. 1 aufgeführten Kontrollstandards unanwendbar bleiben sollen und damit - da Art. 16 Abs. 1 das in Art. 49 EG enthaltene Beschränkungsverbot der Sache nach wiederholt –im Ergebnis das primäre Gemeinschaftsrecht suspendiert wird.[55] Dieser Frage ist im Folgenden nachzugehen.[56]

1. Art. 45 Abs. 2 EG

Gemäß Art. 55, 45 Abs. 2 EG kann der Rat mit qualifizierter Mehrheit auf Vorschlag der Kommission beschließen, dass die Dienstleistungsfreiheit auf bestimmte Tätigkeiten in allen Mitgliedstaaten keine Anwendung finden soll. Zweck und Tragweite dieser – bisher noch unangewendet gebliebenen – Vorschrift liegen im Dunkeln.[57] Die naheliegende Annahme, dass die Vorschrift nur für die Übergangszeit bis Ende 1969 Geltung haben sollte, wurde dadurch widerlegt, dass sie bei der Vertragsrevision durch den Vertrag von Amsterdam 1997 nicht gestrichen worden ist. Wegen ihrer einschneidenden Bedeutung wird man davon ausgehen müssen, dass sich ein Beschluss iSv Art. 45 Abs. 2 EG nur durch überragend wichtige Gründe, etwa besondere im Binnenmarkt auftretende Schwierigkeiten rechtfertigen lässt.[58] Der Klärung der Bedeutung der Norm braucht hier aber nicht näher nachgegangen zu werden, weil die Dienstleistungsrichtlinie nicht im Verfahren des Art. 45 Abs. 2 EG ergangen ist und im Übrigen der Erwägungsgrund 26 ausdrücklich klarstellt, dass die Anwendung des Art. 45 EG unberührt bleiben soll.

---

[55] *Editorial Comments*, Common Market Law Review 43 (2006) 307 (310).

[56] Vergleichbare Auslegungsfragen wirft Art. 2 Abs. 2 der Richtlinie hingegen nicht auf: Die Norm stellt allein klar, dass die Richtlinie insgesamt auf die dort genannten Sachbereiche keine Anwendung finden soll.

[57] *Müller-Graff*, in: Streinz (Hrsg.), EUV/EGV, 2003, Art. 45 EG Rn. 11; Ratlosigkeit verrät die Kommentierung bei *Tiedje/Troberg*, in: von der Groeben/Schwarze (Fn. 44), Art. 45 Rn. 23; *Bröhmer,* in: Calliess/Ruffert (Fn. 47), Art. 45 Rn. 7 bezieht Art. 45 Abs. 2 EG allein auf die in einigen Mitgliedstaaten mit der Ausübung öffentlicher Gewalt verbundenen Tätigkeiten.

[58] *Roth*, in: Dauses (Fn. 7), E.I. Rn. 40; übereinstimmend *Frenz*, Handbuch Europarecht, Bd. 1, 2004, Rn. 2001-2003.

2. Art. 17 und die Bindung des Gemeinschaftsgesetzgebers an die Grundfreiheiten

Auch wenn dies im Schrifttum bestritten wird,[59] ist davon auszugehen, dass die Grundfreiheiten sich auch an die Gemeinschaftsorgane richten und damit die Freiheiten beschränkende Regelungen der Gemeinschaft einer Rechtfertigung durch das Gemeinschafts-Allgemeinwohlinteresse bedürfen.[60] Dies ist auch in der Praxis des Gerichtshofs anerkannt.[61] Die Gemeinschaft ist, auch wenn sie nicht ausdrücklich als Verbotsadressat in den die Grundfreiheiten normierenden Vorschriften genannt wird, doch über Art. 3 Abs. 1 lit. a und c EG an deren Zielsetzungen gebunden. Dies ergibt schon die naheliegende Überlegung, dass der Gemeinschaftsgesetzgeber nicht über die Kompetenz verfügen kann, das primäre Gemeinschaftsrecht über den Erlass sekundären Gemeinschaftsrechts zu modifizieren. Eine andere und von der grundsätzlichen Anwendbarkeit der Grundfreiheiten zu unterscheidende Frage ist, ob eine Rechtfertigung von Gemeinschaftsregelungen u.U. anderen Maßstäben unterliegt, als diejenigen für die Mitgliedstaaten.

Gemeinschaftsregelungen weisen im Vergleich zu Regelungen der Mitgliedstaaten ein anderes Beschränkungspotential auf: Soweit Gemeinschaftsakte mitgliedstaatliche Regelungen ersetzen oder harmonisieren und dadurch die Gefahr von mehrfach belastenden oder aber divergierenden Regelungen beseitigen, werden die den Binnenmarkt spezifisch belastenden Wirkungen beseitigt. Die in der einheitlichen Regelung liegende, die ökonomische Freiheit der Produzenten und Nachfrager einschränkende Belastung ist kein Problem der Grundfreiheiten, sondern der Gemeinschaftsgrundrechte. Anders liegen die Dinge, wenn eine Gemeinschaftsregelung (etwa durch Spracherfordernisse) den Marktzutritt faktisch erschwert[62] oder aber den Export von bestimmten Voraussetzungen (z.B. der Verarbeitung) abhängig macht.[63] Hier können die Gemeinschaftsregelungen in gleicher Weise wie mitgliedstaatliche Regelungen wirken und den Binnenmarkt in vergleichbarer Weise in Frage stellen.

Die Maßnahmen der Gemeinschaft, sofern sie die Grundfreiheiten beschränken, können durch das Gemeinschaftsinteresse gerechtfertigt werden.

---

[59] Z.B. von *Kingreen*, in: Calliess/Ruffert (Fn. 47), Art. 28-30 EGV Rn. 110, 220.

[60] Z.B. *Leible,* ZGR 2004, 531 (539); *Roth*, in: Dauses (Fn. 7), E.I. Rn. 26 -27.

[61] Z.B. *EuGH*, Slg. 1984, 2171 (2184), Egrd. 15 – Denkavit Nederland; *EuGH,* Slg. 1994, I-3879 (3898), Egrd. 11 - Meyhui; *EuGH*, Slg. 1997, I-3629 (3655) Egrd. 27 – Kieffer und Thiell; *EuGH,* Slg. 1998, I-4301 (4350) Egrd. 63 – Safety Hi-Tech; *EuGH*, Slg. 2000, I-9131 (9170-9171), Egrd. 23-24 – Kommission ./. Luxemburg; *EuGH,* Slg. 2001, I-5901 (5938-6939), Egrd. 37 – Schwarzkopf; *EuGH,* Slg. 2003, I-9409 (9442, Egrd. 26 – Bosal; *EuGH,* Slg. 2003, I-5053 (5113) Egrd. 86-88 - Ravil; *EuGH,* Slg. 2003, I-5121 (5181) Egrd. 53 – Consorzio del prosciutto di Parma; *EuGH,* Slg. 2004, I-11893 (11922) Egrd. 59 m.w.N. – Swedish Match.

[62] *EuGH*, Slg. 1994, I-3879 (3899) Egrd. 13 ff. – Meyhui.

[63] *EuGH*, Slg. 2003, I-5053 (5113), Egrd. 86 ff. – Ravil (zu Verarbeitungserfordernissen im Ursprungsland); *EuGH*, Slg. 2003, I-5121 (5181-5183), Egrd. 51-59 – Consorzio del proscuitto di Parma.

Dazu zählen nicht nur die in den Schutzklauseln (Art. 30, 46 EG) genannten Rechtfertigungsgründe, [64] sondern auch die „zwingenden Erfordernisse des Allgemeininteresses“, also auch der Verbraucherschutz,[65] sowie die in den Politikbereichen (und Querschnittsklauseln) umrissenen Handlungsaufträge.[66] Der Gerichtshof überprüft die Akte der Gemeinschaft am Grundsatz der Verhältnismäßigkeit, wobei er zu einer deutlich zurückhaltenden, von *judicial restraint* geprägten Kontrolle neigt.[67]

Vor dem Hintergrund der hier dargelegten Bindung des Gemeinschaftsgesetzgebers an die Grundfreiheiten wäre eine Regelung in der Dienstleistungsrichtlinie, wonach für bestimmte Tätigkeiten die primärrechtliche Dienstleistungsfreiheit unangewendet bleiben soll, mit dem Primärrecht nicht vereinbar. Insoweit müsste dann Art. 17 der Richtlinie primärrechtskonform ausgelegt werden. Dies erscheint auch ohne weiteres möglich: Die in Art. 17 der Richtlinie statuierten Ausnahmen von Art. 16 lassen sich zwanglos in der Weise verstehen, dass sie den Zweck haben, die genannten Bereiche gerade von den in Art. 16 Abs. 1 und 3 der Richtlinie statuierten Einschränkungen für die Aufnahmestaaten, sich auf die „zwingende Erfordernisse“ berufen zu können, auszunehmen. Vor diesem Hintergrund ist die Richtlinie in der Weise auszulegen, dass die in Art. 17 genannten Tätigkeiten zwar von der Anwendung des Art. 16 der Richtlinie, nicht aber darüber hinausgehend von der Anwendung des Primärrechts und der primärrechtlichen Kontrollstandards ausgenommen sind. Insoweit können sich die Mitgliedstaaten weiterhin auf die „zwingenden Erfordernisse“ und damit auch auf den Verbraucherschutz berufen, allerdings nur im Rahmen der zu Art. 49 EG entwickelten Schranken.

3. Ausschluss der Berufung auf die „zwingenden Erfordernisse“ als Verstoß gegen Art. 49 EG?

Eine andere Frage ist, ob die Dienstleistungsrichtlinie dadurch, dass sie den Mitgliedstaaten die Berufung auf die „zwingenden Erfordernisse“ und hierbei auf den Verbraucherschutz (außerhalb des Internationalen Privatrechts; Art. 3 Abs. 2, Art. 17 Nr. 15) versperrt, durch die damit einhergehende *Erweiterung* der Dienstleistungsfreiheit primäres Gemeinschaftsrecht in unzulässiger Weise verändert. In der Tat ist diese Frage im Schrifttum schon mehrfach aufgewor-

---

[64] Z.B. *EuGH,* Slg. 2004, I-11893 (11922), Egrd. 61 – Swedish Match.

[65] *EuGH,* Slg. 1994, I-3879 (3899), Egrd. 14 f. – Meyhui.

[66] Nachweise bei *Roth,* in: Dauses (Fn. 7), E.I. Rn. 27 Fn. 128, sowie die in Fn. 62 zitierte Rechtsprechung.

[67] Zuletzt aus der Rspr. etwa *EuGH,* Slg. 2005, I-6451 (6504), Egrd. 51 ff. – Alliance for Natural Health u.a. (mit allerdings strengen verfahrensmäßigen Anforderungen in Egrd. 72); einen Verstoß gegen den Grundsatz der Verhältnismäßigkeit bejaht *EuGH,* Slg. 2005, I-10453 (10501), Egrd. 80 ff. – ABNA u.a.

fen worden:[68] Wenn die Mitgliedstaaten ihre Regelungskompetenzen sogar gegenüber dem Primärrecht verteidigen können, erscheint es widersprüchlich, wenn der Gemeinschaftsgesetzgeber ein Ergebnis erzielen kann, das durch das Primärrecht nicht vorgegeben ist.

Allerdings greifen die möglichen Bedenken nicht durch. In der Rechtsprechung des Gerichtshofs ist seit langem anerkannt, dass den Mitgliedstaaten die Berufung auf die in den Schutzklauseln des EG-Vertrages genannten Rechtfertigungsgründe (Art. 30, 39 Abs. 3, 46 Abs. 1 EG etc.) sowie auf die „zwingenden Erfordernisse des Allgemeininteresses" immer dann zu versagen ist, wenn der Gemeinschaftsgesetzgeber den Weg einer (Total-) Harmonisierung gegangen ist.[69] Solche Gesetzgebung löst eine Sperrwirkung für davon abweichende Gesetzgebung der Mitgliedstaaten aus[70] - soweit nicht der EG-Vertrag, wie in Art. 95 Abs. 4 EG, oder aber der Rechtsakt selbst etwas Abweichendes vorsehen. Die Dienstleistungsrichtlinie ist auf die Kompetenznorm des Art. 47 Abs. 2 EG gestützt, die einen mit Art. 95 Abs. 4 EG vergleichbaren Vorbehalt nicht kennt.[71] Im Übrigen ist Art. 16 der Richtlinie – soweit die ausgenommenen Bereiche des Art. 17 nicht betroffen sind – nach dem Normzweck als eine abschließende Regelung zu verstehen, die abweichende Gesetzgebung der Mitgliedstaaten nicht zulässt. In der Sache wird damit durch Sekundärrecht die Wahrnehmung der Freiheiten effektiviert. Dies erscheint aus der Sicht des Primärrechts im Ergebnis unproblematisch. Eine andere Frage ist allerdings, ob die Beschränkung der Berufung auf die „zwingenden Erfordernisse" nicht voraussetzt, dass bei der Harmonisierung ein Mindeststandard realisiert wird, um die Gewährleistung der „zwingenden Erfordernisse" auf Gemeinschaftsebene (und das heißt vor allem im Recht der Herkunftsstaaten) sicherzustellen.

---

[68] *Steindorff,* Grenzen der EG-Kompetenzen, 1990, S. 101-102; *Davies*, Eur.L.Rev. 32 (2007), 232 (237).

[69] *EuGH*, Slg. 1987, 4069 (4089), Egrd. 22 - Kommission ./. Dänemark; *EuGH*, Slg. 1990, I-2801 (2817), Egrd. 19 - Kommission ./. Belgien; *EuGH*, Slg. 1998, I-1251 (1296-1297), Egrd. 47 – Compassion in World Farming; *EuGH,* Slg. 2004, I-11893 (11929), Egrd. 81 – Swedish Match; *EuGH*, Slg. 2005, I-5141 (5219), Egrd. 58 - HLH Warenvertriebs GmbH ; *EuGH*, Slg. 2006, I-199 (240), Egrd. 44 - Skov; *EuGH,* Slg. 2006, I-2303 (2329), Egrd. 20 – Matratzen Concord; *EuGH* 15.6.2006, C-255/04, Egrd. 43 - Kommission ./. Frankreich; *EuGH,* 19.9.2006, C-193/05, Egrd. 36 – Kommission ./. Luxemburg; weitere Nachweise bei *Müller-Graff,* in: von der Groeben/Schwarze (Fn. 44), Art. 30 EG Rn. 14 Fn. 26.

[70] *EuGH*, Slg. 1977, 1555 (1576), Egrd. 33 f. - Tedeschi; *EuGH*, Slg 1994, I-5077 (5107 f.), Egrd. 31 f. - Crespelle; *EuGH*, Slg. 2005, I-5141 (5219), Egrd. 59 - HLH Warenvertriebs GmbH; *Schroeder,* in: Streinz (Fn. 58), Art. 30 EGV Rn. 5; *Leible,* in: Streinz (Fn. 58), Art. 95 Rn. 39; *Fischer,* in: Lenz (Hrsgr.), EU- und EG-Vertrag, 3. Aufl. 2003, Art. 95 Rn. 39.

[71] Die h.L. wendet sich gegen eine analoge Anwendung des Art. 95 Abs. 4 EG bei anderen Kompetenznormen; z.B. *Herrnfeld*, in: Schwarze (Hrsg.), EU-Kommentar, 2000, Art. 95 EGV Rn. 52; *Pipkorn/Bardenhewer-Rating/Taschner*, in: von der Groeben/Schwarze (Fn. 44), Art. 95 EG Rn. 91; *Fischer,* in: Lenz (Fn. 71), Art. 95 Rn. 40; abweichend *Kahl,* in: Calliess/Ruffert (Fn. 47), Art. 95 EGV Rn. 40 („allgemeine Supplementierungsregel").

V. Bindungen des Gemeinschaftsgesetzgebers bei der Kompetenzausübung

1. Problemstellung

Soweit die Vorgaben des Art. 16 Abs. 1 der Richtlinie im Zusammenspiel mit Abs. 3 das Herkunftslandprinzip für den grenzüberschreitenden Dienstleistungsverkehr verwirklichen, mag man sich fragen, ob ein solcher Verweis auf das Recht des Herkunftslandes ohne eine damit verknüpfte Sachrechtsharmonisierung auf einem Mindestniveau mit Art. 47 EG zu vereinbaren ist. Diese Frage ist im Zusammenhang mit der Methode der Anerkennung gem. Art. 47 Abs. 1 EG[72] und (intensiv) im Hinblick auf Art. 100b EGV a.F. diskutiert worden: *Steindorff* hat die These vertreten, dass eine Anerkennung ausländischer Standards bzw. ein Verweis auf sie vor dem Hintergrund des Art. 95 Abs. 3 EG („hohes Schutzniveau") nicht zulässig sei, wenn nicht zugleich Vorsorge dafür getroffen werde, dass im Sachrecht der Herkunftsstaaten ein hohes Schutzniveau abgesichert ist.[73] Auf derselben Linie liegt das von *Beyer* entwickelte Prinzip eines gemeinschaftsrechtlichen *Mindestrechtsgüterschutzes*, das der Gemeinschaftsgesetzgeber zu beachten habe.[74] Damit korrespondieren Aussagen im Schrifttum zur Totalharmonisierung, wonach eine Sperrwirkung gegenüber den „zwingenden Erfordernissen des Allgemeininteresses" nur angenommen werden könne, „wenn – und soweit – die betroffenen Schutzgüter in gemeinschaftsrechtlich *ausreichendem Maße* von der Richtlinie *gewahrt* werden."[75] Zuletzt hat vor allem *Möstl* noch einmal nachdrücklich darauf verwiesen, dass die Fortentwicklung des Herkunftslandprinzips (im Sinne einer alleinigen Anwendbarkeit des Rechts des Herkunftslandes sowie einer alleinigen Aufsichtskompetenz der Herkunftslandbehörden) ohne ausreichende Garantien dafür, dass die Gemeinwohlinteressen durch den Herkunftsstaat in ausreichender Weise wahrgenommen und durchgesetzt werden, vom EG-Vertrag nicht gedeckt sei.[76] Diese Sicht wird indirekt bestätigt durch die *Säger*-Rechtsprechung:[77] Wenn und soweit der Gerichtshof die (gegenüber dem Diskriminierungsverbot weitergreifende) Anwendung des Beschränkungsverbots davon abhängig macht, dass vergleichbare Dienstleistungen im Herkunftsstaat rechtmäßig angeboten werden, liegt dem auch die Erwägung zugrunde, dass

---

[72] *Tiedje/Troberg*, in: von der Groeben/Schwarze (Fn. 44), Art. 47 EG Rn. 34; *Müller-Graff*, in: Streinz (Fn. 58), Art. 47 Rn. 9 (Anerkennung nur bei „funktional begründeter Gleichwertigkeit").

[73] *Steindorff* (Fn. 69), S. 102-103; zum Problem auch schon *Roth*, EuR 1986, 340, 361 f.

[74] *Beyer*, Rechtsnormanerkennung im Binnenmarkt, 1998, S. 181 ff.

[75] *Herrnfeld*, in: Schwarze (Fn. 72), Art. 94 EGV Rn. 42 (*kursiv* von mir) unter Verweis auf *EuGH*, Slg. 1977, 1555 (1576), Egrd. 35 - Tedeschi; *EuGH*, Slg.1987, 4069 (4089), Egrd. 22 - Kommission ./. Dänemark; *EuGH*, Slg. 1988, 4689 (4720), Egrd. 10 f - Moormann; ähnlich *Leible*, in: Streinz (Fn. 58), Art. 95 EGV Egrd. 39.

[76] *Möstl*, DVBl. 2007, 281 (284-285).

[77] *EuGH*, Slg. 1991, I-4221 (4243), Egrd. 12 – Säger.

der Herkunftsstaat für die Wahrnehmung von Gemeinwohlinteressen (möglicherweise hinreichend) Sorge trägt und von daher eine striktere Kontrolle zu Lasten der Regelungskompetenzen der Destinationsstaaten gerechtfertigt ist.

2. Gemeinschaftspraxis

Diese im Schrifttum vertretene Position kann sich auf Rechtsprechung des Gerichtshofs berufen: So heißt es etwa in einer erst kürzlich ergangenen Entscheidung des Gerichtshofs, dass die Mitgliedstaaten sich auf die zwingenden Gründe des Allgemeininteresses berufen können, „soweit keine Harmonisierungsmaßnahme vorliegt, die *bereits die zur Gewährleistung des Schutzes dieser Interessen erforderlichen Maßnahmen vorsieht.*“[78] Für den Bereich des Schutzes der Gesundheit von Tieren und Menschen hat der Gerichtshof ein Berufung auf die Schutzklausel des Art. 36 EWGV a.F. nur dann ausgeschlossen, wenn die Richtlinie die Harmonisierung der zur *Gewährleistung* des Schutzes notwendigen Maßnahmen vorsieht und gemeinschaftliche Verfahren zur Kontrolle ihrer Einhaltung regelt.[79] In der Sache wird damit die Berufung auf einen zwingenden Grund des Allgemeininteresses durch den Destinationsstaat nur dann durch Sekundärrecht ausgeschlossen, wenn die gemeinschaftsrechtlichen Vorgaben für die Regelungen im Herkunftsland der Verwirklichung des konkreten Zieles dienen, das als Allgemeininteresse in Anspruch genommen wird.[80] Dieser Ansatz legt es nahe anzunehmen, dass eine sekundärrechtliche Durchsetzung des Herkunftslandprinzips, wie sie Art. 16 Abs. 1 und Abs. 3 der Dienstleistungsrichtlinie anordnen, davon abhängt, dass durch die Harmonisierung des Sachrechts das Gemeinwohlinteresse auf Gemeinschaftsebene in einem *Mindestmaß* wahrgenommen wird.

3. Art. 95 Abs. 3, 153 Abs. 1, 55, 47 EG

Die Verpflichtung der Gemeinschaft zur Absicherung und Durchsetzung der „Allgemeininteressen“ findet ihren Ausdruck in der Schutzniveauklausel des Art. 95 Abs. 3 EG: Die Harmonisierungskompetenz in Art. 95 EG darf – zumindest im Hinblick auf die in Art. 95 Abs. 3 EG genannten Schutzgüter (Gesundheit, Sicherheit, Umweltschutz und Verbraucherschutz) - nicht als „liberale Charta“ missverstanden werden.[81] Für den Verbraucherschutz wird dies

---

[78] EuGH 15.6.2006, C-255/04, Egrd. 43 - Kommission ./. Frankreich (Hervorhebung von *mir*); ebenso die Schlussanträge von GA Colomer v. 13.2.2007, C-112/05, Egrd. 94 - Kommission ./. Deutschland.

[79] *EuGH*, Slg. 1988, 4689 (4720), Egrd. 10 - Moormann; *EuGH*, Slg. 1998, I-1251 (1296 f.), Egrd. 47 – Compassion in World Farming.

[80] *EuGH*, Slg. 1988, 4689 (4720), Egrd. 11 - Moormann; *EuGH*, Slg. 1998, I-1251 (1296 f.), Egrd. 47 – Compassion in World Farming; vgl. auch schon *EuGH*, Slg. 1977, 1555 (1576), Egrd. 35 - Tedeschi.

[81] GA Fennelly, C-376/98, Slg. 2000, I-8423 (8450 f., 8459), Egrd. 64 ff., 85 ff.

durch die Querschnittsklausel des Art. 153 Abs. 1, Abs. 3 lit. a EG noch einmal nachdrücklich unterstrichen.

Auch wenn in Art. 55, 47 EG für die Harmonisierung von Regelungen betreffend Dienstleistungen eine vergleichbare Schutzniveauklausel nicht enthalten ist, besteht kein Zweifel, dass der Rechtsgedanke des Art. 95 Abs. 3 EG auf Art. 55, 47 EG ohne weiteres übertragbar ist.[82] Dies gilt im Hinblick auf Art. 153 Abs. 1 EG natürlich auch und vor allem für den Verbraucherschutz. In der Rechtsprechung des Gerichtshofs ist zu Recht anerkannt, dass bei Erlass von Maßnahmen im Rahmen des Art. 47 Abs. 2 EG „der Gemeinschaftsgesetzgeber dem von den verschiedenen Mitgliedstaaten verfolgten Allgemeininteresse Rechnung" zu tragen und „zur Wahrung dieses Interesses ein Schutzniveau" festzulegen hat, „das in der Gemeinschaft akzeptabel erscheint".[83] Dass der Gemeinschaftsgesetzgeber bei der Festlegung und Ausgestaltung des Schutzniveaus dabei verschiedene Gesichtspunkte abzuwägen[84] und insbesondere wirtschaftliche und soziale Entscheidungen zu treffen hat,[85] und ihm damit ein „weites Ermessen" zuzugestehen ist,[86] liegt in der Natur der Sache. Die Grenzen der Ermessensausübung sind im Hinblick darauf zu überprüfen, ob der Gemeinschaftsgesetzgeber ein „akzeptables" Schutzniveau verwirklicht. Im Hinblick darauf muss die Verwirklichung des Herkunftslandprinzips ohne jede (Mindest-) Harmonisierung in der Gemeinschaft auf erhebliche Bedenken stoßen: Denn in der Sache bedeutet es eine Unterwerfung der Gemeinwohlwahrnehmung der Destinationsstaaten unter die Standards, Aufsicht und Durchsetzung der Herkunftsstaaten. Im Folgenden ist danach zu fragen, ob das mit Art. 16 Abs. 1 und Abs. 3 der Richtlinie verwirklichte (beschränkte) Herkunftslandprinzip im Bereich des Verbraucherschutzes durch eine hinreichende Wahrnehmung des Verbraucherschutzes auf Gemeinschaftsebene abgesichert ist.

4. Ein akzeptables Verbraucherschutz?

a) Allgemeine Regelungen zum Schutze des Verbrauchers

Zunächst ist daran zu erinnern, dass wesentliche Aspekte des Verbraucherschutzes bei grenzüberschreitend zu erbringenden Dienstleistungen bereits

---

[82] In *EuGH*, Slg. 2000, I-8419 (8525, 8529, 8532), Egrd. 87-88, 105, 115, 118 – BRD ./. Parlament und Rat, geht der Gerichtshof von einem weitgehenden Gleichlauf der Art. 95, 47 Abs. 2, 55 EG aus.

[83] *EuGH*, Slg. 1997, I-2405 (2450), Egrd. 17 – BRD ./. Parlament und Rat; *EuGH*, Slg. 2000, I-9131 (9173), Egrd. 32 – Luxemburg ./. Parlament und Rat; *EuGH* 19.9.2006, C-193/05, Egrd. 41 – Kommission ./. Luxemburg.

[84] GA Geelhoed, *EuGH*, Slg. 2002, I-11461 (11500 f.) Egrd. 120.

[85] Vgl. *EuGH*, Slg. 2004, I-11893 (11919), Egrd. 48 – Swedish Match).

[86] *EuGH*, Slg. 2000, I-9131 (9173), Egrd. 32 – Luxemburg ./. Parlament und Rat.

durch anderweitige Gemeinschaftsgesetzgebung wahrgenommen werden. Dies gilt zum einen für die Richtlinie 2005/36/EG über die Anerkennung von Berufsqualifikationen,[87] die die Anforderungen an die Ausbildung der Dienstleister und die Anerkennung der Zeugnisse etc. (und damit mittelbar die Qualität der Dienstleistung) betrifft. Dies gilt zum anderen für die den Vertrieb von Dienstleistungen regelnden Richtlinie 2005/29/EG über unlautere Geschäftspraktiken,[88] die den Verbraucher vor Vertriebsstrategien schützen will, die dessen wirtschaftliche Interessen beeinträchtigen. Schließlich bleibt es den Mitgliedstaaten überlassen, über das (durch das Internationale Privatrecht zur Anwendung berufene) Vertragsrecht für einen angemessenen Schutz des Verbrauchers zu sorgen (Art. 3 Abs. 2 der Dienstleistungsrichtlinie). Und soweit es um den Schutz der Gesundheit des Verbrauchers geht, bleibt die Berufung auf die „zwingenden Erfordernisse“ durch den Destinationsstaat sowieso unberührt (Art. 16 Abs. 1 UA 3 lit. b, 16 Abs. 3).

b) Verbraucherschutz in der Dienstleistungsrichtlinie?

aa) Verwaltungsvereinfachung

Die in der Dienstleistungsrichtlinie vorgesehenen Instrumente zur Verwaltungsvereinfachung – einheitliche Formblätter anstelle von Zeugnissen, Bescheinigungen und sonstigen Dokumenten (Art. 5 Abs. 2, 40 Abs. 2); keine Vorlage von Originaldokumenten (Art. 5 Abs. 3) - sollen vor allem den *Dienstleistenden* die Tätigkeit im Binnenmarkt erleichtern. Dasselbe gilt für die Verpflichtung der Mitgliedstaaten (als Destinationsstaaten), einheitliche Ansprechpartner für die Dienstleistungserbringer zu bestimmen (Art. 6) und deren Aufgabe zu unterstützen, den Leistenden alle notwendigen Informationen im Hinblick auf die Aufnahme und Durchführung der Tätigkeiten zu liefern (Art. 7), sowie für die Anforderung an die Mitgliedstaaten, alle Verfahren und Formalitäten auf elektronischem Wege abzuwickeln (Art. 8). Verbraucherschutz wird hiermit weder unmittelbar angestrebt noch durchgesetzt.

bb) Verwaltungszusammenarbeit

Die Dienstleistungsrichtlinie verpflichtet zu einer verstärkten Kooperation und Amtshilfe der für die Kontrolle der Leistungserbringer und der Dienstleistungen zuständigen Stellen in den Mitgliedstaaten (Art. 28). Dabei soll ein *europäisches Netz* der Aufsichts- und Kontrollbehörden entstehen (Art. 32 Abs. 2 und 3). Auf Einzelheiten kann hier nicht eingegangen werden. Immerhin ist aber festzustellen, dass die verstärkte Zusammenarbeit auch und vor allem den

---

[87] ABl. 2005 L 255/22.
[88] ABl. 2005 149/22.

Gefahren entgegenwirken soll, die mit der grenzüberschreitenden Erbringung von Dienstleistungen bei einer territorial begrenzten Verwaltungsaufsicht naturgemäß drohen. Dem Verbraucherschutz dient es etwa, wenn die Behörden dazu verpflichtet werden, untereinander Informationen über die für die Zuverlässigkeit oder Kompetenz des Dienstleistungserbringers wichtigen Daten austauschen (Art. 33).

Eine unübersehbare *Abschwächung* eines effektiv durchgesetzten Verbraucherschutzes bewirkt dagegen aller Voraussicht nach der in Art. 35 der Richtlinie vorgesehene, aus dem Bereich der Versicherungs- und Bankenaufsicht bekannte Kontrollmechanismus für die Behörden des Destinationsstaates hinsichtlich der Erbringung grenzüberschreitender Dienstleistungen: Nur in Ausnahmefällen sollen die Behörden des Destinationsstaates Maßnahmen ergreifen können, und nur dann, wenn und soweit sie sich auf die „Sicherheit der Dienstleistungen" beziehen (Art. 18 Abs. 1), dabei aber ein Verfahren einhalten (Art. 35 Abs. 1 und 2), aufgrund dessen sie sich zunächst an die Behörden des Niederlassungsstaates wenden und diesen die notwendigen Informationen übermitteln müssen, um die Abstellung einer bestimmten Verhaltensweise eines Leistungserbringers zu erreichen. Der Destinationsstaat behält eine *Restkompetenz* zur Wahrnehmung seiner Interessen insoweit, als er in dringenden Fällen selbst sofort aktiv werden kann (Art. 35 Abs. 6), in den übrigen Fällen aber die EG-Kommission und den Niederlassungsstaat von einer beabsichtigten Maßnahme Mitteilung machen muss, wenn und soweit die Behörden des Niederlassungsstaates nur (angeblich) unzureichende Abhilfe geleistet haben (Art. 35 Abs. 3). Es ist derzeit schwer einzuschätzen, ob und inwieweit dieser von der Richtlinie vorgesehene Mechanismus einen ausreichenden Verbraucherschutz sicherzustellen verspricht.

cc) Verbraucherinformation

Die Dienstleistungsrichtlinie arbeitet mit vielfältigen Informationspflichten und versucht auf diesem Wege, einen ausreichenden Schutz der Verbraucher sicherzustellen. Dabei lässt sich, je nach Adressat, zwischen staaten- und unternehmensgerichteten Informationspflichten unterscheiden.

aaa. Die *Mitgliedstaaten* haben gem. Art. 21 Abs. 1 sicherzustellen, dass den Dienstleistungsempfängern in ihrem Wohnsitzstaat klare, elektronisch leicht zugängliche und auf dem neuesten Stand befindliche Informationen über die im Herkunftsstaat des Dienstleistungsverpflichteten geltenden Anforderungen hinsichtlich der Aufnahme und Ausübung von Dienstleistungstätigkeiten zugänglich gemacht werden. Dies gilt vor allem hinsichtlich der Regelungen über den Verbraucherschutz (einschließlich Informationen über Versicherungspflicht), aber auch betreffend Informationen über die dem Verbraucher zur Verfügung stehenden Rechtsbehelfe sowie über die Existenz von Verbraucherverbänden und –organisationen. Die Mitgliedstaaten werden des weiteren in die Pflicht genommen, Informationen über die Bedeutung von Gütesiegeln und Qualitätskennzeichnungen für Dienstleistungen zur Verfügung zu stellen (Art. 26 Abs. 2).

bbb. *Unternehmensgerichtete* Informationspflichten schafft die Dienstleistungsrichtlinie nach dem Vorbild der Lebensversicherungsrichtlinie:[89] Die Dienstleistungserbringer sind verpflichtet, den Dienstleistungsempfängern bestimmte *Informationen* zur Verfügung zu stellen, die sich auf die Person des Leistungserbringers (Rechtsform; Eintragung in das Handelsregister; Genehmigung für die Tätigkeit; Mitgliedschaft in Berufsverbänden) und den abzuschließenden Vertrag (verwendete AGB, vorgeschlagenes Recht und Gerichtsstand; nachvertragliche Garantien; Preis; Hauptmerkmale der Dienstleistung; evtl. bestehender Versicherungsschutz bzw. Sicherheitsleistung) beziehen (Art. 22 Abs. 1) und die in geeigneter Form den potentiellen Vertragspartnern vorab (Art. 22 Abs. 4) und ohne besondere Nachfrage zur Verfügung stehen müssen (Art. 22 Abs. 2). Der Dienstleistungsempfänger hat, auf Nachfrage, Anspruch auf bestimmte Zusatzinformationen (Art. 22 Abs. 3: betreffend den Preis, einschlägige berufsrechtliche Regelungen, Verhaltenskodizes sowie außergerichtliche Verfahren der Streitbeilegung). Zur effektiven Durchsetzung dieser unternehmensgerichteten Informationspflichten werden die Mitgliedstaaten in die Pflicht genommen sicherzustellen, dass die Unternehmen die gebotenen Informationen (zutreffend) erfüllen (Art. 27 Abs. 2).

ccc. Mit diesen Informationspflichten verwirklicht die Dienstleistungsrichtlinie das für das (sekundäre) Gemeinschaftsrecht charakteristische *Informationsmodell* bei Verbraucherverträgen.[90] Die beschriebenen Informationspflichten sind dabei teils als *Mindestanforderungen* konzipiert (wobei die Mitgliedstaaten zusätzliche Informationsanforderungen vorschreiben können), teils als abschließende Regelung. Art. 22 Abs. 5 nimmt insoweit eine wichtige Differenzierung vor: Spielraum für zusätzliche Informationsanforderungen und damit für vermehrten Verbraucherschutz haben die Mitgliedstaaten nur insoweit, als es um die Tätigkeit in ihrem Territorium *niedergelassener* Unternehmen geht, nicht dagegen für im Wege der Dienstleistungsfreiheit erbrachte Leistungen. Dies bedeutet:

- Für die im Wege der *Dienstleistungsfreiheit* erbrachten Leistungen wirken die Vorgaben der Richtlinien als abschließende Regelung im Sinne einer Totalharmonisierung. Der Sache nach wird damit der Empfänger solcher Dienstleistungen als weniger schutzwürdig eingestuft als eine Person, die auf dem inländischen Markt bei einem dort niedergelassenen Anbieter nachfragt.

---

[89] Art. 36 Abs. 1 i.V.m. Anhang III der Richtlinie 2002/83/EG, ABl. 2002 L 345/1.

[90] Vgl. etwa auch die Informationspflichten in Art. 4 der Richtlinie 97/7/EG über den Verbraucherschutz bei Vertragsschlüssen im Fernabsatz, ABl. 1997 L 144/19; Art. 3-5 der Richtlinie 2002/65/EG über den Fernabsatz von Finanzdienstleistungen an Verbraucher, ABl. 2002 L 271/26; s. *Rösler*, Europäisches Konsumentenvertragsrecht, 2004, S. 142 ff.

- Art. 22 Abs. 5 eröffnet den Mitgliedstaaten die Möglichkeit, *zusätzliche* Informationsanforderungen auch auf die im Inland *niedergelassenen* Anbieter mit Sitz in einem anderen EG-Mitgliedstaat (und deren Tochterunternehmen) zu erstrecken. Damit wird Gleichbehandlung zwischen allen im Inland niedergelassenen Dienstleistungsanbietern realisiert und damit der Schutz des inländischen Publikums vis-à-vis diesen Unternehmen (potentiell) gestärkt. Bemerkenswert ist allerdings, dass damit die im Primärrecht[91] und in einigen sekundärrechtlichen Instrumenten beobachtbare Anpassung der maßgeblichen Kontrollstandards für grenzüberschreitende Dienstleistungen und Leistungen, die durch inländischen Niederlassungen erbracht werden,[92] für den Bereich der Informationsanforderungen (wohl aus guten Gründen) nicht fortgeführt wird.

dd) Versicherungsschutz und Sicherheiten

Die Dienstleistungsrichtlinie sieht vor, dass die Mitgliedstaaten für bestimmte Arten von Dienstleistungen (die ein unmittelbares und besonderes Risiko für die Gesundheit oder Sicherheit des Empfängers oder eines Dritten darstellen), auch wenn sie im Wege der Dienstleistungs- oder der Niederlassungsfreiheit erbracht werden, den Abschluss einer (Berufs-) *Haftpflichtversicherung* oder den Nachweis einer entsprechenden *Sicherheit* zu verlangen können (Art. 23 Abs. 1), wobei in einem anderen EG-Mitgliedstaat genommener (gleichwertiger) Versicherungsschutz (oder Schutz durch Sicherheiten) anzuerkennen ist (Art. 23 Abs. 2 und 3). Damit wird ein wichtiges Petitum des Verbraucherschutzes, das im Hinblick auf den grenzüberschreitenden Dienstleistungsverkehr immer wieder geltend gemacht worden ist, erfüllt. Während Art. 23 Abs. 1 die Mitgliedstaaten nicht zur Einführung einer obligatorischen Versicherung verpflichtet, appelliert Erwägungsgrund 98 an die Marktteilnehmer, für ausreichende Sicherheiten auch und gerade zur Deckung von Risiken im Zusammenhang mit grenzüberschreitenden Dienstleistungen zu sorgen:

> „Jeder Marktteilnehmer, dessen Dienstleistungen ein unmittelbares und besonderes Risiko für die Gesundheit, Sicherheit oder die finanzielle Lage des Dienstleistungsempfängers oder eines Dritten darstellen, sollte grundsätzlich über eine angemessene Berufshaftpflichtversicherung oder eine andere gleichwertige oder vergleichbare Sicherheit verfügen, was insbesondere bedeutet, dass ein solcher Marktteilnehmer in der Regel für die Erbringung der Dienstleistung in einem oder mehreren anderen Mitgliedstaaten als dem Niederlassungsmitgliedstaat angemessen versichert sein sollte."

---

[91] S. etwa *EuGH*, Slg. 2004, I-8961 (8988 f.), Egrd. 13 ff. - CaixaBank France; dazu *Roth*, VuR 2007, 161 (165).

[92] Z.B. Art. 34, 44, 45, 47 der Richtlinie 2002/83/EG über Lebensversicherungen, ABl. 2002 L 345/1.

Im Hinblick auf einen effektiven Verbraucherschutz bleibt zu beachten, dass die Zuständigkeit für die Einführung einer obligatorischen Versicherung bei den Sitzstaaten der Dienstleister liegt, die Destinationsstaaten die Erbringung der Dienstleistung damit nicht von der Existenz einer solchen Versicherung (bzw. anderweitigen Sicherheit) abhängig machen können (arg. Art. 23 Abs. 1, 31 Abs. 1), und dass die in Erwägungsgrund 98 formulierte Anforderung an die Marktteilnehmer mangels entsprechender Bestimmungen im Normteil der Richtlinie keine Entsprechung findet und damit nicht obligatorisch ausgestaltet ist. Letztlich bleibt es damit dem Verbraucher überlassen, sich darüber zu informieren, ob der Dienstleistungsverpflichtete einen ausreichenden Versicherungsschutz genommen hat.

ee) Streitbeilegung

Schließlich haben die Mitgliedstaten dafür zu sorgen, dass die Dienstleistungsempfänger sich mit Beschwerden an die Dienstleistungserbringer wenden können und diese Beschwerden „so schnell wie möglich" und im Bemühen um „zufrieden stellende Lösungen" beantwortet werden (Art. 27 Abs. 1). In diesen eher wolkig klingenden Vorgaben liegt einiges Konkretisierungspotential für die Zukunft. Dasselbe gilt für die Entwicklung von außergerichtlichen Streitbeilegungsverfahren, über deren Existenz und den Bedingungen ihrer Inanspruchnahme die Dienstleistungsempfänger zu informieren sind (Art. 27 Abs. 4).

c) Ausreichender Mindestschutz?

Insgesamt erweist sich, dass der Gemeinschaftsgesetzgeber für den Schutz des Verbrauchers bei der Erbringung grenzüberschreitender Dienstleistungen auf den Schutz durch Information setzt. Damit folgt er einem Regelungsansatz, der zahlreiche Richtlinien zum Verbrauchervertragsrecht prägt.[93] Die grundlegende Bedeutung der Information hat der Gerichtshof in seiner Rechtsprechung zum internationalen Gesellschaftsrecht hervorgehoben, wenn er im *Centros*-Urteil es für den Gläubigerschutz im Hinblick auf Gesellschaften ausländischen Rechts ausreichen lässt, dass die Gläubiger über die Firmierung der Gesellschaft über die Anwendbarkeit ausländischen Rechts informiert werden.[94] Im Hinblick auf Lebensversicherungsverträge hat der EFTA-Gerichtshof erst kürzlich die große Bedeutung von Kundeninformationen hervorgehoben, die sich als den Dienstleistungsverkehr weniger belastende Alternative zu zwin-

---

[93] Zur Bedeutung der Information im europäischen Recht allgemein *Grundmann*, Common Market Law Review 39 (2002) 269.

[94] *EuGH,* Slg. 1999, I- 1459 (1495), Egrd. 36 - Centros.

genden Vertragsnormen darstellen mögen.[95] Hinzukommt, dass Art. 16 Abs. 4 der Dienstleistungsrichtlinie einen Prüfungsauftrag an die Kommission formuliert, im Hinblick auf eventuelle Schutzbedürfnisse Harmonisierungsmaßnahmen vorzuschlagen. Der EuGH hat im Übrigen hervorgehoben, dass die Verwirklichung des Binnenmarkts keineswegs von einer vorherigen vollständigen Harmonisierung der mitgliedstaatlichen Regelungen abhängen kann,[96] und die Gemeinschaftsorgane evtl. Fehlentwicklung im Wege der Gesetzgebung korrigieren können.[97]

Neben dem Verbraucherschutz durch Information überlässt die Dienstleistungsrichtlinie es den Mitgliedstaaten, Verbraucherschutz durch zwingendes Vertragsrecht zu verfolgen. In der Sache wird damit öffentlich-rechtliche pre-market-Kontrolle durch privatrechtliche post-market-Kontrolle ersetzt. Genau diesen Paradigmawechsel hat die Gemeinschaft vor ca. 20 Jahren zum Zwecke der Herstellung des Versicherungsbinnenmarktes vollzogen,[98] ohne dass der Verbraucher- (Versicherungsnehmer-)schutz nachhaltig beeinträchtigt worden wäre. Da die Richtlinie das Internationale Privatrecht der Mitgliedstaaten unberührt lässt (Art. 3 Abs. 2, 17 No. 15), bleibt es den Mitgliedstaaten (außerhalb des Anwendungsbereichs des Römer Schuldrechtsübereinkommens) überlassen, kollisionsrechtlichen und damit auch materiell-rechtlichen Verbraucherschutz durchzusetzen.[99]

Insgesamt erweist sich, dass der Gemeinschaftsgesetzgeber die Grenzen seines Regelungsermessens mit Art. 16 der Richtlinie und dem damit verknüpften Ausschluss der Berufung auf den Verbraucherschutz als „zwingendem Erfordernis des Allgemeininteresses" wohl kaum überschritten hat:[100] Ausreichende Information und vertragsrechtlicher Schutz sind hinreichende und wohl auch

---

[95] *EFTA*-Gerichtshof 25.11.2005, E-1/05, Egrd. 41, 45 – EFTA Surveillance Authority ./. Norway.

[96] *EuGH*, Slg. 1974, 631 (652), Egrd. 30 - Reyners.

[97] *EuGH*, Slg. 1999, I-1459 (1493), Egrd. 28 – Centros.

[98] *Mönnich*, in: Beckmann/Matusche-Beckmann, Versicherungsrechts-Handbuch, 2004, § 2 Rn. 38; *Roth*, NJW 1993, 3028 (3032).

[99] Dabei ist zu berücksichtigen, dass zwingendes Vertragsrecht, soweit es produktgestaltend wirkt, als „Beschränkung" im Sinne des Art. 49 EG angesehen werden kann; vgl. EFTA-Gerichtshof 15.11.2005, E-1/05, Egrd. 36 f. – EFTA Surveillance Authority ./. Norway; *Roth*, Lebensversicherungen aus europäischer Perspektive, in: Bitburger Gespräche, Jahrbuch 2006/II, 2007, S. 109 (123 f. und Nachweise in Fn. 59).

[100] Nicht präjudiziert ist damit die im Text angesprochene Frage, ob Art. 16 Abs. 1 UA 2 mit der Gewährleistung der „freien Ausübung" der grenzüberschreitenden Tätigkeit nicht restriktiv zu interpretieren ist: Da die Richtlinie hinsichtlich der Rahmenbedingungen für die Erbringung der Dienstleistungen keine Harmonisierung vornimmt, die Destinationsstaaten sich insoweit aber nur auf die in Art. 16 Abs. 1 UA 3 lit. b genannten Rechtfertigungsgründe berufen können, und im übrigen das Herkunftslandprinzip (mangels extraterritorialen Regelungswillens der Herkunftsstaaten) keinen Schutz verheißt, besteht die Gefahr einer Entmachtung der Destinationsstaaten im Hinblick auf die Wahrnehmung von Gemeinwohlinteressen, der durch eine restriktive Deutung des Art. 16 Abs. 1 UA 2 zu begegnen ist. Im Ergebnis ähnlich (aber doch zu pauschal) *Calliess*, DVBl. 2007, 336 (346), wonach Marktverhaltensregelungen nicht unter Art. 16 Abs. 1 fallen sollen.

funktionsfähige Instrumente, um ein akzeptables Schutzniveau sicherzustellen und damit den Vorgaben der Art. 153 Abs. 3, 95 Abs. 3 EG zu genügen.

VI. Zusammenfassung

1. Die Dienstleistungsrichtlinie geht von dem Grundmodell aus, dass die Sitz- (und Niederlassungs-)staaten für den Verbraucherschutz regelungszuständig sind, während die Bestimmungs- (Destinations-, Aufnahme-)staaten bei der Erbringung grenzüberschreitender Dienstleistungen nur mehr in ganz eingeschränkten Maße (nämlich nur im Bereich des Gesundheitsschutzes) Verbraucherschutz betreiben können.

2. Der Ausschluss des Rechtfertigungsgrundes des Verbraucherschutzes für Regelungen der Bestimmungsstaaten in Art. 16 Abs. 1 und Abs. 3 der Richtlinie ist mit Art. 95 Abs. 3, 153 Abs. 1, 55, 47 Abs. 2 EG vereinbar, wenn und soweit das Sekundärrecht sich für den Verbraucherschutz am Informationsmodell orientiert und für effektive Informationen des Verbrauchers sorgt, und es im Übrigen den Mitgliedstaaten überlassen bleibt, durch zwingendes Vertragsrecht für ausreichenden Schutz zu sorgen. Der Wechsel von einer öffentlich-rechtlichen pre-market-Kontrolle zu einer zivilrechtlichen post-market-Kontrolle ist im Versicherungsrecht vorgezeichnet und erscheint mit den in Art. 95 Abs. 3, 153 Abs. 1 EG gesetzten Vorgaben vereinbar.

3. Dieses von der Dienstleistungsrichtlinie vorgezeichnete Schutzmodell basiert darauf, dass das Internationale Privatrecht von den Mitgliedstaaten den Verbraucher schützend ausgestaltet werden kann. Sollte in Zukunft erwogen werden, im Zusammenhang mit der in der Diskussion befindliche ROM I – Verordnung[101] zum kollisionsrechtlichen Herkunftslandprinzip überzugehen, müsste damit zum Schutze des Verbrauchers eine (Mindest-) Vereinheitlichung des Verbrauchervertragsrechts[102] Hand in Hand gehen.

---

[101] *Kommission*, Grünbuch über die Umwandlung des Übereinkommens von Rom aus dem Jahr 1980 über das auf vertragliche Schuldverhältnisse anzuwendende Recht in ein Gemeinschaftsinstrument sowie über seine Aktualisierung, KOM (2002) 654; Vorschlag für eine Verordnung des Europäischen Parlaments und des Rates über das auf vertragliche Schuldverhältnisse anzuwendende Recht (Rom I), KOM (2005) 650.

[102] Zu Anstrengungen in diese Richtung *Clarke/Heiss*, J.Bus.L. 2006, 600; *Fricke*, VersR 2005, 1474.

Maßnahmen zur Qualitätssicherung

JÜRGEN ENSTHALER/SEBASTIAN SYNNATZSCHKE/EVA VOGT

I. Einleitung

Mit dem Management der Qualität von Dienstleistungen befasst sich die Qualitätswissenschaft nicht erst seit der Diskussion um die Dienstleistungsrichtlinie (DLRL). Dabei umfasst das Qualitätsmanagement als aufeinander abgestimmte Tätigkeiten zum Leiten und Lenken einer Organisation bezüglich Qualität üblicherweise das Festlegen der Qualitätspolitik und der Qualitätsziele, die Qualitätsplanung, die Qualitätslenkung, die Qualitätssicherung und die Qualitätsverbesserung.[1] Gem. Art. 26 der DLRL steht der Aspekt der Qualitätssicherung im Vordergrund. Unter Qualitätssicherung wird der Teil des Qualitätsmanagements verstanden, der auf das Erzeugen von Vertrauen darauf gerichtet ist, dass Qualitätsanforderungen erfüllt werden.[2] Dieses grundsätzliche Verständnis ist auch auf das Qualitätsmanagement von Dienstleistungen anzuwenden.[3]

1. Kennzeichen einer Dienstleistung in Abgrenzung zur Sachleistung

Soll die Qualitätssicherung von Dienstleistungen näher betrachtet werden, ist es nötig, sich ein genaueres Verständnis einer Dienstleistung aus qualitätswissenschaftlicher Perspektive vor Augen zu führen. Werden die Besonderheiten einer Dienstleistung verstanden, sind auch die Konsequenzen die sich aus diesen Besonderheiten ergeben leicht nachvollziehbar.

Die drei wesentlichen Merkmale einer Dienstleistung in Abgrenzung zur Sachleistung sind Immaterialität, Simultanität von Produktion und Konsumtion sowie Integration des Kunden.[4] Im Gegensatz zur Definition einer Dienstleistung über die Auflistung möglicher Wirtschaftszweige und Berufe hat das Vergegenwärtigen der Besonderheiten einer Dienstleistung Vorteile für die daraus zu schließenden Konsequenzen bei der Konzeptionierung einer entsprechenden Qualitätssicherung für Dienstleistungen. Im Fokus stehen im Folgenden die in der Literatur als „persönlich" benannten Dienstleistungen, die im Gegensatz zu „automatisierten" Dienstleistungen wie z.B. Homebanking, die menschliche Leistungskomponenten in den Vordergrund stellen, wie dies z.B. bei einer Beratungsleistung der Fall ist.[5]

a) Immaterialität

Im Vordergrund steht bei einer Dienstleistung die Immaterialität.[6] Klassische Beispiele von Dienstleistungen – wie z.B. der Zahnarztbesuch[7] oder der Friseurbesuch – führen vor Augen, dass immaterielle Aspekte bei einer Dienstleistung im Mittelpunkt stehen Bei den genannten Beispielen stehen derart abstrakte Begriffe wie Gesundheit oder Wohlbefinden im Fokus. Im Vordergrund stehen dabei jedoch nicht die möglicherweise auch eingesetzte Sachleistung

---

[1] Vgl. DIN EN ISO 9000:2005, 3.2.8.

[2] Vgl. DIN EN ISO 9000:2005, 3.2.11.

[3] Gleichlautend z.B. *Geiger*, Qualitätsmanagement bei immateriellen Produkten, in: Pfeifer, Masing Handbuch Qualitätsmanagement, 2007, S. 924 und S. 928 ff.

[4] Vgl. statt vieler *Schlick/Rochold*, Qualitätsmanagement bei Dienstleistungen, in: Pfeifer, Masing Handbuch Qualitätsmanagement, 2007, S. 943.

[5] Vgl. statt vieler *Schlick*, S. 943 f. mit Nachweisen.

[6] Vgl. *Kamiske/Brauer*, Qualitätsmanagement von A bis Z. Erläuterungen moderner Begriffe des Qualitätsmanagements, 2006, S. 59.

[7] Auch wenn dieser nicht in den Anwendungsbereich der DLRL fällt sei er hier aufgrund seiner Eignung als allseits bekanntes Beispiel genannt.

(z.B. Zahnfüllung oder Haartönung), sondern deren Einsatz im Rahmen der Erbringung der umfassenderen Dienstleistung. *Geiger* stellt dies plastisch heraus: *„Eine Dienstleistung bleibt eine Dienstleistung und damit ein immaterielles Produkt, auch wenn dabei materielle Produkte oder Software angewendet oder geliefert werden."* [8]

b) Integration des Kunden

Die Erbringung einer Dienstleistung ist darüber hinaus auch nur mit einer engen Einbeziehung des Kunden möglich.[9] Ohne eine derartige Integration des Kunden kann eine Dienstleistung, im Gegensatz zu einer Sachleistung, nicht erbracht werden. Die Integration des Kunden geht sogar so weit, dass die meisten Dienstleistungen nur in Gegenwart des Kunden erbracht werden können.[10]

Die Integration des Kunden führt zu einer Individualisierung, da jede Leistungserbringung variabel auf die Bedürfnisse des Kunden zum Zeitpunkt der Leistungserbringung angepasst sein muss.[11]

Diese Integration des Kunden hat zum einen Folgen für die Gestaltung des Prozesses der Dienstleistungserbringung, was sich bspw. in der Technik des Service-Blueprinting[12] niederschlägt, und zum anderen führt diese auch direkt zum dritten Merkmal.

c) Simultanität von Produktion und Konsumtion

Die Simultanität von Produktion und Konsumtion beschreibt den Umstand, dass eine Dienstleistung in dem Moment, in dem sie erbracht wird, auch konsumiert wird.[13] Dies hat die schwerwiegende Konsequenz, dass Dienstleistungen nicht lagerfähig sind, also nicht auf Vorrat – vielleicht sogar für einen anonymen Massenmarkt – erzeugt und zwischengelagert werden können und dann nur noch abgerufen werden müssen, wenn der Kunde die Leistung wünscht.

Ebenso wenig sind Dienstleistungen transportfähig im engeren Sinne[14]. Moderne IuK-Technologien können die Dienstleistungserbringung zwar unterstützen, eine Transportfähigkeit im Sinne eines sowohl räumlichen als auch zeitli-

---

[8] Vgl. *Geiger*, S. 923.
[9] Vgl. *Geiger*, S. 927.
[10] Vgl. *Schlick/Rochold*, S. 943.
[11] Vgl. *Schlick*, S. 943.
[12] Vgl. *Bruhn*, Qualitätsmanagement für Dienstleistungen. Grundlagen, Konzepte, Methoden, 2006, S. 114 ff., mit Beispiel und weiteren Nachweisen.
[13] Vgl. *Schlick*, S. 943.
[14] Vgl. *Schlick*, S. 943 mit Nachweisen.

chen Auseinanderfallens der Leistungserbringung und der Leistungskonsumtion sind jedoch nicht möglich.

2. Zwischenergebnis

Die begriffliche Grenze zwischen Dienstleistungen und Sachleistungen verläuft asymmetrisch, da zwar eine Dienstleistung ohne Sachleistungsanteil denkbar ist, heutzutage jedoch kaum mehr eine Sachleistung ohne Dienstleistungsanteil.[15] An dieser Stelle seien nur die zunehmend erklärungsbedüftigeren Produkte und zunehmende Individualisierungsmöglichkeiten von Produkten zur Begründung genannt. In diesem Zusammenhang ist auch die wachsende Bedeutung des Kundendienstes als produktbegleitende Dienstleistung zu sehen.[16] Dabei wird nach HARMS unter Kundendienst eine Dienstleistung verstanden, die ergänzend zu einem Sachgut[17] angeboten wird.[18] *Harms* geht sogar soweit, zu sagen, dass *„heute praktisch kein Produkt mehr ohne Kundendienst verkauft werden kann.“*[19]

Zu erwähnen ist auch, dass die Bedeutung des Qualitätsmanagements für Dienstleistende aufgrund des gestiegenen Wettbewerbs im tertiären Sektor zugenommen hat und sich das Qualitätsmanagement hier zu einem zentralen Wettbewerbsvorteil entwickelt hat.[20]

Unbefriedigend ist die Tatsache, dass häufig bei der Definition einer Dienstleistung nicht zwischen der Erbringung der Leistung, also der Tätigkeit, und ihrem Ergebnis unterschieden wird.[21]

II. Markt und Information

In Bezug auf die Qualitätssicherung sieht Art. 26 Abs. 1 DLRL vor, dass die Mitgliedstaaten in Zusammenarbeit mit der Kommission begleitende Maßnahmen ergreifen, welche die Dienstleistungserbringer dazu anhalten freiwillig die Qualität von Dienstleistungen zu sichern. Methodisch schlägt die DLRL in Art. 26 Abs. 1 (a) DLRL vor Zertifizierungs- und Akkreditierungssysteme einzuführen. Zertifizierung umschreibt ein Verfahren bei welchem die Einhaltung

---

[15] Vgl. *Schlick*, S. 943 mit Nachweisen.

[16] Vgl. *Harms*, Kundendienst, in: Pfeifer, Masing Handbuch Qualitätsmanagement, 2007, S. 741.

[17] Harms nennt darüber hinaus auch die Möglichkeit, dass unter Kundendienst eine einer anderen Dienstleistung beigestellte Dienstleistung verstanden wird. Dies soll an dieser Stelle jedoch nicht weiter betrachtet werden. Weiterführend hierzu *Harms*, S. 741.

[18] Vgl. *Harms*, S. 741.

[19] Vgl. *Harms*, S. 742.

[20] Vgl. *Schlick* S. 945 ff. mit zahlreichen Nachweisen.

[21] Vgl. *Geiger*, S. 920 ff. mit weiteren Beispielen.

bestimmter Standards[22] durch eine Konformitätsbewertungsstelle, dem Zertifizierer, überprüft werden.[23] Die Konformitätsbewertungsstellen werden wiederum durch neutrale und fachkundige Stellen, die Akkreditierer, überwacht.[24] Insoweit wird bei dem System der Akkreditierung und Zertifizierung von einem zweistufigen System gesprochen.[25]

1. Mögliche Instrumente zur Information der Verbraucher

Neben dem System der Zertifizierung und Akkreditierung wird in Art. 26 Abs. 1 (b) DLRL die Erarbeitung von Qualitätscharten oder die Verwendung von Gütesiegeln der Berufsverbände angeregt. Laut *Eihoff* sind Gütesiegel ausschließlich solche Gemeinschaftszeichen, „die als Ausweis einer Gütesicherung, d.h. der stetig neutral überwachten Innehaltung öffentlich festgelegter Gütebedingungen, dienen und nach einem besonderen Prüfverfahren von RAL als Gütezeichen anerkannt worden sind.“[26] Den Mitgliedstaaten wird in Art. 26 Abs. 2 DLRL außerdem aufgegeben sicher zu stellen, dass den Dienstleistungserbringern und -empfängern Informationen über die Voraussetzungen für die Erteilung von Gütesiegeln und sonstiger Qualitätskennzeichen leicht zugänglich gemacht werden.

2. Notwendigkeit von Informationsinstrumenten

Der Markt für Dienstleistungen soll also nach dem Willen der Richtliniengeber mit Informationen bezüglich der Einhaltung von Qualitätsstandards versorgt werden. Mindestqualitätsstandards und Qualitätsunterscheidungsstandards können helfen Probleme im Zusammenhang mit Informationsasymmetrien abzubauen und außerdem die Transaktionskosten der Marktteilnehmer senken.[27]

---

[22] Quellen der zu prüfenden Standards können beispielsweise Gesetze, europäische Richtlinien oder technische Normen sein, welche Anforderungen an die Qualität einer Dienstleistung empfehlen oder vorschreiben.

[23] *Ensthaler/Strübbe/Bock*, Zertifizierung und Akkreditierung technischer Produkte, 2007, S. 4.

[24] *Ensthaler/Strübbe/Bock*, Zertifizierung und Akkreditierung technischer Produkte, 2007, S. 5.

[25] *Ensthaler/Strübbe/Bock*, Zertifizierung und Akkreditierung technischer Produkte, 2007, S. 4.

[26] *Eihoff*, Warenkennzeichnung, in: Pfeifer, Masing Handbuch Qualitätsmanagement, 2007, S. 761 (774).

[27] *Böhret/Grunow/Ziekow*, Der Vorschlag zu einer Richtlinie des EP und des Rates über Dienstleistungen im Binnenmarkt, 2005, S. 28; Eine Übersicht zu anderen Funktionen von Standards aus ökonomischer Perspektive findet sich bei *Blind*, Economics of Standards, 1. Aufl. 2004, S. 14 ff.

a) Informationsasymmetrien

Vielfach wird der Handel durch Informationsasymmetrien zwischen Anbieter und Nachfrager erschwert, welche insbesondere darin besteht, dass Nachfrager von Produkten oder Dienstleistungen sich über deren Qualität im Unklaren sind. Die hieraus resultierende Qualitätsunsicherheit kann zu einer Reduzierung des Handelsvolumens oder im Extremfall sogar zum Marktversagen führen. Diesen Zusammenhang hat der Nobelpreisträger George Akerlof[28] bereits im Jahre 1970 in seinem Aufsatz „The market for Lemons“[29] am Beispiel des Gebrauchtwagenhandels beschrieben.

Werden an einem Markt für Gebrauchtwagen sowohl Fahrzeuge mit guter wie mit schlechter Qualität angeboten und kann der Käufer gleichzeitig die Qualität der angebotenen Fahrzeuge nicht beurteilen, wird der rationale Käufer nur bereit sein, den Preis für ein mittelgutes Fahrzeug zu bezahlen. Die Zahlungsbereitschaft kann dabei so niedrig ausfallen, dass es sich für Anbieter von qualitativ hochwertigen Fahrzeugen nicht lohnt diese zu verkaufen. Demgegenüber bleibt der Anreiz für Anbieter von Fahrzeugen niedriger Qualität hoch. In der Konsequenz kann dies dazu führen, dass die Anbieter hochwertiger Qualität ihre Fahrzeuge nicht mehr anbieten und es nur noch ein Markt mit schlechter Qualität gibt. Sinkt die Produktqualität weiter führt dies auch zu einem Absinken der Zahlungsbereitschaft. Es kommt zu einer Abwärtsspirale der angebotenen Qualität und zu einem Markt der entweder ganz verschwindet oder nur noch Produkte mit niedrigster Qualität anbietet.

Diese Problematik besteht auch auf dem Markt für Dienstleistungen, wenn die Informationen zur Qualität asymmetrisch verteilt sind. Erfüllen nämlich die Dienstleistungserbringer eines Mitgliedstaates höhere Qualitätsstandards als die eines anderen Mitgliedstaates und können die Dienstleistungsempfänger gleichzeitig die Qualität von Dienstleistungen ex ante nicht bewerten, werden sie die Auswahl des Dienstleistungserbringers allein nach dem Preis der angebotenen Dienstleistungen durchführen. Qualitätsunsicherheiten am Markt führen damit dazu, dass der Wettbewerb über den Preis von Dienstleistungen ausgetragen wird und nur Dienstleistungen mit niedrigem Preis nachgefragt werden. Dies wiederum führt dazu, dass Dienstleistungserbringer nur dann am Markt teilnehmen können, wenn sie ihre Preise und damit auch ihre Qualität auf ein Mindestniveau reduzieren.

Um diese negativen Folgen von asymmetrisch verteilter Information entgegenzuwirken, muss ein Weg gefunden werden, auf dem Informationen über die tatsächliche Qualität einer Dienstleistung glaubhaft und effizient zum Dienstleistungsempfänger gelangen kann. Qualitätsstandards können hierfür eine

---

[28] Zusammen mit *Stigliz* und *Spence*.

[29] *Akerlof*, The Market for „Lemons“: Qualitative Uncertainty and the Market Mechanism, Quarterly Journal of Economics, Bd. 84, S. 488 – 500.

Lösung sein, wenn sie hinreichend bekannt sind und dem Dienstleistungsempfänger ermöglichen zwischen guter und schlechter Qualität zu unterscheiden.

b) Transaktionskosten

Transaktionskosten sind sämtliche Kosten, die durch einen Austausch von Gütern oder Dienstleistungen am Markt entstehen. Sie umfassen Informationskosten (Suche eines geeigneten Vertragspartners), Koordinationskosten (Vertragsschlusskosten) und die Kosten der Rechtsdurchsetzung.[30] Standards können die Transaktionskosten reduzieren, wenn sie Dienstleistungsqualitäten definieren und sichtbar machen. Dadurch wird die Unsicherheit der Dienstleistungsempfänger verringert und diese sparen Kosten, da sie weniger Zeit und Geld aufwenden müssen um die Qualität der Dienstleistungen zu untersuchen.[31]

3. Rahmen der DLRL

Die Verwirklichung des Binnenmarktes im Dienstleistungsbereich ist zentrales Ziel der Umsetzung der DLRL. Hierbei haben Informationsinstrumente eine erhebliche Bedeutung. Zum besseren Verständnis sollen im Folgenden die durch die DLRL gesetzten Rahmenbedingungen näher erläutert werden.

a) Vorgaben der Dienstleistungsrichtlinie

Die DLRL enthält Bestimmungen, durch welche Handelshindernisse abgebaut werden sollen. Entsprechend Art. 43 und 49 EG und der Rechtsprechung des EuGH differenziert auch die DLRL zwischen der Niederlassungs- und der Dienstleistungsfreiheit. Insoweit bestehen unterschiedliche Regelungen: Art. 9 – 15 DLRL regeln die Niederlassungsfreiheit und Art. 16 – 21 regeln die Dienstleistungsfreiheit.

b) Niederlassungsfreiheit, Art. 9 – 15 DLRL

Dieses Kapitel der DLRL findet nur Anwendung auf die Niederlassungsfreiheit von Dienstleistungserbringern und regelt nicht den grenzüberschreitenden Handel mit Dienstleistungen. Es erfasst dabei sämtliche Fälle in denen ein Dienstleistungserbringer eine Niederlassung in einem Mitgliedstaat eröffnen

---

[30] *Cooter/Ulen*, Law and Economics, 4. Aufl., 2003, S. 91 – 96; *Schäfer/Ott*, Lehrbuch der ökonomischen Analyse des Zivilrechts, 3. Aufl., 2000, S.93..

[31] *Blind*, Economics of Standards, 2004, S.19.

will. Unerheblich ist dabei, ob es sich um seine Erste oder Zweite Niederlassung handelt.

(1) Das Genehmigungsverfahren

Art. 9 – 13 DLRL betrifft das „ob?“ des Genehmigungsverfahrens. Genehmigungsverfahren stellen nach der ständigen Rechtsprechung des EuGH einen Eingriff in die Niederlassungsfreiheit dar. Deshalb müssen die Mitgliedstaaten bestehende Genehmigungsverfahren an den Anforderungen aus Art. 9 – 13 DLRL messen. Nach Art. 9 DLRL sind die Mitgliedstaaten zunächst verpflichtet zu prüfen, ob ihre Genehmigungsverfahren im Einzelfall zulässig sind und sie dürfen diese nur beibehalten, wenn sie nicht diskriminierend, durch einen zwingenden Grund des Allgemeininteresses gerechtfertigt und verhältnismäßig sind, Art. 9 (1) DLRL. Gleichzeitig enthält Art. 10 Abs. 2 DLRL eine Reihe von Bedingungen, welche eingehalten werden müssen, damit Genehmigungsregeln im Einzelfall zulässig sind. Ziel dieser aus der EuGH Rechtssprechung gewonnenen Bedingungen ist, dass das Genehmigungsverfahren für Dienstleistungserbringer vorhersehbarer und transparenter wird.[32]

Im Zusammenhang mit dem Genehmigungsverfahren von Bedeutung ist auch, dass bei Zweitniederlassungen kein neues gleichwertiges Genehmigungsverfahren durchgeführt werden darf[33] und Genehmigungen grundsätzlich unbefristet erteilt werden sollen.[34]

(2) Genehmigungsanforderungen

Neben der grundsätzlichen Zulässigkeit von Genehmigungsverfahren wird auch die Zulässigkeit von einzelnen Genehmigungsanforderungen geregelt. So enthält Art. 14 DLRL eine Reihe von unzulässigen Anforderungen, die aufgrund ihrer diskriminierenden oder in anderer Weise besonders beschränkenden Wirkung unzulässig sind und deshalb aus den Gesetzen der Mitgliedstaaten entfernt werden müssen. Viele der hier genannten Anforderungen sind bereits durch den EuGH für unvereinbar mit der aus Art. 43 EG folgenden Niederlassungsfreiheit erklärt worden. Daneben enthält Art. 15 DLRL eine Liste von Anforderungen, welche die Niederlassungsfreiheit beeinträchtigen und oft durch mildere Mittel ersetzt werden könnten.[35] Der EuGH hat diese deshalb vielfach für unvereinbar mit der Niederlassungsfreiheit erklärt. Dennoch können sie in einzelnen Bereichen und Dienstleistungssektoren gerecht-

[32] Handbook on the Implementation of the Service directive, 2007, S. 33.
[33] Art. 10 Abs. 3 DLRL.
[34] Art. 11 DLRL.
[35] Handbook on the Implementation of the Service directive; S. 43.

fertigt sein, weshalb die DLRL sie nicht schlicht verboten hat, sondern den Mitgliedstaaten aufgegeben hat derartige Anforderungen anhand der Kriterien in Art. 15 (3) DLRL zu überprüfen.[36]

c) Dienstleistungsfreiheit, Art. 16 - 21 DLRL

Voraussetzung für die Anwendbarkeit der Dienstleistungsfreiheit und Art. 16 – 21 DLRL ist, dass der Dienstleistungserbringer in einem Mitgliedstaat keine Niederlassung unterhält und dort trotzdem seine Leistungen anbietet.[37] Niederlassung wird dabei charakterisiert als die Verfolgung einer wirtschaftlichen Aktivität über einen ortsfesten Betrieb auf eine unbestimmte Zeit.[38] Demgegenüber liegt eine grenzüberschreitende Dienstleistung vor, wenn die wirtschaftlichen Aktivitäten im Zielland nicht dauerhaft sind. Der EuGH betont in diesem Zusammenhang, dass die Abgrenzung zwischen grenzüberschreitender Dienstleistung und Niederlassung eine Einzelfallentscheidung erforderlich macht, welche nicht nur die Dauer der Dienstleistungstätigkeit, sondern insbesondere auch ihre Häufigkeit, Regelmäßigkeit oder Kontinuität berücksichtigt.[39]

(1) Dienstleistungsfreiheit für Dienstleistungserbringer, Art. 16 – 18 DLRL

Art. 16 DLRL gewährleistet die Freiheit des grenzüberschreitenden Handels mit Dienstleistungen ohne ungerechtfertigte Beschränkungen. Diese zentrale Norm der DLRL findet auf alle Dienstleistungen Anwendung, die in den Regelungsbereich der Richtlinie fallen und nicht in den in Art. 17 DLRL[40] geregelten Ausnahmebereich liegen.

Nach dieser Vorschrift dürfen die Mitgliedstaaten grundsätzlich keine ihrer nationalen Anforderungen an Dienstleistungserbringer aus anderen Mitgliedstaaten stellen.[41] Etwas anderes gilt nur dann, wenn die Anforderungen sich aus den vier in Art. 16 (1) und (3) DLRL genannten zwingenden Allgemeininteressen rechtfertigen lassen. Diese vier zwingenden Allgemeininteressen sind

---

[36] Handbook on the Implementation of the Service directive; S. 43.

[37] Handbook on the Implementation of the Service directive; S. 47.

[38] Handbook on the Implementation of the Service directive; S. 48 Fn.: 100 verweist auf Factortame-Entscheidung.

[39] Handbook on the Implementation of the Service directive; S. 48; *Schnitzer* EuGH, Rs. C-215/01, Paragraph 28 (2003).

[40] Art. 17 DLRL enthält eine Ausnahme für Dienstleistungen von allgemeinem wirtschaftlichen Interesse. Hierbei handelt es sich um Dienstleistungen der öffentlichen Daseinsvorsorge (Strom, Gas, Post, Wasser, Abfall, Nahverkehr), welche weiterhin der Rechtssetzung durch die Mitgliedstaaten unterliegen. Art. 18 DLRL sieht vor, dass im Einzelfall im Zusammenhang mit der Sicherheit von Dienstleistungen von den Anforderungen aus Art. 16 DLRL abgewichen werden kann.

[41] Handbook on the Implementation of the Service directive; S. 49.

die öffentliche Ordnung, öffentliche Sicherheit, der öffentlichen Gesundheit und der Umweltschutz. Diese Begriffe (Ausnahme: Umweltschutz) sind Teil des Gemeinschaftsrechts (Art. 46 EG) und werden durch den EuGH sehr eng ausgelegt. An diese enge Auslegung müssen sich die Mitgliedstaaten halten, da schließlich auf der Grundlage der Auslegung eine Einschränkung der Dienstleistungsfreiheit erfolgen kann.[42] Auch wenn Anforderungen den zwingenden Allgemeininteressen dienen unterliegen sie gemäß Art. 16 (1) (a) DLRL noch dem Diskriminierungsverbot, welches sowohl direkte als auch indirekte Diskriminierung verbietet. Auch Anforderungen die einem der zwingenden Allgemeininteressen dienen und nicht gegen das Diskriminierungsverbot verstoßen, müssen darüber hinaus dem Grundsatz der Verhältnismäßigkeit genügen, Art. 16 (1) (b)-(c) DLRL. Daneben enthält Art. 16 (2) DLRL eine Liste mit Anforderungsbeispielen, die grundsätzlich nicht an Dienstleistungserbringer bzw. -empfänger gestellt werden können.

Anders als Art. 14 DLRL verpflichtet Art. 16 DLRL die Mitgliedstaaten grundsätzlich nicht dazu ihre Anforderungen an Dienstleistungserbringer zu ändern. Sie dürfen diese aber regelmäßig nicht mehr an die grenzüberschreitend tätigen Dienstleistungserbringer anderer Mitgliedstaaten stellen. Insoweit gilt nach wie vor das Herkunftslandprinzip, auch wenn es nicht mehr ausdrücklich erwähnt wird.

(2) Stärkung der Dienstleistungsempfänger, Art. 19 – 21 DLRL

Art. 19 – 21 DLRL (Abschnitt II) will die Rechte der Dienstleistungsempfänger[43] –insbesondere der Verbraucher- stärken, welche ebenfalls in den Schutzbereich von Art. 49 EG fallen. Ziel dieser Vorschriften ist es, Hindernisse für Dienstleistungsempfänger zu beseitigen, welche im Zusammenhang mit der Beauftragung von Dienstleistungserbringern aus anderen Mitgliedstaaten entstehen können. Insoweit enthält Art. 19 DLRL unzulässige Beschränkungen, die nicht an den Dienstleistungsempfänger gestellt werden dürfen und Art. 20 DLRL enthält das Prinzip der Nichtdiskriminierung.

Daneben steht Art. 21 DLRL, welcher den Mitgliedstaaten aufgibt die Dienstleistungsempfänger bei der Wahl des Dienstleistungserbringers zu unterstützen. Hierzu sollen die Mitgliedstaaten insbesondere Informationen zu den Dienstleistungserbringern bereitstellen, damit die Dienstleistungsempfänger die Möglichkeit bekommen Angebote grenzüberschreitend zu vergleichen und anhand der Informationen einen Dienstleistungserbringer auszuwählen.

---

[42] Handbook on the Implementation of the Service directive; S. 50.
[43] Legaldefinition des Dienstleistungsempfängers findet sich in Art. 4 (3.) DLRL.

III. Akkreditierung und Zertifizierung – Maßnahmen zur Qualitätssicherung

1. Zertifizierung als mögliche Maßnahme zur Qualitätssicherung

Art 26 der DLRL nennt als mögliche Maßnahme zur „freiwilligen Qualitätssicherung" die Zertifizierung. Mit Zertifizierung oder auch Konformitätsbewertung ist gemeint, das fachkundige und unabhängige Personen die Qualität einer Ware oder auch Dienstleistung feststellen und dies gegebenenfalls bestätigen. Zertifizierung macht nur Sinn, wenn sie derart organisiert ist, dass sie als vertrauensbildende Maßnahme funktioniert. Der Verbraucher oder gegebenenfalls auch staatliche Organisationen müssen darauf vertrauen können, dass der Zertifizierer die fachliche Eignung und Unabhängigkeit hat. Zudem müssen Verbraucher und staatliche Einrichtungen wissen, auf welcher Grundlage der Zertifizierer überprüft, also wissen, welche Sollbeschaffenheit der jeweiligen Prüfung zugrunde gelegt wird.

Um dies zu erreichen, ist die Zertifizierung eingebunden in ein bestimmtes System und kann nur innerhalb dieses Systems funktionieren. Das System wird in der Literatur zumeist als „System der Akkreditierung, Zertifizierung und Normung" vorgestellt.[44]

2. An der Spitze des Systems steht die Akkreditierung

Nach der Norm ISO 17011 ist Akkreditierung die Feststellung durch einen unparteiischen Dritten, dass eine Stelle, gemeint ist die Zertifizierungsstelle, festgelegte Anforderungen erfüllt und kompetent ist, bestimmte Konformitätsbewertungen durchzuführen. Akkreditierung ist damit eine vertrauensbildende Maßnahme.

Eine geordnete Akkreditierung stellt sicher, dass die Zertifizierer ihrerseits für die Prüfung kompetent sind. Akkreditierung steht somit an der Spitze des Systems

3. Geregelter/ungeregelter Bereich

Akkreditierungen werden im Bereich des Binnenmarkts von den Nationalstaaten unterschiedlich durchgeführt. In Deutschland wird im Hinblick auf die Konformitätsbewertung für die Warenverkehrsfreiheit im Binnenmarkt (noch) zwischen dem sogen. geregelten Bereich und dem nicht geregelten Bereich

---

[44] Ausführlicher dazu *Ensthaler/Strübbe/Bock*, Zertifizierung und Akkreditierung technischer Produkte.

unterschieden. Im gesetzlich bzw. durch Richtlinien geregelten Bereich sind für die Akkreditierung im Moment noch ausschließlich staatliche Stellen zuständig; z. B. die beiden zentralen Landesbehörden ZLG[45] und ZLS[46] für den Bereich der Medizintechnik und der Sicherheitstechnik.

Im nicht geregelten Bereich, also dort, wo es um die Überprüfung von gesetzlich nicht abverlangten aber für die Qualitätsbestimmung bedeutsamen Standards, Gütesiegeln, Normen etc. geht, gibt es privat organisierte Akkreditierungsstellen. Sie sind unten aufgeführt.

Akkreditierungsstellen des gesetzlich nicht geregelten Bereichs:

- DACH – Deutsche Akkreditierungsstelle Chemie GmbH
- DAP – Deutsches Akkreditierungssystem Prüfwesen
- DATech – Deutsche Akkreditierungsstelle Technik e.V.
- DKD – Deutscher Kalibrierdienst
- GA-A – GERMAN ACCREDITATION ASSOCIATION e.V.
- GAZ – Gesellschaft für Akkreditierung und Zertifizierung mbH
- TGA – Trägergemeinschaft für Akkreditierung GmbH

Die fachliche Kompetenz dieser privaten Akkreditierer ist durch zahlreiche Normen sichergestellt. Zentrales Dokument ist die ISO 17011, sowie auf europäischer Ebene die Normenreihe EN 45000 (45003, 45010). Wobei auch gemeinsame Gremien, wie z. B. European Accreditation, „Anwendungsnormen" erarbeitet; d.h. es werden europäische Vorgaben zur Umsetzung der EN 45000 in Bezug auf bestimmte Bereiche erstellt.

Auch im freiwilligen oder nicht geregelten Bereich ist sichergestellt, dass nur Zertifizierer zugelassen werden, deren Eignung von einer wiederum qualifizierten und unabhängigen Stelle festgestellt wurde. Jedenfalls gilt dies für Akkreditierer die im Deutschen Akkreditierungsrat (DAR) vertreten sind.[47]

4. Zertifizierung

Die derart in ihre Funktion gebrachten Zertifizierer bzw. die Konformitätsbewertungsstellen können dann aufgrund der bei ihnen nachgewiesenen Fachkompetenz und der ebenfalls überprüften Unabhängigkeit Waren, Dienstleistungen und Prozesse überprüfen.

Im gesetzlich geregelten Bereich ist ihre Aufgabe regelmäßig durch die Richtlinien „neuer Art" und die diese Richtlinien ergänzenden (technischen) Normen der Europäischen Normungsinstitute vorgegeben; noch einmal ergänzt

---

[45] Zentralstelle der Länder für Gesundheitsschutz bei Arzneimitteln und Medizinprodukten.

[46] Zentralstelle der Länder für Sicherheitstechnik.

[47] Über die aktuelle Zusammensetzung des DAR informiert dessen Internetauftritt: www.dar.bam.de.

durch den Beschluss des Rates vom 22.07.93 über die in den technischen Harmonisierungsrichtlinien zu verwendenden Module für die verschiedenen Phasen der Konformitätsbewertungsverfahren und die Regeln für die Anbringung und Verwendung der CE-Kennzeichnung (93/465/EWG).

Die von den Zertifizierern zu überprüfende Sollbeschaffenheit ist demnach durch Gesetze, Richtlinien und diese Richtlinien ergänzende (mandatierte) Normen vorgegeben.

Anders im ungeregelten Bereich. Soweit hier auf den – großen – Bereich abgestellt wird, der auch nicht jeweils nationalstaatlich durch Gesetze geregelt ist, können die Anforderungen ganz unterschiedlich festgelegt sein. Es kann sich um (nicht mandatierte) Normen handeln, um Gütesiegel, bestimmte Industriestandards, kurz: um alles was irgendwie festgelegt und für Dritte, zumeist gewerbliche Tätige oder private Nachfrager von Waren und Dienstleistungen von Bedeutung ist.

5. Systematik

Das System von Akkreditierung, Zertifizierung und Normung dient also der Überprüfung von Waren Dienstleistungen und Unternehmensabläufen auf Gesetztes- und Normenkonformität bzw. auf das Vorhandensein bestimmter (konkret definierter) Eigenschaften.

Dieses System hat unter dem Begriff „global approach" Aufnahme in die Instrumente zur Verwirklichung der Warenverkehrsfreiheit innerhalb des europäischen Binnenmarktes gefunden. Im Ratsbeschluss 93/464/EWG vom 22.07.93 wird insofern ausgeführt, dass die Verantwortung für die „Anerkennung" der Konformitätsbewertungsstellen in der Zuständigkeit der Mitgliedstaaten liegt: „Diese Verantwortung bringt für die Mitgliedstaaten die Verpflichtung mit sich, sich davon zu überzeugen, dass die benannten Stellen ständig über die von den Richtlinien verlangte technische Kompetenz verfügen und die zuständigen einzelstaatlichen Behörden über die Erfüllung ihrer Aufgaben auf dem laufenden zu halten ..." sind.

Diese Ausführungen beziehen sich auf den geregelten Bereich, der inhaltlich zuförderst durch Regelungen für den Gesundheitsschutz und den Umweltschutz ausgefüllt ist.

In Deutschland und den wohl meisten Mitgliedstaaten der Union hat sich daneben oder auch häufig ineinander verwoben (Großbritannien) der ungeregelt Bereich entwickelt. In Deutschland kam es im März 1991 zum Aufbau des Deutschen Akkreditierungssystems, und zwar mit der Gründung des Deutschen Akkreditierungsrates (DAR). Gekennzeichnet ist der DAR durch den dualen Aufbau, d.h. er befasst sich mit dem gesetzlich geregelten und dem nicht geregelten Bereich.

Von Beginn an hatte der DAR auch Koordinierungsarbeiten zu erledigen, die der Verbindung der beiden Säulen dienen. Geregelter und nicht geregelter Bereich sollten dadurch auch ein Stück zusammen wachsen.

In Deutschland ist in nächster Zeit mit einem Akkreditierungsgesetz zu rechnen, das die Grenzen zwischen den beiden beschriebenen Bereichen aufhebt. Künftig müssen alle Akkreditierungsstellen gesetzlichen Anforderungen genügen und alle Akkreditierungsstellen, staatliche Stellen bzw. private Stellen, können im geregelten Bereich wie im ungeregelten Bereich akkreditieren; wobei der Staat für den geregelten Bereich eine erst noch näher zu bestimmende „Letztverantwortung“ trägt. Diese für Deutschland zu erwartende Systemänderung kann hier nicht beschrieben werden. Die Akkreditierungsstellen unterliegen im Hinblick auf Fachkompetenz und Unabhängigkeit nicht lediglich einer verbandsmäßigen Selbstkontrolle, die sich „nur“ auf normative Vorgaben (EN/ISO) bezieht, sondern auch, zusätzlich, einer staatlichen Aufsicht.

6. Ergebnis

Für den Bereich der Dienstleistungsrichtlinie, wie er durch Art 26 DLRL angesprochen ist, bedeutet dies: Eingeführte Instrumente zur Verwirklichung der Warenverkehrsfreiheit können für den Dienstleistungsbereich übernommen werden. Soweit es im Dienstleistungsbereich um freiwillige Qualitätskriterien wie Gütesiegel, Standards etc, geht, ist das System von „Akkreditierung, Zertifizierung und Normung“ zumindest in Deutschland und wohl allen Staaten der Union vor der Osterweiterung darauf vorbereitet; es gibt Akkreditierungsstellen für den freiwilligen, den gesetzlich nicht geregelten Bereich und es gibt auch bereits Akkreditierungsstellen für Zertifizierer bzw. Konformitätsbewertungsstellen, die nicht nur Waren, sondern Dienstleistungen bewerten und es gibt Qualitätskennzeichnungen (Gütesiegel, Standards, Normen) die die für eine Prüfung erforderliche Sollbeschaffenheit festlegen.

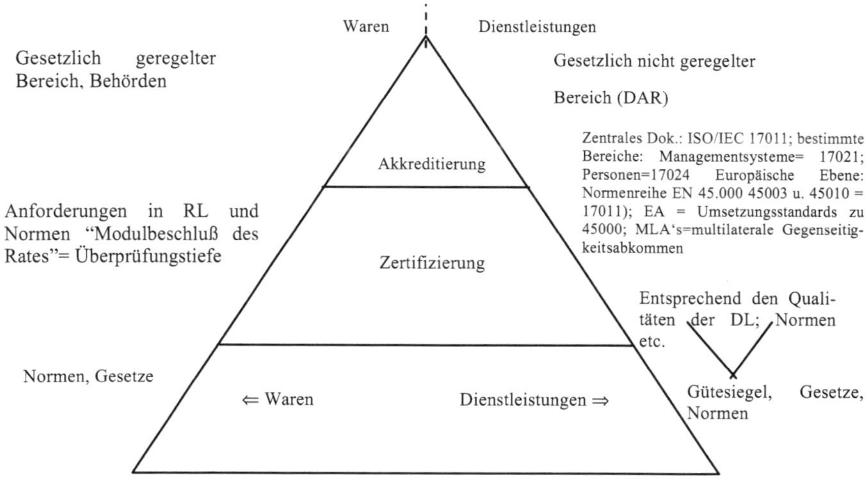

Abbildung 1: System der Akkreditierung und Zertifizierung

Autoren und Herausgeber

Prof. Dr. Dr. Jürgen Ensthaler

Fachgebiet Wirtschafts-, Unternehmens- und Technikrecht, Technische Universität Berlin, Straße des 17. Juni 135, 10623 Berlin

Prof. Dr. Barbara Grunewald

Geschäftsführende Direktorin des Instituts für Anwaltsrecht an der Universität zu Köln, Eckertstr. 4, 50931 Köln

Annette Karstedt-Meierrieks

Leiterin des Referats Wirtschaftsverwaltungsrecht, Öffentliches Auftragswesen, Datenschutz des Deutschen Industrie- und Handelskammertages, Breite Straße 29, 10178 Berlin

RA Dr. Michael Kleine-Cosack,

Dr. Hiddemann, Bahnemann, Dr. Kleine-Cosack, Maria-Theresia-Straße 2, 79102 Freiburg i.Br.

Prof. Dr. Winfried Kluth

Martin-Luther-Universität Halle-Wittenberg, Lehrstuhl für Öffentliches Recht, Universitätsplatz 3 – 5, 06108 Halle

Prof. Dr. Stefan Leible

Direktor der Forschungsstelle für Wirtschafts- und Medienrecht an der Universität Bayreuth, Rechts- und Wirtschaftswissenschaftliche Fakultät, 95440 Bayreuth

RA Florian Lemor

Bundesverband der Freien Berufe (BFB), 23, rue Montoyer, 1000 Brüssel, Belgien, Stellv. Leiter des Brüsseler Büros, Bundesverband der Freien Berufe (BFB), Reinhardtstraße 34, 10117 Berlin

Prof. Dr. Christoph Ohler, LL.M.

Lehrstuhl für Öffentliches Recht und Europarecht, Friedrich-Schiller-Universität Jena, Carl-Zeiss-Str. 3, 07737 Jena

Dirk Palige

Ass. Jur., Leiter der Abteilung Recht des Zentralverbandes des Deutschen Handwerks, Haus des Deutschen Handwerks, Mohrenstraße 20/21, 10117 Berlin

Prof. Dr. Wulf-Hennig Roth, LL.M.

Geschäftsführender Direktor des Instituts für Internationales Privatrecht und Rechtsvergleichung der Rheinischen Friedrichs-Universität Bonn, Adenauerallee 24-42, 53113 Bonn

Dr. Kay Ruge

Leiter des Dezernats II des Deutschen Landkreistages, Ulrich-von-Hassell-Haus, Lennéstraße 11, 10785 Berlin

Ministerialdirigent Prof. Dr. Utz Schliesky

Finanzministerium des Landes Schleswig-Holstein, Düsternbrooker Weg 64, 24105 Kiel

Dr. Christian Storost

Bundesministerium für Wirtschaft und Technologie, 11019 Berlin

Prof. Dr. Rudolf Streinz

Lehrstuhl für Öffentliches Recht und Europarecht, Ludwig-Maximilians-Universität, Prof.-Huber-Platz 2, 80539 München

Eva Vogt, LL.M. (Berkeley)

Wissenschaftliche Mitarbeiterin am Lehrstuhl Prof. Dr. Dr. J. Ensthaler, Technische Universität Berlin, Straße des 17. Juni 135, 10623 Berlin

Dipl.-Ing. Sebastian Synnatzschke

Wissenschaftlicher Mitarbeiter am Lehrstuhl Prof. Dr. Dr. J. Ensthaler, Technische Universität Berlin, Straße des 17. Juni 135, 10623 Berlin

Dr. Alexander Windoffer

Deutsches Forschungsinstitut für Öffentliche Verwaltung, Freiherr-vom-Stein-Straße 2, 67324 Speyer

Stichwortverzeichnis

Aus dem Programm Huber: Psychologie Sachbuch